Else Lasker-Schüler
Gesammelte Werke

Else Lasker-Schüler

Gesammelte Werke

Gedichte. Theater. Prosa

Anaconda

Penguin Random House Verlagsgruppe FSC® N001967

Die Deutsche Nationalbibliothek verzeichnet diese Publikation in der Deutschen Nationalbibliografie; detaillierte bibliografische Daten sind im Internet unter http://dnb.d-nb.de abrufbar.

Umschlagmotiv: Else Lasker-Schüler, Porträtaufnahme 1932, akg-images
Umschlaggestaltung: Druckfrei. Dagmar Herrmann, Bad Honnef
Satz und Layout: Fotosatz Amann, Memmingen
Druck und Bindung: GGP Media GmbH, Pößneck
ISBN 978-3-7306-1160-9
www.anacondaverlag.de

INHALT

GEDICHTE

STYX

CHRONICA

(Meinen Schwestern zu Eigen)

Mutter und Vater sind im Himmel
Und sprühen ihre Kraft
An singenden Fernen vorbei,
An spielenden Sternen vorbei
  Auf mich nieder.
Himmel bebender Leidenschaft
  Prangen auf,
O, meine ganze Sehnsucht reisst sich auf
Durch goldenes Sonnenblut zu gleiten!
Fühle Mutter und Vater wiederkeimen
Auf meinen ahnungsbangen Mutterweiten.
  Drei Seelen breiten
Aus stillen Morgenträumen
Zum Gottland ihre Wehmut aus.
Denn drei sind wir Schwestern,
Und die vor mir träumten schon in Sphinxgestalten
  Zu Pharaozeiten.
Mich formte noch im tiefsten Weltenschooss
  Die schwerste Künstlerhand.
Und wisset, wer meine Brüder sind!
Sie waren die drei Könige, die gen Osten zogen
Dem weissen Sterne nach durch brennenden
Wüstenwind.
Aber acht Schicksale wucherten aus unserem Blut
Und lauern hinter unseren Himmeln:
Vier plagen uns im Abendrot,
Vier verdunkeln uns die Morgenglut,

Sie brachten über uns Hungersnot
Und Herzensnot und Tod!
Und es steht:
Ueber unserem letzten Grab ihr Fortleben noch,
Den Fluch über alle Welten zu weben,
Sich ihres Bösen zu freuen.
Aber die Winde werden einst ihren Staub scheuen.
    Satanas miserere eorum!!

MUTTER

Ein weisser Stern singt ein Totenlied
    In der Julinacht,
Wie Sterbegeläut in der Julinacht.
Und auf dem Dach die Wolkenhand,
Die streifende, feuchte Schattenhand
Sucht nach meiner Mutter.
Ich fühle mein nacktes Leben,
Es stösst sich ab vom Mutterland,
So nackt war nie mein Leben,
So in die Zeit gegeben,
Als ob ich abgeblüht
Hinter des Tages Ende,
    Versunken
Zwischen weiten Nächten stände,
Von Einsamkeiten gefangen.
Ach Gott! Mein wildes Kindesweh!
... Meine Mutter ist heimgegangen.

WELTFLUCHT

Ich will in das Grenzenlose
    Zu mir zurück,
Schon blüht die Herbstzeitlose
    Meiner Seele,
Vielleicht – ist's schon zu spät zurück!
O, ich sterbe unter Euch!
Da Ihr mich erstickt mit Euch.
Fäden möchte ich um mich ziehn –
Wirrwarr endend!
    Beirrend,
Euch verwirrend,
    Um zu entfliehn
        Meinwärts!

EIFERSUCHT

Denk' mal, wir beide
Zwischen feurigem Zigeunervolk
Auf der Haide!
Ich zu Deinen Füßen liegend,
Du die Fiedel spielend,
Meine Seele einwiegend,
Und der brennende Steppenwind
Saust um uns!

... Aber die Mariennacht verschmerz' ich nicht!
Die Mariennacht –
Da ich Dich sah
Mit der Einen ...
Wie duftendes Schneien
Fielen die Blüten von den Bäumen.
Die Mariennacht verschmerz' ich nicht,
Die blonde Blume in Deinen Armen nicht!

FRÜHLING

Wir wollen wie der Mondenschein
Die stille Frühlingsnacht durchwachen,
Wir wollen wie zwei Kinder sein,
Du hüllst mich in Dein Leben ein
Und lehrst mich so, wie Du, zu lachen.

Ich sehnte mich nach Mutterlieb'
Und Vaterwort und Frühlingsspielen,
Den Fluch, der mich durch's Leben trieb,
Begann ich, da er bei mir blieb,
Wie einen treuen Feind zu lieben.

Nun blühn die Bäume seidenfein
Und Liebe duftet von den Zweigen.
Du musst mir Mutter und Vater sein
Und Frühlingsspiel und Schätzelein!
– – Und ganz mein Eigen …

DIE SCHWARZE BHOWANÉH

(Die Göttin der Nacht)

(Zigeunerlied)

Meine Lippen glühn
Und meine Arme breiten sich aus wie Flammen!
Du musst mit mir nach Granada ziehn
In die Sonne, aus der meine Gluten stammen …
Meine Ader schmerzt
Von der Wildheit meiner Säfte,
Von dem Toben meiner Kräfte.

Granatäpfel prangen
Heiss, wie die Lippen der Nacht!
Rot, wie die Liebe der Nacht!
Wie der Brand meiner Wangen.

Auf dem dunklen Schein
Meiner Haut schillern Muscheln auf Schnüre gezogen,
Und Perlen von sonnenfarb'gem Bernstein
Durchglühn meine Zöpfe wie Feuerwogen.
Meine Seele bebt,
Wie eine Erde bebt und sich aufthut
Dürstend nach Luft! Nach säuselnder Flut!

Heisse Winde stöhnen,
Wie der Odem der Sehnsucht,
Verheerend wie die Qual der Sehnsucht …
Und über die Felsen Granadas dröhnen
Die Lockrufe der schwarzen Bhowanéh!

MEINE SCHAMRÖTE

Du! Sende mir nicht länger den Duft,
Den brennenden Balsam
Deiner süssen Gärten zur Nacht!
Auf meinen Wangen blutet die Scham
Und um mich zittert die Sommerluft.

Du … wehe Kühle auf meine Wangen
Aus duftlosen, wunschlosen
Gräsern zur Nacht.
Nur nicht länger den Hauch Deiner sehnenden Rosen,
  Er quält meine Scham.

TRIEB

Es treiben mich brennende Lebensgewalten,
Gefühle, die ich nicht zügeln kann,
Und Gedanken, die sich zur Form gestalten,
Fallen mich wie Wölfe an!

Ich irre durch duftende Sonnentage …
Und die Nacht erschüttert von meinem Schrei.
Meine Lust stöhnt wie eine Marterklage
Und reisst sich von ihrer Fessel frei.

Und schwebt auf zitternden, schimmernden Schwingen
Dem sonn'gen Thal in den jungen Schoss,
Und lässt sich von jedem Mai'nhauch bezwingen
Und giebt der Natur sich willenlos.

SYRINXLIEDCHEN

Die Palmenblätter schnellen wie Viperzungen
In die Kelche der roten Gladiolen,
Und die Mondsichel lacht
Wie ein Faunsaug' verstohlen.

Die Welt hält das Leben umschlungen
Im Strahl des Saturn
Und durch das Träumen der Nacht
Sprüht es purpurn.

Jüx! Wollen uns im Schilfrohr
Mit Binsen aneinander binden
Und mit der Morgenröte Frühlicht
Den Süden unserer Liebe ergründen!

NERVUS EROTIS

Dass uns nach all' der heissen Tagesglut
Nicht eine Nacht gehört …
Die Tuberosen färben sich mit meinem Blut,
Aus ihren Kelchen lodert's brandrot!

Sag' mir, ob auch in Nächten Deine Seele schreit,
Wenn sie aus bangem Schlummer auffährt,
Wie wilde Vögel schreien durch die Nachtzeit.

Die ganze Welt scheint rot,
Als ob des Lebens weite Seele blutet.
Mein Herz stöhnt wie das Leid der Hungersnot,
Aus roten Geisteraugen stiert der Tod!

Sag' mir, ob auch in Nächten Deine Seele klagt,
Vom starken Tuberosenduft umflutet,
Und an dem Nerv des bunten Traumes nagt.

WINTERNACHT

(Cellolied)

Ich schlafe tief in starrer Winternacht,
Mir ist, ich lieg' in Grabesnacht,
Als ob ich spät um Mitternacht gestorben sei
Und schon ein Sternenleben tot sei.

Zu meinem Kinde zog mein Glück
Und alles Leiden in das Leid zurück,
Nur meine Sehnsucht sucht sich heim
Und zuckt wie zähes Leben
Und stirbt zurück
    In sich.

Ich schlafe tief in starrer Winternacht,
Mir ist, ich lieg' in Grabesnacht.

URFRÜHLING

Sie trug eine Schlange als Gürtel
Und Paradiesäpfel auf dem Hut,
Und meine wilde Sehnsucht
Raste weiter in ihrem Blut.

Und das Ursonnenbangen,
Das Schwermüt'ge der Glut
Und die Blässe meiner Wangen
Standen auch ihr so gut.

Das war ein Spiel der Geschicke
Ein's ihrer Rätseldinge ...
Wir senkten zitternd die Blicke
In die Märchen unserer Ringe.

Ich vergass meines Blutes Eva
Ueber all' diesen Seelenklippen,
Und es brannte das Rot ihres Mundes,
Als hätte ich Knabenlippen.

Und das Abendröten glühte
Sich schlängelnd am Himmelssaume,
Und vom Erkenntnisbaume
Lächelte spottgut die Blüte.

MAIROSEN

(Reigenlied für die großen Kinder)

Er hat seinen heiligen Schwestern versprochen,
Mich nicht zu verführen,
Zwischen Mairosen hätte er fast
Sein Wort gebrochen,
Aber er machte drei Kreuze
Und ich glaubte heiss zu erfrieren.

Nun lieg' ich im düst'ren Nadelwald,
Und der Herbst saust kalte Nordostlieder
Ueber meine Lenzglieder.

Aber wenn es wieder warm wird,
Wünsch' ich den heiligen Schwestern beid'
Hochzeit
Und wir – spielen dann unter den Mairosen …

DANN

… Dann kam die Nacht mit Deinem Traum
Im stillen Sternebrennen.
Und der Tag zog lächelnd an mir vorbei,
Und die wilden Rosen atmeten kaum.

Nun sehn' ich mich nach Traumesmai,
Nach Deinem Liebeoffenbaren.
Möchte an Deinem Munde brennen
Eine Traumzeit von tausend Jahren.

ABEND

Es riss mein Lachen sich aus mir,
Mein Lachen mit den Kinderaugen,
Mein junges, springendes Lachen
Singt Tag der dunklen Nacht vor Deiner Thür.

Es kehrte aus mir ein, in Dir
Zur Lust Dein Trübstes zu entfachen –
Nun lächelt es wie Greisenlachen
  Und leidet Jugendnot.
Mein tolles, übermütiges Frühlingslachen
  Träumt von Tod.

KARMA

Hab' in einer sternlodernden Nacht
Den Mann neben mir um's Leben gebracht.

Und als sein girrendes Blut gen Morgen rann,
Blickte mich düster sein Schicksal an.

ORGIE

Der Abend küsste geheimnisvoll
Die knospenden Oleander.
Wir spielten und bauten Tempel Apoll
Und taumelten sehnsuchtsübervoll
Ineinander.
Und der Nachthimmel goss seinen schwarzen Duft
In die schwellenden Wellen der brütenden Luft,
Und Jahrhunderte sanken
Und reckten sich
Und reihten sich wieder golden empor
Zu sternenverschmiedeten Ranken.
Wir spielten mit dem glücklichsten Glück,
Mit den Früchten des Paradiesmai,
Und im wilden Gold Deines wirren Haars
Sang meine tiefe Sehnsucht
Geschrei,
Wie ein schwarzer Urwaldvogel.
Und junge Himmel fielen herab,
Unersehnbare, wildsüsse Düfte;
Wir rissen uns die Hüllen ab
Und schrieen!
Berauscht vom Most der Lüfte.
Ich knüpfte mich an Dein Leben an,
Bis dass es ganz in ihm zerrann,
Und immer wieder Gestalt nahm
Und immer wieder zerrann.
Und unsere Liebe jauchzte Gesang,
Zwei wilde Symphonieen!

FIEBER

Es weht von Deinen Gärten her der Duft,
Wie trockner Südwind über mein Gesicht.
O, diese heisse Not in meiner Nacht!
Ich trinke die verdorrte Feuerluft
Meiner Brände.

Aus meinem schlummerlosen Auge flammt
Ein grelles, ruheloses Licht,
Wie Irrlichtflackern durch die Nacht.
Ich weiß, ich bin verdammt
Und fall' aus Himmelshöhen in Deine Hände.

DASEIN

Hatte wogendes Nachthaar,
Liegt lange schon wo begraben.
Hatte zwei Augen wie Bäche klar,
Bevor die Trübsal mein Gast war,
Hatte Hände muschelrotweiss,
Aber die Arbeit verzehrte ihr Weiss.
Und einmal kommt der Letzte,
Der senkt den unabänderlichen Blick
Nach meines Leibes Vergänglichkeit
Und wirft von mir alles Sterben.
Und es atmet meine Seele auf
Und trinkt das Ewige …

SINNENRAUSCH

Dein sünd'ger Mund ist meine Totengruft,
Betäubend ist sein süsser Atemduft,
Denn meine Tugenden entschliefen.
Ich trinke sinnberauscht aus seiner Quelle
Und sinke willenlos in ihre Tiefen,
Verklärten Blickes in die Hölle.

Mein heißer Leib erglüht in seinem Hauch,
Er zittert, wie ein junger Rosenstrauch,
Geküsst vom warmen Maienregen.
– Ich folge Dir ins wilde Land der Sünde
Und pflücke Feuerlilien auf den Wegen,
– Wenn ich die Heimat auch nicht wiederfinde …

SEIN BLUT

Am liebsten pflückte er meines Glückes
Letzte Rose im Maien
Und würfe sie in den Rinnstein.
… Sein Blut plagt ihn.

Am liebsten lockte er meiner Seele
Zitternden Sonnenstrahl
In seine düst're Nächtequal.

Am liebsten griff er mein spielendes Herz
Aus wiegendem Lenzhauch
Und hing es auf wo an einem Dornstrauch.
… Sein Blut plagt ihn.

VIVA!

Mein Wünschen sprudelt in der Sehnsucht meines Blutes
Wie wilder Wein, der zwischen Feuerblättern glüht.
Ich wollte, Du und ich, wir wären eine Kraft,
Wir wären eines Blutes
Und ein Erfüllen, eine Leidenschaft,
Ein heisses Weltenliebeslied!

Ich wollte, Du und ich, wir würden uns verzweigen,
Wenn sonnentoll der Sommertag nach Regen schreit
Und Wetterwolken bersten in der Luft!
Und alles Leben wäre unser Eigen;
Den Tod selbst rissen wir aus seiner Gruft
Und jubelten durch seine Schweigsamkeit!

Ich wollte, dass aus unserer Kluft sich Massen
Wie Felsen aufeinandertürmen und vermünden
In einen Gipfel, unerreichbar weit!
Dass wir das Herz des Himmels ganz erfassen
Und uns in jedem Hauche finden
Und überstrahlen alle Ewigkeit!

Ein Feiertag, an dem wir ineinander rauschen,
Wir beide ineinander stürzen werden,
Wie Quellen, die aus steiler Felshöh' sich ergiessen
In Wellen, die dem eignen Singen lauschen
Und plötzlich niederbrausen und zusammenfliessen
In unzertrennbar, wilden Wasserheerden!

EROS

O, ich liebte ihn endlos!
Lag vor seinen Knie'n
Und klagte Eros
        Meine Sehnsucht.
O, ich liebte ihn fassungslos.
Wie eine Sommernacht
        Sank mein Kopf
Blutschwarz auf seinen Schoss
Und meine Arme umloderten ihn.
Nie schürte sich so mein Blut zu Bränden,
Gab mein Leben hin seinen Händen,
Und er hob mich aus schwerem Dämmerweh.
Und alle Sonnen sangen Feuerlieder
        Und meine Glieder
    Glichen
        Irr gewordenen Lilien.

DEIN STURMLIED

Brause Dein Sturmlied Du!
Durch meine Liebe,
Durch mein brennendes All.
Verheerend, begehrend,
  Dröhnend wiedertönend
  Wie Donnerhall!

Brause Dein Sturmlied Du!
Und lösche meine Feuersbrunst,
Denn ich ersticke in Flammendunst.
Mann mit den ehernen Zeusaugen,
  Grolle Gewitter,
Entlade Wolken auf mich.
Und wie eine Hochsommererde
  Werde ich
  Aufsehnend
Die Ströme einsaugen.
Brause Dein Sturmlied Du!

DAS LIED DES GESALBTEN

Zebaoth spricht aus dem Abend:
Verschwenden sollst Du mit Liebe!
Denn ich will Dir Perlen meiner Krone schenken,
In goldträufelnden Honig Dein Blut verwandeln.
Und Deine Lippen mit den Düften süßer Mandeln
tränken.

Verschwenden sollst Du mit Liebe!
Und mit schmelzendem Jubel meine Feste umgolden
Und die Schwermut, die über Jerusalem trübt,
Mit singenden Blütendolden umkeimen.

Ein prangender Garten wird Dein Herz sein,
Darin die Dichter träumen.
O, ein hängender Garten wird Dein Herz sein,
Aller Sonnen Aufgangheimat sein,
Und die Sterne kommen, ihren Flüsterschein
Deinen Nächten sagen.
Ja, tausend greifende Aeste werden Deine Arme tragen,
Und meinem Paradiesheimweh wiegende Troste sein!

SULAMITH

O, ich lernte an Deinem süssen Munde
Zu viel der Seligkeiten kennen!
Schon fühl' ich die Lippen Gabriels
  Auf meinem Herzen brennen ...
Und die Nachtwolke trinkt
Meinen tiefen Cederntraum.
O, wie Dein Leben mir winkt!
  Und ich vergehe
Mit blühendem Herzeleid
Und verwehe im Weltraum,
  In Zeit,
  In Ewigkeit,
Und meine Seele verglüht in den Abendfarben
  Jerusalems.

KÜHLE

In den weißen Gluten
Der hellen Rosen
Möchte ich verbluten.

Doch auf den Teichen
Warten die starren, seelenlosen Wasserrosen,
Um meiner Sehnsucht Kühle zu reichen.

CHAOS

Die Sterne fliehen schreckensbleich
Vom Himmel meiner Einsamkeit,
Und das schwarze Auge der Mitternacht
Starrt näher und näher.

Ich finde mich nicht wieder
In dieser Todverlassenheit!
Mir ist: ich lieg' von mir weltenweit
Zwischen grauer Nacht der Urangst ...

Ich wollte, ein Schmerzen rege sich
Und stürze mich grausam nieder
Und riss mich jäh an mich!
Und es lege eine Schöpferlust
Mich wieder in meine Heimat
  Unter der Mutterbrust.

Meine Mutterheimat ist seeleleer,
Es blühen dort keine Rosen
Im warmen Odem mehr. –
.... Möcht einen Herzallerliebsten haben!
Und mich in seinem Fleisch vergraben.

MEIN BLICK

Ich soll Dich anseh'n,
  Immerzu.
Aber mein Blick irrt über alles Sehen weit,
Floh himmelweit, ferner als die Ewigkeit.
Du! locke ihn mit Deiner Sehnsucht Sonnenschein, –
Er wird mir selbst ein Hieroglyph geworden sein.

LENZLEID

Dass Du Lenz gefühlt hast
Unter meiner Winterhülle,
Dass Du den Lenz erkannt hast
  In meiner Todstille.
Nicht wahr, das ist Gram
Winter sein, eh' der Sommer kam,
Eh' der Lenz sich ausgejauchzt hat.

O, Du! schenk' mir Deinen gold'nen Tag
Von Deines Blutes blühendem Rot.
Meine Seele friert vor Hunger,
Ist satt vom Reif.
O, Du! giesse Dein Lenzblut
  Durch meine Starre,
Durch meinen Scheintod.
  Sieh, ich harre
Schon Ewigkeiten auf Dich!

VERDAMMNIS

Krallen reissen meine Glieder auf
Und Lippen nagen an meinem Traumschlaf.
Weh Deinem Schicksal und dem meinen,
Das sich im Zeichen böser Sterne traf.
Meine Sehnsucht schreit zu diesen Sternen auf
Und erstarrt im Morgenscheinen –
　Und ich weine
　Zu den Höllen.

Schenk' mir Deine Arme eine Nacht,
Die so frischen Odem strömen
Wie zwei nordische Meereswellen.
Dass, wenn ich aus Finsternis erwacht,
Mich nicht böse Geister treten,
Ich nicht einsam bin mit meinem Grämen.
Zu den Himmeln fleh' ich jede Nacht,
Doch der Satan hetzt die Teufel auf mein Beten.

WELTSCHMERZ

Ich, der brennende Wüstenwind,
Erkaltete und nahm Gestalt an.

Wo ist die Sonne, die mich auflösen kann,
Oder der Blitz, der mich zerschmettern kann!

Blick' nun: ein steinernes Sphinxhaupt,
Zürnend zu allen Himmeln auf.

Hab' an meine Glutkraft geglaubt.

MEIN DRAMA

Mit allen duftsüssen Scharlachblumen
Hat er mich gelockt,
Keine Nacht mehr hielt ich es im engen Zimmer aus,
Liebeskrumen stahl ich mir vor seinem Haus
Und sog mein Leben, ihn ersehnend, aus.
Es weint ein blasser Engel leis' in mir
Versteckt – ich glaube tief in meiner Seele,
        Er fürchtet sich vor mir.
Im wilden Wetter sah ich mein Gesicht!
Ich weiß nicht wo, vielleicht im dunklen Blitz,
Mein Auge stand wie Winternacht im Antlitz,
Nie sah ich grimmigeres Leid.
… Mit allen duftsüssen Scharlachblumen
    Hat er mich gelockt,
Es regt sich wieder weh in meiner Seele
Und leitet mich durch all' Erinnern weit.
Sei still, mein wilder Engel mein,

Gott weine nicht
Und schweige von dem Leid,
Mein Schmerzen soll sich nicht entladen,
Keinen Glauben hab' ich mehr an Weib und Mann,
Den Faden, der mich hielt mit allem Leben,
Hab' ich der Welt zurückgegeben
Freiwillig!
Aus allen Sphinxgesteinen wird mein Leiden brennen,
Um alles Blühen lohen, wie ein dunkler Bann.
Ich sehne mich nach meiner blind verstoss'nen Einsamkeit,
Trostsuchend, wie mein Kind, sie zu umfassen,
Lernte meinen Leib, mein Herzblut und ihn hassen,
Nie so das Evablut kennen
Wie in Dir, Mann!

STERNE DES FATUMS

Deine Augen harren vor meinem Leben
Wie Nächte, die sich nach Tagen sehnen,
Und der schwüle Traum liegt auf ihnen
Unergründet.

Seltsame Sterne starren zur Erde,
Eisenfarb'ne mit Sehnsuchtsschweifen,
Mit brennenden Armen, die Liebe suchen
Und in die Kühle der Lüfte greifen.

Sterne in denen das Schicksal mündet.

STERNE DES TARTAROS

Warum suchst Du mich in unseren Nächten
In Wolken des Hasses auf bösen Sternen!
Lass mich allein mit den Geistern fechten.

Sie schnellen vorbei auf Geyerschwingen
Aus längst vergess'nen Wildlandfernen.
Eiswinde durch Lenzessingen.

Und Du vergisst die Gärten der Sonne
Und blickst gebannt in die Todestrübe.
Ach, was irrst Du hinter meiner Not!

DU, MEIN

(Meinem Bruder Paul zu Eigen)

Der Du bist auf Erden gekommen,
  Mich zu erlösen
    Aus aller Pein,
  Aus meiner Furie Blut,
Du, der Du aus Sonnenschein
    Geboren bist,
Vom glücklichsten Wesen
    Der Gottheit
  Genommen bist,
Nimm mein Herz zu Dir
    Und küsse meine Seele
    Vom Leid
      Frei.

FORTISSIMO

Du spieltest ein ungestümes Lied,
Ich fürchtete mich nach dem Namen zu fragen,
Ich wusste, er würde das alles sagen,
Was zwischen uns wie Lava glüht.

Da mischte sich die Natur hinein
In unsere stumme Herzensgeschichte,
Der Mondvater lachte mit Vollbackenschein,
Als machte er komische Liebesgedichte.

Wir lachten heimlich im Herzensgrund,
Doch unsere Augen standen in Thränen
Und die Farben des Teppichs spielten bunt
In Regenbogenfarbentönen.

Wir hatten beide dasselbe Gefühl,
Der Smyrnateppich wäre ein Rasen,
Und die Palmen über uns fächelten kühl,
Und unsere Sehnsucht begann zu rasen.

Und unsere Sehnsucht riss sich los
Und jagte uns mit Blutsturmwellen:
Wir sanken in das Smyrnamoos
Urwild und schrieen wie Gazellen.

DER GEFALLENE ENGEL

(St. Petrus Hille zu Eigen)

Des Nazareners Lächeln strahlt aus Deinen Mienen,
Und meine Lippen öffnen sich mit Zagen,
Wie gift'ge Blüten, die dem Satan dienen
Und scheu den Lenzwind nach dem Himmel fragen.
Die heisse Sehnsucht hat mich tief gebräunt,
In kühler Not erstarrte meine Seele,
Ein Wetter stählte mein Gewissen!

Es wachsen Sträucher blütenlos auf meinen Wegen
Wie Schatten, die verbot'ne Thaten werfen,
Und meine Träume tränkt ein blut'ger Regen
Und reizt mit seinem Schein zum Laster meine Nerven.
Die Unschuld hat an meinem Bett geweint,
Und rang und klagte dann um meine Seele
Und pflanzte Trauerrosen um mein Kissen.

Siehst Du den Kettenring an meinem Finger –
Sein Stein erblindete, sein blaues Scheinen,
Vielleicht verlor ihn mal ein Gottesjünger
Auf seinem Pfade hoch in Felsgesteinen.
Und diese roten, feurigen Granaten
Gab mir ein Königgreis für meine Nächte,
Wie heisse Tropfen auf die Schnur gereiht.

Der Sonnenuntergang erzählt im Westen
Von späten Rosen, die ergrauen müssen
Im Herbste unter morschem Laub und Aesten,
Und nichts vom Sonnenglanz des Sommers wissen,
Als Sünderinnen sterben für die Thaten

Der eitelen Natur, die duften möchte
Noch in der späten Winterabendzeit.

Darf ich mit Dir auf weiten Höhen schreiten!
Hand in Hand, Du und ich, wie Kinder ...
Wenn aus dem Abendhimmel wilde Sterne gleiten
Durch's tiefe Blauschwarz, wie verstoss'ne Sünder,
Und scheu in Gärten fallen, die voll Orchideen
Und stummen Blüten steh'n
In gold'nen Hüllen.

Und in den Kronen schlanker Märchenbäume
Harrt meine Unschuld unter Wolkenflor,
Und meine ersten, holden Kinderträume
Erwachen vor dem gold'nen Himmelsthor.
Und wenn wir einst ins Land des Schweigens gehen,
Der schönste Engel wird mein Heil erfleh'n
Um Deiner Liebe willen.

MEIN KIND

Mein Kind schreit auf um die Mitternacht
Und ist so heiss aus dem Traum erwacht
Wie meine sehnende Jugend.

Gäb' ihm so gern meines Blutes Mai,
Spräng' nur mein bebendes Herz entzwei.

– Der Tod schleicht im Hyänenfell
Am Himmelsstreif im Mondeshell.

Aber die Erde im Blütenkeusch
Singt Lenz im kreisenden Weltgeräusch.

Und wundersüss küsst der Maienwind
Als duftender Gottesbote mein Kind.

’Αθάναοι

Du, ich liebe Dich grenzenlos!
Über alles Lieben, über alles Hassen!
Möchte Dich wie einen Edelstein
In die Strahlen meiner Seele fassen.
Leg’ Deine Träume in meinen Schoss,
Ich liess ihn mit goldenen Mauern umschliessen
Und ihn mit süssem griechischem Wein
Und mit dem Oele der Rosen begiessen.

O, ich flog nach Dir wie ein Vogel aus,
In Wüstenstürmen, in Meereswinden,
In meiner Tage Sonnenrot,
In meiner Nächte Stern Dich zu finden.
Du! breite die Kraft Deines Willens aus,
Dass wir über alle Herbste schweben,
Und Immergrün schlingen wir um den Tod
Und geben ihm Leben.

SELBSTMORD

Wilde Fratzen schneidet der Mond in den Sumpf
    Und dumpf
    Kreist die Welt.
Hätt' ich nur die Welt überstanden!
Damals als wir uns beide fanden
Blickte auch die Natur so gemein,
Aber dann kam der Sonnenschein
Und sang sein Strahlenlied
    Bis über den Norden.

Nun nagt der Maulwurf an Deinem Gebein,
In der Truhe heult die rote Katze.
Ein Kater schlich, sie lustzumorden
Aus vollmondblutendem Abendschein.
Wie die Nacht voll grausamer Sehnsucht blüht!
Der Tod selbst fürchtet sich zu zwei'n
Und kriecht in seinen Erdenschrein,
Aber – ich pack' ihn mit meiner Tatze!

MORITURI

Du hast ein dunkles Lied mit meinem Blut geschrieben,
Seitdem ist meine Seele jubellahm.
Du hast mich aus dem Rosenparadies vertrieben,
Ich musst sie lassen, Alle, die mich lieben.
Gleich einem Vagabund jagt mich der Gram.

Und in den Nächten, wenn die Rosen singen,
Dann brütet still der Tod – ich weiss nicht was –
Ich möchte Dir mein wehes Herze bringen,
Den bangen Zweifel und mein müh'sam Ringen
Und alles Kranke und den Hass!

JUGEND

Ich hört Dich hämmern diese Nacht
An einem Sarg im tiefen Erdenschacht.
Was willst Du von mir, Tod!
Mein Herz spielt mit dem jungen Morgenrot
Und tanzt im Funkenschwarm der Sonnenglut
Mit all den Blumen und der Sommerlust.

Scheer' Dich des Weges, alter Nimmersatt!
Was soll ich in der Totenstadt,
Ich, mit dem Jubel in der Brust!!

MEINLINGCHEN

(Meinem Jungen zu Eigen)

Meinlingchen sieh mich an –
Dann schmeicheln tausend Lächeln mein Gesicht,
Und tausend Sonnenwinde streicheln meine Seele,
Hast wie ein Wirbelträumchen
Unter ihren Fittichen gelegen.

Nie war so lenzensüß mein Blut,
Als Dich mein Odem tränkte,
Die Quellen Edens müssen so geduftet haben
Bis Dich der Muttersturm
Aus süssem Dunkel
Von meinen Herzwegen pflückte
Und Dich in meine Arme legte,
  In ein Bad von Küssen.

BALLADE

(Aus den sauerländischen Bergen)

Er hat sich
In ein verteufeltes Weib vergafft,
In sing Schwester!

Wie ein lauerndes Katzentier
Kauerte sie vor seiner Thür
Und leckte am Geld seiner Schwielen.

Im Wirtshaus bei wildem Zechgelag
Sass er und sie und zechten am Tag
Mit rohen Gesellen.

Und aus dem roten, lodernden Saft
Stieg er ein Riese aus zwergenhaft
Verkümmerten Gesellen.

Und ihm war, als blicke er weltenweit,
Und sie schürte den Wahn seiner Trunkenheit
Und lachte!

Und eine Krone von Felsgestein,
Von golddurchädertem Felsgestein,
Wuchs ihm aus seinem Kopf.

Und die Säufer kreischten über den Spass.
»Gott verdamm' mich, ich bin der Satanas!«
Und der Wein sprühte Feuer der Hölle.

Und die Stürme sausten wie Weltuntergang,
Und die Bäume brannten am Bergeshang,
Es sang die Blutschande .....

Und sie holten ihn um die Dämmerzeit,
Und die Gassenkinder schrie'n vor Freud'
Und bewarfen ihn mit Unrat.

Seitdem spukt es in dieser Nacht,
Und Geister erscheinen in dieser Nacht,
Und die frommen Leute beten. –

Sie schmückte mit Trauer ihren Leib,
Und der reiche Schankwirt nahm sie zum Weib,
Gelockt vom Sumpf ihrer Thränen.

– Und der mit der schweren Rotsucht im Blut
Wankt um die stöhnende Dämmerglut
Gespenstisch durch die Gassen,

Wie leidender Frevel,
Wie das frevelnde Leid,
Überaltert dem lässigen Leben.

Und er sieht die Weiber so eigen an,
Und sie fürchten sich vor dem stillen Mann
Mit dem Totenkopf.

KÖNIGSWILLE

Ich will vom Leben der gazellenschlanken
Mädchen mit glühenden Rosengedanken,
Wenn glanzlose Sterne mein Sterbelied singen
Und bleiche Winde durch die Totenstadt weh'n
Und vom Licht mein warmes Leben erzwingen.

Ich will vom Leben der wettergebräunten
Knaben, die nie eine Thräne weinten,
Wenn die Tode vor meinen Herzthoren steh'n
Und mit der Kraft meiner Seele ringen.

Ich will vom Leben der weissen Gluten
Der Sonne und von der Wolke Morgenbluten
Dem quellenden Rot der Himmelsbrust.
Bis meine Lippen sich wieder färben
Und junger Odem durchströmt meine Brust ...
Ich will nicht sterben!

VOLKSLIED

Verlacht mich auch neckisch der Wirbelwind
– Mein Kind, das ist ein Himmelskind
Mit Locken, wie Sonnenscheinen.

Ich sitze weinend unter dem Dach,
Bin in den Nächten fieberwach
Und nähe Hemdchen aus Leinen.

Meiner Mutter Wiegenfest ist heut,
Gestorben sind Vater und Mutter beid'
Und sahen nicht mehr den Kleinen.

Meine Mutter träumte einmal schwer,
Sie sah mich nicht an ohne Seufzer mehr
Und ohne heimliches Weinen. –

DIR

Drum wein' ich,
Dass bei Deinem Kuss
Ich so nichts empfinde
Und ins Leere versinken muss.
Tausend Abgründe
Sind nicht so tief,
Wie diese grosse Leere.
Ich sinne im engsten Dunkel der Nacht,
Wie ich Dir's ganz leise sage,
Doch ich habe nicht den Mut.
Ich wollte, es käme ein Südenwind,
Der Dir's herübertrage,
Damit es nicht gar voll Kälte kläng'
Und er Dir's warm in die Seele säng'
Kaum merklich durch Dein Blut.

MÜDE

All' die weissen Schlafe
Meiner Ruh'
Stürzten über die dunklen Himmelssäume.
Nun deckt der Zweifel meine Sehnsucht zu
Und die Qual erdenkt meine Träume.

O, ich wollte, dass ich wunschlos schlief,
Wüsst' ich einen Strom, wie mein Leben so tief,
Flösse mit seinen Wassern.

SCHULD

Als wir uns gestern gegenübersassen,
Erschrak ich über Deine Blässe,
Ueber die Leidenslinie Deiner Wange.
Da kam's, dass meine Gedanken mich vergassen
Ueber der Leidenslinie Deiner Wange.

Es trafen unsere Blicke sich wie Sternenfragen,
Es war ein goldenes Hin- und Herverweben
Und Deine Augen glichen seid'nen Mädchenaugen.
Du öffnetest die Lippen, mir zu sagen .....
Und meine Seele färbte sich in Matt,
Dumpf läutete noch einmal Brand mein Leben
Und schrumpfte dann zusammen wie ein Blatt.

UNGLÜCKLICHER HASS

(Versrelief)

Du! Mein Böses liebt Dich
Und meine Seele steht
Furchtbarer über Dir,
Wie der drohendste Stern über Herculanum.

Wie eine Wildkatze springt
Mein Böses aus mir,
Und beisst nach Dir.
    Entrissen
Von Liebesküssen
Aber taumelst Du
In Armen bekränzter Hetären
Durch rosenduftender Sphären
    Rauschgesang.

Nachts schleichen Hyänen,
Wie brütende Finsternisse
Hungrig über meine Träume
Im Wutglüh'n meiner Thränen.

NACHWEH

Weisst Du noch als ich krank lag,
  So Gott verlassen –
Da kamst Du,
  Es war am Herbsttag,
Der Wind wehte krank durch die Gassen.

Zwei kalte Totenaugen
Hätten mich nicht so gequält,
Wie Deine Saphiraugen,
Die beiden brennenden Märchen.

MEIN TANZLIED

Aus mir braust finst're Tanzmusik,
Meine Seele kracht in tausend Stücken!
Der Teufel holt sich mein Missgeschick
Um es ans brandige Herz zu drücken.

Die Rosen fliegen mir aus dem Haar
Und mein Leben saust nach allen Seiten,
So tanz' ich schon seit tausend Jahr,
Seit meiner ersten Ewigkeiten.

VERGELTUNG

Hab' hinter Deinem trüben Grimm geschmachtet,
Und der Tod hat in meiner Seele genachtet
    Und frass meine Lenze.
Und da kam ein Augenblick,
Ein spielender, jauchzender Augenblick
Und tanzte mit mir ins Leben zurück
    Bis zur Grenze.
Aber das Netz meiner Augen zerriss
    Vom plötzlichen Lichtglanz.
Wie soll ich nun die Goldzeiten auffangen!
Meine Seele die Goldlüfte einsaugen!
Der Tod hat sich fest an mein Leben gehangen,
Ich fühle immer stilleres Vergessen …
Himmelszeichen künden Unheil an im Westen,
In der Sackgasse brütet Frucht ein Nebelbaum
Und winkt mir heimlich mit den Schattenästen –
Ja! Meine Seele soll Beklemmniss von ihm essen!
Und ein Alb auf Dir liegen Nachts im Traum.

HUNDSTAGE

Ich will Deiner schweifenden Augen Ziel wissen
Und Deiner flatternden Lippen Begehr,
Denn so ertrag' ich das Leben nicht mehr,
Von der Tollwut der Zweifel zerbissen.

.... Wie friedvoll die Malvenblüten starben
Unter süssen Himmeln der Lenznacht –
Ich war noch ein Kind, als sie starben.

Hab' so still in der Seele Gottes geruht –
Möcht' mich nun in rasendes Meer stürzen
Von schreiendem Herzblut!

MELODIE

Deine Augen legen sich in meine Augen
Und nie war mein Leben so in Banden,
Nie hat es so tief in Dir gestanden
Es so wehrlos tief.

Und unter Deinen schattigen Träumen
Trinkt mein Anemonenherz den Wind zur Nachtzeit,
Und ich wandle blühend durch die Gärten
Deiner stillen Einsamkeit.

ELEGIE

Du warst mein Hyazinthentraum,
Bist heute noch mein süssestes Sehnen,
Aber mein Wünschen zittert durch Thränen
Und meine Hoffnung klagt vom Trauereschenbaum.

Tausend Wunschjahre lag ich vor Deinen Knieen,
Meine Gedanken sprudelten wie junge Weine,
Ein Venussehnen lag vor Deinen Knieen!

Zwei Sommer hielten wir uns schwer umfangen,
Ich tauchte in den goldenen Strudel Deiner
Schelmenlaunen,
Bis aus den späten Nächten unsere Sterbeglocken
klangen.

Und Neide schlichen heimlich, ihre Geil zu rächen,
Die Wolken drohten wild wie schwarze Posaunen,
Wir träumten beide einen Schmerzenstraum:
Zwei böse Sterne fielen in derselben Nacht
Und wir erblindeten in ihrem Stechen.

Der erste Blick, der uns zu eins gehämmert,
Er quälte sich bis in die Morgenstunden,
Bis weh das Herz des Ostens aufgedämmert.

Da sprangen alle grausigen Sagen auf,
Träumte nur noch Plagen,
Alle Plagen erdrosselten mich
Und reissende Hasse kamen
Und verheerten
Die Haine unserer jung gestorbenen Liebe.
Und wehrten meiner Seele Flucht zu Gott,

Gramjahre bebte ich hin,
Krankte zurück,
Kein Himmel beugte sich zu meinem Harme!
Durch alle Sümpfe schleift' ich mein verhungert Glück,
Und warf mich müd dem Satan in die Arme.

VAGABUNDEN

O, ich wollte in den Tag gehen,
Alle Sonnen, alle Glutspiele fassen,
Muss in trunk'ner Lenzluft untergeh'n
Tief in meinem Rätselblut.
Sehnte mich zu sehr nach dem Jubel!
Dass mein Leben verspiele mit dem Jubel.
Kaum noch fühlt' meine Seele den Goldsinn des Himmels,
Kaum noch sehen können meine Augen,
Wie müde Welle gleiten sie hin.
Und meine Sehnsucht taumelt wie eine sterbende Libelle.

Giesse Brand in mein Leben!
Ja, ich irre mit Dir,
Durch alle Gassen wollen wir streifen,
Wenn unsere Seelen wie hungernde Hunde knurren.
An allen Höllen unsere Lüste schleifen,
Und sünd'ge Launen alle Teufel fleh'n
Und Wahnsinn werden uns're Frevel sein,
Wie bunte, grelle Abendlichter surren;
Irrsinnige Gedanken werden diese Lichte sein!
Ach Gott! Mir bangt vor meiner schwarzen Stunde,
Ich grabe meinen Kopf selbst in die Erde ein!

HERZKIRSCHEN WAREN MEINE LIPPEN BEID'

Ach, ich irre wie die Todsünde
Ueber wilde Haiden und Abgründe,
Ueber weinende Blumen im Herbstwind,
Die dicht von Brennnesseln umklammert sind.

Herzkirschen waren meine Lippen beid',
Sie sind nun bleich und schweigend wie das Leid.
Ich suchte ihn im Abend, in der Dämmerung früh,
Und trank mein Blut und meine Süssigkeit.

Der Schatten, der auf meiner Wange glüht,
Wie eine Trauerrose ist er aufgeblüht
Aus meiner Seele Sehnsuchtsmelodie.

DIE BEIDEN

Dem zuckte sein zackiges Augenbrau jäh
Wie der Blitzstrahl einer Winternacht,
Und jener mit dem süssen Weh,
Dem ringenden Eden im Auge,
Mit dem Himmelblond auf der Stirn .....

Ich senkte mich in Beide
Wie ein erleuchtendes Gestirn –
Und es war, als sei ich:
Ihnen ihr Blut zu verraten:

Er mit dem scharfen Stahl im Aug'
Träumte von Heldenthaten
Im Dickicht meiner Urwaldaugen.
Und jenem, dem die Höhen des Parnassos
Mit Goldblicken winkten sternenwärts,
Ihm spannte ich zwei meiner wilden,
Ungezähmten Dürste ans Herz.

MEINE BLUTANGST

Es war eine Ebbe in meinem Blut,
Es schrie wie brüllende Ozeane
Und mit meiner Seele wehte der Tod
Wie mit einer Siegesfahne.

Zehn Könige standen um mein Bett,
Zehn stolze, leuchtende Sterne,
Sie tränkten mit Himmelsthau meine Qual,
Alle Abende meine Erbqual.

Jäh rissen sich ihre Willen los,
Wie schneidende Winterstürme.
Ueber die Herzen hinweg!
Ueber das Leben hinweg!
Und ihr rasender Mut wuchs Türme!
Und sie schlugen meine Blutangst tot,
Wie Himmelsbrand blühte das Morgenrot,
Und mein Blass schneite von ihren Wangen.

IM ANFANG

(Weltscherzo)

Hing an einer goldenen Lenzwolke,
Als die Welt noch Kind war,
Und Gott noch junger Vater war.
  Schaukelte, hei!
  Auf dem Ätherei,
  Und meine Wollhärchen flitterten ringelrei.
Neckte den wackelnden Mondgrosspapa,
Naschte Goldstaub der Sonnenmama,
In den Himmel sperrte ich Satan ein
Und Gott in die rauchende Hölle ein.
Die drohten mit ihrem grössten Finger
Und haben »klumbumm! klumbumm!« gemacht
Und es sausten die Peitschenwinde!
Doch Gott hat nachher zwei Donner gelacht
Mit dem Teufel über meine Todsünde.
Würde 10 000 Erdglück geben,
Noch einmal so gottgeboren zu leben,
So gottgeborgen, so offenbar.
  Ja! Ja!
Als ich noch Gottes Schlingel war!

DER SIEBENTE TAG

ERKENNTNIS

Schwere steigt aus allen Erden auf
Und wir ersticken im Bleidunst,
Jedoch die Sehnsucht reckt sich
Und speit wie eine Feuersbrunst.
Es tönt aus allen wilden Flüssen
Das Urgeschrei, Evas Lied.
Wir reißen uns die Hüllen ab,
Vom Schall der Vorwelt hingerissen,
    Ich nackt! Du nackt!
– – – – – – – – – – – – – – – – – – – –

Wilder, Eva, bekenne schweifender,
Deine Sehnsucht war die Schlange,
Ihre Stimme wand sich über deine Lippe,
Und biss in den Saum deiner Wange.

Wilder, Eva, bekenne reißender,
Den Tag, den du Gott abrangst,
Da du zu früh das Licht sahst
Und in den blinden Kelch der Scham sankst.

Riesengroß
Steigt aus deinem Schoß
Zuerst wie Erfüllung zagend,
Dann sich ungestüm raffend,
    Sich selbst schaffend
    Gott-Seele ....

Und sie wächst
Über die Welt hinaus,
Ihren Anfang verlierend,
Über alle Zeit hinaus,
Und zurück um dein Tausendherz
Ende überragend ...

Singe, Eva, dein banges Lied einsam,
Einsamer, tropfenschwer wie dein Herz schlägt,
Löse die düstere Tränenschnur,
Die sich um den Nacken der Welt legt.

Wie das Mondlicht wandele dein Antlitz ....
Du bist schön ....
Singe, singe, horch, den Rauscheton,
Spielt die Nacht auf deinem Goldhaar schon:

»Ich trank atmende Süße
Vom schillernden Aste
Aus holden Dunkeldolden.
Ich fürchte mich nun
Vor meinem wachenden Blick –
Verstecke mich, du –
Denn meine wilde Pein
  Wird Scham,
Verstecke mich, du,
Tief in das Auge der Nacht,
Dass mein Tag Nachtdunkel trage.
Dieses taube Getöse, das mich umwirrt!
Meine Angst rollt die Erdstufen herauf,
Düsterher, zu mir zurück, nachthin,
Kaum rastet eine Spanne zwischen uns.

Brich mir das glühende Eden von der Schulter!
Mit seinen kühlen Armen spielten wir,
Durch seine hellen Wolkenreife sprangen unsere Jubel.
Nun schnellen meine Zehe wie irre Pfeile über die Erde,
Und meine Sehnsucht kriecht in jähen Bogen mir voran.«

Eva, kehre um vor der letzten Hecke noch!
Wirf nicht Schatten mit dir,
Blühe aus, Verführerin.

Eva du heiße Lauscherin,
O, du schaumweiße Traube,
Flüchte um vor der Spitze deiner schmalsten Wimper noch!

LIEBESFLUG

Drei Stürme liebt ich ihn eher, wie er mich,
Jäh schrien seine Lippen,
Wie der geöffnete Erdmund!
Und Gärten berauschten an Mairegen sich.

Und wir griffen unsere Hände,
Die verlöteten wie Ringe sich;
Und er sprang mit mir auf die Lüfte
Gotthin, bis der Atem verstrich.

Dann kam ein leuchtender Sommertag,
Wie eine glückselige Mutter,
Und die Mädchen blickten schwärmerisch,
Nur meine Seele lag müd und zag.

WIR BEIDE

Der Abend weht Sehnen aus Blütensüße,
Und auf den Bergen brennt wie Silberdiamant der Reif,
Und Engelköpfchen gucken überm Himmelstreif,
Und wir beide sind im Paradiese.

Und uns gehört das ganze bunte Leben,
Das blaue große Bilderbuch mit Sternen!
Mit Wolkentieren, die sich jagen in den Fernen
Und hei! die Kreiselwinde, die uns drehn und heben!

Der liebe Gott träumt seinen Kindertraum
Vom Paradies – von seinen zwei Gespielen,
Und große Blumen sehn uns an von Dornenstielen …
Die düstre Erde hing noch grün am Baum.

DIE LIEBE

Es rauscht durch unseren Schlaf
Ein feines Wehen, Seide,
Wie pochendes Erblühen
Über uns beide.

Und ich werde heimwärts
Von deinem Atem getragen,
Durch verzauberte Märchen,
Durch verschüttete Sagen.

Und mein Dornenlächeln spielt
Mit deinen urtiefen Zügen,
Und es kommen die Erden
Sich an uns zu schmiegen.

Es rauscht durch unseren Schlaf
Ein feines Wehen, Seide –
Der weltalte Traum
Segnet uns beide.

TRAUM

Der Schlaf entführte mich in deine Gärten,
In deinen Traum – die Nacht war wolkenschwarz
umwunden –
Wie düstere Erden starrten deine Augenrunden,
Und deine Blicke waren Härten –

Und zwischen uns lag eine weite, steife
Tonlose Ebene …
Und meine Sehnsucht, hingegebene,
Küsst deinen Mund, die blassen Lippenstreife.

MARGRET

Der Morgen ist bleich von Traurigkeit,
Es sind so viel junge Blumen gestorben,
Und du, o du bist gestorben,
Und mein Herz klagt eine Sehnsucht weit;

Über die ziellose Flut
Der blau blühenden Meere,
Und deine Mutter höre
Ich weinen in meinem Blut.

… Muss immer träumen
Von deinen tiefen Lenzaugen,
Die blickten wie wilde Knospen
Von gottalten Bäumen.

»TÄUBCHEN, DAS IN SEINEM EIGNEN BLUTE SCHWIMMT«

Als ich also diese Worte an mich las,
Erinnerte ich mich
Tausend Jahre meiner.

Eisige Zeiten verschollen – Leben vom Leben,
Wo liegt mein Leben –
Und träumt nach meinem Leben.

Ich lag allen Tälern im Schoß,
Umklammerte alle Berge,
Aber nie meine Seele wärmte mich.

Mein Herz ist die tote Mutter,
Und meine Augen sind traurige Kinder,
Die über die Lande gehen.

»Täubchen, das in seinem eigenen Blute schwimmt«.
Ja, diese Worte an mich sind heiße Tropfen,
Sind mein stilles Aufsterben
»Täubchen, das in seinem eigenen Blute schwimmt«.

In den Nächten sitzen sieben weinende Stimmen
Auf der Stufe des dunklen Tors
Und harren.

Auf den Hecken sitzen sie
Um meine Träume
Und tönen.

Und mein braunes Auge blüht
Halb erschlossen vor meinem Fenster
Und zirpt. –
»Täubchen, das in seinem eigenen Blute schwimmt«.

EVA

Du hast deinen Kopf tief über mich gesenkt,
Deinen Kopf mit den goldenen Lenzhaaren,
Und deine Lippen sind von rosiger Seidenweichheit,
Wie die Blüten der Bäume Edens waren.

Und die keimende Liebe ist meine Seele.
O, meine Seele ist das vertriebene Sehnen,
Du liebzitterst vor Ahnungen –
… Und weißt nicht, warum deine Träume stöhnen.

Und ich liege schwer auf deinem Leben,
Eine tausendstämmige Erinnerung,
Und du bist so blutjung, so adamjung …
Du hast deinen Kopf tief über mich gesenkt –.

UNSER STOLZES LIED

Aber fremde Tage hängen
Über uns mit kühlen Bläuen,
Und weiße Wolkenschollen dräuen,
Das goldene Strahleneiland zu verdrängen.

Auch wir beide sind besiegte Siegerinnen,
Und Kronen steigen uns vom Blut der Zeder,
Propheten waren unsere Väter,
Unsere Mütter Königinnen.

Und süße Schwermutwolken ranken
Sich über ihre Gräber lilaheiß in Liebeszeilen,
Unsere Leiber ragen stolz, zwei goldene Säulen,
Über das Abendland wie östliche Gedanken.

UNSER LIEBESLIED

Lass die kleinen Sterne stehn,
Lenzseits winken junge Matten
Meiner Welten, die nichts wissen vom Geschehn.

Und wir wollen unter Pinien
Heimlich beide umschlungen gehn,
In die blaue Allmacht sehn.

Zwischen Garben
Und Schilfrohrruten
Steigen Schlummer auf aus Farben.

Und von roten Abendlinien
Blicken Marmorwolkenfresken
Und verzückte Arabesken.

UNSER KRIEGSLIED

Unsere Arme schlingen sich entgegen
Durch das Leben in runden Schwingen,
Durch das Spiel von Feuerringen,
Zwei Äste sich durch Bogenwegen.

Unsere Seelen tragen scharfe Blüten
Und aus ihren Kelchen steigen
Weihedüfte ... und die Himmel neigen
Ihre Häupter mit den blauen Güten.

Unsere Willen sind zwei harte Degen
Und sie haben nie verfehlt gestritten,
Und wir dringen bis zum Erzkreis vor, in seiner Mitten
Fällt nach dürren Ewigkeiten Freudenregen,

Alles Sehnen nieder, und vor unserm Schilde
Stürzt das blinde Dämmergraugebilde.
Unsere Adern schmettern wie Posaunen!

Unsere Augen blicken sich in Blicken,
Wie zwei Siege sich erblicken –
Und die Nacht des Tages voll in Lichterstaunen.

NEBEL

Wir sitzen traurig Hand in Hand,
Die gelbe Sonnenrose,
Die strahlende Braut Gottes,
Leuchtet erdenabgewandt.

Und wie golden ihr Blick war,
Und unsere Augen weiten
Sich fragend wie Kinderaugen,
Weiß liegt die Sehnsucht schon auf unserm Haar.

Und zwischen den kahlen Buchen
Steigen ruhelose Dunkelheiten,
Auferstandene Nächte,
Die ihre weinenden Tage suchen.

Es schließen sich wie Rosen
Unsere Hände; du, wir wollen
Wie junge Himmel uns lieben
Im Kranz von grauen Grenzenlosen.

Ein tiefer Sommer wird schweben
Auf laubigen Flügeln zur Erde,
Und eine rauschende Süße
Strömt durch das schwermütige Leben.

Und was werden wir beide spielen .....
Wir halten uns fest umschlungen
Und kugeln uns über die Erde,
Über die Erde.

RUTH

Und du suchst mich vor den Hecken.
Ich höre deine Schritte seufzen
Und meine Augen sind schwere dunkle Tropfen.

In meiner Seele blühen süß deine Blicke
Und füllen sich,
Wenn meine Augen in den Schlaf wandeln.

Am Brunnen meiner Heimat
Steht ein Engel,
Der singt das Lied meiner Liebe,
Der singt das Lied Ruths.

SCHULZEIT

Unter süßem Veilchenhimmel
Ist unsere Liebe aufgegangen,
Und ich suche allerwegen
Nach dir und deinen Morgenwangen.

Und den Ringelrangelhaaren
Rötlich blonden Rosenlocken,
Und den frühlingshellen Augen
Die so frischfreifrohfrohlocken.

Zwischen dicken Gummipflanzen
Lauern hinter Irdentöpfen
Strickpicknadelspitze Augen,
Tücksch aus bitteren Frauenköpfen.

Dass die beiden alten Damen
Hinter unsere Liebe kamen
Und dich in Gewahrsam nahmen,
Sind die Dramen unserer Herzen.

GROTESKE

Seine Ehehälfte sucht der Mond,
Da sonst das Leben sich nicht lohnt.

Der Lenzschalk springt mit grünen Füßen,
Ein Heuschreck über die Wiesen.

Steif steht im Teich die Schmackeduzie,
Es sehnt und dehnt sich Fräulein Luzie.

DAS GEHEIMNIS

Die runde Ampel hängt wie eine Süßfrucht in der Nische,
Des Fensters beide Glasgestalten regen sich,
Der Paradiesbaum hinter ihnen bläht sich,
Und meine Hände fallen bleich vom Marmortische.

Und aus dem Abend tritt ein schwerer Duft,
Und unsere Heiterkeiten klingen ferne
Hellhin wir sind auf einem greisen Sterne –
Wir Vier – und schwanken in der Luft.

Dein Auge füllt sich ... und ich ahne, wer ich bin –
Die zärtlich Glatte schlingt den Arm um deinen Leib und wittert,
Und der im Lichtschein beugt den Kopf, das Schweigen über uns gewittert,
Es blickt sich unser Blut um, hin zum Anbeginn.

Und siegeslockend schwingt der runde Odem uns ums Leben
Am Rand vorbei, der stille Kreis umkrampft uns.
Und Nähe sucht in Nähe zu verkriechen ...
Mein Arm hebt wie ein Schwert sich auf vor uns,
Versteinte Zeichen reißen sich aus Urgeweben.

Und draußen fällt ein bleicher, blinder Regen
Und tastet auf in hohlen, toten Fragen.
Wir sind von der Schlange noch nicht ausgetragen
Und finden das Ziel nicht in ihrem dunklen Bewegen.

NACHKLÄNGE

Auf den harten Linien
Meiner Siege
Lass ich meine späte Liebe tanzen.

Herzauf, seelehin,
Tanze, tanze meine späte Liebe,
Und ich lächle schwer vergessene Lieder.

Und mein Blut beginnt zu wittern,
Sich zu sehnen
Und zu flattern.

Schon vor Sternzeiten
Wünschte ich mir diese blaue,
Helle, leuchteblaue Liebe.

Deine Augen singen
Schönheit,
Duftende ….

Auf den harten Linien
Meiner Siege
Lass ich meine späte Liebe tanzen.

Und ich schwinge sie –
»Fangt auf ihr Rosenhimmel,
Auf und nieder!«

Tanze, tanze meine späte Liebe,
Herzab, seelehin –
Arglos über stille Tiefen ….
Über mein bezwungenes Leben.

EVAS LIED

Die Luft ist von gärender Erde herb,
Und der nackte Märzwald sehnt sich
Wie du – o, ich wollte, ich würde der Frühling,
Mit lauter Märchen umblühte ich dich.

Wäre meine Kraft nicht tot!
Ich hab all das Nachleid tragen müssen,
Und mein tagendes Herzrot
Ist von grollenden Himmeln zerrissen.

Und deine Sinne sind kühl,
Und deine Augen sind zwei Morgenfrühen,
Und das Blondgewirr auf deiner Stirn
Glüht, als ob Sonnen sie besprühen.

Aber du bist vertrieben wie ich,
Weil du auf das Land meiner Seele sankst,
Als das Glück des Erkenntnistags aus mir schrie
Und seines Genießens Todangst.

MAIENREGEN

Du hast deine warme Seele
Um mein verwittertes Herz geschlungen,
Und all seine dunklen Töne
Sind wie ferne Donner verklungen.

Aber es kann nicht mehr jauchzen
Mit seiner wilden Wunde,
Und wunschlos in deinem Arme
Liegt mein Mund auf deinem Munde.

Und ich höre dich leise weinen,
Und es ist – die Nacht bewegt sich kaum –
Als fiele ein Maienregen
Auf meinen greisen Traum.

MEIN STILLES LIED

Mein Herz ist eine traurige Zeit,
Die tonlos tickt.

Meine Mutter hatte goldene Flügel,
Die keine Welt fanden.

Horcht, mich sucht meine Mutter,
Lichte sind ihre Finger und ihre Füße wandernde Träume.

Und süße Wetter mit blauen Wehen
Wärmen meine Schlummer

Immer in den Nächten,
Deren Tage meiner Mutter Krone tragen.

Und ich trinke aus dem Monde stillen Wein,
Wenn die Nacht einsam kommt.

Meine Lieder trugen des Sommers Bläue
Und kehrten düster heim.

Verhöhnt habt ihr mir meine Lippe
Und redet mit ihr.

Doch ich griff nach euren Händen,
Denn meine Liebe ist ein Kind und wollte spielen.

Einen nahm ich von euch und den zweiten
Und küsste ihn,

Aber meine Blicke blieben rückwärtsgerichtet
Meiner Seele zu.

Arm bin ich geworden
An eurer bettelnden Wohltat.

Und ich wusste nichts vom Kranksein,
Und bin krank von euch,

Und nichts ist diebischer als Kränke,
Sie bricht dem Leben die Füße,

Stiehlt dem Grabweg das Licht,
Und verleumdet den Tod.

Aber mein Auge
Ist der Gipfel der Zeit,

Sein Leuchten küsst
Gottes Saum.

Und ich will euch noch mehr sagen,
Bevor es finster wird zwischen uns.

Bist du der Jüngste von euch,
So solltest du mein Ältestes wissen.

Auf deiner Seele werden es fortan
Alle Welten spielen.

Und die Nacht wird es wehklagen
Dem Tag.

Ich bin der Hieroglyph,
Der unter der Schöpfung steht.

Und ich artete mich nach euch,
Der Sehnsucht nach dem Menschen wegen.

Ich riss die ewigen Blicke von meinen Augen,
Das siegende Licht von meinen Lippen –

Weißt du einen schwereren Gefangenen,
Einen böseren Zauberer, denn ich.

Und meine Arme, die sich heben wollen,
Sinken …

MEIN VOLK

Der Fels wird morsch,
Dem ich entspringe
Und meine Gotteslieder singe …
Jäh stürz ich vom Weg
Und riesele ganz in mir
Fernab, allein über Klagegestein
Dem Meer zu.

Hab mich so abgeströmt
Von meines Blutes
Mostvergorenheit.
Und immer, immer noch der Widerhall
In mir,

Wenn schauerlich gen Ost
Das morsche Felsgebein,
Mein Volk,
Zu Gott schreit.

ZEBAOTH

Gott, ich liebe dich in deinem Rosenkleide,
Wenn du aus deinen Gärten trittst, Zebaoth.
O, du Gottjüngling,
Du Dichter,
Ich trinke einsam von deinen Düften.

Meine erste Blüte Blut sehnte sich nach dir,
So komme doch,
Du süßer Gott,
Du Gespiele Gott,
Deines Tores Gold schmilzt an meiner Sehnsucht.

MEIN STERBELIED

Die Nacht ist weich von Rosensanftmut;
Komm, gib mir deine beiden Hände her,
Mein Herz pocht spät
Und durch mein Blut
Wandert die letzte Nacht und geht
Und naht so weit und ewig wie ein Meer.

Und hast du mich so sehr geliebt,
So nimm das Jubelndste von deinem Tag,
Gib mir das Gold, das keine Wolke trübt.

Es wallen Harmonien aus der Nachtlandferne –
Ich ziehe ein
Und werde Leben sein
Und Leben mich an Leben schmiegen,
Wenn über mir Paradiessterne
Ihre ersten Menschen wiegen.

STREITER

Und deine hellen Augen heben sich im Zorn,
Schwarz, wie die lange Nacht, und morgenlose.
Des Eitlen Stimme brüllt in toter Pose,
Wie durch ein eng gebogenes Horn.

Und zwischen übermütigem Tausendlachen
Der Einen und der Zweiten und der Vielen
Zerbersten Wort an Worten sich aus Wetterschwielen
Wie reife Härten auf den lauten Schwachen.

Und Abendwinde, die von her und dort sich trafen
Und schrill in Kreiseleile sich beschielen,
Aufpfiffen fröstelnd über die gebohnten Dielen –
Ich konnte nachts vor Träumerei nicht schlafen.

Und meine Seele liegt wie eine bleiche Weite
Und hört das Leben mahlen in der Mühle,
Es löst sich auf in schwere Kühle,
Und ballt sich wieder heiß zum Streite.

WIR DREI

Unsere Seelen hingen an den Morgenträumen
Wie die Herzkirschen,
Wie lachendes Blut an den Bäumen.

Kinder waren unsere Seelen,
Als sie mit dem Leben spielten,
Wie die Märchen sich erzählen.

Und von weißen Azaleen
Sangen die Spätsommerhimmel
Über uns im Südwindwehen.

Und ein Kuss und ein Glauben
Waren unsere Seelen eins,
Wie drei Tauben.

MEIN LIEBESLIED

Wie ein heimlicher Brunnen
Murmelt mein Blut,
Immer von dir, immer von mir.

Unter dem taumelnden Mond
Tanzen meine nackten, suchenden Träume,
Nachtwandelnde Kinder,
Leise über düstere Hecken.

O, deine Lippen sind sonnig …
Diese Rauschedüfte deiner Lippen …
Und aus blauen Dolden silberumringt
Lächelst du … du, du.

Immer das schlängelnde Geriesel
Auf meiner Haut
Über die Schulter hinweg –
Ich lausche …

Wie ein heimlicher Brunnen
Murmelt mein Blut.

MEIN WANDERLIED

Zwölf Morgenhellen weit
Verschallt der Geist der Mitternacht,
Und meine Lippen haben ausgedacht
In stolzer Linie mit der Ewigkeit.

Torabwärts schreitet das Verflossene,
Indes sich meine Seele in dem Glanz der Lösung bricht,
Ihr tausendheißes, weißes Licht
Scheint mir voran ins Ungegossene.

Und ich wachse über all Erinnern weit –
So ferne Musik – und zwischen Kampf und Frieden
Steigen meine Blicke, Pyramiden,
Und sind die Ziele hinter aller Zeit.

DER LETZTE

Ich lehne am geschlossenen Lid der Nacht
Und horche in die Ruhe.

Alle Sterne träumen von mir,
Und ihre Strahlen werden goldener,
Und meine Ferne undurchdringlicher.

Wie mich der Mond umwandelt,
Immer blindes Geschimmer murmelnd,
Ein Derwisch ist er in seinem Wandeltanz.

Weißgelbenjung hing sein Schein
Schaumleicht an der Nacht,
Und jäh über die Wolken sein Lawinengedröhn
Immer grauab,
Mir zur Seite streifte sein Gold.

Mein Heimatmeer lauscht still in meinem Schoß,
Helles Schlafen – dunkles Wachen …
In meiner Hand liegt schwer mein Volk begraben,
Und Wetter ziehen schüchtern über mich.

Ich lehne am geschlossenen Lid der Nacht
Und horche in die Ruhe.

O, MEINE SCHMERZLICHE LUST …

Mein Traum ist eine junge, wilde Weide
Und schmachtet in der Dürre.
Wie die Kleider um den Tag brennen …
Alle Lande bäumen sich.

Soll ich dich locken mit dem Liede der Lerche
Oder soll ich dich rufen wie der Feldvogel?
Tuuh! Tuuh!

Wie die Silberähren
Um meine Füße sieden – – –
O, meine schmerzliche Lust
Weint wie ein Kind.

DER LETZTE STERN

Mein silbernes Blicken rieselt durch die Leere,
Nie ahnte ich, dass das Leben hohl sei.
Auf meinem leichtesten Strahl
Gleite ich wie über Gewebe von Luft
Die Zeit rundauf, kugelab,
Unermüdlicher tanzte nie der Tanz.
Schlangenkühl schnellt der Atem der Winde,
Säulen aus blassen Ringen sich auf
Und zerfallen wieder.
Was soll das klanglose Luftgelüste,
Dieses Schwanken unter mir,
Wenn ich über die Lende der Zeit mich drehe.
Eine sanfte Farbe ist mein Bewegen
Und doch küsste nie das frische Auftagen,
Nicht das jubelnde Blühen eines Morgen mich.
Es naht der siebente Tag –
Und noch ist das Ende nicht erschaffen.
Tropfen an Tropfen erlöschen
Und reiben sich wieder,
In den Tiefen taumeln die Wasser
Und drängen hin und stürzen erdenab.
Wilde, schimmernde Rauscharme
Schäumen auf und verlieren sich,
Und wie alles drängt und sich engt
Ins letzte Bewegen.
Kürzer atmet die Zeit
Im Schoß der Zeitlosen.
Hohle Lüfte schleichen
Und erreichen das Ende nicht,
Und ein Punkt wird mein Tanz
In der Blindnis.

HEIM

Unsere Zimmer haben blaue Wände,
Und wir wandeln leise hin durch Himmelweiten,
Und am Abend legen Innigkeiten
Mit Engelaugen ineinander unsere Hände.

Und wir erzählen uns Geschichten,
Bis der Morgen kommt in Silberglocken
Und dem Dämmersteine in den Locken,
Der Sonne winkt durchs Tor von Wolkenschichten;

Und wie sie tanzt auf unseren wiesenhellen
Teppichen, leicht über sanft verschlungene Blumenstiele!
Zum Liebeslauschen laden unsere Stühle,
Und von den Pfeilern fallen Seidenquellen.

SPHINX

Sie sitzt an meinem Bette in der Abendzeit
Und meine Seele tut nach ihrem Willen,
Und in dem Dämmerscheine, traumesstillen,
Engen wie Fäden dünn sich ihre Glanzpupillen
Um ihrer Sinne schläfrige Geschmeidigkeit.

Und auf dem Nebenbette an den Leinennähten
Knistern die Spitzenranken von Narzissen,
Und ihre Hände dehnen breit sich nach dem Kissen,
Auf dem noch Träume blühn aus seinen Küssen,
Herzsüßer Duft auf weißen Beeten.

Und lächelnd taucht die Mondfrau in die Wolkenwellen
Und meine bleichen, leidenden Psychen
Erstarken neu im Kampf mit Widersprüchen.

WELTENDE

Es ist ein Weinen in der Welt,
Als ob der liebe Gott gestorben wär,
Und der bleierne Schatten, der niederfällt,
Lastet grabesschwer.

Komm, wir wollen uns näher verbergen …
Das Leben liegt in aller Herzen
Wie in Särgen.

Du! wir wollen uns tief küssen –
Es pocht eine Sehnsucht an die Welt,
An der wir sterben müssen.

MEINE WUNDER

NUN SCHLUMMERT MEINE SEELE –

Der Sturm hat ihre Stämme gefällt,
O, meine Seele war ein Wald.

Hast du mich weinen gehört?
Weil deine Augen bang geöffnet stehn.
Sterne streuen Nacht
In mein vergossenes Blut.

Nun schlummert meine Seele
Zagend auf Zehen.

O, meine Seele war ein Wald;
Palmen schatteten,
An den Ästen hing die Liebe.
Tröste meine Seele im Schlummer.

ANKUNFT

Ich bin am Ziel meines Herzens angelangt.
Weiter führt kein Strahl.
Hinter mir lass ich die Welt,
Fliegen die Sterne auf: Goldene Vögel.

Hisst der Mondturm die Dunkelheit –
… O, wie mich leise eine süße Weise betönt …
Aber meine Schultern heben sich, hochmütige Kuppeln.

VERSÖHNUNG

Es wird ein großer Stern in meinen Schoß fallen …
Wir wollen wachen die Nacht,

In den Sprachen beten,
Die wie Harfen eingeschnitten sind.

Wir wollen uns versöhnen die Nacht –
So viel Gott strömt über.

Kinder sind unsere Herzen,
Die möchten ruhen müdesüß.

Und unsere Lippen wollen sich küssen,
Was zagst du?

Grenzt nicht mein Herz an deins –
Immer färbt dein Blut meine Wangen rot.

Wir wollen uns versöhnen die Nacht,
Wenn wir uns herzen, sterben wir nicht.

Es wird ein großer Stern in meinen Schoß fallen.

DIE STIMME EDENS

Wilder, Eva, bekenne schweifender,
Deine Sehnsucht war die Schlange,
Ihre Stimme wand sich über deine Lippe,
Und biss in den Saum deiner Wange.

Wilder, Eva, bekenne reißender,
Den Tag, den du Gott abrangst,
Da du zu früh das Licht sahst
Und in den blinden Kelch der Scham sankst.

Riesengroß
Steigt aus deinem Schoß
Zuerst wie Erfüllung zagend,
Dann sich ungestüm raffend,
Sich selbst schaffend,
Gottesseele ....

Und sie wächst
Über die Welt hinaus,
Ihren Anfang verlierend,
Über alle Zeit hinaus,
Und zurück um dein Tausendherz,
Ende überragend ....

Singe, Eva, dein banges Lied einsam,
Einsamer, tropfenschwer wie dein Herz schlägt,
Löse die düstere Tränenschnur,
Die sich um den Nacken der Welt legt.

Wie das Mondlicht wandele dein Antlitz,
Du bist schön ....
Singe, singe, horch, den Rauscheton
Spielt die Nacht und weiß nichts vom Geschehn.

Überall das taube Getöse –
Deine Angst rollt über die Erdstufen
Den Rücken Gottes herab.

Kaum rastet eine Spanne zwischen ihm und dir.
Birg dich tief in das Auge der Nacht,
Dass dein Tag nachtdunkel trage.

Himmel ersticken, die sich nach Sternen bücken –
Eva, Hirtin, es gurren
Die blauen Tauben in Eden.

Eva, kehre um vor der letzten Hecke noch!
Wirf nicht Schatten mit dir,
Blühe aus, Verführerin.

Eva, du heiße Lauscherin,
O du schaumweiße Traube,
Flüchte um vor der Spitze deiner schmalsten Wimper noch!

IN DEINE AUGEN

Blau wird es in deinen Augen –
Aber warum zittert all mein Herz
Vor deinen Himmeln.

Nebel liegt auf meiner Wange
Und mein Herz beugt sich zum Untergange.

VON WEIT

Dein Herz ist wie die Nacht so hell,
Ich kann es sehn
– Du denkst an mich – es bleiben alle Sterne stehn.

Und wie der Mond von Gold dein Leib
Dahin so schnell
Von weit er scheint.

WO MAG DER TOD MEIN HERZ LASSEN?

Immer tragen wir Herz vom Herzen uns zu.
Pochende Nacht
Hält unsere Schwellen vereint.

Wo mag der Tod mein Herz lassen?
In einem Brunnen, der fremd rauscht –

In einem Garten, der steinern steht –
Er wird es in einen reißenden Fluss werfen.

Mir bangt vor der Nacht,
Daran kein Stern hängt.

Denn unzählige Sterne meines Herzens
Vergolden deinen Blutspiegel.

Liebe ist aus unserer Liebe vielfältig erblüht.
Wo mag der Tod mein Herz lassen?

PHARAO UND JOSEPH

Pharao verstößt seine blühenden Weiber,
Sie duften nach den Gärten Amons.

Sein Königskopf ruht auf meiner Schulter,
Die strömt Korngeruch aus.

Pharao ist von Gold.
Seine Augen gehen und kommen
Wie schillernde Nilwellen.

Sein Herz aber liegt in meinem Blut;
Zehn Wölfe gingen an meine Tränke.

Immer denkt Pharao
An meine Brüder,
Die mich in die Grube warfen.

Säulen werden im Schlaf seine Arme
Und drohen!

Aber sein träumerisch Herz
Rauscht auf meinem Grund.

Darum dichten meine Lippen
Große Süßigkeiten,
Im Weizen unseres Morgens.

DAVID UND JONATHAN

In der Bibel stehn wir geschrieben
Bunt umschlungen.

Aber unsere Knabenspiele
Leben weiter im Stern.

Ich bin David,
Du mein Spielgefährte;

O, wir färbten
Unsere weißen Widderherzen rot!

Wie die Knospen an den Liebespsalmen
Unter Feiertagshimmel.

Deine Abschiedsaugen aber –
Immer nimmst du still im Kusse Abschied.

Und was soll dein Herz
Noch ohne meines –

Deine Süßnacht
Ohne meine Lieder.

LEISE SAGEN –

Du nahmst dir alle Sterne
Über meinem Herzen.

Meine Gedanken kräuseln sich,
Ich muss tanzen.

Immer tust du das, was mich aufschauen lässt,
Mein Leben zu müden.

Ich kann den Abend nicht mehr
Über die Hecken tragen.

Im Spiegel der Bäche
Finde ich mein Bild nicht mehr.

Dem Erzengel hast du
Die schwebenden Augen gestohlen;

Aber ich nasche vom Seim
Ihrer Bläue.

Mein Herz geht langsam unter
Ich weiß nicht wo –

Vielleicht in deiner Hand.
Überall greift sie an mein Gewebe.

EIN ALTER TIBETTEPPICH

Deine Seele, die die meine liebet,
Ist verwirkt mit ihr im Teppichtibet.

Strahl in Strahl, verliebte Farben,
Sterne, die sich himmellang umwarben.

Unsere Füße ruhen auf der Kostbarkeit,
Maschentausendabertausendweit.

Süßer Lamasohn auf Moschuspflanzenthron,
Wie lange küsst dein Mund den meinen wohl
Und Wang die Wange bunt geknüpfte Zeiten schon?

ICH BIN TRAURIG

Deine Küsse dunkeln, auf meinem Mund.
Du hast mich nicht mehr lieb.

Und wie du kamst –!
Blau vor Paradies;

Um deinen süßesten Brunnen
Gaukelte mein Herz.

Nun will ich es schminken,
Wie die Freudenmädchen
Die welke Rose ihrer Lende röten.

Unsere Augen sind halb geschlossen,
Wie sterbende Himmel –

Alt ist der Mond geworden.
Die Nacht wird nicht mehr wach.

Du erinnerst dich meiner kaum.
Wo soll ich mit meinem Herzen hin?

ABEND

Hauche über den Frost meines Herzens
Und wenn du es zwitschern hörst,
Fürchte dich nicht vor seinem schwarzen Lenz.

Immer dachte das kalte Wundergespenst an mich
Und säete unter meinen Füßen – Schierling.

Nun prägt in Sternen auf meine Leibessäule
Ein weinender Engel die Inschrift.

UND SUCHE GOTT

Ich habe immer vor dem Rauschen meines Herzens
gelegen,
Nie den Morgen gesehen,
Nie Gott gesucht.
Nun aber wandle ich um meines Kindes
Goldgedichtete Glieder
Und suche Gott.

Ich bin müde vom Schlummer,
Weiß nur vom Antlitz der Nacht.
Ich fürchte mich vor der Frühe,
Sie hat ein Gesicht
Wie die Menschen, die fragen.

Ich habe immer vor dem Rauschen meines Herzens
gelegen,
Nun aber taste ich um meines Kindes
Gottgelichtete Glieder.

HEIMWEH

Ich kann die Sprache
Dieses kühlen Landes nicht,
Und seinen Schritt nicht gehn.

Auch die Wolken, die vorbeiziehn,
Weiß ich nicht zu deuten.

Die Nacht ist eine Stiefkönigin.

Immer muss ich an die Pharaonenwälder denken
Und küsse die Bilder meiner Sterne.

Meine Lippen leuchten schon
Und sprechen Fernes,

Und bin ein buntes Bilderbuch
Auf deinem Schoß.

Aber dein Antlitz spinnt
Einen Schleier aus Weinen.

Meinen schillernden Vögeln
Sind die Korallen ausgestochen,

An den Hecken der Gärten
Versteinern sich ihre weichen Nester.

Wer salbt meine toten Paläste –
Sie trugen die Kronen meiner Väter,
Ihre Gebete versanken im heiligen Fluss.

MEINE MUTTER

War sie der große Engel,
Der neben mir ging?

Oder liegt meine Mutter begraben
Unter dem Himmel von Rauch –
Nie blüht es blau über ihrem Tode.

Wenn meine Augen doch hell schienen
Und ihr Licht brächten.

Wäre mein Lächeln nicht versunken im Antlitz,
Ich würde es über ihr Grab hängen.

Aber ich weiß einen Stern,
Auf dem immer Tag ist;
Den will ich über ihre Erde tragen.

Ich werde jetzt immer ganz allein sein
Wie der große Engel,
Der neben mir ging.

RAST

Mit einem stillen Menschen will ich wandern
Über die Berge meiner Heimat,
Schluchzend über Schluchten,
Über hingestreckte Lüfte.

Überall beugen sich die Zedern
Und streuen Blüten.

Aber meine Schulter hängt herab
Von der Last des Flügels.
Suche ewige, stille Hände:
Mit meiner Heimat will ich wandern.

AN GOTT

Du wehrst den guten und den bösen Sternen nicht;
All ihre Launen strömen.
In meiner Stirne schmerzt die Furche,
Die tiefe Krone mit dem düsteren Licht.

Und meine Welt ist still –
Du wehrtest meiner Laune nicht.
Gott, wo bist du?

Ich möchte nah an deinem Herzen lauschen,
Mit deiner fernsten Nähe mich vertauschen,
Wenn goldverklärt in deinem Reich
Aus tausendseligem Licht
Alle die guten und die bösen Brunnen rauschen.

MARIE VON NAZARETH

Träume, säume, Marienmädchen –
Überall löscht der Rosenwind
Die schwarzen Sterne aus.
Wiege im Arme dein Seelchen.

Alle Kinder kommen auf Lämmern
Zottehotte geritten,
Gottlingchen sehen –

Und die vielen Schimmerblumen
An den Hecken –
Und den großen Himmel da
Im kurzen Blaukleide!

KETE PARSENOW

Du bist das Wunder im Land,
Rosenöl fließt unter deiner Haut,

Vom Gegold deiner Haare
Nippen Träume;
Ihre Deutungen verkünden Dichter.

Du bist dunkel vor Gold –
Auf deinem Antlitz erwachen
Die Nächte der Liebenden.

Ein Lied bist du
Gestickt auf Blondgrund,
Du stehst im Mond …

Immer wiegen dich
Die Bambusweiden.

VOLLMOND

Leise schwimmt der Mond durch mein Blut …
Schlummernde Töne sind die Augen des Tages
Wandelhin – taumelher –

Ich kann deine Lippen nicht finden …
Wo bist du, ferne Stadt
Mit den segnenden Düften?

Immer senken sich meine Lider
Über die Welt – alles schläft.

MEINEM SO GELIEBTEN SPIELGEFÄHRTEN
SENNA HOY

In Moskau der Prinz Sascha
Saß sündlos gefangen sieben Jahr.

BALLADE

(Erste Fassung)

Trotzendes Gold seine Stirn war,
Süßer Todstrahl sein Haar,
Seine Lippen blühten am Altar.

Ob er kommt dieses Jahr –
Sein Herz pocht ganz nah.

Wo steck ich meinen Liebsten hin,
Da ich nur seine Blume bin –

Dem Dichter färbt er die Schläfe rot.
Mit der Axt schlägt er den Ritter tot.
Aber den König trifft er nicht,
Der hat meines Bruders steinern Gesicht.
O, Sascha!

BALLADE

(Zweite Fassung)

Sascha kommt aus Sibirien heim;
Wie er aussehn mag?

Trotzendes Gold seine Stirne war,
Süßer Todstrahl sein Haar,
Seine Lippen brannten am Altar.

Sascha trank meinen Herzseim
Jede Nacht, die am Traumhang lag.

Was er sagen mag –
Wie er klagen mag –

Wo steck ich meinen Liebsten hin?
Da ich ihm untreu war
Und doch nur seine Blume bin.

Dem Dichter färbt er die Schläfe rot,
Seine Ehre sticht den Wilddieb tot.

Aber den König trifft er nicht,
Der hat meines Bruders steinern Gesicht.
Sascha!

SENNA HOY

Wenn du sprichst,
Wacht mein buntes Herz auf.

Alle Vögel üben sich
Auf deinen Lippen.

Immerblau streut deine Stimme
Über den Weg;

Wo du erzählst, wird Himmel.

Deine Worte sind aus Lied geformt,
Ich traure, wenn du schweigst.

Singen hängt überall an dir –
Wie du wohl träumen magst?

MEIN LIEBESLIED

Auf deinen Wangen liegen
Goldene Tauben.

Aber dein Herz ist ein Wirbelwind,
Dein Blut rauscht, wie mein Blut –

Süß
An Himbeersträuchern vorbei.

O, ich denke an dich – –
Die Nacht frage nur.

Niemand kann so schön
Mit deinen Händen spielen,

Schlösser bauen, wie ich
Aus Goldfinger;

Burgen mit hohen Türmen!
Strandräuber sind wir dann.

Wenn du da bist,
Bin ich immer reich.

Du nimmst mich so zu dir,
Ich sehe dein Herz sternen.

Schillernde Eidechsen
Sind deine Geweide.

Du bist ganz aus Gold –
Alle Lippen halten den Atem an.

SIEHST DU MICH

Zwischen Erde und Himmel?
Nie ging einer über meinen Pfad.

Aber dein Antlitz wärmt meine Welt,
Von dir geht alles Blühen aus.

Wenn du mich ansiehst,
Wird mein Herz süß.

Ich liege unter deinem Lächeln
Und lerne Tag und Nacht bereiten,

Dich hinzaubern und vergehen lassen,
Immer spiele ich das eine Spiel.

EIN LIEBESLIED

Aus goldenem Odem
Erschufen uns Himmel.
O, wie wir uns lieben …

Vögel werden Knospen an den Ästen,
Und Rosen flattern auf.

Immer suche ich nach deinen Lippen
Hinter tausend Küssen.

Eine Nacht aus Gold,
Sterne aus Nacht …
Niemand sieht uns.

Kommt das Licht mit dem Grün,
Schlummern wir;
Nur unsere Schultern spielen noch wie Falter.

EIN LIED DER LIEBE

Seit du nicht da bist,
Ist die Stadt dunkel.

Ich sammle die Schatten
Der Palmen auf,
Darunter du wandeltest.

Immer muss ich eine Melodie summen,
Die hängt lächelnd an den Ästen.

Du liebst mich wieder –
Wem soll ich mein Entzücken sagen?

Einer Waise oder einem Hochzeitler,
Der im Widerhall das Glück hört.

Ich weiß immer,
Wann du an mich denkst –

Dann wird mein Herz ein Kind
Und schreit.

An jedem Tor der Straße
Verweile ich und träume;

Ich helfe der Sonne deine Schönheit malen
An allen Wänden der Häuser.

Aber ich magere
An deinem Bilde.

Um schlanke Säulen schlinge ich mich
Bis sie schwanken.

Überall steht Wildedel,
Die Blüten unseres Blutes.

Wir tauchen in heilige Moose,
Die aus der Wolle goldener Lämmer sind.

Wenn doch ein Tiger
Seinen Leib streckte

Über die Ferne, die uns trennt,
Wie zu einem nahen Stern.

Auf meinem Angesicht
Liegt früh dein Hauch.

EIN TRAUERLIED

Eine schwarze Taube ist die Nacht
... Du denkst so sanft an mich.

Ich weiß, dein Herz ist still,
Mein Name steht auf seinem Saum.

Die Leiden, die dir gehören,
Kommen zu mir.

Die Seligkeiten, die dich suchen,
Sammele ich unberührt.

So trage ich die Blüten deines Lebens
Weiter fort.

Und möchte doch mit dir stille stehn;
Zwei Zeiger auf dem Zifferblatt.

O, alle Küsse sollen schweigen
Auf beschienenen Lippen liebentlang.

Niemehr soll es früh werden,
Da man deine Jugend brach.

In deiner Schläfe
Starb ein Paradies.

Mögen sich die Traurigen
Die Sonne in den Tag malen.

Und die Trauernden
Schimmer auf ihre Wangen legen.

Im schwarzen Wolkenkelche
Steht die Mondknospe.

... Du denkst so sanft an mich.

SASCHA

Um deine Lippen blüht noch jung
Der Trotz dunkelrot,

Aber auf deiner Stirne sind meine Gebete
Vom Sturm verwittert.

Dass wir uns im Leben
Nie küssen sollten ...

Nun bist du der Engel,
Der auf meinem Grab steht.

Das Atmen der Erde bewegt
Meinen Leib wie lebendig.

Mein Herz scheint hell
Vom Rosenblut der Hecken.

Aber ich bin tot, Sascha,
Und das Lächeln liegt abgepflückt
Nur noch kurz auf meinem Gesicht.

SENNA HOY

Seit du begraben liegst auf dem Hügel,
Ist die Erde süß.

Wo ich hingehe nun auf Zehen,
Wandele ich über reine Wege.

O deines Blutes Rosen
Durchtränken sanft den Tod.

Ich habe keine Furcht mehr
Vor dem Sterben.

Auf deinem Grabe blühe ich schon
Mit den Blumen der Schlingpflanzen.

Deine Lippen haben mich immer gerufen,
Nun weiß mein Name nicht mehr zurück.

Jede Schaufel Erde, die dich barg,
Verschüttete auch mich.

Darum ist immer Nacht an mir,
Und Sterne schon in der Dämmerung.

Und ich bin unbegreiflich unseren Freunden
Und ganz fremd geworden.

Aber du stehst am Tor der stillsten Stadt
Und wartest auf mich, du Großengel.

MEINEM REINEN LIEBESFREUND HANS EHRENBAUM-DEGELE

Tristan kämpfte in Feindesland;
Viel Lieder hat er heimgesandt
Bis der Feind brach seinen Leib.

HANS EHRENBAUM-DEGELE

Er war der Ritter in Goldrüstung.
Sein Herz ging auf sieben Rubinen.

Darum trugen seine Tage
Den lauteren Sonntagsglanz.

Sein Leben war ein lyrisches Gedicht,
Die Kriegsballade sein Tod.

Er sang den Frauen Lieder
In süßerlei Abendfarben.

Goldnelken waren seine Augen,
Manchmal stand Tau in ihnen.

Einmal sagte er zu mir:
»Ich muss früh sterben.«

Da weinten wir beide
Wie nach seinem Begräbnis.

Seitdem lagen seine Hände
Oft in den meinen.

Immer hab ich sie gestreichelt,
Bis sie die Waffe ergriffen.

ALS ICH TRISTAN KENNENLERNTE –

O,
Du mein Engel,
Wir schweben nur noch
In holden Wolken.

Ich weiß nicht, ob ich lebe
Oder süß gestorben bin
In deinem Herzen.

Immer feiern wir Himmelfahrt
Und viel, viel Schimmer.

Goldene Heiligenbilder
Sind deine Augen.

Sage – wie ich bin?
Überall wollen Blumen aus mir.

AN DEN GRALPRINZEN

Wenn wir uns ansehn,
Blühn unsere Augen.

Und wie wir staunen
Vor unseren Wundern – nicht?
Und alles wird so süß.

Von Sternen sind wir eingerahmt
Und flüchten aus der Welt.

Ich glaube wir sind Engel.

AN DEN PRINZEN TRISTAN

Auf deiner blauen Seele
Setzen sich die Sterne zur Nacht.

Man muss leise mit dir sein,
O, du mein Tempel,
Meine Gebete erschrecken dich;

Meine Perlen werden wach
Von meinem heiligen Tanz.

Es ist nicht Tag und nicht Stern,
Ich kenne die Welt nicht mehr,
Nur dich – alles ist Himmel.

AN DEN RITTER AUS GOLD

Du bist alles was aus Gold ist
In der großen Welt.

Ich suche deine Sterne
Und will nicht schlafen.

Wir wollen uns hinter Hecken legen,
Uns nie mehr aufrichten.

Aus unseren Händen
Süße Träumerei küssen.

Mein Herz holt sich
Von deinem Munde Rosen.

Meine Augen lieben dich an,
Du haschst nach ihren Faltern.

Was soll ich tun,
Wenn du nicht da bist.

Von meinen Lidern
Tropft schwarzer Schnee;

Wenn ich tot bin,
Spiele du mit meiner Seele.

AN DEN RITTER

Gar keine Sonne ist mehr,
Aber dein Angesicht scheint.

Und die Nacht ohne Wunder,
Du bist mein Schlummer.

Dein Auge zuckt wie Sternschnuppe –
Immer wünsche ich mir etwas.

Lauter Gold ist dein Lachen,
Mein Herz tanzt in den Himmel.

Wenn eine Wolke kommt –
Sterbe ich.

AN TRISTAN

Ich kann nicht schlafen mehr,
Immer schüttelst du Gold über mich.

Und eine Glocke ist mein Ohr,
Wem vertraust du dich?

So hell wie du,
Blühen die Sträucher im Himmel.

Engel pflücken sich dein Lächeln
Und schenken es den Kindern.

Die spielen Sonne damit
Ja ..

GOTTFRIED BENN

Der hehre König Giselheer
Stieß mit seinem Lanzenspeer
Mitten in mein Herz.

O, DEINE HÄNDE

Sind meine Kinder.
Alle meine Spielsachen
Liegen in ihren Gruben.

Immer spiel ich Soldaten
Mit deinen Fingern, kleine Reiter,
Bis sie umfallen.

Wie ich sie liebe
Deine Bubenhände, die zwei.

GISELHEER DEM HEIDEN

Ich weine –
Meine Träume fallen in die Welt.

In meine Dunkelheit
Wagt sich kein Hirte.

Meine Augen zeigen nicht den Weg
Wie die Sterne.

Immer bettle ich vor deiner Seele;
Weißt du das?

Wär ich doch blind –
Dächte dann, ich läg in deinem Leib.

Alle Blüten täte ich
Zu deinem Blut.

Ich bin vielreich,
Niemand wer kann mich pflücken;

Oder meine Gaben tragen
Heim.

Ich will dich ganz zart mich lehren;
Schon weißt du mich zu nennen.

Sieh meine Farben,
Schwarz und stern

Und mag den kühlen Tag nicht,
Der hat ein Glasauge.

Alles ist tot,
Nur du und ich nicht.

GISELHEER DEM KNABEN

An meiner Wimper hängt ein Stern,
Es ist so hell
Wie soll ich schlafen –

Und möchte mit dir spielen.
– Ich habe keine Heimat –
Wir spielen König und Prinz.

GISELHEER DEM KÖNIG

Ich bin so allein
Fänd ich den Schatten
Eines süßen Herzens.

– Oder mir jemand
Einen Stern schenkte –

Immer fingen ihn
Die Engel auf
So hin und her.

Ich fürchte mich
Vor der schwarzen Erde.
Wie soll ich fort?

Möchte in den Wolken
Begraben sein,
Überall wo Sonne wächst,

Liebe dich so!
Du mich auch?
Sag es doch – – –

LAUTER DIAMANT

Ich hab in deinem Antlitz
Meinen Sternenhimmel ausgeträumt.

Alle meine bunten Kosenamen
Gab ich dir,

Und legte die Hand
Unter deinen Schritt,

Als ob ich dafür
Ins Jenseits käme.

Immer weint nun
Vom Himmel deine Mutter,

Da ich mich schnitzte
Aus deinem Herzfleische,

Und du so viel Liebe
Launisch verstießest.

Dunkel ist es –
Es flackert nur noch
Das Licht meiner Seele.

DAS LIED DES SPIELPRINZEN

Wie kann ich dich mehr noch lieben?
Ich sehe den Tieren und Blumen
Bei der Liebe zu.

Küssen sich zwei Sterne,
Oder bilden Wolken ein Bild –
Wir spielten es schon zarter.

Und deine harte Stirne,
Ich kann mich so recht an sie lehnen,
Sitz drauf wie auf einem Giebel.

Und in deines Kinnes Grube
Bau ich mir ein Raubnest –
Bis – du mich aufgefressen hast.

Find dann einmal morgens
Nur noch meine Kniee,
Zwei gelbe Skarabäen für eines Kaisers Ring.

HINTER BÄUMEN BERG ICH MICH

Bis meine Augen ausgeregnet haben,

Und halte sie tief verschlossen,
Dass niemand dein Bild schaut.

Ich schlang meine Arme um dich
Wie Gerank.

Bin doch mit dir verwachsen,
Warum reißt du mich von dir?

Ich schenkte dir die Blüte
Meines Leibes,

Alle meine Schmetterlinge
Scheuchte ich in deinen Garten.

Immer ging ich durch Granaten,
Sah durch dein Blut

Die Welt überall brennen
Vor Liebe.

Nun aber schlage ich mit meiner Stirn
Meine Tempelwände düster.

O du falscher Gaukler,
Du spanntest ein loses Seil.

Wie kalt mir alle Grüße sind,
Mein Herz liegt bloß,

Mein rot Fahrzeug
Pocht grausig.

Bin immer auf See
Und lande nicht mehr.

GISELHEER DEM TIGER

Über dein Gesicht schleichen die Dschungeln.
O, wie du bist!

Deine Tigeraugen sind süß geworden
In der Sonne.

Ich trag dich immer herum
Zwischen meinen Zähnen.

Du mein Indianerbuch,
Wildwest,
Siouxhäuptling!

Im Zwielicht schmachte ich
Gebunden am Buxbaumstamm –

Ich kann nicht mehr sein
Ohne das Skalpspiel.

Rote Küsse malen deine Messer
Auf meine Brust –

Bis mein Haar an deinem Gürtel flattert.

KLEIN STERBELIED

So still ich bin,
All Blut rinnt hin.

Wie weich umher.
Nichts weiß ich mehr.

Mein Herz noch klein,
Starb leis an Pein.

War blau und fromm!
O Himmel, komm.

Ein tiefer Schall –
Nacht überall.

O GOTT

Überall nur kurzer Schlaf
Im Mensch, im Grün, im Kelch der Winde.
Jeder kehrt in sein totes Herz heim.

– Ich wollt die Welt wär noch ein Kind –
Und wüsste mir vom ersten Atem zu erzählen.

Früher war eine große Frömmigkeit am Himmel,
Gaben sich die Sterne die Bibel zu lesen.
Könnte ich einmal Gottes Hand fassen
Oder den Mond an seinem Finger sehn.

O Gott, o Gott, wie weit bin ich von dir!

HÖRE

Ich raube in den Nächten
Die Rosen deines Mundes,
Dass keine Weibin Trinken findet.

Die dich umarmt,
Stiehlt mir von meinen Schauern,
Die ich um deine Glieder malte.

Ich bin dein Wegrand.
Die dich streift,
Stürzt ab.

Fühlst du mein Lebtum
Überall
Wie ferner Saum?

PALMENLIED

O du Süßgeliebter,
Dein Angesicht ist mein Palmengarten,
Deine Augen sind schimmernde Nile
Lässig um meinen Tanz.

In deinem Angesicht sind verzaubert
Alle die Bilder meines Blutes,
Alle die Nächte, die sich in mir gespiegelt haben.

Wenn deine Lippen sich öffnen,
Verraten sie meine Seligkeiten.

Immer dieses Pochen nach dir –
Und hatte schon geopfert meine Seele.

Du musst mich inbrünstig küssen,
Süßerlei Herzspiel;
Wir wollen uns im Himmel verstecken.

O du Süßgeliebter.

VERINNERLICHT

Ich denke immer ans Sterben,
Mich hat niemand lieb.

Ich wollt ich wär still Heiligenbild
Und alles in mir ausgelöscht.

Träumerisch färbte Abendrot
Meine Augen wund verweint.

Weiß nicht wo ich hin soll
Wie überall zu dir.

Bist meine heimliche Heimat
Und will nichts Leiseres mehr.

Wie blühte ich gern süß empor
An deinem Herzen himmelblau –

Lauter weiche Wege
Legte ich um dein pochend Haus.

NUR DICH

Der Himmel trägt im Wolkengürtel
Den gebogenen Mond.

Unter dem Sichelbild
Will ich in deiner Hand ruhn.

Immer muss ich wie der Sturm will,
Bin ein Meer ohne Strand.

Aber seit du meine Muscheln suchst,
Leuchtet mein Herz.

Das liegt auf meinem Grund
Verzaubert.

Vielleicht ist mein Herz die Welt,
Pocht –

Und sucht nur noch dich –
Wie soll ich dich rufen?

DEM BARBAREN

Deine rauen Blutstropfen
Süßen auf meiner Haut.

Nenne meine Augen nicht Verräterinnen,
Da sie deine Himmel umschweben;

Ich lehne lächelnd an deiner Nacht
Und lehre deine Sterne spielen.

Und trete singend durch das rostige Tor
Deiner Seligkeit.

Ich liebe dich und nahe weiß
Und verklärt auf Wallfahrtzehen.

Trage dein hochmütiges Herz,
Den reinen Kelch den Engeln entgegen.

Ich liebe dich wie nach dem Tode
Und meine Seele liegt über dich gebreitet –

Meine Seele fing alle Leiden auf,
Dich erschüttern ihre schmerzlichen Bilder.

Aber so viele Rosen blühen,
Die ich dir schenken will;

O, ich möchte dir alle Gärten bringen
In einem Kranz.

Immer denke ich an dich,
Bis die Wolken sinken;

Wir wollen uns küssen –
Nicht?

DEM BARBAREN

Ich liege in den Nächten
Auf deinem Angesicht.

Auf deines Leibes Steppe
Pflanze ich Zedern und Mandelbäume.

Ich wühle in deiner Brust unermüdlich
Nach den goldenen Freuden Pharaos.

Aber deine Lippen sind schwer,
Meine Wunder erlösen sie nicht.

Hebe doch deine Schneehimmel
Von meiner Seele –

Deine diamantnen Träume
Schneiden meine Adern auf.

Ich bin Joseph und trage einen süßen Gürtel
Um meine bunte Haut.

Dich beglückt das erschrockene Rauschen
Meiner Muscheln.

Aber dein Herz lässt keine Meere mehr ein.
O du!

O ICH MÖCHT AUS DER WELT

Dann weinst du um mich.
Blutbuchen schüren
Meine Träume kriegerisch.

Durch finster Gestrüpp
Muss ich
Und Gräben und Wasser.

Immer schlägt wilde Welle
An mein Herz;
Innerer Feind.

O ich möchte aus der Welt!
Aber auch fern von ihr
Irr ich, ein Flackerlicht

Um Gottes Grab.

HANS ADALBERT VON MALTZAHN

Der Freiherr musste Vicemalik sein
In meiner bunten Thebenstadt,
Als ich nach Russland zog,
Prinz Sascha zu befrein.

AN HANS ADALBERT

Wenn du sprichst
Blühen deine Worte auf in meinem Herzen.

Über deine hellen Haare
Schweben meine Gedanken schwarzhin.

Du bist ganz aus Süderde und Liebe
Und Stern und Taumel.

Ich aber bin lange schon gestorben.
O, du meine Himmelsstätte …

DEM HERZOG VON LEIPZIG

Deine Augen sind gestorben;
Du warst so lange auf dem Meer.

Aber auch ich bin
Ohne Strand.

Meine Stirne ist aus Muschel.
Tang und Seestern hängen an mir.

Einmal möchte ich mit meiner ziellosen Hand
Über dein Gesicht fassen,

Oder eine Eidechse über deine Lippen
Liebentlang mich kräuseln.

Weihrauch strömt aus deiner Haut,
Und ich will dich feiern,

Dir bringen meine Gärten,
Überall blüht mein Herz bunt auf.

ABER DEINE BRAUEN SIND UNWETTER ...

In der Nacht schweb ich ruhlos am Himmel
Und werde nicht dunkel vom Schlaf.

Um mein Herz schwirren Träume
Und wollen Süßigkeit.

Ich habe lauter Zacken an den Randen,
Nur du trinkst Gold unversehrt.

Ich bin ein Stern
In der blauen Wolke deines Angesichts.

Wenn mein Glanz in deinem Auge spielt,
Sind wir eine Welt.

Und würden entschlummern verzückt –
Aber deine Brauen sind Unwetter.

DU MACHST MICH TRAURIG – HÖR

Bin so müde.
Alle Nächte trag ich auf dem Rücken
Auch deine Nacht,
Die du so schwer umträumst.

Hast du mich lieb?
Ich blies dir arge Wolken von der Stirn
Und tat ihr blau.

Was tust du mir in meiner Todesstunde?

PAUL LEPPIN

Der König von Böhmen
Schenkte mir seine Dichtung Daniel Jesus.
Ich schlug sie auf und las: Der lieben, lieben, lieben,
lieben Prinzessin
Ich schrieb ihm auf einen himmelblauen
Bogen: Süßer Daniel Jesus Paul.

DEM KÖNIG VON BÖHMEN

Ich frage nicht mehr –
Ich weiß wer auf den Sternen wohnt ......

Mein Herz sinkt tief in die Nacht.
So sterben Liebende
Immer an zärtlichen Himmeln vorbei;

Und atmen wieder dem Morgen entgegen
Auf frühleisen Schweben.
Ich aber wandele mit den heimkehrenden Sternen.

Und ich habe viele schlafende Knospen ausgelöscht,
Will ihr Sterben nicht sehn,
Wenn die Rosenhimmel tanzen.

Aus dem Gold meiner Stirne leuchtet der Smaragd,
Der den Sommer färbt.
Ich bin eine Prinzessin.

Mein Herz sinkt tief in die Nacht
An Liebende vorbei.

DEM DANIEL JESUS PAUL

Du es ist Nacht –
Wir wollen unsere Sehnsucht teilen,
Und in die Goldgebilde blicken.

Vor meinem Herzen sitzt immer eine Tote
Und bettelt um Almosen.

Und summt meine Lieder
Schon einen weiß gewordenen Sommer lang.

Über den Grabweg hinweg
Wollen wir uns lieben,

Tollkühne Knaben,
Könige, die sich nur mit dem Zepter berühren!

Frage nicht – ich lausche
Deiner Augen Rauschehonig.

Die Nacht ist eine weiche Rose,
Wir wollen uns in ihren Kelch legen,

Immer ferner versinken,
Ich bin müde vom Tod!

AN ZWEI FREUNDE

Ich blicke nachts in euren stillen Stern.
Es schwimmen Tränen braun um meinen Mandelkern
Und meine Schellen spielen süß am Kleiderrand.

Ich trage einen wilden Kork im Ohrlapp,
Und Monde tätowiert auf meiner Hand.
Versteinte Käfer fallen von der Schnur ab.

Ich liebe euer glitzernd Zackenland,
Und sehne mich nach goldnem Edelpunsche,
Aufglimme unsichtbar in eurem Wunsche.

LAURENCIS

Ich gab dir einen Namen
Wie eine fromme Guirlande.

Darum will ich ihn
Nur immer liebend rufen.

Du siehst mich golden schimmern
Durch mein Abendherz.

Und nicht so trübe
Wie der Nebel es staubfällig färbt.

Meine Seele spielte Auferstehn,
Wenn Augen wie schlafende Täler lagen.

Und ich kenne alle Engel,
Denen habe ich von dir erzählt.

Es blüht die Aster meines Mundes
Mit deiner Lippen Rittersporn.

Und ich wache vor unserer Liebe
Denn ihre Küsse sollen Knospen bleiben.

ABSCHIED

Aber du kamst nie mit dem Abend –
Ich saß im Sternenmantel.

... Wenn es an mein Haus pochte,
War es mein eigenes Herz.

Das hängt nun an jedem Türpfosten,
Auch an deiner Tür;

Zwischen Farren verlöschende Feuerrose
Im Braun der Guirlande.

Ich färbte dir den Himmel brombeer
Mit meinem Herzblut.

Aber du kamst nie mit dem Abend –
... Ich stand in goldenen Schuhen.

SAVARY LE DUC

Wie Perlen hängen seine Bilder
Schaumleicht an seidenen Wänden aufgereiht.

Mit goldenem Harz der Hagebutten
Und Rosenseime,
Malt er der Prinzen Liebeskleid.

Um ihren zarten Schultern tragen sie
An Ketten – Souvenir – im Medaillon
Verzückt des Freundes Paradeis.

Und ihre Hände spielen mit den Bächen
Und feinen Blumenstängeln
Und dem jungen Reis.

Und necken gern den Ziegenbock.
Glasäugig lauscht die graue Geiß.

Und ihre Leiber lieben sich
Wie süß geblühte Bohnenstöcke,
Die sich bewegen kaum in ihrer Adeligkeit.

UNSER LIEBESLIED

Unter der Wehmut der Esche
Lächeln die Augen meiner Freundin.

Und ich muss weinen
Überall wo Rosen aufblühn.

Wir hören beide unseren Namen nicht –
Immer Nachtwandlerinnen zwischen den bunten
Jünglingen.

Meine Freundin gaukelt mit dem Mond,
Unserm Sternenspiel folgen Erschrockene nach.

O, unsere Schwärmerei berauscht
Die Straßen und Plätze der Stadt.

Alle Träume lauschen gebannt hinter den Hecken
Kann nicht Morgen werden –

Und die seidige Nacht uns beiden
Tausendmalimmer um den Hals geschlungen.

Wie ich mich drehen muss!

Und meine Freundin küsst taumelnd den Rosigtau
Unter dem Düster des Trauerbaums.

ABDUL ANTINOUS

Deine Schlankheit fließt wie dunkles Geschmeide.
O du meine wilde Mitternachtssonne,
Küsse mein Herz, meine rot pochende Erde.

Wie groß aufgetan deine Augen sind –
Du hast den Himmel gesehn
So nah, so tief.

Und ich habe auf deiner Schulter
Mein Land gebaut –
Wo bist du?

Zögernd wie dein Fuß ist der Weg –
Sterne werden meine Blutstropfen ....
Du, ich liebe dich, ich liebe dich.

PABLO

Pablo nachts höre ich die Palmenblätter
Unter deinen Füßen rascheln.

Manchmal muss ich sehr weinen
Um dich vor Glück –

Dann wächst ein Lächeln
Auf deinem lässigen Lide.

Oder es geht dir eine seltene Freude auf:
Deines Herzens schwarze Aster.

Immer wenn du an Gärten vorbei
Das Ende deines Weges erblickst, Pablo,

– Es ist mein ewiger Liebesgedanke,
Der zu dir will.

Und oft wird Schimmer vom Himmel fallen,
Denn es sucht dich am Abend mein goldener Seufzer.

Bald kommt der schmachtende Monat
Über deine holde Stadt;

Unter dem Gartenbaum hängen
Wie bunte Trauben die Vögelscharen,

Und auch ich warte verzaubert
Von Traum behangen.

Du stolzer Eingeborener, Pablo,
Von deinem Angesicht atme ich fremde Liebeslaute;

In deiner Schläfe aber will ich meinen Glücksstern
pflanzen,
Mich berauben meiner leuchtenden Blüte.

ICH TRÄUME SO LEISE VON DIR

Immer kommen am Morgen schmerzliche Farben,
Die sind wie deine Seele.

O, ich muss an dich denken,
Und überall blühen so traurige Augen.

Und ich habe dir doch von großen Sternen erzählt,
Aber du hast zur Erde gesehn.

Nächte wachsen aus meinem Kopf,
Ich weiß nicht wo ich hin soll.

Ich träume so leise von dir,
Weiß hängt die Seide schon über meinen Augen.

Warum hast du nicht um mich
Die Erde gelassen – sage?

ABSCHIED

Ich wollte dir immerzu
Viele Liebesworte sagen,

Nun suchst du ruhlos
Nach verlorenen Wundern.

Aber wenn meine Spieluhren spielen
Feiern wir Hochzeit.

O, deine süßen Augen
Sind meine Lieblingsblumen.

Und dein Herz ist mein Himmelreich ....
Lass mich hineinschaun.

Du bist ganz aus glitzernder Minze
Und so weich versonnen.

Ich wollte dir immerzu
Viele Liebesworte sagen,

Warum tat ich das nicht?

DER MÖNCH

In deinem Blick schweben
Alle Himmel zusammen.

Immer hast du die Madonna angesehn,
Darum sind deine Augen überirdisch.

Und mein Herz wird ein Weihbecken,
Besterne dich mit meinem Blut;

Ich will der Tau deiner Frühe sein,
Deiner Abendsehnsucht pochendes Amen.

Du bist heilig zwischen bösem Tanz
Und schrillen Flöten.

Gottes Nachtigall bist du
In seinem Hirtentraum.

Deine Sünden wurden Musik,
Die bewegt süß meine Züge;

Deine Tränen tranken schlafende Blumen,
Die wieder Paradies werden sollen.

Ich liebe dich zauberisch wie im Spiegel des Bachs
Oder fern im wolkengerahmten Blau.

DEM MÖNCH

Ich taste überall nach deinem Schein.
Suchst du mich auch?

In meiner Stirne leuchtet
Der erblasste Stern wieder,

Und sehe dich nur in der Welt,
Dein Lächeln immerfort.

Unsere himmelweißen Herzen
Erglühen im Schlaf.

O wir möchten uns küssen,
Aber es wäre wie Mord.

Ich stehe ganz bunt am Granatbaum
In einem Bilderbuch.

Manchmal schaust du auf mich –
Dann singen die Junivögel.

DEM MÖNCH

Meine Zehen wurden Knospen.
– Sieh, so komm ich zu dir.

Du bist am Rand über dem Tal
Die leuchtende Großkornblume;

Mit deinem Glück färbt sich
Der Himmel die Wangen blau.

Immer öffnet sich mein Wesen –
– Bin eine glitzernde Nische,

Aber du kommst nie zu deiner Anbetung,
Und morgen ist ewige Nacht.

Meine Sehnsucht ist im Sturm meiner Augen
Lange schon verwittert,

Die Korallen in meinem Blut
Sind ganz erblasst.

Zwischen Dunkelheit verlischt mein Leben
Im scheidenden Antlitz des Mondes.

EIN LIED

Hinter meinen Augen stehen Wasser,
Die muss ich alle weinen.

Immer möcht ich auffliegen,
Mit den Zugvögeln fort;

Buntatmen mit den Winden
In der großen Luft.

O ich bin so traurig – – – –
Das Gesicht im Mond weiß es.

Drum ist viel samtne Andacht
Und nahender Frühmorgen um mich.

Als an deinem steinernen Herzen
Meine Flügel brachen,

Fielen die Amseln wie Trauerrosen
Hoch vom blauen Gebüsch.

Alles verhaltene Gezwitscher
Will wieder jubeln,

Und ich möchte auffliegen
Mit den Zugvögeln fort.

HEIMLICH ZUR NACHT

Ich habe dich gewählt
Unter allen Sternen.

Und bin wach – eine lauschende Blume
Im summenden Laub.

Unsere Lippen wollen Honig bereiten,
Unsere schimmernden Nächte sind aufgeblüht.

An dem seligen Glanz deines Leibes
Zündet mein Herz seine Himmel an –

Alle meine Träume hängen an deinem Golde,
Ich habe dich gewählt unter allen Sternen.

ST. PETER HILLE

war eine Welt,
Meteor stieß er von sich.

RICHARD DEHMEL

Aderlass und Transfusion zugleich;
Blutgabe deinem Herzen geschenkt.

Ein finsterer Pflanzer ist er,
Dunkel fällt sein Korn und brüllt auf.

Immer Zickzack durch sein Gesicht,
Schwarzer Blitz.

Über ihm steht der Mond doppelt vergrößert.

FRANZ WERFEL

Ein entzückender Schuljunge ist er;
Lauter Lehrer spuken in seinem Lockenkopf.

Sein Name ist so mutwillig:
Franz Werfel.

Immer schreib ich ihm Briefe,
Die er mit Klecksen beantwortet.

Aber wir lieben ihn alle
Seines zarten, zärtlichen Herzens wegen.

Sein Herz hat Echo,
Pocht verwundert.

Und fromm werden seine Lippen
Im Gedicht.

Manches trägt einen staubigen Turban.
Er ist der Enkel seiner eigenen Verse.

Doch auf seiner Lippe
Ist eine Nachtigall gemalt.

Mein Garten singt,
Wenn er ihn verlässt.

Freude streut seine Stimme
Über den Weg.

HERODES. V. AUFZUG

Hinter deiner stolzen, ewigen Wimper gingen wir unter.
Schwermütige Sterne brannten auf deinem Lide.

Deine große Hand beugte das Meer
Und brach ihm die Perlen vom Grund.

Die Wüste war dein Schild
In der Schlacht.

An dich dürfen nur Dichter und Dichterinnen denken.
Mit dir nur Könige und Königinnen trauern.

Alle Leiber der Stadt ringeln sich
Giftig um deinen Leib.
Deine Schwester bespie den Traumstein deiner Liebe.

Du, ein beraubter Palast,
Judas schwankende Säule,
Völker bedrohend.

So arg mag nur ein Schöpfer lichtmitten
Seiner Reiche zerbersten.

KARL VOGT

Der ist aus Gold –
Wenn er auf die Bühne tritt,
Leuchtet sie.

Seine Hand ist ein Zepter,
Wenn sie Regie führt.

Den Trauerspielen Strindbergs
Setzt er Kronen auf,

Aus den Dichtungen Ibsens
Holt er die schwarzen Perlen all.

Er kann nur selbst den König spielen
Im Spiel.

Morgen wird er König sein –
Ich freu mich.

PAUL ZECH

Sing Groatvatter woar dat verwunschene Bäuerlein
Aus Grimm sinne Märchens.

Der Enkelsonn ist ein Dichter.
Paul Zech schreibt mit der Axt seine Verse.

Man kann sie in die Hand nehmen,
So hart sind die.

Sein Vers wird zum Geschick
Und zum murrenden Volk.

Er lässt Qualm durch sein Herz dringen;
Ein düsterer Beter.

Aber seine Kristallaugen blicken
Unzählige Male den Morgen der Welt.

PETER BAUM

Er war des Tannenbaums Urenkel,
Unter dem die Herren zu Elberfeld Gericht hielten.

Und freute sich an jedes glitzernd Wort
Und ließ sich feierlich plündern.

Dann leuchteten die beiden Saphire
In seinem fürstlichen Gesicht.

Immer drängte ich, wenn ich krank lag,
»Peter Baum soll kommen!!«

Kam er, war Weihnachten –
Ein Honigkuchen wurde dann mein Herz.

Wie konnten wir uns freuen!
Beide ganz egal.

Und oft bewachte er
Im Sessel schmausend meinen Schlummer.

Rote und gelbe Cyllaxbonbons aß er so gern;
Oft eine ganze Schüssel leer.

Nun schlummert unser lieber Pitter
Schon ewige Nächte lang.

»Wenn ich Euch alle glücklich erst
Im Himmel hätte –«

Sagte einmal gläubig zu den Söhnen
Seine Mutter.

Nun ist der Peter fern bewahrt
Im Himmel.

Und um des Dichters Riesenleib auf dem Soldatenkirchhof
Wächst sanft die Erde pietätvoll.

GEORG TRAKL

Georg Trakl erlag im Krieg von eigener Hand gefällt.
So einsam war es in der Welt. Ich hatt ihn lieb.

GEORG TRAKL

Seine Augen standen ganz fern.
Er war als Knabe einmal schon im Himmel.

Darum kamen seine Worte hervor
Auf blauen und auf weißen Wolken.

Wir stritten über Religion,
Aber immer wie zwei Spielgefährten,

Und bereiteten Gott von Mund zu Mund.
Im Anfang war das Wort.

Des Dichters Herz, eine feste Burg,
Seine Gedichte: Singende Thesen.

Er war wohl Martin Luther.

Seine dreifaltige Seele trug er in der Hand,
Als er in den heiligen Krieg zog.

– Dann wusste ich, er war gestorben –

Sein Schatten weilte unbegreiflich
Auf dem Abend meines Zimmers.

ALICE TRÜBNER

Ihr Angesicht war aus Mondstein,
Darum musste sie immer träumen.

Durch die Seide ihrer Ebenholzhaare
Schimmerte Tausendundeinenacht.

Ihre Augen weihsagten.
Ein goldenes Bibelblatt war ihr Herz.

Sie thronte einen Himmel hoch
Über die Freunde.

O sie war eine Sternin –
Schimmer streute sie von sich.

Eine Herzogin war sie
Und krönte den armseligsten Gast.

Manchmal aber kam sie vom West:
Ein Wetter in Blitzfarben;

Die sind gefangen über Burgzacken
Im harten Rahmen.

Ihre Bilder viele,
Pietätvolle, bunte Briefe;

Manche aufbewahrt unter Glas
An den Wänden.

Aber auch Gläser und Gräser
Malte Alice Trübner.

Irgendwo zwischen sitzt ein Schelm,
Ein altmodisch dicker Puppenporzellankopf.

Oder sie malte huldvoll die Köchin
Als Frau Lucullus gelassen im Lehnstuhl.

Verwandelte strotzende Früchte in Rosen
Auf weißem Damast.

O, sie war eine Zauberin.

GEORG GROSZ

Manchmal spielen bunte Tränen
In seinen äschernen Augen.

Aber immer begegnen ihm Totenwagen,
Die verscheuchen seine Libellen.

Er ist abergläubig –
– Ward unter einem großen Stern geboren –

Seine Schrift regnet,
Seine Zeichnung: Trüber Buchstabe.

Wie lange im Fluss gelegen,
Blähen seine Menschen sich auf.

Mysteriöse Verlorene mit Quappenmäulern
Und verfaulten Seelen.

Fünf träumende Totenfahrer
Sind seine silbernen Finger.

Aber nirgendwo ein Licht im verirrten Märchen
Und doch ist er ein Kind,

Der Held aus dem Lederstrumpf
Mit dem Indianerstamm auf Duzfuß.

Sonst hasst er alle Menschen,
Sie bringen ihm Unglück.

Aber Georg Grosz liebt sein Missgeschick
Wie einen anhänglichen Feind.

Und seine Traurigkeit ist dionysisch,
Schwarzer Champagner seine Klage.

Er ist ein Meer mit verhängtem Mond,
Sein Gott ist nur scheintot.

HEINRICH MARIA DAVRINGHAUSEN

– Wie er daherkommt –
Trojanischer junger Priester
Auf grabaltem Holzgefäß.

Zwei Nachtschatten schlaftrinken
In seinem Mahagonikopf,
Seine Lippen küsste ein Gottmädchen hold.

– Wie er gefalten aufstrebt –
Immer tragen seine Schultern
Ehrfürchtigen Samt.

Seine Füße schreiten
Nur über gepflegte Wege,
Stolperten nie über Gestrüpp.

– Wie er gottverhalten ist –
Aus jedem Bild, das er malt,
Blickt allfarbig der Schöpfer.

MILLY STEGER

Milly Steger ist eine Bändigerin,
Haut Löwen und Panther in Stein.

Vor dem Spielhaus in Elberfeld
Stehen ihre Großgestalten;

Böse Tollpatsche, ernste Hännesken,
Clowne, die mit blutenden Seelen wehen.

Aber auch Brunnen, verschwiegene Weibsmopse
Zwingt Milly rätselhaft nieder.

Manchmal schnitzt die Gulliverin
Aus Zündhölzchen Adam und hinterrücks sein Weib.

Dann lacht sie wie ein Apfel;
Im stahlblauen Auge sitzt der Schalk.

Milly Steger ist eine Büffelin an Wurfkraft;
Freut sie sich auch an dem blühenden Kern der Büsche.

LEO KESTENBERG

Seine Hände zaubern Musik durch stille Zimmer.
Zwischen uns sitzt dann der ehrwürdige Mond
Goldbehäbig im Lehnstuhl
Und versöhnt uns mit der Welt.

Wenn Leo Kestenberg Flügel spielt,
Ist er ein heiliger Mann;
Erweckt Liszt aus steinernem Schlaf,
Bach feiert Himmelfahrt.

Mit Schumann wird Leo ein Kind
Und Schwärmer am Süßfeuer Chopins.

Der dunkle Flügel verwandelt sich aber zur Orgel
Wenn Kestenberg eigene Rosen spielt.
Sein schweres Ebenholzherz frommmütig aufhebt
Und weicher Musikregen uns durchrieselt.

LUDWIG HARDT

Seiner Heimat Erde ruht
An keiner Bergwand aus;

Ein weiter, weiter Schemel –
Friesland.

Ungehemmt wettern die Wetter
Und die stürmenden Gemüter dort.

Im lüttchen Städtchen Weener
Hockt Ludwigs zottigsteinern Elternnest.

Da einmal flog er mit den Herbstvögeln
Fort über die Ems.

Von hoher Vogelreinheit inbrünstig
Ohne Makel klopft sein Herz.

Und geharnischt ist seine Nase,
Seidene Spenderinnen die feinen Lippen,

Wenn sie die Verse Maria
Rainer Rilkes gastlich reichen.

Werden Rittersporn
In Liliencrons Balladengesängen;

Flattern wie Möwen auf,
Lauter »Emmas«, wenn er entzückend

Uns mit Morgensterns
– frei nach Hardt – »kosmischer Meschuggas« beschenkt.

O, Ludwig Hardt liebt seine Dichter,
Die er spricht.

Und vermählt sich mit den Gedichten,
Die er schlicht zu sagen versteht.

Nie deklamiert er!
Das ist es eben.

UND DER PAUL GRAETZ

Der war der Großvatter in meinem Wupperkreise,
Um ihn hat sichs ja eigentlich gedreht.
Im himmelblauen Schlummerrock aus dem Gehäuse
»Tum Tingelingeling« schlich er noch mit dem Enkel spät.
Und unvergleichlich wieherte Paul Graetz in eigenartiger Weise,
Een ollet kränklich Ross, dat an der Seite tugenäht.

HANS HEINRICH VON TWARDOWSKY

Ein Flamingo holte sich als Spielzeug
Den Hans Heinrich aus dem Teich.

Der Mondmann tanzt im goldenen Frack
Mit seinen Sternen Zick und Zack
Wenn Heinrich reimt im Chapeau claque
In unserer Tacktick.

Er dichtet bis in Herrgottsfrüh
Liebenswürdige Parodie
Wolkenleicht und voll Esprit.

Glücklich schlägt seine Zuckeruhr;
Seine Augen lassen blaue Spur,
Adelige Vergissmeinnie.

WILHELM SCHMIDTBONN

Er ist der Dichter, dem der Schlüssel
Zur Steinzeit vermacht wurde.

Adam den Urkäfer trägt er,
Ein Skarabäus im Ring.

Wilhelm Schmidtbonn erzählt vom Paradies;
Reißt den verlogenen Nebel vom Baum:
Stolz blüht die Dolde der Erkenntnis.

Sein markisches Gesicht strömt immer
Zwei dämmerblaue Kräfte aus.

Er ist aus Laub und Rinde,
Morgenfrühe und Kentauerblut.

Wie oft schon ließ er sich zur Ader
Seine Werke zu tränken.
Sein neustes Versspiel stiert aus Einauge.

THEODOR DÄUBLER

Zwischen dem Spalt seiner Augen
Fließt dunkeler Golf.

Auf seinen Schultern trägt er den Mond
Durch die Wolken der Nacht.

Die Menschen werden Sterne um ihn
Und beginnen zu lauschen.

Er ist ungetrübt vom Ursprung,
Klar spiegelt sich das blaue Eden.

Er ist Adam und weiß alle Wesen
Zu rufen in der Welt.

Beschwört Geist und Getier
Und sehnt sich nach seinen Söhnen.

Schwer prangen an ihm Granatäpfel
Und spätes Geflüster der Bäume und Sträucher,

Aber auch das Gestöhn gefällter Stämme
Und die wilde Anklage der Wasser.

Es sammeln sich Werwolf und weißer Lawin,
Sonne und süßes Gehänge, viel, viel Wildweinlaune.

Evviva dir, Fürst von Triest!!

FRANZ MARC

Der blaue Reiter ist gefallen, ein Großbiblischer, an dem der Duft Edens hing. Über die Landschaft warf er einen blauen Schatten. Er war der, welcher die Tiere noch reden hörte; und er verklärte ihre unverstandenen Seelen. Immer erinnerte mich der blaue Reiter aus dem Kriege daran: Es genügt nicht alleine, zu den Menschen gütig zu sein, und was du namentlich an den Pferden, da sie unbeschreiblich auf dem Schlachtfeld leiden müssen, Gutes tust, tust du mir.

Er ist gefallen. Seinen Riesenkörper tragen große Engel zu Gott, der hält seine blaue Seele, eine leuchtende Fahne, in seiner Hand. Ich denke an eine Geschichte im Talmud, die mir ein Priester erzählte: wie Gott mit den Menschen vor dem zerstörten Tempel stand und weinte. Denn wo der blaue Reiter ging, schenkte er Himmel. So viele Vögel fliegen durch die Nacht, sie können noch Wind und Atem spielen, aber wir wissen nichts mehr hier unten davon, wir können uns nur noch zerhacken oder gleichgültig aneinander vorbeigehen. In dieser Nüchternheit erhebt sich drohend eine unermessliche Blutmühle, und wir Völker alle werden bald zermahlen sein. Schreiten immerfort über wartende Erde. Der blaue Reiter ist angelangt; er war noch zu jung zu sterben.

Nie sah ich irgendeinen Maler gotternster und sanfter malen wie ihn. »Zitronenochsen« und »Feuerbüffel« nannte er seine Tiere, und auf seiner Schläfe ging ein Stern auf. Aber auch die Tiere der Wildnis begannen pflanzlich zu werden in seiner tropischen Hand. Tigerinnen verzauberte er zu Anemonen, Leoparden legte er das Geschmeide der Levkoje um; er sprach vom *reinen* Totschlag, wenn auf seinem Bild sich der Panther die Gazell vom Fels holte. Er fühlte wie der junge Erzvater in der Bibelzeit, ein herrlicher Jakob er, der Fürst von Kana. Um seine Schultern schlug er wild das Dickicht; sein schönes Angesicht spiegelte er im Quell und sein Wunderherz trug er oftmals in Fell gehüllt, wie ein schlafendes Knäblein heim, über die Wiesen, wenn es müde war.

Das war alles vor dem Krieg.

Franz Marc, der blaue Reiter vom Ried,
Stieg auf sein Kriegspferd.
Ritt über Benediktbeuern herab nach Unterbayern,
Neben ihm sein besonnener, treuer Nubier
Hält ihm die Waffe.
Aber um seinen Hals trägt er mein silbergeprägtes Bild
Und den todverhütenden Stein seines teuren Weibes.
Durch die Straßen von München hebt er sein biblisches Haupt
Im hellen Rahmen des Himmels.
Trost im stillenden Mandelauge,
Donner sein Herz.
Hinter ihm und zur Seite viele, viele Soldaten.

CARL SONNENSCHEIN

Ein Engel schreitet unsichtbar durch unsere Stadt,
Zu sammeln Liebe für den Heimgekehrten,
Der noch den Nächsten – über sich – geliebet hat. –

Schon eine Träne für den Liebenswerten,
Ein Auge, das für seine Seele leuchtet,
Ein reines Wort, von deines Mundes rotem Blatt –

Für ihn, dem alle Sorgen ihr gebeichtet;
In seinem herben Troste lag schon seine Tat.

MEINE SCHÖNE MUTTER

blickte immer auf Venedig

MUTTER

Ein weißer Stern singt ein Totenlied
    In der Julinacht.
Wie Sterbegeläut in der Julinacht.
Und auf dem Dach die Wolkenhand,
Die streifende feuchte Schattenhand
Sucht nach meiner Mutter.

Ich fühle mein nacktes Leben,
Es stößt sich ab vom Mutterland,
So nackt war nie mein Leben,
So in die Zeit gegeben,
Als ob ich abgeblüht
Hinter des Tages Ende
Zwischen weiten Nächten stände,
    Alleine.

MUTTER

O Mutter, wenn du leben würdest,
Dann möcht ich spielen in deinem Schoß.

Mir ist bang und mein Herz schmerzt
Von der vielen Pein.
Überall sprießt Blutlaub.

Wo soll mein Kind hin?
Ich baute keinen Pfad froh,
Alle Erde ist aufgewühlt.

Liebe, liebe Mutter.

MEINER SCHWESTER ANNA DIESES LIED

Mein Herz liegt in einem Efeukranz.
Es kann nicht mehr welken,
Es kann nicht mehr blühn,
O, meine Schwester ...

Fern verglomm Todesleuchten
In ihren schönen Augen,
Die waren zwei Sternbilder,
In die Kinder blickten.

Gott, wie schwarz die Nacht war!
Keine Sonne vermag mehr
Ein Lächeln zu finden
In meinem Angesicht.

MEIN KIND

Mein Kind schreit auf um die Mitternacht
Und ist so heiß aus dem Traum erwacht.

Gäb ihm so gern meines Blutes Mai,
Spräng nur mein bebendes Herz entzwei.

Der Tod schleicht im Hyänenfell
Am Himmelsstreif im Mondeshell.

Aber die Erde im Blütenkeusch
Singt Lenz im kreisenden Weltgeräusch.

Und wundersüß küsst der Maienwind
Als duftender Gottesbote mein Kind.

MEINLINGCHEN

Meinlingchen, sieh mich an –
Dann schmeicheln tausend Lächeln mein Gesicht,
Und tausend Sonnenwinde streicheln meine Seele,
Hast wie ein Wirbelträumlein
Unter ihren Fittichen gelegen.

Nie war so lenzensüß mein Blut,
Als dich mein Odem tränkte,
Die Quellen Edens müssen so geduftet haben;
Bis dich der rote Sturm
Aus süßem Dunkel
Von meinen Herzwegen pflückte
Und dich in meine Arme legte,
In ein Bad von Küssen.

DIE PAVIANMUTTER SINGT IHR PAVIÄNCHEN IN DEN SCHLAF

(Wiegenliedchen)

Schlafe, schlafe,
Mein Rosenpöpöchen,
Mein Zuckerläuschen,
Mein Goldflöhchen,

Morgen wird die Kaiserin aus Asien kommen
Mit Zucker, Schokoladen und Bombommen,

Schnell, schnell,
Haase Haase machen,
Sonst kriegt Blaumäulchen nichts von den Sachen.

EIN TICKTACKLIEDCHEN FÜR PÄULCHEN

Mein Hämmerchen, mein Kämmerchen
    Pamm pamm, pumm pumm
    pamm pamm, pumm pumm

Mein Schläferchen, mein Käferchen
    pumm pumm, pamm pamm,
    pumm pumm, pamm pamm,

Mein Uhrchen tick, mein Türchen tack
    tick tack, tick tack
    knackknack, ticktack.

ANTINOUS

Der kleine Süßkönig
Muss mit goldenen Bällen spielen.

Im bunten Brunnen
Blaugeträufel, honiggold,
Seine Spielehände kühlen.

Antinous,
Wildfang, Güldklang,
Kuchenkorn mahlen alle Mühlen.

Antinous,
Du kleiner Spielkönig,
In den Himmel fährt es schön auf Schaukelstühlen.

O, wie lustige Falter seine Augen sind
Und die Schelme all in seiner Wange,
Und sein Herzchen beißt, will mans befühlen.

DER ALTE TEMPEL IN PRAG

Tausend Jahre zählt der Tempel schon in Prag;
Staubfällig und ergraut ist längst sein Ruhetag
Und die alten Väter schlossen seine Gitter.

Ihre Söhne ziehen nun in die Schlacht.
Der zerborstene Synagogenstern erwacht,
Und er segnet seine jungen Judenritter.

Wie ein Glücksstern über Böhmens Judenstadt,
Ganz aus Gold, wie nur der Himmel Sterne hat.
Hinter seinem Glanze beten wieder Mütter.

MEIN LIED

Schlafend fällt das nächtliche Laub,
O, du stiller dunkelster Wald ....

Kommt das Licht mit dem Himmel,
Wie soll ich wach werden?
Überall wo ich gehe,
Rauscht ein dunkler Wald;

Und bin doch dein spielender Herzschelm, Erde,
Denn mein Herz murmelt das Lied
Moosalter Bäche der Wälder.

MEIN STILLES LIED

Mein Herz ist eine traurige Zeit,
Die tonlos tickt.

Meine Mutter hatte goldene Flügel,
Die keine Welt fanden.

Horcht, mich sucht meine Mutter,
Lichte sind ihre Finger und ihre Füße wandernde
Träume.

Und süße Wetter mit blauen Wehen
Wärmen meine Schlummer

Immer in den Nächten,
Deren Tage meiner Mutter Krone tragen.

Und ich trinke aus dem Monde stillen Wein,
Wenn die Nacht einsam kommt.

Meine Lieder trugen des Sommers Bläue
Und kehrten düster heim.

– Ihr verhöhntet meine Lippe
Und redet mit ihr. –

Doch ich griff nach euren Händen,
Denn meine Liebe ist ein Kind und wollte spielen.

Und ich artete mich nach euch,
Weil ich mich nach dem Menschen sehnte.

Arm bin ich geworden
An eurer bettelnden Wohltat.

Und das Meer wird es wehklagen
Gott.

Ich bin der Hieroglyph,
Der unter der Schöpfung steht

Und mein Auge
Ist der Gipfel der Zeit;

Sein Leuchten küsst Gottes Saum.

DAS LIED MEINES LEBENS

Sieh in mein verwandertes Gesicht …
Tiefer beugen sich die Sterne.
Sieh in mein verwandertes Gesicht.

Alle meine Blumenwege
Führen auf dunkle Gewässer,
Geschwister, die sich tödlich stritten.

Greise sind die Sterne geworden …
Sieh in mein verwandertes Gesicht.

GEBET

Ich suche allerlanden eine Stadt,
Die einen Engel vor der Pforte hat.
Ich trage seinen großen Flügel
Gebrochen schwer am Schulterblatt
Und in der Stirne seinen Stern als Siegel.

Und wandle immer in die Nacht …
Ich habe Liebe in die Welt gebracht –
Dass blau zu blühen jedes Herz vermag,
Und hab ein Leben müde mich gewacht,
In Gott gehüllt den dunklen Atemschlag.

O Gott, schließ um mich deinen Mantel fest;
Ich weiß, ich bin im Kugelglas der Rest,
Und wenn der letzte Mensch die Welt vergießt,
Du mich nicht wieder aus der Allmacht lässt
Und sich ein neuer Erdball um mich schließt.

HEBRÄISCHE BALLADEN

VERSÖHNUNG

Es wird ein großer Stern in meinen Schoß fallen …
Wir wollen wachen die Nacht,

In den Sprachen beten,
Die wie Harfen eingeschnitten sind.

Wir wollen uns versöhnen die Nacht –
So viel Gott strömt über.

Kinder sind unsere Herzen,
Die möchten ruhen müdesüß.

Und unsere Lippen wollen sich küssen,
Was zagst du?

Grenzt nicht mein Herz an deins –
Immer färbt dein Blut meine Wangen rot.

Wir wollen uns versöhnen die Nacht,
Wenn wir uns herzen, sterben wir nicht.

Es wird ein großer Stern in meinen Schoß fallen.

MEIN VOLK

Der Fels wird morsch,
Dem ich entspringe
Und meine Gotteslieder singe ...
Jäh stürz ich vom Weg
Und riesele ganz in mir
Fernab, allein über Klagegestein
Dem Meer zu.

Hab mich so abgeströmt
Von meines Blutes
Mostvergorenheit.
Und immer, immer noch der Widerhall
In mir,
Wenn schauerlich gen Ost
Das morsche Felsgebein,
Mein Volk,
Zu Gott schreit.

ABEL

Kains Augen sind nicht gottwohlgefällig,
Abels Angesicht ist ein goldener Garten,
Abels Augen sind Nachtigallen.

Immer singt Abel so hell
Zu den Saiten seiner Seele,
Aber durch Kains Leib führen die Gräben der Stadt.

Und er wird seinen Bruder erschlagen –
Abel, Abel, dein Blut färbt den Himmel tief.

Wo ist Kain, da ich ihn stürmen will:
Hast du die Süßvögel erschlagen
In deines Bruders Angesicht?!!

ABRAHAM UND ISAAK

Abraham baute in der Landschaft Eden
Sich eine Stadt aus Erde und aus Blatt
Und übte sich mit Gott zu reden.

Die Engel ruhten gern vor seiner frommen Hütte
Und Abraham erkannte jeden;
Himmlische Zeichen ließen ihre Flügelschritte.

Bis sie dann einmal bang in ihren Träumen
Meckern hörten die gequälten Böcke,
Mit denen Isaak Opfern spielte hinter Süßholzbäumen.

Und Gott ermahnte: Abraham!!
Er brach vom Kamm des Meeres Muscheln ab und Schwamm
Hoch auf den Blöcken den Altar zu schmücken.

Und trug den einzigen Sohn gebunden auf den Rücken
Zu werden seinem großen Herrn gerecht –
Der aber liebte seinen Knecht.

HAGAR UND ISMAEL

Mit Muscheln spielten Abrahams kleine Söhne
Und ließen schwimmen die Perlmutterkähne;
Dann lehnte Isaak bang sich an den Ismael

Und traurig sangen die zwei schwarzen Schwäne
Um ihre bunte Welt ganz dunkle Töne,
Und die verstoßne Hagar raubte ihren Sohn sich schnell.

Vergoss in seine kleine ihre große Träne,
Und ihre Herzen rauschten wie der heilige Quell,
Und übereilten noch die Straußenhähne.

Die Sonne aber brannte auf die Wüste grell
Und Hagar und ihr Knäblein sanken in das gelbe Fell
Und bissen in den heißen Sand die weißen Negerzähne.

JAKOB UND ESAU

Rebekkas Magd ist eine himmlische Fremde,
Aus Rosenblättern trägt die Engelin ein Hemde
Und einen Stern im Angesicht.

Und immer blickt sie auf zum Licht,
Und ihre sanften Hände lesen
Aus goldenen Linsen ein Gericht.

Jakob und Esau blühn an ihrem Wesen
Und streiten um die Süßigkeiten nicht,
Die sie in ihrem Schoß zum Mahle bricht.

Der Bruder lässt dem jüngeren die Jagd
Und all sein Erbe für den Dienst der Magd;
Um seine Schultern schlägt er wild das Dickicht.

JAKOB

Jakob war der Büffel seiner Herde.
Wenn er stampfte mit den Hufen,
Sprühte unter ihm die Erde.

Brüllend ließ er die gescheckten Brüder.
Rannte in den Urwald an die Flüsse,
Stillte dort das Blut der Affenbisse.

Durch die müden Schmerzen in den Knöcheln
Sank er vor dem Himmel fiebernd nieder,
Und sein Ochsgesicht erschuf das Lächeln.

JOSEPH WIRD VERKAUFT

Die Winde spielten müde mit den Palmen noch,
So dunkel war es schon um Mittag in der Wüste,
Und Joseph sah den Engel nicht, der ihn vom Himmel grüßte,
Und weinte, da er für des Vaters Liebe büßte,
Und suchte nach dem Cocos seines schattigen Herzens doch.

Der bunte Brüderschwarm zog wieder nach Gottosten,
Und er bereute seine schwere Untat schon,
Und auf den Sandweg fiel der schnöde Silberlohn.
Die fremden Männer aber ketteten des Jakobs Sohn,
Bis ihm die Häute drohten mit dem Eisen zu verrosten.

So oft sprach Jakob inbrünstig zu seinem Herrn,
Sie trugen gleiche Bärte, Schaum, von einer Eselin gemolken.
Und Joseph glaubte jedes Mal, – sein – Vater blicke aus den Wolken ...
Und eilte über heilige Bergeshöhen, ihm nachzufolgen,
Bis er dann ratlos einschlief unter einem Stern.

Die Käufer lauschten dem entrückten Knaben,
Des Vaters Andacht atmete aus seinem Haare;
Und sie entfesselten die edelblütige Ware.
Und drängten sich, zu tragen Kanaans Prophet in einer Bahre,
Wie die bebürdeten Kamele durch den Sand zu traben.

Ägypten glänzte feierlich in goldenen Mantelfarben,
Da dieses Jahr die Ernte auf den Salbtag fiel.
Die kleine Karawane – endlich – nahte sie dem Ziel.
Sie trugen Joseph in das Haus des Potiphars am Nil.
An seinem Traume hingen aller Deutung Garben.

PHARAO UND JOSEPH

Pharao verstößt seine blühenden Weiber,
Sie duften nach den Gärten Amons.

Sein Königskopf ruht auf meiner Schulter,
Die strömt Korngeruch aus.

Pharao ist von Gold.
Seine Augen gehen und kommen
Wie schillernde Nilwellen.

Sein Herz aber liegt in meinem Blut;
Zehn Wölfe gingen an meine Tränke.

Immer denkt Pharao
An meine Brüder,
Die mich in die Grube warfen.

Säulen werden im Schlaf seine Arme
Und drohen!

Aber sein träumerisch Herz
Rauscht auf meinem Grund.

Darum dichten meine Lippen
Große Süßigkeiten,
Im Weizen unseres Morgens.

MOSES UND JOSUA

Als Moses im Alter Gottes war,
Nahm er den wilden Juden Josua
Und salbte ihn zum König seiner Schar.

Da ging ein Sehnen weich durch Israel –
Denn Josuas Herz erquickte wie ein Quell.
Des Bibelvolkes Judenleib war sein Altar.

Die Mägde mochten den gekrönten Bruder gern –
Wie heiliger Dornstrauch brannte süß sein Haar;
Sein Lächeln grüßte den ersehnten Heimatstern,

Den Mosis altes Sterbeauge aufgehn sah,
Als seine müde Löwenseele schrie zum Herrn.

SAUL

Über Juda liegt der große Melech wach.
Ein steinernes Kameltier trägt sein Dach.
Die Katzen schleichen scheu um rissige Säulen.

Und ohne Leuchte sinkt die Nacht ins Grab,
Sauls volles Auge nahm zur Scheibe ab.
Die Klageweiber treiben hoch und heulen.

Vor seinen Toren aber stehen die Cananiter.
– Er zwingt den Tod, den ersten Eindring nieder –
Und schwingt mit fünfmalhunderttausend Mann die Keulen.

DAVID UND JONATHAN

In der Bibel stehn wir geschrieben
Bunt umschlungen.

Aber unsere Knabenspiele
Leben weiter im Stern.

Ich bin David,
Du mein Spielgefährte.

O, wir färbten
Unsere weißen Widderherzen rot!

Wie die Knospen an den Liebespsalmen
Unter Feiertagshimmel.

Deine Abschiedsaugen aber –
Immer nimmst du still im Kusse Abschied.

Und was soll dein Herz
Noch ohne meines –

Deine Süßnacht
Ohne meine Lieder.

DAVID UND JONATHAN

O Jonathan, ich blasse hin in deinem Schoß,
Mein Herz fällt feierlich in dunklen Falten;
In meiner Schläfe pflege du den Mond,
Des Sternes Gold sollst du erhalten.
Du bist mein Himmel mein, du Liebgenoss.

Ich hab so säumerisch die kühle Welt
Fern immer nur im Bach geschaut ...
Doch nun, da sie aus meinem Auge fällt,
Von deiner Liebe aufgetaut ...
O Jonathan, nimm du die königliche Träne,
Sie schimmert weich und reich wie eine Braut.

O Jonathan, du Blut der süßen Feige,
Duftendes Gehang an meinem Zweige,
Du Ring in meiner Lippe Haut.

ABIGAIL

Im Kleid der Hirtin schritt sie aus des Melechs Haus
Zu ihren jungen Dromedarenherden.
Im edlen Wettlauf mit den wilden Pferden
Trieb sie die Silberziegen vor die Stadt hinaus,
Bis sich die Abendamethysten reihten um die Erden,
Sich nach der Tochter bangte König Saul.

Sie setzte das verirrte Tier nicht aus
Der Wüste hungernder Schakale,
Und trug am Arme blutiger Bisse Male;
Entriss das Böcklein noch der Löwin Maul.
– Der blinde Seher sah es jedes Mal voraus ...
Die Gräser zitterten im Judatale.

Im Schoß des Vaters schlief die kleine Abigail,
Wenn über Juda lauschte Israels Gebieter,
Hinüber zu dem feindlichen Hethiter.
– Der Skarabäus seiner Krone wurde faul. –
Treu aber hütete der Mond des Melechs Güter,
Und seine Krieger übten sich im Pfeil.

Bis der Allmächtige blies den goldenen Hirten aus.
»Den Vater Abraham« ... erklärte ernst der Melech seinem Kinde:
»Der blieb in seinem ewigen Scheine ohne Sünde.«
Und auch sein spätes Sternlein glitzerte ganz hell und weiß;
Man konnte es noch funkeln sehen im Winde:
»Einst trug sein Vater es, ein Osterlämmlein, hin auf seines Herrn Geheiß.«

Als auf den Feldern blühte jung der Reis,
Schloss Saul die mächtigen Judenaugen beide,
Und seiner Abigail begegnete ein Engel auf der Weide,
Der kündete: »Jehovah blies die Seele deines Vaters
aus« …

ESTHER

Esther ist schlank wie die Feldpalme,
Nach ihren Lippen duften die Weizenhalme
Und die Feiertage, die in Juda fallen.

Nachts ruht ihr Herz auf einem Psalme,
Die Götzen lauschen in den Hallen.

Der König lächelt ihrem Nahen entgegen –
Denn überall blickt Gott auf Esther.

Die jungen Juden dichten Lieder an die Schwester,
Die sie in Säulen ihres Vorraums prägen.

BOAS

Ruth sucht überall
Nach goldenen Kornblumen
An den Hütten der Brothüter vorbei –

Bringt süßen Sturm
Und glitzernde Spielerei
Über Boas Herz;

Das wogt ganz hoch
In seinen Korngärten
Der fremden Schnitterin zu.

RUTH

Und du suchst mich vor den Hecken.
Ich höre deine Schritte seufzen
Und meine Augen sind schwere dunkle Tropfen.

In meiner Seele blühen süß deine Blicke
Und füllen sich,
Wenn meine Augen in den Schlaf wandeln.

Am Brunnen meiner Heimat
Steht ein Engel,
Der singt das Lied meiner Liebe,
Der singt das Lied Ruths.

ZEBAOTH

Gott, ich liebe dich in deinem Rosenkleide,
Wenn du aus den Gärten trittst, Zebaoth.
O, du Gottjüngling,
Du Dichter,
Ich trinke einsam von deinen Düften.

Meine erste Blüte Blut sehnte sich nach dir,
So komme doch,
Du süßer Gott,
Du Gespiele Gott,
Deines Tores Gold schmilzt an meiner Sehnsucht.

SULAMITH

O, ich lernte an deinem süßen Munde
Zu viel der Seligkeiten kennen!
Schon fühl ich die Lippen Gabriels
Auf meinem Herzen brennen ....
Und die Nachtwolke trinkt
Meinen tiefen Zederntraum.
O, wie dein Leben mir winkt!
Und ich vergehe
Mit blühendem Herzeleid
Und verwehe im Weltraum,
In Zeit,
In Ewigkeit,
Und meine Seele verglüht in den Abendfarben
Jerusalems.

AN GOTT

Du wehrst den guten und den bösen Sternen nicht;
All ihre Launen strömen.
In meiner Stirne schmerzt die Furche,
Die tiefe Krone mit dem düsteren Licht.

Und meine Welt ist still –
Du wehrtest meiner Laune nicht.
Gott, wo bist du?

Ich möchte nah an deinem Herzen lauschen,
Mit deiner fernsten Nähe mich vertauschen,
Wenn goldverklärt in deinem Reich
Aus tausendseligem Licht
Alle die guten und die bösen Brunnen rauschen.

KONZERT

EIN LIED AN GOTT

Es schneien weiße Rosen auf die Erde,
Warmer Schnee schmückt milde unsere Welt;
Die weiß es, ob ich wieder lieben werde,
Wenn Frühling sonnenseiden niederfällt.

Zwischen Winternächten liegen meine Träume
Aufbewahrt im Mond, der mich betreut –
Und mir gut ist, wenn ich hier versäume
Dieses Leben, das mich nur verstreut.

Ich suchte Gott auf innerlichsten Wegen
Und kräuselte die Lippe nie zum Spott.
In meinem Herzen fällt ein Tränenregen;
Wie soll ich dich erkennen lieber Gott …

Da ich dein Kind bin, schäme ich mich nicht,
Dir ganz mein Herz vertrauend zu entfalten.
Schenk mir ein Lichtchen von dem ewigen Licht! – – –
Zwei Hände, die mich lieben, sollen es mir halten.

So dunkel ist es fern von deinem Reich
O Gott, wie kann ich weiter hier bestehen.
Ich weiß, du formtest Menschen, hart und weich,
Und weintetest gotteigen, wolltest du wie Menschen sehen.

Mein Angesicht barg ich so oft in deinem Schoß –
Ganz unverhüllt: du möchtest es erkennen.
Ich und die Erde wurden wie zwei Spielgefährten groß!
Und dürfen »du« dich beide, Gott der Welten, nennen.

So trübe aber scheint mir gerade heut die Zeit
Von meines Herzens Warte aus gesehen;
Es trägt die Spuren einer Meereseinsamkeit
Und aller Stürme sterbendes Verwehen.

LETZTER ABEND IM JAHR

Es ist so dunkel heut,
Man kann kaum in den Abend sehen.
Ein Lichtchen loht,
Verspieltes Himmelchen spielt Abendrot
Und weigert sich, in seine Seligkeit zu gehen.
– So alt wird jedes Jahr die Zeit –
Und die vorangegangene verwandelte der Tod.

Mein Herz blieb ganz für sich
Und fand auf Erden keinen Trost.
Und bin ich auch des Mondes Ebenich,
Geleitetest auch du im vorigen Leben mich,
Und sah ich auch den blausten Himmel in Gottost.

Es ruhen Rand an Rand einträchtig Land und Seen,
– Das Weltall spaltet sich doch nicht –,
O Gott, wie kann der Mensch verstehen,
Warum der Mensch haltlos vom Menschtum bricht,
Sich wieder sammeln muss im höheren Geschehen.

ABSCHIED

Der Regen säuberte die steile Häuserwand,
Ich schreibe auf den weißen, steinernen Bogen
Und fühle sanft erstarken meine müde Hand
Von Liebesversen, die mich immer süß betrogen.

Ich wache in der Nacht stürmisch auf hohen Meereswogen!
Vielleicht entglitt ich meines Engels liebevoller Hand,
Ich hab' die Welt, die Welt hat mich betrogen;
Ich grub den Leichnam zu den Muscheln in den Sand.

Wir blicken all' zu *einem* Himmel auf, missgönnen uns das Land? –
Warum hat Gott im Osten wetterleuchtend sich verzogen,
Vom Ebenbilde Seines Menschen übermannt?

Ich wache in der Nacht stürmisch auf hohen Meereswogen!
Und was mich je mit Seiner Schöpfung Ruhetag verband,
Ist wie ein spätes Adlerheer unstät in diese Dunkelheit geflogen.

RELIQUIE

Es brennt ein feierlicher Stern …
Ein Engel hat ihn für mich angezündet.
Ich sah nie unsere heilige Stadt im Herrn,
Sie rief mich oft im Traum des Windes.

Ich bin gestorben, meine Augen schimmern fern,
Mein Leib zerfällt und meine Seele mündet
In die Träne meines nun verwaisten Kindes,
Wieder neu gesäet in seinem weichen Kern.

DAS WUNDERLIED

Schwärmend trat ich aus glitzerndem Herzen
Wogender Liebesfäden,

Ganz schüchtern, hervor; Nacht im Auge,
Geöffnete Lippen …

Aber wo auch ein See lockte,
Goldene Tränke,

Starb an der Labe mein pochendes Wild
In der Brust.

Was soll mir der Wein deines Tisches,
Reichst du mir des Herzens Mannah nicht.

Süß mir, wenn ich im Rauschen der Liebe
Für dich gestorben wär –

Nun ist mein Leben verschneit,
Erstarrt meine Seele,

Die lächelte sonntäglich dir
Friede ins Herz.

Ich suche das Glück nicht mehr.
Wo ich auch unter hochzeitlichem Morgen saß,

Erfror der träumende Lotos
Auf meinem Blut.

GOTT HÖR …

Um meine Augen zieht die Nacht sich
Wie ein Ring zusammen.
Mein Puls verwandelte das Blut in Flammen
Und doch war alles grau und kalt um mich.

O Gott und bei lebendigem Tage,
Träum ich vom Tod.
Im Wasser trink ich ihn und würge ihn im Brot.
Für meine Traurigkeit gibt es kein Maß auf deiner Waage.

Gott hör … In deiner blauen Lieblingsfarbe
Sang ich das Lied von deines Himmels Dach –
Und weckte doch in deinem ewigen Hauche nicht den Tag.
Mein Herz schämt sich vor dir fast seiner tauben Narbe.

Wo ende ich? – O Gott!! Denn in die Sterne,
Auch in den Mond sah ich, in alle deiner Früchte Tal.
Der rote Wein wird schon in seiner Beere schal …
Und überall – die Bitternis – in jedem Kerne.

GEDENKTAG

Das Meer steigt rauschend übers Land,
Inbrünstig fallen Wasser aus den Höhen.
Still brennt die Kerze noch in meiner Hand.

Ich möchte meine liebe Mutter wiedersehen …
Begraben hab' ich meinen Leib im kühlen Sand,
Doch meine Seele will von dieser Welt nicht gehen.

Und hat sich von mir abgewandt.
Ich wollte immer ihr ein Kleid aus Muscheln nähen;
In meinen rauen Körper wurde sie verbannt.

Doch meine liebe Mutter gab sie mir zum Pfand.
Ich suche meine Seele überall auf Zehen;
Die nistete an meiner roten Felsenwand,
Und noch in meinem Auge irrt ihr Spähen.

ABENDLIED

Auf die jungen Rosensträucher
Fällt vom Himmel weicher Regen,
Und die Welt wird immer reicher.

O mein Gott mein, nur alleine,
Ich verdurste und verweine
In dem Segen.

Engel singen aus den Höhen:
»Heut ist Gottes Namenstag,
Der allweiß hier vom Geschehen …«

Und ich kann es nicht verstehen,
Da ich unter seinem Dach
Oft so traurig erwach.

WEIHNACHTEN

Einmal kommst du zu mir in der Abendstunde
Aus meinem Lieblingssterne weich entrückt
Das ersehnte Liebeswort im Munde
Alle Zweige warten schon geschmückt.

O ich weiß, ich leuchte wieder dann,
Denn du zündest meine weißen Lichte an.

»Wann?« – ich frage seit ich dir begegnet – »wann?«
Einen Engel schnitt ich mir aus deinem goldenen Haare
Und den Traum, der mir so früh zerrann.
O ich liebe dich, ich liebe dich,
Ich liebe dich!

Hörst du, ich liebe dich – – –
Und unsere Liebe wandelt schon Kometenjahre,
Bevor du mich erkanntest und ich dich.

EWIGE NÄCHTE

Ich sitze so alleine in der Nacht
An meinem Tisch, der trägt noch seine Lebensfarbe.
Auf jede seiner Adern geb ich Acht,
– Mich dünkt, er blutet noch aus einer Narbe.

Vielleicht stieß mal ein Messer in den Stamm
Ein Mann im Walde, – seine Lust zu kühlen.
Und reckte weit am Teiche in den Schlamm
Die Glieder, die entlasteten zu fühlen.

Er warf mit seinem Tropfen letzter Lust
Die Menschheit von sich ab in einer einzigen Wehe.
Ich wälze auch, wie er, mein »Ich« bewusst!
Ein Volk von mir, bevor ich aus dem Leben gehe.

Dich suchte unaufhörlich ich auf meinem Pfad,
Nie aber kam mein Ebenmensch mir je entgegen.
Und doch wurd' alles, was ich sann, zur Tat,
Und hat das Wort auch tausend Jahr in mir gelegen.

Und flöße Furcht ein, ob des Segens Segen,
Um Dunkelheit vor meines Tisches stillem Tal:
Ein wilder Jude mit dem Kopf des Baal.
Verwittert – ewige Nächte … Draußen fällt ein Regen.

GENESIS

Aus Algenmoos und Muscheln schleichen feuchte Düfte …
Frohlockend schmiegt die Erde ihren Arm um meine Hüfte.
– Mein Geist hat nach dem Heiligen Geist gesucht –.

Und tauchte auf den Vogelgrund der Lüfte
Und grub nach Gott in jedem Stein der Klüfte
Und blieb doch Fleisch, leibeigen und verflucht.

Ich keimte schon am Zweig der Liebesgifte,
Als noch der Schöpfer durch die Meere schiffte,
Das Wasser trennte von der Bucht.

Und alles gut fand, da Er Seine Erde prüfte,
Und nicht ein Korn sprießt ungebucht.

Doch Seine beiden Menschen trieb Er in die Flucht!
Noch schlief der Weltenplan in Seinem Schöpferstifte.
Sie fügten sich nicht Seiner väterlichen Zucht.

Unbändig wie das Feuer zwischen Stein und Stein
Noch ungeläutert zu entladen sich versucht,
So trotzten sie!!
Wie meines Herzens ungezähmte Wucht.

STROPHE

Neugierige sammeln sich am Strand und messen
Sich am Meer und mir der Dichterin vermessen.
Doch ihre Redensart löscht aus der Sand.
Ich hab die Welt vor Welt vergessen,
Getränkt von edlen Meeresnässen.
Als läge ich in Gottes weiter Hand.

AUS DER FERNE

Die Welt, aus der ich lange mich entwand,
Ruht kahl, von Glut entlaubt, in dunkler Hand;
Die Heimat fremd, die ich mit Liebe überhäufte,
Aus der ich lebend in die Himmel reifte.

Es wachsen auch die Seelen der verpflanzten Bäume
Auf Erden schon in Gottes blaue Räume,
Um inniger von Seiner Herrlichkeit zu träumen.

Der große Mond und seine Lieblingssterne,
Spielen mit den bunten Muschelschäumen
Und hüten über Meere Gottes Geist so gerne.

So fern hab ich mir nie die Ewigkeit gedacht …
Es weinen über unsere Welt die Engel in der Nacht.
Sie läuterten mein Herz, die Fluren zu versüßen,
Und ließen euch in meinen Versen grüßen.

MEIN BLAUES KLAVIER

AN MEINE FREUNDE

Nicht die tote Ruhe –
Bin nach einer stillen Nacht schon ausgeruht.
Oh, ich atme Geschlafenes aus,
Den Mond noch wiegend
Zwischen meinen Lippen.

Nicht den Todesschlaf –
Schon im Gespräch mit euch
Himmlisch Konzert ....
Und neu Leben anstimmt
In meinem Herzen.

Nicht der Überlebenden schwarzer Schritt!
Zertretene Schlummer zersplittern den Morgen.
Hinter Wolken verschleierte Sterne
Über Mittag versteckt –
So immer wieder neu uns finden.

In meinem Elternhause nun
Wohnt der Engel Gabriel .....
Ich möchte innig dort mit euch
Selige Ruhe in einem Fest feiern –
Sich die Liebe mischt mit unserem Wort.

Aus mannigfaltigem Abschied
Steigen aneinandergeschmiegt die goldenen Staubfäden,
Und nicht ein Tag ungesüßt bleibt
Zwischen wehmütigem Kuss
Und Wiedersehn!

Nicht die tote Ruhe –
So ich liebe im Odem sein!
Auf Erden mit euch im Himmel schon.
Allfarbig malen auf blauem Grund
Das ewige Leben.

MEINE MUTTER

Es brennt die Kerze auf meinem Tisch
Für meine Mutter die ganze Nacht –
Für meine Mutter .....

Mein Herz brennt unter dem Schulterblatt
Die ganze Nacht
Für meine Mutter .....

JERUSALEM

Gott baute aus Seinem Rückgrat: Palästin
aus einem einzigen Knochen: Jerusalem.

Ich wandele wie durch Mausoleen –
Versteint ist unsere Heilige Stadt.
Es ruhen Steine in den Betten ihrer toten Seen
Statt Wasserseiden, die da spielten: Kommen und Vergehen.

Es starren Gründe hart den Wanderer an –
Und er versinkt in ihre starren Nächte.
Ich habe Angst, die ich nicht überwältigen kann.

Wenn du doch kämest .....
Im lichten Alpenmantel eingehüllt –
Und meines Tages Dämmerstunde nähmest –
Mein Arm umrahmte dich, ein hilfreich Heiligenbild.

Wie einst wenn ich im Dunkel meines Herzens litt –
Da deine Augen beide: blaue Wolken.
Sie nahmen mich aus meinem Trübsinn mit.

Wenn du doch kämest –
In das Land der Ahnen –
Du würdest wie ein Kindlein mich ermahnen:
Jerusalem – erfahre Auferstehen!

Es grüßen uns
Des »Einzigen Gottes« lebendige Fahnen,
Grünende Hände, die des Lebens Odem säen.

AN MEIN KIND

Immer wieder wirst du mir
Im scheidenden Jahre sterben, mein Kind,

Wenn das Laub zerfließt
Und die Zweige schmal werden.

Mit den roten Rosen
Hast du den Tod bitter gekostet,

Nicht ein einziges welkendes Pochen
Blieb dir erspart.

Darum weine ich sehr, ewiglich .....
In der Nacht meines Herzens.

Noch seufzen aus mir die Schlummerlieder,
Die dich in den Todesschlaf schluchzten,

Und meine Augen wenden sich nicht mehr
Der Welt zu;

Das Grün des Laubes tut ihnen weh.
– Aber der Ewige wohnt in mir.

Die Liebe zu dir ist das Bildnis,
Das man sich von Gott machen darf.

Ich sah auch die Engel im Weinen,
Im Wind und im Schneeregen.

Sie schwebten ....
In einer himmlischen Luft.

Wenn der Mond in Blüte steht
Gleicht er deinem Leben, mein Kind.

Und ich mag nicht hinsehen
Wie der lichtspendende Falter sorglos dahinschwebt.

Nie ahnte ich den Tod
– Spüren um dich, mein Kind –

Und ich liebe des Zimmers Wände,
Die ich bemale mit deinem Knabenantlitz.

Die Sterne, die in diesem Monat
So viele sprühend ins Leben fallen,
Tropfen schwer auf mein Herz.

MEIN BLAUES KLAVIER

Ich habe zu Hause ein blaues Klavier
Und kenne doch keine Note.

Es steht im Dunkel der Kellertür,
Seitdem die Welt verrohte.

Es spielen Sternenhände vier
– Die Mondfrau sang im Boote –
Nun tanzen die Ratten im Geklirr.

Zerbrochen ist die Klaviatür .....
Ich beweine die blaue Tote.

Ach liebe Engel öffnet mir
– Ich aß vom bitteren Brote –
Mir lebend schon die Himmelstür –
Auch wider dem Verbote.

GEBET

Oh Gott, ich bin voll Traurigkeit .....
Nimm mein Herz in deine Hände –
Bis der Abend geht zu Ende
In steter Wiederkehr der Zeit.

Oh Gott, ich bin so müd, oh, Gott,
Der Wolkenmann und seine Frau
Sie spielen mit mir himmelblau
Im Sommer immer, lieber Gott.

Und glaube unserm Monde, Gott,
Denn er umhüllte mich mit Schein,
Als wär ich hilflos noch und klein,
– Ein Flämmchen Seele.

Oh, Gott und ist sie auch voll Fehle –
Nimm sie still in deine Hände .....
Damit sie leuchtend in dir ende.

ÜBER GLITZERNDEN KIES

Könnt ich nach Haus –
Die Lichte gehen aus –
Erlischt ihr letzter Gruß.

Wo soll ich hin?
Oh Mutter mein, weißt du's?
Auch unser Garten ist gestorben! .....

Es liegt ein grauer Nelkenstrauß
Im Winkel wo im Elternhaus.
Er hatte große Sorgfalt sich erworben.

Umkränzte das Willkommen an den Toren
Und gab sich ganz in seiner Farbe aus.
Oh liebe Mutter! .....

Versprühte Abendrot
Am Morgen weiche Sehnsucht aus
Bevor die Welt in Schmach und Not.

Ich habe keine Schwestern mehr und keine Brüder.
Der Winter spielte mit dem Tode in den Nestern
Und Reif erstarrte alle Liebeslieder.

OUVERTÜRE

Wir trennten uns im Vorspiele der Liebe .....
An meinem Herzen glitzerte noch hell dein Wort,
Und still verklangen wir im Stadtgetriebe,
Im Abendschleier der Septembertrübe
In einem schluchzenden Akkord.
Doch in der kurzen Liebesouvertüre
Entschwanden wir von dieser Erde fort
Durch Paradiese bis zur Himmelstüre –
Und es bedurfte nicht der ewigen Liebesschwüre
Und nicht der Küsse blauer Zaubermord.
Und meiden doch seitdem uns wie zwei Diebe!
Und nur geheim betreten wir den Ort,
Wo uns vergoldete die Liebe.
Bewahren wir sie, dass sie nicht erfriere
Oder im Alltag blinder Lust verdorrt.
Ich weinte bitterlich wenn ich es einst erführe –

AN MILL

Es tanzen Schatten in den dunkelgrünen Bäumen,
Die du so liebst, elf deiner guten Feen,
Die treu dein Haus und dich, du Rauschender, betreuen.

Wir leben lange schon im höheren Geschehen – –
Schneeweißer Damast liegt auf allen Seen
Aus Zauberseide wie in meinen Reimen.
Von einem jähen Hauche – kann der Vers verwehen.

Es gilt den Augenblick der Liebe zu vernehmen,
Da Heimat gegenseitig wir im Auge sehen.
Am Hange unserer Liebe süßes Schemen,
Erblüht die Königin der Nacht aus den Kakteen.

Schwer in den Wolkenbergen, die weich träumen,
Taumelt von Sternenrebenperlenüberschäumen
Der trunkne goldne Winzer und beleuchtet die Alleen.

ES KOMMT DER ABEND

Es kommt der Abend und ich tauche in die Sterne,
Dass ich den Weg zur Heimat im Gemüte nicht verlerne
Umflorte sich auch längst mein armes Land.

Es ruhen unsere Herzen liebverwandt,
Gepaart in einer Schale:
Weiße Mandelkerne –

..... Ich weiß, du hältst wie früher meine Hand
Verwunschen in der Ewigkeit der Ferne .....
Ach meine Seele rauschte, als dein Mund es mir gestand.

DIE TÄNZERIN WALLY

Sie wandelt an den Nachmittagen
Durch ihrer Gartengänge grüne Heiligensagen
Von frommer Dämmerung ins Himmelreich getragen.

Die Bibelfrauen: ihre Feen .....
Sie hört wie sie vom Leiden der Propheten klagen,
Die schon im Weltenanfang sahn die Welt verwehen.

Sie aber lernte auf den Spitzen ihrer Füße stehen
Von den Zypressen, die das Weltenende überragen.
Zu einem sanften Tanze hebt sich leicht ihr Gehen.

Zwei weiße Schäferhunde folgen ihrem Wagen,
Erzählen ihre Gliederweisen uns vom höheren Geschehen.

ABENDZEIT

Erblasst ist meine Lebenslust – .....
Ich fiel so einsam auf die Erde,
Von wo ich kam hat nie ein Mensch gewusst,
– Nur du, da ich vereint einst mit dir werde.

Ich bin von Meeresbuchten weit umstellt,
Jedwedes Ding erlebe ich im Schaume.
Der Mensch, der feindlich mich ereilt, zerschellt!
Und ich weiß nur von ihm im Traume.

Und so erlebe ich die Schöpfung dieser Welt,
Auf Erden schon entkommen ihrer Schale.
Und du der Stern, der hoch vom Himmel fällt,
Vergräbt sich tief in meines Herzens Tale.

Die Abendzeit verdüstert sehr mein Blut –
Durchädert qualvoll meine müde Seele.
Nackt steigt sie wieder aus der vorweltlichen Flut
Und bangt, dass sie verkörpert hier auf Erden fehle.

Und was der Tag, noch ehe er erwacht,
Versäumte morgenrötlich zu erleben,
Reicht ihm das träumerische Bilderspiel der Nacht
In lauter bunterlei Geweben.

Es bringen ferne Hände mir nach Haus
Aus gelben Sicheln einen frommen Strauß.
Der Zeiger wandelt leise um das Zifferblatt
Der Sonnenuhr, die Gold von meinem Leben hat.

Sie glüht vom Pochen überwacht
Und läutet zwischen Nacht und Mitternacht
Da wir uns sahen in der rätselhaften Stunde –
Dein Mund blüht tausendschön auf meinem Munde.

All meine Lebenslust entfloh
Im dunkelen Gewande mit der Abendzeit.
Ich suchte unaufhörlich einen Himmel wo .....
Nur in der Offenbarung ist der Weg zu ihm nicht weit.

ICH LIEGE WO AM WEGRAND

Ich liege wo am Wegrand übermattet –
Und über mir die finstere kalte Nacht –
Und zähl schon zu den Toten längst bestattet.

Wo soll ich auch noch hin – von Grauen überschattet –
Die ich vom Monde euch mit Liedern still bedacht
Und weite Himmel blauvertausendfacht.

Die heilige Liebe, die ihr blind zertratet,
Ist Gottes Ebenbild ....!
Fahrlässig umgebracht.

Darum auch lebten du und ich in einem Schacht!
Und – doch im Paradiese trunken blumumblattet.

DIE VERSCHEUCHTE

Es ist der Tag im Nebel völlig eingehüllt,
Entseelt begegnen alle Welten sich –
Kaum hingezeichnet wie auf einem Schattenbild.

Wie lange war kein Herz zu meinem mild …
Die Welt erkaltete, der Mensch verblich.
– Komm bete mit mir – denn Gott tröstet mich.

Wo weilt der Odem, der aus meinem Leben wich?
Ich streife heimatlos zusammen mit dem Wild
Durch bleiche Zeiten träumend – ja ich liebte dich .....

Wo soll ich hin, wenn kalt der Nordsturm brüllt?
Die scheuen Tiere aus der Landschaft wagen sich
Und ich vor deine Tür, ein Bündel Wegerich.

Bald haben Tränen alle Himmel weggespült,
An deren Kelchen Dichter ihren Durst gestillt –
Auch du und ich.

ERGRAUT KOMMT SEINE KLEINE WELT ZURÜCK

In meinem Herzen spielen Paradiese .....
Ich aber kehre aus versunkenem Glück
In eine Welt trostlosester Entblätterung zurück.

Ein Grübchen lächelt ahnungslos aus einer Wiese,
Ein Bach, doch auf dem Grunde dürstet sein Geschick.

Ich leide sehr um sein verflüchtend Glück –
Darum ich mich des Tauchens heller Lust verschließe.

Aus meinem Herzen fallen letzte Grüße
Vom Lebensfaden ab – dir schenk ich diese.

Die Sonne heftet im Kristall der Kiese
Noch scheidend ihren goldenen Augenblick.

Gott weint ..... ergraut kommt seine kleine Welt zurück,
Die Er in Seiner Schöpfung schnitt aus himmlischem Türkise.

Es lehren Flügelmenschen, die des Wegs ein Stück
Mich, meines Amtes wegen, stärken und begießen –
Und wieder jenseits in die Lüfte fließen:
Dass ich für – unerfüllte Gottesweisung – büße.

HINGABE

Ich sehe mir die Bilderreihen der Wolken an,
Bis sie zerfließen und enthüllen ihre blaue Bahn.

Ich schwebte einsamlich die Welten all hinan,
Entzifferte die Sternoglyphen und die Mondeszeichen
um den Mann.

Und fragte selbst mich scheu, ob oder wann
Ich einst geboren wurde und gestorben dann?

Mit einem Kleid aus Zweifel war ich angetan,
Das greises Leid geweiht für mich am Zeitrad spann.

Und jedes Bild, das ich von dieser Welt gewann,
Verlor ich doppelt, und auch das was ich ersann.

ICH WEISS

Ich weiß, dass ich bald sterben muss
Es leuchten doch alle Bäume
Nach langersehntem Julikuss –

Fahl werden meine Träume –
Nie dichtete ich einen trüberen Schluss
In den Büchern meiner Reime.

Eine Blume brichst du mir zum Gruß –
Ich liebte sie schon im Keime.
Doch ich weiß, dass ich bald sterben muss.

Mein Odem schwebt über Gottes Fluss –
Ich setze leise meinen Fuß
Auf den Pfad zum ewigen Heime.

HERBST

Ich pflücke mir am Weg das letzte Tausendschön .....
Es kam ein Engel mir mein Totenkleid zu nähen –
Denn ich muss andere Welten weiter tragen.

Das ewige Leben *dem*, der viel von Liebe weiß zu sagen.
Ein Mensch der *Liebe* kann nur auferstehen!
Hass schachtelt ein! wie hoch die Fackel auch mag
schlagen.

Ich will dir viel viel Liebe sagen –
Wenn auch schon kühle Winde wehen,
In Wirbeln sich um Bäume drehen,
Um Herzen, die in ihren Wiegen lagen.

Mir ist auf Erden weh geschehen .....
Der Mond gibt Antwort dir auf deine Fragen.
Er sah verhängt mich auch an Tagen,
Die zaghaft ich beging auf Zehen.

DIE DÄMMERUNG NAHT

Die Dämmerung naht – im Sterben liegt der Tag
Sein Schatten deckt mich zu, der kühl auf einem Blatte lag,
Auf seinen roten Beeren.

Ich baute uns ein Himmelreich, dir unantastbar zu
gehören
– Das an den Riffen deiner Herzensnacht zerbrach.

Die Vögel singen, und vom Nachtigallenschlag
Erzittert noch mein Bild am Wald im Bach.
Dir will ich es verehren –

Die Dämmerung naht, im Sterben liegt der Tag.

MEIN HERZ RUHT MÜDE

Mein Herz ruht müde
Auf dem Samt der Nacht
Und Sterne legen sich auf meine Augenlide .....

Ich fließe Silbertöne der Etüde – – –
Und bin nicht mehr und doch vertausendfacht.
Und breite über unsere Erde: Friede.

Ich habe meines Lebens Schlussakkord vollbracht –
Bin still verschieden – wie es Gott in mir erdacht:
Ein Psalm erlösender – damit die Welt ihn übe.

AN IHN

ABENDS

Auf einmal musste ich singen –
Und ich wusste nicht warum?
– Doch abends weinte ich bitterlich.

Es stieg aus allen Dingen
Ein Schmerz, und der ging um
– Und legte sich auf mich.

DEM VERKLÄRTEN

Ach bitter und karg war mein Brot,
Verblichen –
Das Gold meiner Wangen Bernstein.

In die Höhlen schleiche ich
Mit den Pantern
In der Nacht.

So bange mir in der Dämmerung Weh …
Legen sich auch schlafen
Die Sterne auf meine Hand.

Du staunst über ihr Leuchten –
Doch fremd dir die Not
Meiner Einsamkeit.

Es erbarmen sich auf den Gassen
Die wilden Tiere meiner.
Ihr Heulen endet in Liebesklängen.

Du aber wandelst entkommen dem Irdischen
Um den Sinai lächelnd verklärt –
Fremdfern vorüber meiner Welt.

UND

Und hast mein Herz verschmäht –
In die Himmel wärs geschwebt
Selig aus dem engen Zimmer!

Wenn der Mond spazieren geht,
Hör ichs pochen immer
Oft bis spät.

Aus Silberfäden zart gedreht
Mein weiß Gerät –
Trüb nun sein Schimmer.

SO LANGE IST ES HER .....

Ich träume so fern dieser Erde
Als ob ich gestorben wär
Und nicht mehr verkörpert werde.

Im Marmor deiner Gebärde
Erinnert mein Leben sich näher.
Doch ich weiß die Wege nicht mehr.

Nun hüllt die glitzernde Sphäre
Im Demantkleide mich schwer.
Ich aber greife ins Leere.

EIN LIEBESLIED

Komm zu mir in der Nacht – wir schlafen
eng verschlungen.
Müde bin ich sehr, vom Wachen einsam.
Ein fremder Vogel hat in dunkler Frühe schon gesungen,
Als noch mein Traum mit sich und mir gerungen.

Es öffnen Blumen sich vor allen Quellen
Und färben sich mit deiner Augen Immortellen .....

Komm zu mir in der Nacht auf Siebensternenschuhen
Und Liebe eingehüllt spät in mein Zelt.
Es steigen Monde aus verstaubten Himmelstruhen.

Wir wollen wie zwei seltene Tiere liebesruhen
Im hohen Rohre hinter dieser Welt.

IHM EINE HYMNE

Ich lausche seiner Lehre,
Als ob ich vom Jenseits höre
Sprechen die Abendröte.

Es kommen Dichter mit Gaben
Zu ihm aus ihren Sternen
Vom »Alleinigen Gott« zu lernen.

Aus ihren Marmorbrüchen
Schenkten ihm die Griechen
Das Lächeln des Apolls.

Die Körper, die ihrer Seele
Die Pforte geöffnet haben,
Werden Engel aus Rosenholz.

Ich erinnere mich meiner näher
In seinem heiligen Schwang.
Hört mich der holde Seher –
..... Schluchzen in seinem Gesang

Im Ewigen Jerusalem-Eden,
Tröstet sein Wort Jedweden
Fern überhebendem Stolz.

Im Tempelschall seiner Gebete,
Zwischen leuchtendem Kerzengeräte,
Schlürft meine Seele seinen Gesang.

..... Doch oben im Dämmermoose
Welkt ergeben die Himmelsrose
– Da er ihr Herz verschmähte.

ICH LIEBE DICH .....

Ich liebe dich
Und finde dich
Wenn auch der Tag ganz dunkel wird.

Mein Lebelang
Und immer noch
Bin suchend ich umhergeirrt.

Ich liebe dich!
Ich liebe dich!
Ich liebe dich!

Es öffnen deine Lippen sich .....
Die Welt ist taub,
Die Welt ist blind

Und auch die Wolke
Und das Laub –
– Nur wir, der goldene Staub
Aus dem wir zwei bereitet:
– Sind!

IN MEINEM SCHOSSE

In meinem Schoße
Schlafen die dunkelen Wolken –
Darum bin ich so traurig, du Holdester.

Ich muss deinen Namen rufen
Mit der Stimme des Paradiesvogels
Wenn sich meine Lippen bunt färben.

Es schlafen schon alle Bäume im Garten –
Auch der nimmermüde
Vor meinem Fenster –

Es rauscht der Flügel des Geiers
Und trägt mich durch die Lüfte
Bis über dein Haus.

Meine Arme legen sich um deine Hüften,
Mich zu spiegeln
In deines Leibes Verklärtheit.

Lösche mein Herz nicht aus –
Du den Weg findest –
Immerdar.

DEM HOLDEN

Ich taumele über deines Leibes goldene Wiese,
Es glitzern auf dem Liebespfade hin die Demantkiese
Und auch zu meinem Schoße
Führen bunterlei Türkise.

Ich suchte ewig dich – es bluten meine Füße –
Ich löschte meinen Durst mit deines Lächelns Süße.
Und fürchte doch, dass sich das Tor
Des Traumes schließe.

Ich sende dir, eh ich ein Tropfen frühes Licht genieße,
In blauer Wolke eingehüllte Grüße
Und von der Lippe abgepflückte eben erst erblühte Küsse.
Bevor ich schwärmend in den Morgen fließe.

DIE UNVOLLENDETE

Es ist so dunkel heut am Heiligen Himmel .....
Ich und die Abendwolken suchen nach dem Mond –
Wo beide wir einst vor dem Erdenleben,
Schon nahe seiner Leuchtewelt gewohnt.

Darum möcht ich mit dir mich unlösbar verweben –
Ich hab so Angst um Mitternacht!
Es schreckt ein Traum mich aus vergangenem Leben
An den ich gar nicht mehr gedacht.

Ich pflückte mir so gern nach banger Nacht
Vom Berg der Frühe lichtgefüllte Reben.
Doch hat die Finsternis mich umgebracht –
Geopfert deinem Wunderleben.

Und es verblutet, was du mir,
Ich dir gegeben,
Und auch das bunte Sternenzeichen
Unserer eng verknüpften Hand,
Das Pfand!!

Und neben mir und dein –
Auf meinem Herzen süßgemalt enthobnem Sein
– Tröstet mich ein Fremder übermannt.

Ihm mangelt an der Ouvertüre süßem Tand
Streichelnder Flüsterspiele seiner Triebe,
Verherrlichend den keuschen Liebeskelch der Liebe.

ICH SÄUME LIEBENTLANG

Ich säume liebentlang durchs Morgenlicht,
Längst lebe ich vergessen – im Gedicht.
Du hast es einmal mir gesprochen.

Ich weiß den Anfang –
Weiter weiß ich von mir nicht.
Doch hörte ich mich schluchzen im Gesang.

Es lächelten die Immortellen hold in deinem Angesicht,
Als du im Liebespsalme unserer Melodie
Die Völker tauchtest und erhobest sie.

AN APOLLON

Es ist am Abend im April.
Der Käfer kriecht ins dichte Moos.
Er hat *so* Angst – die Welt *so* groß!

Die Wirbelwinde hadern mit dem Leben,
Ich halte meine Hände still ergeben
Auf meinem fromm bezwungenen Schoß.

Ein Engel spielte sanft auf blauen Tasten,
Langher verklungene Phantasie.
Und alle Bürde meiner Lasten,
Verklärte und entschwerte sie.

Jäh tut mein sehr verwaistes Herz mir weh –
Blutige Fäden spalten seine Stille.
Zwei Augen blicken wund durch ihre Marmorhülle
In meines pochenden Granates See.

Er legte Brand an meines Herzens Lande –
Nicht mal sein Götterlächeln
Ließ er mir zum Pfande.

AN MICH

Meine Dichtungen, deklamiert, verstimmen die Klaviatür meines Herzens. Wenn es noch Kinder wären, die auf meinen Reimen tastend meinetwegen klimperten. (Bitte nicht weitersagen!) Ich sitze noch heute sitzengeblieben auf der untersten Bank der Schulklasse, wie einst ... Doch mit spätem versunkenem Herzen: 1000 und 2-jährig, dem Märchen über den Kopf gewachsen.

Ich schweife umher! Mein Kopf fliegt fort wie ein Vogel, liebe Mutter. Meine Freiheit soll mir niemand rauben, – sterb ich am Wegrand wo, liebe Mutter, kommst du und trägst mich hinauf zum blauen Himmel. Ich weiß, dich rührte mein einsames Schweben und das spielende Ticktack meines und meines teuren Kindes Herzen.

THEATER

Die Wupper

Schauspiel in fünf Aufzügen

PERSONEN

FRAU CHARLOTTE SONNTAG, Fabrikbesitzerin
HEINRICH, EDUARD, MARTA – ihre Kinder
DR. JUR. BRUNO VON SIMON
GROSSVATTER WALLBRECKER
AMANDA PIUS, seine Tochter
CARL PIUS, sein Enkel
MUTTER PIUS, Carls Großmutter väterlicherseits
DER PENDELFREDERECH, LANGE ANNA, DER GLÄSERNE AMADEUS – drei Herumtreiber
AUGUST PUDERBACH, Färber
LIESCHEN, sein Schwesterchen
GRETE STOMMS, Lieschens Freundin
WILLEM, Zuhälter, ehemaliger Weber
ROSA, die Riesendame
DIE HERREN MIT DEN GRAUEN ZYLINDERN
AUGUSTE, BERTA – Dienstboten im Hause Sonntag

Fabrikarbeiter, Fabrikarbeiterinnen, Herumtreiber,
Kroatenjungen, Jahrmarktleute, Kinder usw.

Der erste und vierte Aufzug spielen im Arbeiterviertel, der zweite im Garten vor einer Villa, der dritte auf dem Jahrmarkt, der fünfte in einer Art Gartenzimmer derselben Villa. Die Schlussverwandlung des fünften Aufzuges spielt im Arbeiterviertel.

ERSTER AKT

Arbeiterviertel einer Fabrikstadt im Wuppertale. Hintergrund bergiger Wald. Links im Tal fließt ein schmaler Wupperarm, nach hinten in einer Biegung auslaufend. Über den Fluss führt eine Brücke zu einem Weg, an dem Pius' zerfallenes, einstöckiges Häuschen liegt. Rechts hinten ein Gässchen mit hohen, alten, schmutzigen Arbeitermietshäuschen. Im ersten, nur noch halb sichtbaren Hause wohnen im obersten Stockwerk Puderbachs.

Links von der Wupper eine Wiese – in der Ferne sieht man dampfende Schornsteine von Fabriken und andere Häuser usw.

Vor Pius' Häuschen steht eine Bank, neben dieser ein breiter Strauch. Vor einem Steg, der im Hintergrund in den Wald führt, brennt eine alte Laterne, die während des ersten Aufzuges langsam erbleicht.

Großvatter Wallbrecker; Carl Pius; Frau Amanda Pius; Mutter Pius; Lieschen Puderbach; August Puderbach; der Pendelfrederech; Lange Anna; der gläserne Amadeus; zwei Helfershelfer; Kroatenjungen.

GROSSVATTER WALLBRECKER: Hör auf dein alten Großvatter, Carl, schmeiß den Gelehrtenkrams beis Gerömpel. Du bist man so recht was für'n Meister, Gesellen müsst de unter dein Kommando hab'n.

CARL: Lass mich man erst Pastor sein, Großvatter, dann werden die Meister meine Gesellen.

GROSSVATTER WALLBRECKER: Und das Liesken drüben sollst du doch frein.

CARL *(überlegen wie zu einem Kind)*: Die heirat mich umso lieber.

GROSSVATTER WALLBRECKER: Fünfundzwanzig Jahr hab ich mit dem Liesken sein Großvatter am Webstuhl gesessen, und doch war das Leichentuch zu klein für uns zwei. – *(Pause)* – Es nimmt en Pastor schon, aber, zum gelehrten Mann gehört en feines Weib un zum Pastor eine Pastorin – un der alte Großvatter gehört auch nicht rein ins Treibhaus!

CARL: 'nen bequemen Sorgenstuhl kauf ich dir, Großvatter, auf einem weichen Polster sitzt du und tust den ganzen Tag nix andres wie schlafen, spazieren gehen und schmöken. Was sagst de dazu, Vatter Wallbrecker?

GROSSVATTER WALLBRECKER: Mit die Kaplans komm ich in Kollektion, dass Vatter Wallbreckers Enkelsohn Pastor is, sie haben mich schon das Haus eingelaufen wegen dein Vater sein lutherschen Glaubens.

CARL: An was du alles denken tust.

GROSSVATTER WALLBRECKER: Tum Tingelingeling, Carl, die alte Truthenne hat auch dein Vater immer in die Ohren gelegen. Ein fleißiger Färber wars; *(zeigt auf das Wasser der Wupper)* da rinnt sein Blut. – Fällt dem mit einmal ein, er taugt für die Arbeit nich mehr, un giftig is er geworden auf sein Herrn und seine Gemahlin. Aufgeblasen war se ja man mit die seidene Röck, aber en Hochmut darf sie ja hab'n bei so viel Geld. Am hellen Tag auf dem Marktplatz hat er ihren adeligen Bloßen verhaun.

CARL: Das hat dir woll großen Kummer gemacht, Großvatter, weil du es nicht vergessen kannst.

GROSSVATTER WALLBRECKER: Tum Tingelingeling, ein Jahr hab'n sie ihm für seine Missetat ins Loch gesteckt.

Carl Beileid bezeugend.

GROSSVATTER WALLBRECKER: Er war ja sonst ein ehrlicher Arbeiter gewesen. *(Carl nickt.)*

GROSSVATTER WALLBRECKER: Un die alte Truthenne hat ihm bald besucht. Mit ihre Quacksalben hat sie eine feine Madame den Brand an de Waden geschmiert. Siehst de, Carl, un nu meint Amanda, dir steckt man auch mal rein wie dein überdrüssiger Vatter und deine studierte Großmutter.

CARL: Die Zeiten hab'n sich geändert, Großvatter.

GROSSVATTER WALLBRECKER: Siehst de, da hab'n wirs, bald denkst de auch an dein alten Großvatter Taback nich mehr *(Kindlich schlau)*.

CARL: Lass man gut sein.

GROSSVATTER WALLBRECKER: Wie alt bist de nu, Jung! Puderbachs

Aujust bringt schon zehn Taler nach Haus. Da läuft er mit seine Schwester, wie mit sein Schatz.

Man sieht beide geschwisterlich vom Wald heimwärts kommen.

CARL: Und ich werd das Dreifache verdienen, lass mich man Zeit, bin ich erst Pastor, tust de alle Tage dein Leibgericht knappem.

GROSSVATTER WALLBRECKER *(bedenklich):* Wenn es de alte Truthenne mich nich auffressen tut.

CARL: Die bleibt hier an der Wupper in ihr Haus wohnen.

GROSSVATTER WALLBRECKER: Und du willst in de fremde Residenz predigen? Tum Tingelingeling, in die luthersche Lutherkirche hier musst de von de Kanzel herunter auf all die reichen Muckerköppe brüllen. *(Kleine Pause)* Und ich werd auch auf meine alten Tag en Ketzer werden, wenn es nottut – dich zulieb, Carl. Ich hab das *(schlägt ein Kreuz)* doch verlernt *(weinerlich),* wenn man so immer dran hängen tut.

CARL: Es ist schon spät, Großvatter, ich bring dich in de Klappe.

GROSSVATTER WALLBRECKER: Jung, Jung, Jung, wenn ich es erleben tu.

Sie schreiten ihrem kleinen Häuschen zu; im Begriff einzutreten, umhalst hinterrücks den Großvatter Lieschen Puderbach, die ihrem Bruder vorangesprungen ist. Arbeiter sieht man in der Ferne und hört ihre rauen Stimmen.

GROSSVATTER WALLBRECKER: Was willst de vom Großvatter, kleines, leckeres Dier? Seh se dich mal an, Carl, die meint es mit dem alten Großvatter gut.

LIESCHEN *(vergnügt):* Kriegst morgen zu dein Geburtstag 'ne neue Piepe von mich, ich hab dem Aujust seine kleine im blauen Sametetui weggekläut un sie Herr Stomms gebracht heut. Ich kann mich für sie eine *lange* aussuchen wie deine is, eine nagelneue, Großvatter, *(ganz hoch zu sprechen)* mit en Hirschkopf drauf.

GROSSVATTER WALLBRECKER *(freut sich wie ein Kind):* Die meint es gut mit dem alten Großvatter, Carl. *(Er kitzelt Lieschen am nack-*

ten Hälschen.) Ich klopf ihm auch immer, wenn der junge Herr Eduard kommen tut; was, Liesken?

Lieschen schämt sich.

GROSSVATTER WALLBRECKER *(blinzelt Lieschen vertraulich an):* Er fragt mir immer nach es.

LIESCHEN *(altklug zu Carl):* Herr Eduard sagt, ich wär seine Königsbraut.

CARL *(sagt, um etwas zu erwidern):* Un mich willst de also nich heiraten.

GROSSVATTER WALLBRECKER: Tum Tingelingeling, er ist molz ein reichen Herr; was, Liesken?

LIESCHEN: Zwei große Bilder aus England, hat er gesagt, bringt er mich mit hier – siehst de! siehst de! Ich glaub, er kömmt gleich dir besuchen, Carl.

CARL *(schiebt das Kind ungeduldig zur Seite):* Dein Bruder sucht dich, Liesken.

GROSSVATTER WALLBRECKER: Ein blaues Maul hat das Luder von'n Beerenfressen.

LIESCHEN: Kuck mal seine Nas an, Großvatter!!

GROSSVATTER WALLBRECKER: Die is man wie'n Affe seine gemalen.

LIESCHEN: Aujust, Aujust, wie siehst de aus!!!!

AUGUST *(blickt neidisch auf Carl):* Ich bin man bloß ein einfacher Färber, ich schäm mir nich, von Gottes Waldes Natur zu fressen; du, Großvatter Wallbrecker?

GROSSVATTER WALLBRECKER *(schüttelt mit dem Kopf):* Nä.

AUGUST: Du, Liesken?

Carl stellt sich an einen Seitenbalken des Häuschens, die Arme verschränkt.

LIESCHEN: Wenn de de Mutter fragen tust, August, ob ich die Tante noch ein bisschen waschen helfen darf, dann sag ich dich auch, wo deine kleine Piepe im blauen Sametetui is.

AUGUST: Sag!!

Großvatter schüttelt hastig Lieschen mit dem Kopf zu. Lieschen lacht.

AUGUST: Sag es doch, dummes Weib!!
LIESCHEN: Molz! Ich weiß es doch nicht.

Großvatter und Lieschen lachen August aus, der in komischen Wendungen im Begriffe ist umzukehren, Lieschen verhindert es aber.

LIESCHEN: Aujust, lieber Aujust, frag die Mutter, ja? Ich geb dich auch en Dicken.
AUGUST: Steck den Schmatz man in de Kiste, wenn de heiraten tust.
LIESCHEN: Meine Klümken und de Stange Süßholz kannst de dich nehmen aus Mutter ihre Kommode, Aujust.
FRAU AMANDA PIUS *(tritt ans offene Fenster, sie hat die letzten Worte Lieschens gehört):* So en süßen Kater bist de, Aujust? Warum kömmst de eigentlich nich mehr beim Carl herüber?
Mutter Pius tritt hinter Amanda ans Fenster.
AUGUST: Bei so'n feinen Herr – nä, Frau Pius!
MUTTER PIUS: Was soll auch unser Carl mit so einen gemeinen Baumwollenfärber anfangen? *(August verzieht sich furchtbar komisch mit einem Katzenbuckel.)*
MUTTER PIUS *(zu Lieschen):* Und du müsst schon in de Klappe liegen.
LIESCHEN *(etwas schüchtern auf Frau Amanda blickend):* Ich will die Tante noch waschen helfen, dass se morgen dem Großvatter sein Leibgericht kochen kann.
MUTTER PIUS: Und hat kein Zahn im Maul.
LIESCHEN: Ich kann *doch* nicht schlafen bei so'n Mond, der guckt so rot wie Pendelfrederech sein ausgelaufen Aug.
FRAU AMANDA *(geheimnisvoll):* Hast de das schon gesehen, Liesken?
LIESCHEN: Einmal hat er es mich und Gretchen Stomms gezeigt.
MUTTER PIUS *(zynisch):* Un hast de sonst niks anderes in sein Keller gesehn, Liesken?
LIESCHEN: Ich hab immer bloß in sein runden, roten Mond geguckt.
MUTTER PIUS: Aber en wacker Mädchen bist de geworden; Amanda, guck mal, Brüst hat es schon, wie junge Salatköppe.

Carl tritt aus seinem Winkel auf den Großvatter zu.

GROSSVATTER WALLBRECKER: Carl, ich komm jetz.

Mutter Pius tritt in die Stube zurück; Lieschen klettert durchs Fenster, Frau Amanda ist ihr dabei behilflich. Dann schließt sie das Fenster. Der Großvatter und Carl schlendern langsam ins Haus.

GROSSVATTER WALLBRECKER: Nä, wie mich das alles aufregen tut – – –

CARL: Was denn?

GROSSVATTER WALLBRECKER: Mit deine Carliäre, Carl.

CARL: Schlaf man ruhig, Großvatter.

Sie treten beide ins Häuschen. August schleicht aus seiner Gasse, umlauert das kleine Häuschen von Pius und versteckt sich vorsichtig zwischen Strauch und Bank. Unterdessen wird das Dachkämmerchen von einem matten Öllämpchen erleuchtet, das kleine Fenster ist halb geöffnet. Betrunkene Arbeiter passieren den Weg, fluchen, lachen usw. August gebärdet sich, da er durch den Lärm nicht zu hören glaubt, wie ein wütender Clown. Die Arbeiter biegen rechts in die Gasse ein. Man hört von oben Amandas Stimme.

FRAU AMANDA: Vatter – – –

GROSSVATTER WALLBRECKER: Jjo – – –

FRAU AMANDA: So eilig hast de 's ja sonst nich, wach auf!!

GROSSVATTER WALLBRECKER: Was soll ich um Mitternacht, meine Tochter?

FRAU AMANDA: Was hat Carl gesagt?

GROSSVATTER WALLBRECKER: Was?

FRAU AMANDA: Was er gesagt hat. Du hast doch gesprochen mit ihm.

GROSSVATTER WALLBRECKER: Jjo, es is mich man so am Maul vorbeigeschlichen, was für'n schönen Posten der Aujust hat.

FRAU AMANDA: Un was sagt er drauf?

GROSSVATTER WALLBRECKER: Nä, er will nich, de Pastor spuckt ihm in Kopf herum.

Drei Männer kommen langsam schweigend über die Brücke, der eine murrt unheimlich, es ist der Pendelfrederech, sein linkes, ausgelaufenes Auge bedeckt eine schwarze Klappe. Der zweite ist Lange Anna, der trägt eine Handharmonika an einem verschossenen Band um die Schulter. Der dritte ist der gläserne Amadeus, der nimmt vorsichtig Platz auf der Stufe, die von der Brücke zum Weg führt. Die beiden anderen setzen sich auf das Geländer der Brücke. August bückt sich tiefer unter den Strauch.

Währenddessen setzt oben das Gespräch fort.

FRAU AMANDA: Du kannst nich kallen! Ich hab auch keine Lust mehr, den ganz Stall zu füttern.

GROSSVATTER WALLBRECKER: Gered' hab ich, ihr Weiber denkt woll, ihr habt allein en Schnabel, was? *(Frau Amanda heult.)* Lass das Heulen. *(Sie gluckst.)* Freuen tu ich mir doch auf Carl in Ornaments. *(Schlau kindlich)* Noch ein paar Jährkes, Amanda, meine liebe Tochter, dann kömmt der Lohn. Glaub dein alten Vatter.

Er kräht noch einmal und schläfert.

FRAU AMANDA: Die Pius hat an alles Schuld, hat se de Finger an mein Mann gehabt, soll se mein Jung zufrieden lassen.

GROSSVATTER WALLBRECKER *(aus dem Schlaf triumphierend)*: Er wird se auch nich einladen zu sich in sein Filla neben Kaiser Wilhelm Schlosskirche.

FRAU AMANDA: Du träumst wohl?

Sie schüttelt ihn ärgerlich, man hört das Bett krachen.

GROSSVATTER WALLBRECKER: Alles präzise Wahrheit, Amanda, diesmal hat de alte Pius gut spekuliert.

Kurze Pause.

FRAU AMANDA: Seitdem du nich mehr zum Heiland beten tust, is alles so gekommen.

Sie heult wieder.

GROSSVATTER WALLBRECKER: Ich bet jeden Abend, meine liebe Tochter, ich lüg lieber, als dass ich mir nich bedanken tu für seine große Gnade.

Leise singt die Türe.

FRAU AMANDA: Kömm man herrein! – Liesken will dich Gute Nacht sagen, Vatter, und denn kannst de schlafen meinetwegen.

Man hört die Tür roh ins Schloss werfen.

LIESCHEN: Großvatter, ich freu mir so auf deine neue Piepe; *(ganz hoch sprechend)* en Hirschkopf hat se!!

Großvatter Wallbrecker lacht wie ein Kind.

LIESCHEN: Klopfst de un pfeifst de mich, wenn er bei euch kömmt?

Großvatter pfeift sehr gelungen.

LIESCHEN: Dein dicken Zeh guckt ja aus de Federn heraus, Großvatter! Warte, ich deck dir zu wie 'n Wickelkind.

GROSSVATTER WALLBRECKER: Mach auch noch weiter das Fenster offen, ich leid an de Luft.

LIESCHEN *(öffnet das kleine Fensterchen ganz):* Aujust, hier bin ich.

August fährt erschrocken in die Höhe und winkt ab.

LIESCHEN: Ich komm jetzt runter; gute Nacht, Großvatter Wallbrecker!

GROSSVATTER WALLBRECKER *(halb schlafend):* Tum Tingelingeling, wenn ich noch so en jung Weib im Bett hab'n könnt.

Lieschen ist im Nu unten.

AUGUST *(tritt aus dem Versteck, Lieschen eilt zu ihm, August zu den Herumtreibern):* 'n Abend zusammen, kömmt ihr schon von de Arbeit?

LANGE ANNA *(hohe Weiberstimme):* Wo sonst her, alter Duckmäuser?

LIESCHEN: Amadeus, du blutest ja.

LANGE ANNA: Lass es man bluten aus de Nasenrinnen; was fängt er auch an, gescheit zu reden aus sein Traumbuch.

AMADEUS *(legt angstvoll die Hand aufs Herz):* Un en Sprung hat es abgekriegt, Liesken, es tröppelt immer.

LANGE ANNA: Lass ens lutschen ran.

AMADEUS: Seid man still: es gibt noch was hinter de Düsterkeit, wart man, wenn es erst Licht wird.

AUGUST *(steckt ein Streichholz an):* Hier hast de Licht, das können wir auch machen. *(Zu Lieschen)* Versteck de Visage in dein Schabbesdeckel, Lieschen, Frederech hat wieder sein Pendel raushängen.

Frederech murmelt grausig.

LIESCHEN: Ich hab so ’ne Angst, Aujust, wir wollen bei Mutter gehn.

LANGE ANNA: Bange Hippe!

AMADEUS *(mitleidig):* Es ist auch Zeit, macht euch nach Haus, so ’n kleines Balg gehört nicht mehr auf de Straße. *Oben hüstelt der Großvatter. August und Lieschen biegen ins kleine Gässchen ein und treten in ihr Haus.*

AMADEUS: Ich sag euch, lang mach ich so en Leben nich mehr mit. Pendelfrederech, was hast de von dein Leben?

PENDELFREDERICH *(grausig murmelnd):* Ich hab nix von’s Leben, aber es hat mir zum Zeitvertreib.

LANGE ANNA *(höhnisch):* So ein verfaultes Zeitvertreib.

PENDELFREDERECH: Nix für seine fein glasierte Finger, aber wenn es einen en Schabernack spielen will, dann holt es mir aus seine Kiste *(murmelt böse).*

LANGE ANNA *(lacht):* Von de Türen rannten de Kochmamsells, und die Herzen fielen ihnen in de Buxen. *(Er klopft Pendelfrederech auf die Schulter und lacht noch höher auf.)* Mit dich mach ich oft so ’ne Opern.

AMADEUS: Und dass de Polizisten dich nich kriegen tun, Pendelfrederech.

LANGE ANNA: Die lachen selber.

AMADEUS: Wat hast de eigentlich von de Sauereien?

LANGE ANNA: Und guckst man immer somit das eine Aug in dein Kopf rein?

PENDELFREDERECH: Rot seh ich immer, lauter Rot *(murmelt grausig).*

AMADEUS: De Mutter Pius, die hat en Mittel dafür. Aus dem Zuchthauskirchhof holt sie die Totenköpfe und reibt sie zu Zucker. *(Sie lachen alle drei. Carl tritt, leise vor sich hinpfeifend, aus dem Haus und setzt sich auf die Bank. Amadeus spricht ohne Pause weiter, ohne Carl zu bemerken.)* Mich kann se vielleicht auch helfen. *(Er legt die Hand zärtlich bange aufs Herz; er bemerkt plötzlich Carl.)* 'n Abend. *(Rührselig)* Es hat en Sprung gekriegt, es klirrt nur immer so drinn.

LANGE ANNA *(höhnisch):* Deine Großmutter will er konsultieren.

AMADEUS *(auf Frederech zeigend):* Dem soll se auch lebendig machen; wie en Spezialdoktor weiß se mit de Kastemännekens Bescheid; was, Carl?

CARL *(hochmütig und abweisend):* Sucht euch Arbeit, dann vergehen euch de Schrullen.

PENDELFREDERECH: Ich will nich reicher werden.

LANGE ANNA *(zu Carl):* Tu man nich so aufgeblasen.

Kroatenjungen kommen, sie heulen.

AMADEUS: Was heult ihr so spät in der Nacht? Heulen könnt ihr noch morgen.

KROATENJUNGEN: Aben verkauft nich, garnich, Meister schlägt, tut weh – – –

LANGE ANNA *(zu Carl):* Pastor kümmer dir um deine Gemeinde.

Carl gibt sich eine abweisende Würde.

AMADEUS: Lass man!

Er fasst in seine Tasche. Die Kroaten gehen weiter.

LANGE ANNA *(zu Carl):* Was, du alter Geizkragen, du Kreuzverdreher, du Taschendieb. *(Er will in Carls Taschen fassen.)* Zeig uns ens das fremde Portemonnaie!

Carl verrenkt mit wortloser Leidenschaft den Arm des Langen Anna. Der schreit furchtbar grell auf; Amadeus fällt zusammen; der Pendelfrederech nimmt ein kleines Metallpfeifchen aus der Tasche und pfeift. Geht dann stier, ohne den Erfolg abzuwarten, seines Weges und legt sich gegenüber dem Hause Puderbach am Ufer der Wupper nieder. Es nahen alsbald drei Helfershelfer aus der Umgegend, die glauben, da man Lange Anna seines kreischenden Heulens und Jammerns wegen nicht verstehen kann, es handele sich um Amadeus, und fluchen. – Mutter Pius tritt aus dem Häuschen.

ERSTER HELFERSHELFER *(zeigt auf Amadeus):* Wegen den übergeschnappten Pitter?

ZWEITER HELFERSHELFER: Pfeift uns der Stinkadores.

Mutter Pius und Carl bringen Amadeus in ihr Häuschen.

LANGE ANNA *(zeigt vergebens seinen Arm und nach Carl):* Ein Mörder is er!

Die drei Helfershelfer verstehen endlich, um was es sich handelt, drohen, zeigen Messer und werden sehr laut. Der Großvatter Wallbrecker tritt oben erschreckt ans Fenster.

GROSSVATTER WALLBRECKER: Macht euch zum Teufel, ihr versoffene Nachteulen!

DIE DREI HELFERSHELFER: Johannes' Sohn is ein Mörder, soll sich noch mal sehen lassen.

LANGE ANNA *(kreischt wiederholend):* Ein Mörder, ein Mörder!

GROSSVATTER WALLBRECKER *(krähend):* Amanda, ruf den Carl bei mich. *(Er geht vom Fenster, man hört sein Bett knacksen, kräht schlaftrunken):* Meine Piepe will ich hab'n, *(in Lieschens Ton)* mit dem Hirschkopf drauf!

Die Männer verziehen sich drohend, Lange Anna mit ihnen.

GROSSVATTER WALLBRECKER *(leise):* Tum Tingelingeling – –

Der Vollmond steht grell am Himmel, leise öffnet sich eines der Dachfenster im Arbeiterhause, in dem Puderbachs wohnen. Das kleine Lieschen steigt leise mit geschlossenen Augen im Nachthemdchen aufs Dach, macht einige Schritte zur Wupper hin, wo Frederech liegt, und steigt wieder zurück durchs Fenster. Pendelfrederech hebt sich bei dem Vorgang langsam auf vieren und stiert gläsern nach dem Dach. Sozialdemokraten singen unterdessen, hoch am Wald vorüberziehend, vierstimmig ein sozialdemokratisches Lied, man hört die letzten Worte: »Denn unsre Fahn' ist rot.«

ZWEITER AKT

Ein blühender, gepflegter Garten mit Beeten und Rosensträuchern und im Hintergrund ein Springbrunnen auf einer kleinen, künstlich hergestellten Anhöhe; im Hintergrund ein Pavillon mit bunten Fenstern, den man kaum sehen kann. Rechts ein weinumrankter Treppeneingang, der in die alte Villa Sonntag führt. Links im Vordergrund ein Zelt mit Tisch, Bank und Stühlen. Zwischen Gartenzaun und Nachbarmauer zieht sich eine in die Stadt führende, schmale Gasse. An der Nachbarmauer ist ein Blechschild angebracht mit üblicher Warnung; aber es ist schon alt und ruiniert und seine Aufschrift unleserlich.

Frau Sonntag; Heinrich; Eduard; Marta, Carl Pius; Mutter Pius; Auguste und Berta; die drei Herumtreiber: Pendelfrederech, Lange Anna, der gläserne Amadeus.

MUTTER PIUS: Lassen Se mir ihm zwischen de eurigen sehn, das freut so 'n altes Großmutterherz.

BERTA *(gnädig und geziert):* Unsere Frau ist auch so freundlich zu ihm und erst *(respektvoll)* der Herr Eduard.

MUTTER PIUS: Was Se sagen – aber, is er das vielleicht nich wert? In de Früh um fünf kömmt euer junger Herr und holt ihm aus dem Nest und frägt ihm hie und da wegen dem Examen.

BERTA *(schnippisch):* So klug ist der Carl?

MUTTER PIUS *(überlegen):* Wann er *mein* Enkelsohn ist? *Berta lacht vorlaut. Sie will Mutter Pius verlassen, stellt das Tablett mit dem Abendgeschirr auf die Bank – die Servietten vergesslich unter dem Arm haltend.*

MUTTER PIUS: Hab'n Se 's so eilig, Berta, sonst verzählen Se sich doch so gern mit mich?

BERTA: Ich habe keine Zeit.

MUTTER PIUS: Sie haben wohl den Kopf vom Schatz voll?

BERTA: Wer sagt Ihnen, dass ich einen Schatz habe?

Berta pflückt sich eine Kamille vom Beet und lässt dabei zwei Servietten fallen.

MUTTER PIUS: Wer das sagt? Raten Sie ens! – Die Karten.

Berta stemmt neugierig die Hände in die Seiten. Mutter Pius hebt die zwei herabgefallenen Servietten auf und liest wohlgefällig den Namen auf dem Serviettenring.

MUTTER PIUS *(zu sich):* Wie en Kind im Haus – – –

BERTA *(schmeichlerisch):* Na, was sagen denn die Karten all, Mutter Pius?

MUTTER PIUS *(lässt Berta ein bisschen zappeln):* Das möchten Sie wohl wissen, Berteken?

Berta nickt geziert.

MUTTER PIUS: Dein Schatz wird dich untreu, aber eine weite Reise machst de übern Ozean, und ein reichen Millionär lernst de kennen.

BERTA: Donnerstag! *(Verwundert)* Unser Fräulein hat mir zwei Nächte hintereinander im Schiff gesehen.

MUTTER PIUS: Siehst de!!

BERTA: Aber zu Auguste haben Sie am Sonntag gesagt, mein Schatz wär ein robuster Mann mit einem Schnauzbart.

MUTTER PIUS: Ich hab das gesagt? Lass mir ens besinnen – –

BERTA *(geziert):* Aber er ist von kleiner Statur und trägt einen hellen Spitzbart.

MUTTER PIUS *(weissagend, komisch):* Un adlig is er.

BERTA: *Donnerstag! (Verwundert.)*

MUTTER PIUS: Das dumme Weib, geärgert hat sie sich, dass der Cœurkönig nich bei ihm lag und es zwanzig Jahr auf einen warten muss. Un da hat es dir vor Neid angeschmiert. Nä, Berteken, dass de so dumm bist!

BERTA: Ich werd's der besorgen!

MUTTER PIUS: Lass man, es is ja en arm Dier mit sein scheeles Aug und seine schiefe Schultern, lass man, Berteken.

AUGUSTE *(steht im Seitengang, der aus der Küche in den Garten führt. Zu Berta):* Wo bleiben Se denn?

Mutter Pius gewahrend, eilt sie zu ihr.

MUTTER PIUS *(zu Berta):* Ich hab auch de Madame schon rufen hören.

Berta geht geziert ins Haus. Mutter Pius nähert sich gewandt dem Pavillon, bückt sich, um durch die Ritzen besser sehen zu können.

MUTTER PIUS *(zu Auguste):* Ich habe ihm nur durch die Ritzen gesehen, ich muss mir jetzt beeilen; das Liesken von Puderbach hat de Windpocken.

AUGUSTE: Was Se nich alles verstehen! *(Glotzäugig, gläubig.) Mutter Pius nimmt ihr Körbchen am Arm und reicht Auguste die Hand.*

AUGUSTE: Hab'n Se denn unsere Frau schon gesprochen?

MUTTER PIUS: Das sehen Se doch an de schmierige Spitzen *(aufs Körbchen weisend).*

AUGUSTE *(glotzäugig, gläubig):* Was Se nich alles verstehn!

MUTTER PIUS: Alles muss man verstehen, das Feinste und das Gröbste.

Auguste schüttelt bewundernd den Kopf. Mutter Pius wendet sich geringschätzend und diabolisch lachend noch einmal zu Auguste herum.

MUTTER PIUS: Hab'n Se molz en flotten Kerl gefunden, trotz de Karten?

AUGUSTE: Nä, leider nich, Eure Karten sind reine Teufels, Mutter Pius.

MUTTER PIUS: Kommen Se doch ens wieder bei mich, vielleicht kriegen wir Gewalt über den Zauber, Auguste.

AUGUSTE: Wenn ich mich erlauben darf.

Man hört Husten aus dem Pavillon; sie horchen beide erschreckt nach der Richtung.

AUGUSTE: Das is Herr Eduard nich, das is de Marta, die guckt zu lang in de Nacht aus 'en Fenster.

MUTTER PIUS *(lauernd):* Euer Fräulein soll ens lieber schlafen.

AUGUSTE: Sie möcht auch von Euch de Karten gelegt haben.

MUTTER PIUS *(freudig):* Eine Gräfin war bei mich.

AUGUSTE *(sie anstaunend):* Wenn Se 's nich wieder sagen, zeig ich

Euch ne neumodsche Fotografie von de Marta – splitternackt, wie's erste Weib unterm Baum.

Frau Sonntag und Heinrich treten unbemerkt aus dem Haus.

MUTTER PIUS: Du hältst die Mutter Pius wohl für dumm?

AUGUSTE: Ihre Freundin, das Fräulein Oberbürgermeister, hat se so abgenommen. –

MUTTER PIUS: Lauf wacker! *(Auguste eilt fort durch die Seitentür, Mutter Pius ruft ihr nach):* Ich leg dich auch fein die Karten, Auguste – – –

Mutter Pius bemerkt die Kommenden, Heinrich nähert sich dem Zaun und nimmt von einer Frau die Abendzeitung entgegen, drückt ihr flüchtig ein Geldstück in die Hand, indessen Frau Sonntag zum Zelt schreitet.

MUTTER PIUS *(gewandt):* Verzeihen Se, Ma'm Sonntag, dass ich noch hier stehn tu, ich wollt mein Enkelsohn Addjüs sagen.

Frau Sonntag nickt freundlich herablassend und geht rechts, die Rosen betrachtend, weiter. Mutter Pius kommt auf Heinrich zu, klopft ihm vertraulich auf die Schulter.

HEINRICH: Schockschwerenot, Frau Pius, wie geht es Euch bei den schlechten Zeiten?

MUTTER PIUS: Davon wissen Sie doch nix, Herr Heinrich.

HEINRICH: Un immer jünger werden Se.

Berta tritt aus dem Haus, den Tisch zu decken.

MUTTER PIUS: Sie Schmeichler.

HEINRICH *(zynisch, gutmütig):* Frau Pius, was meinen Se zu uns zwei?

Berta kichernd.

HEINRICH *(zu Mutter Pius):* Lassen Se den Kickindewelt lachen, er weiß von de Liebe nix.

Frau Sonntag nähert sich zerstreut dem Zelte.

MUTTER PIUS: So en jungen reichen Herrn un ich?

HEINRICH: Schockschwerenot, es is mein heiliger Ernst. Eine verständige Frau muss ich haben.

FRAU SONNTAG: Frau Pius, lass Sie sich von meinem Sohn nicht zum Besten halten.

MUTTER PIUS: Ich uz mir gern mit ihm, Ma'm Sonntag, lassen Se ihm die Freude.

HEINRICH: Wenn Se alles innes Lächerliche trecken, liebe Frau Pius, wir passen doch aufs Haar zusammen.

MUTTER PIUS *(weiß nicht, wie sie es auffassen soll):* Ein reiches Fräulein muss Herr Heinrich heiraten. Titichens will de Großmama *(zeigt auf Frau Sonntag)* wieder in Arm wiegen *(sie macht mit dem Arm die Wiegebewegung).*

FRAU SONNTAG: Nun lass Frau Pius zufrieden, Heinrich.

MUTTER PIUS: Auf de Messe aber dürfen Se mir Johanni mit die Freunde in meine Bude besuchen. Ich servier diesmal *(nickt Heinrich heimlich zynisch zu)* en extra feine Delikatesse –

BERTA *(bescheiden zu Frau Sonntag und Heinrich):* Ein Kind mit *zwei Köpfen – – –*

MUTTER PIUS *(bemerkt endlich Auguste, die schon längere Zeit erfolglos aus dem Seiteneingang winkt):* 'n Abend zusammen, ich muss bei meine Leute!

Frau Sonntag setzt sich auf die Bank an den Tisch, und Heinrich bleibt neben ihr stehen.

HEINRICH: Ein Unikum ist die Olle!

Mutter Pius entreißt Auguste das Bild – Kabinettgröße – und entfernt sich aus der Zauntür. Auguste bleibt verdutzt stehen.

FRAU SONNTAG: Du ziehst sie aber auch beständig auf, Heinrich.

AUGUSTE: Wie 'n Wind *(geht ins Haus).*

HEINRICH: Spaß muss sein, Mama Charlottchen.

FRAU SONNTAG: Macht dir das solch einen Spaß?

HEINRICH: Du sagst das so melancholisch.

FRAU SONNTAG: So, das weiß ich gar nicht.

HEINRICH *(kleine Pause):* Dieses Jahr wird die Bilanz gut werden, Mama Charlottchen.

FRAU SONNTAG *(lebhafter):* Du belügst mich, Heinrich?

HEINRICH: Bei meinem verrosteten alten Säbel.

FRAU SONNTAG: Du bist ein Junge!

HEINRICH: Wir wollen ein Pulleken darauf trinken, Mama Charlottchen!

Frau Sonntag schüttelt lächelnd den Kopf.

HEINRICH: Schad, dass Pius' Großmutter nicht mehr da ist; sitzen die noch immer darin?

Er zeigt auf den Pavillon.

FRAU SONNTAG: Man muss sich nicht gemein machen mit diesen Leuten.

HEINRICH: Mittags promeniert sie vor meinem Büro vorbei, bis ich rauskomm.

FRAU SONNTAG: Warum?

HEINRICH: Sie liebt mir –

FRAU SONNTAG: Schwätz keinen Unsinn, Heinrich.

Heinrich lacht.

FRAU SONNTAG: Lass die arme alte Person in Frieden, ich möchte die Neckerei um Eduards willen nicht. Du kennst doch seine Sympathie für Pius.

HEINRICH: Pius kennt die alte Schrulle ganz genau.

Berta trägt Schüsseln mit kalten Speisen auf.

FRAU SONNTAG: Taisez donc!

HEINRICH: Ich sag ja nichts.

Er nähert sich dem Pavillon, Marta ist gerade im Begriff, aus der Türe zu treten – die Geschwister stoßen sich fast.

MARTA: Hast du mich erschreckt!

HEINRICH *(neckisch):* Ein unschuldiger Mensch erschrickt nicht, beichte!

MARTA: Esel!

HEINRICH *(plötzlich leise mit Erregtheit, die sich steigert bis zum Jähzorn):* Ich will dir mal was sagen, erfahre ich noch einmal, dass du in meiner Abwesenheit im Büro gewesen bist, so bekommst du ein paar Backpfeifen von mir.

MARTA *(ein wenig verblüfft):* Ich tu doch gar nichts da.

HEINRICH: Du weißt, Simon ist mein Angestellter, ich wünsche, dass er Respekt behält vor uns, verstehst du! *(Wieder munter)* Schockschwerenot!

MARTA: Herr von Simon ist stets höflich zu mir.

Eduard und Pius treten in den Pavillon.

HEINRICH: Das will ich auch hoffen. *(Heinrich reicht Carl Pius die Hand.)* Hab doch wahrhaftig wieder die Marken vergessen.

EDUARD *(zu Carl; Heinrich umfassend)*: Er schwitzt den ganzen Tag für uns, Carl, er ist der selbstloseste Mensch auf der Welt.

Heinrich tut beschämt wie ein Backfischchen, bei seinem robusten Äußeren sehr ulkig wirkend.

MARTA *(geht dem Tisch des Zeltes zu)*: Mama, ich habe schreckliche Augenschmerzen *(sie öffnet sie graziös affektiert)* vom Nachschlagen.

FRAU SONNTAG: Ich bewundere schon lange deine Ausdauer.

Pius geht ungeschickt auf Frau Sonntag zu und verbeugt sich tief vor ihr. Frau Sonntag reicht ihm die Hand.

MARTA: Herr Pius will vor dem Abendbrot nach Hause gehn, Mama.

FRAU SONNTAG: Aber warum das, Herr Pius?

CARL: Wenn ich so frei sein darf?

Marta bietet ihm den Stuhl neben sich an; Heinrich setzt sich links von Marta – Eduard nimmt neben seiner Mutter auf der Bank Platz. Berta serviert den Tee und bedient usw.

MARTA: Findest du nicht die Hornbrille scheußlich für Herrn Pius, Mama? Er sieht aus wie ein Dorfschullehrer.

FRAU SONNTAG: Marta, schwätz nicht so viel Unsinn.

Carl verlegen.

FRAU SONNTAG: Ich habe noch gar nicht bemerkt, dass Herr Pius eine Brille trägt.

CARL: Seit Kurzem.

EDUARD: Bitte nimm sie mal ab. *(Carl zögert.)* Ich bin auch kurzsichtig.

FRAU SONNTAG: Deine Rehaugen – – –

HEINRICH *(ulkig einen Backfisch imitierend):* Das lass ich mir nicht mehr gefallen, mir macht kein Mensch den Hof.

Berta kichert leise auf, Frau Sonntags Blick streift sie rügend.

HEINRICH: Sie denken an Mutter Pius, Berta, was? Eine Großmutter haben Sie, Pius, prima!

Carl verlegen.

HEINRICH: Ich glaube sogar, sie ist eine ganz kluge Frau?

EDUARD *(zu Carl):* Von köstlichem Humor.

MARTA: Eduard sagt, sie versteht Lateinisch.

FRAU SONNTAG: Auf welchen Tag fällt ihr Examen, Herr Pius?

CARL: Am Mittwoch, einige Tage nach Johanni, Madame Sonntag.

EDUARD: Du regst dich mehr auf, wie wir beide und die ganze Prima zusammen.

FRAU SONNTAG: Mein Sohn sagt mir, Sie machen sich Ihrer Studien wegen Sorge?

Carl ist verlegen um Antwort.

EDUARD: Du wolltest dich doch für Weiteres verwenden, Mutter?

FRAU SONNTAG *(nickt freundlich Eduard zu, ihr Blick fällt plötzlich auf Heinrich, der interessiert in der Zeitung liest):* Was interessiert dich in der Zeitung *(rügend)* während des Tisches?!

HEINRICH: Ich bitte um gnädige Verzeihung, Mama Charlottchen.

MARTA: Hältst du dein Versprechen, Heinrich?

HEINRICH: Gerad mein Pferd muss stürzen.

MARTA: Du schwindelst mir immer was vor.

HEINRICH *(neckisch):* Im Gegenteil, du musst den Verlust tragen helfen!

MARTA: Esel!

HEINRICH: Danke!

FRAU SONNTAG: Du kannst doch das Spielen nicht lassen.

HEINRICH: Es ist, mit Herrn Schiller gesagt, »mein Spaziergang«.

EDUARD: Er sitzt auch viel zu viel im Büro.

MARTA: Und dick bist du, wie der Wirt vom Schützengarten drüben.

CARL: Warum reiten Sie nicht, Herr Sonntag?

FRAU SONNTAG: Du hast doch wirklich sonntags Zeit.

HEINRICH: Der Hengst scheut ja, wenn ich mich ohne Uniform draufsetz, Kinder.

CARL: Fußtouren wären Ihnen auch zuträglich.

EDUARD: In den Tiroler Alpen; was, Carl?

CARL: Zum Schneerössel rauf.

EDUARD: Zehn Kilometer müsstest du täglich steigen; faktisch, das tät ihm gut.

HEINRICH: Ich werde mich gleich im Schützengarten wiegen lassen, ich glaub, ich habe schon durch eure guten Ratschläge abgenommen.

Zwei kleine Mädchen stehen, von allen unbemerkt, am Gartenzaun.

FRAU SONNTAG: Mit ihm ist kein ernstes Wort zu reden.

EDUARD: Pack doch einfach seinen Koffer, Mutter.

Die kleinen Töchter vom Wirt verschwinden ungesehen wieder.

HEINRICH: Und wer soll unterdessen für die Kleinen sorgen?

FRAU SONNTAG: Du hast doch einen Stellvertreter. Marta lobte ihn gestern noch.

HEINRICH: Sie soll sich lieber um die Haushaltung bekümmern.

MARTA: Esel!

HEINRICH: Danke! Freuen Sie sich, Pius, dass Sie keine Schwester haben.

CARL *(seltsam aufflammend, antwortet etwas schüchtern):* Und ich beneide Sie darum.

FRAU SONNTAG *(lächelnd):* Hörst du 's, Heinrich?

Heinrich schlägt Marta zärtlich auf den Rücken. Pause.

FRAU SONNTAG: Ich würde ja öfters in die Fabrik gehen – – –

HEINRICH *(neckisch):* Weißt du eigentlich, wo sie ist, Mama Charlottchen?

FRAU SONNTAG *(scherzend):* Wie er mich schlecht macht!

MARTA: Herr von Simon ist energischer, wie du bist mit den Arbeitern.

HEINRICH: Wenn ich dabei bin.

Alle lachen, nur Marta schmollt.

HEINRICH: Den Willem, meinen fleißigsten Arbeiter, hab ich seinetwegen herauswerfen müssen.

MARTA: Der drang betrunken ins Büro und wollte ihn dort totschlagen.

HEINRICH: Die Sache ist mir auch noch nicht klar.

FRAU SONNTAG: Wenn *dir* nur mal nichts passiert, Heinrich.

EDUARD: Ihn haben sie alle gern; zu dir haben sich öfter doch Arbeiter geäußert, Carl?

CARL: Ich steh mit all den Leuten kaum auf Grußfuß.

Frau Sonntags Blick streift ihn misstrauisch.

FRAU SONNTAG *(zerstreut):* Wollen Sie wirklich *evangelischer* Geistlicher werden, Herr Pius?

CARL: Ja, Madame Sonntag.

FRAU SONNTAG: Ihre Großmutter wünscht es wohl?

CARL: So ernste Fragen pflege ich allein zu erledigen.

FRAU SONNTAG *(unbewusst in herablassendem Tone):* Versprechen Sie sich eine schnellere Karriere?

CARL *(primanerhaft):* Ich bin mit den Dogmen der katholischen Kirche in Konflikt geraten.

Frau Sonntag nickt zustimmend hin zu Eduard.

EDUARD: Iwo, Mutter, er will heiraten.

HEINRICH: Ich geh noch was rüberkegeln.

MARTA: Die kleinen Blagen standen schon vormittags am Zaun. Sie hätten heute Eisbein mit Sauerkohl, ließe ihr Vater Herrn Leutnant sagen.

HEINRICH *(zu Carl):* Er war mein Untergebener.

FRAU SONNTAG: Das sind also die Kinder vom Wirt?

HEINRICH: Ich kauf den Püppkens manchmal Schokolade.

Er erhebt sich und macht eine lange Gähnbewegung mit Mund und Armen.

MARTA *(schnellt vom Stuhl auf):* Wollen Sie das Kissen mal sehen, was ich Eduard *(zu Carl sich wendend)* zum Examen schenke?

CARL: Ich bitte darum.

Er erhebt sich freudig.

FRAU SONNTAG: Aber, Marta, wie kindisch, wie können Herrn Pius deine Stickereien interessieren?

CARL: Ich habe sogar als Knabe mit Vorliebe weibliche Handarbeiten selbst ausgeführt.

Frau Sonntag verzieht ihr Gesicht ungläubig.

EDUARD: Faktisch, Mutter! Mutter Pius zeigte mir ein großes Kreuz, was er gestickt hat.

Heinrich schreitet, die Hände in den Taschen, dem Hause zu, wendet sich um.

HEINRICH: Addjüs, Kinder!

Marta und Carl schlendern um eins der Beete.

MARTA: Ich habe ein Bouquet Kamillen nach der Natur daraufgestickt.

CARL: Sie sind selbst eine Kamille *(leise)* man möchte Sie immer fragen – – – Und es passt auch viel besser für Sie, mit bunten, seidenen Fäden zu spielen, als uns zwei Kandidaten Examenarbeiten zu helfen.

Man versteht die letzten Worte kaum mehr, sie biegen in den Seitenweg des Gartens ein.

EDUARD: Mutter, warum bist du nicht freundlicher zu Pius?

FRAU SONNTAG: Aber, Kind, ich gebe mir doch die erdenklichste Mühe. *(Sie legt ein Tuch um seine Füße.)*

EDUARD *(scherzend):* Wenn ich mal oben im Himmel bin, wirst du abends heraufkommen und das große Sternenfenster schließen, Mütterchen.

FRAU SONNTAG: Wie du sprichst – – –

EDUARD: O, ich habe noch viel, viel zu erledigen.

Er legt seinen Arm lächelnd um ihre Schulter.

FRAU SONNTAG: Du solltest mehr an dich denken, die vielen Nachhilfestunden, die du wieder für Pius übernommen hast! – Ich gebe ihm lieber das Geld.

EDUARD: Das würde ihn beschämen; mir macht es faktisch Vergnügen; Pius ist zu gesund, Geduld zu üben. – *(Kleine Pause)* – Er hat mächtige Wellen, Mutter, die überstürzen sich.

FRAU SONNTAG: Dir tun seine Schüler leid, ich kenne dich, Eduard.

EDUARD *(lächelt):* Hier waltet nur höhere Gerechtigkeit.

FRAU SONNTAG: Du dichtest ihn dir, Eduard.

EDUARD *(scherzend):* Wie sollte der, der den Himmel verkündet, nicht ein Dichter sein. – *(Kleine Pause)* – Dich stört seine breite, ungeschickte Art.

FRAU SONNTAG: Ich verlange von ihm doch keine weltmännischen Finessen.

EDUARD: Seine einfache Umgebung selbst respektiert instinktiv seine geistige Stärke.

FRAU SONNTAG: Seine geistige Stärke – Kind, Kind, diese Leute haben nur Respekt vor Fäusten.

EDUARD: Denke an Petrus, Jakobus – – –

Marta und Carl werden sichtbar.

FRAU SONNTAG: Du glaubst nicht, wie unsympathisch es mich berührt, wenn ich ihn neben Marta sehe. *(Eduard erhebt sich betrübt. Er hustet leicht.)* Willst du zu Bette gehen, Eduard?

EDUARD *(kleine Pause):* Durch den Garten wollen wir wieder wandeln, Mutter, weltentrückt, wie durch einen duftenden Psalm.

FRAU SONNTAG: Du machst mir das Herz schwer – – –

EDUARD: Das will ich nicht. Dein Herz ist ein Teil meines Himmels, darum werde ich dir ja bleiben, Mutter.

Frau Sonntag und Eduard biegen um die Rosen ein. Pius und Marta treten in den Vordergrund – sie setzen sich auf eine Bank vor dem Springbrunnen.

CARL *(streng, schüttelt energisch den Kopf):* Seinen Glauben respektier ich.

MARTA: Aber Mama weint immer, er will doch in den strengsten Orden eintreten, barfuß geht er dann, und seine schönen Locken werden ihm abgeschnitten.

CARL *(neidvoll):* Das empfinden Sie wohl am schmerzlichsten?

Pause.

Aber Sie erzählten mir doch, die Ärzte sagen, es käme nicht dazu.

MARTA: Denen kann man ja nicht glauben – und Mama haben sie es verschwiegen, sie würde sterben an seinem Tod.

CARL *(sarkastisch):* Also der Tod wäre demnach Ihrer Frau Mutter sicher.

MARTA: Bitte, spotten Sie nicht!

CARL: Ich bin nicht zum Spotten aufgelegt.

MARTA *(forschend):* Ist er eigentlich schon katholisch geworden?

CARL: Fragen Sie ihn doch selbst.

MARTA: Sie sind frech!

CARL *(theatralisch, primanerhaft):* Darum will ich auch der Welt den Schoß der Mutter nehmen.

Marta macht eine Bewegung des Unverständnisses.

CARL: Darum will ich evangelischer Verkünder werden.

MARTA: Ich glaube, Sie werden furchtbar schimpfen von der Kanzel.

CARL *(sarkastisch, scherzend):* Fegefeuer auf all die Sünder regnen lassen.

MARTA: Sie stritten doch einmal mit Eduard, es gäbe keine Sünde.

CARL: Im Sinne der Natur gibts auch keine Sünde.

MARTA: Warum wollen Sie dann strafen?

CARL: Weil ich sie nicht genießen kann.

Er wendet sich plötzlich jäh zu Marta.

MARTA *(erschrickt):* Und schreiben so fromme Gedichte – – –

CARL: Haben Sie sie übersetzen können?

MARTA: Mühsam, jedes Wort schlug ich nach.

CARL: Später sende ich Ihnen täglich Kamillensträuße. Schenken Sie mir eine aus Ihrem Gürtel, bitte.

MARTA: Meinetwegen.

CARL: Sie passt zu Ihnen, wie zur Amazone die Waffe.

MARTA: Und sind ebenso gefährlich.

CARL: Wenn Sie die Blättchen fragen.

Man sieht Frau Sonntag und Eduard durch eine dichte Baumallee wandeln, der Villa zu.

MARTA: Das tu ich schon lang nicht mehr.

CARL: Sie sind Ihrer Sache gewiss. *(Er will ihre Hand küssen.)* Sie spielen mit mir, Marta?

MARTA: Wenn Sie noch einmal meine Hand berühren, schlage ich Sie.

CARL: Tun Sie das.

Marta bricht, unwillig auflachend, ein Stöckchen vom Strauch ab, sie berührt damit Carls Hand.

MARTA: Wehren Sie sich doch!

CARL: Wie sollte ich mich wehren, einem Fräulein gegenüber.

MARTA: Sie sind feig.

CARL: Allerdings.

MARTA: Feigling!

CARL: Sie reizen mich.

Marta lacht mutwillig auf; Carl berührt mit seinem Bleistift leicht ihre Hand; Marta lacht ihn aus, Carl schlägt.

CARL: Verzeihung – o! *(Er will ihre Hand küssen.)*

MARTA: Das war gemein. *(Sie schlägt stärker zurück.)*

CARL *(wehrt ab)*: O!

MARTA: Das war gemein, hier!

CARL: Ich fange gleich an zu weinen wie ein Kind.

MARTA: Pfui!

CARL: Sie sind herzlos.

MARTA: Und Sie vielleicht nicht?

CARL: Ich war hilflos.

MARTA *(leichtfertig, kindlich und kokett)*: Und wenn ich Ihnen alle *(greift in den Gürtel nach ihrem Kamillensträuße)* schenke?

CARL: Sie legten sie nun auf ein Grab.

Heinrich kehrt durch die Gartentür zurück – er nähert sich den beiden.

MARTA *(erschrocken zu ihm)*: Wie ein Dieb.

HEINRICH: Bei *den* Füßen *(zeigt sie)* müsste man schon taub sein. *(Er gähnt in verschiedenen Tönen.)* Pius, kennen Sie ein Subjekt namens Amadeus?

Carl noch in Gedanken.

HEINRICH: Er kennt *Sie.*

CARL: Der Amadeus mit dem gläsernen Herzen.

MARTA: Warum kommst du schon zurück?

HEINRICH: Weil ich müd bin.

MARTA *(zu Carl):* Auguste kennt seinen Großvater, der war Glaser, und er deutet Träume.

HEINRICH: Er hat mir soeben den Tod prophezeit.

CARL *(ironisch):* Die Deutung schmutziger Gewässer.

HEINRICH: Nä – – – *(zynisch, gutmütig)* ich hab von faulen Eierschalen geträumt; für 10 Groschen wollte er mich auch nicht am Leben lassen.

CARL: Er ist konsequent.

HEINRICH: Das muss man ihm lassen.

MARTA: Oft sollen gerade so Leute wahr prophezein; erzähl es nur nicht Mama.

Heinrich geht zwischen den Zähnen summend ins Haus; vorher verschließt er die Gartentür.

MARTA: Ich glaub, er hat doch was Angst.

CARL *(lacht auf):* Er hat es schon längst vergessen.

Die Katzen schreien.

MARTA: Wie kleine Kinder!

Carl schweigt.

MARTA: Weiße Angorakatzen sind himmlisch.

Berta und Auguste schleichen um das Haus mit Briefen in der Hand und klettern über den Zaun.

CARL: Haben Sie Ihre Dienstboten gesehen?

MARTA: Es sind doch auch Menschen.

CARL: Darum müssen sie gehorchen.

MARTA: Eduard sagt immer, es seien arme, weiße Sklaven.

CARL: Eduard ist ein Idealist.

Die Katzen schreien wieder auf.

MARTA: Das war die alte, greise Katze!

CARL: Ich werde noch tobsüchtig – – –

Marta lacht mutwillig, kokett.

CARL: Lassen Sie das Vieh!

MARTA: Wie Betrunkene – *(sie schreien wieder).*

CARL: Sie lecken zu viel an den süßen, bunten Kelchen.

MARTA: Auf meiner Decke liegt des Morgens immer Blütenstaub.

CARL: Ich schlafe nicht.
MARTA: Wegen des Examens?
CARL: Ich habe täglich ein schwereres zu bestehen.
MARTA: Meine Mama – – –

Sie sehen beide gespannt zum oberen Fenster der Villa; Carls Arme sinken schwer herab. Marta atmet laut auf, Frau Sonntag ist wieder vom Fenster verschwunden, man hört murmeln außerhalb des Gartens.

CARL: Mädchen!

Er reißt Marta an sich, sie aber entwindet sich seinem Arm und stürzt ins Haus. Carl bleibt allein. Der gläserne Amadeus, Pendelfrederech, Lange Anna bleiben am Eingang der Gasse stehen.

LANGE ANNA: Fises Mensch, zwei Stunden hab'n wir uns in die Winkels vor de Türen gedrückt, in der Zeit du prophezeit hast, un nu gibst de uns so 'en schäbigen Lohn?

PENDELFREDERECH: Un mir kriegst de auch nich mehr mit zum Bangemachen.

AMADEUS: Ich hab euch nich zu eingeladen, mit mich zu gehen; un du, Frederech, vertreibst mich de Kunden mit deine offne Bux.

LANGE ANNA *(schmeichlerisch zu Amadeus):* Ich bin doch immer mit dich gegangen, un nun sprichst de so *(stößt ihn mit der Schulter vertraulich an).* Es hat wohl lang nicht geklirrt in dein zimperlich Herz?

AMADEUS: Na, da hast es, aber en halben Taler musst de mich lassen.

Lange Anna dreht sich um und stellt sich vor die Mauer.

AMADEUS: Siehst de denn nich *(zeigt auf das Schild).*

LANGE ANNA: Ich hab überall Passe-partout.

Die beiden Mädchen kehren zurück, sie wollen schnell über den Zaun springen, sehen die Männer und schreien auf.

AMADEUS: Nu schreit man nich so toll, ihr herrschaftliche Hurweibers.

LANGE ANNA *(ganz hoch):* Sollen wir ens?

BERTA: Herr Pius!

AUGUSTE: Helfen Sie uns!

Carl beachtet ihr Hilferufen nicht.

AUGUSTE: Der eine kriegt mir an de Bein!

Die Mädchen schreien abwechselnd auf, sie sind endlich über den Zaun, laufen zu Carl.

BERTA: Haben Sie die drei gesehen?

AUGUSTE: Ich kann nich mehr, ich kann nich mehr, nä, ich kann nich mehr! *(Amadeus lacht.)* Hat die Frau nach mich gerufen, Herr Carl?

CARL: Darüber kann ich Ihnen keine Auskunft geben. *Pendelfrederech murmelt grausig, Lange Anna spielt auf seiner Handharmonika: »O, du lieber Augustin, alles ist hin, hin, hin – – –« usw. Sie gehen weiter durch die Gasse der Stadt zu.*

BERTA: So hochnäsig. Sie bilden sich wohl ein, Sie sind der Herr Eduard selbst?

AUGUSTE *(gutmütig):* Lassen Sie ihm, Berta, es is ja sein Freund; was, Herr Carl?

BERTA *(plötzlich gewöhnlich):* Mach, dass du zu Haus kömmst, de Großmutter will das Enkelsöhnchen noch in Schlaf singen.

AUGUSTE: Still, Berta, er wird schon wissen, warum er hier sitzen tut.

BERTA: Aber beim Fräulein brennt doch schon de rosa Nachtampel.

Die Mädchen schleichen durch den Kellergang ins Haus. Die Katzen schreien nochmal auf, man hört in der Ferne noch Lange Anna spielen: »Alles ist hin, hin – – –«

DRITTER AKT

Abends 1/29 Uhr. Jahrmarkt. Karussell im Vordergrund links. Hinter dem Karussell und seitwärts rechts die verschiedenen Buden. Im Vordergrund die Bude der Riesendame Rosa, neben dieser die Schießbude, dann die Taucherbude, die Honigkuchenbude usw. Gegenüber links in kleiner Entfernung die schräg stehende Bude der Mutter Pius, die man nur ein Viertel sehen kann. Eine gemalte Kindermumie mit zwei Köpfen ist grotesk auf der Jalousie gedruckt. Fabrikarbeiter, Fabrikarbeiterinnen, Kommis, Ladenmädchen, Dienstmädchen, Herren der Gesellschaft mit ihren Schätzen, Schuljungen, Gassenkinder, Herumtreiber usw. Im Karussell stehen im doppelten Kreis hölzerne, groteske Tiere: Leopard neben Lamm, Reh neben Tiger, Löwe neben Pferd, Hirsch neben einer Riesengans usw. In Kutschen, die auf und nieder schaukeln, sitzen laute Weibsbilder, und an den Eisenstangen, die das Dach des Karussells halten, stehen Arbeiter und Schuljungen, um den Ring wetteifernd, der an einem Pfahl unweit des Karussells hängt und eine Freifahrt bedeutet. Das Karussell dreht sich noch langsam auf die schon fast abgelaufene Melodie »O du lieber Augustin«. Die letzten Töne: »Alles ist hin, hin, hin, alles ist hin – – –« Vor dem Karussell stehen Heinrich Sonntag und Lieschen Puderbach. – – Sie tragen auf der Nase ein blaues Pincenez und in der Hand einen Gummiball. Heinrich ist etwas angeheitert. Um Lieschens Hals hängt ein großes Pfefferkuchenherz mit der Aufschrift: Ich liebe dich. Man hört die beiden lachen zwischen den Klingeltönen des Karussells.

Heinrich Sonntag; sein Geschäftsfreund; die Herren mit grauen Zylindern; Dr. von Simon; Berta; Mutter Pius; Lieschen; August; Zuhälter Willem; Riesendame Rosa; Kommis; Ladenmädchen; Dienstmädchen; Pendelfrederech; Lange Anna; der gläserne Amadeus; Arbeiter, unter ihnen Färber, Weber usw.; Arbeiterinnen; Weibsbilder; Jahrmarktsleute; Gassenkinder.

LIESCHEN: Ich fahr für mein Leben gern *(es klatscht in die Hände)*, ich setz mir auf den Leoparden und Sie auf das Lamm.

HEINRICH: Das machen wir, Puppel.
LIESCHEN: Wollt es ens doch endlich stillstehen, Herr!
HEINRICH: Du brauchst doch nicht immer Herr zu mir zu sagen.
LIESCHEN: Wie soll ich Euch denn nennen?
HEINRICH: Wie de dein Schatz nennst, Puppel.
LIESCHEN: Den nenn ich Herrn Eduard, er is mein Königsschatz.

Heinrich tut erstaunt, er ahnt den Zusammenhang nicht.

LIESCHEN: Den kennen Se nich *(unbewusst verächtlich).*
HEINRICH: Ist er grad so schön wie ich?
LIESCHEN: Carl Pius sein Freund is er.
HEINRICH: Aber so einen langen Schnurrbart *(er streicht ihn in die Höhe)* hat er doch nicht?
LIESCHEN: Herr Eduard scheint immer aus sein Gesicht.
HEINRICH *(etwas besonnen, er weiß nun, von wem das Kind spricht):* Ich möchte so jemanden wohl kennenlernen.
LIESCHEN: Der kömmt doch hierhin nicht.

Das Karussell steht still, die Leute springen ab. Es steigen unter andern wüste Männer und Weibsstücke ein, welche toben und kreischen. Heinrich springt jäh mit Lieschen in einem Satz herauf. Mutter Pius steht plötzlich vor dem Karussell; Lieschen ist im Begriff, sich auf den Leoparden zu setzen, und Heinrich sitzt schon auf dem Lamm.

MUTTER PIUS *(zu Lieschen):* Das lass ich mich gefallen mit so en artigen Herrn, mein Herzeken.
EIN WEIBSSTÜCK *(zu Lieschen):* Lass mich ens beißen von das süße Herz.
LIESCHEN *(zu Heinrich):* Nä, dat kriegt der Aujust. Er guckt sich de Augen nach aus und schämt sich, in de Leckersläden zu gehen. – *(Kleine Pause)* – Dass es noch nich anfängt!

Arbeiter treten ungeduldig mit den Füßen. Ein Geschäftsfreund von Heinrich im grauen Zylinder tritt mit je einem Schatz am Arm ans Karussell.

DER GESCHÄFTSFREUND *(zu Heinrich):* Nun, Sie alter Sünder! *Das Karussell bewegt sich.*
HEINRICH: Steigen Sie noch rauf!

Sie springen herauf.

GASSENKIND: Nehmen Se mir doch auch mit, Herr!

Die Musik spielt wieder: »O du lieber Augustin«.

MUTTER PIUS *(zynisch zu allen):* Wünsch euch 'ne angenehme Hochzeitsreis!

Sie kehrt schleunigst an ihre Bude zurück. Es kommen die Herren mit den grauen Zylindern – Bekannte von Heinrich – mit einer Anzahl Schätze und springen im beginnenden Tempo aufs Karussell. Arbeiter drängen die Weiber rücksichtslos ins Innere hinein, da sie auch den Ring greifen wollen. Das Karussell dreht sich wie ein Wirbelwind. Dr. von Simon und Berta kommen aus der Bude der Riesendame – sie gehen beide auf das Karussell zu.

BERTA: Ist das nicht der Heinrich?

DR. VON SIMON: WO?

BERTA: Warten Sie, gleich können Sie ihn wieder sehen.

Dr. von Simon ein wenig erschrocken.

BERTA: Wenns nun Herr Eduard erfährt? – – –

DR. VON SIMON: Der Narr ist wohl auch schon *dein* Beichtvater?

BERTA: Und unsere Frau?

DR. VON SIMON *(blickt durch seine kleine, goldene Lorgnette – beruhigt):*

Er kann nicht mehr gerade sitzen.

BERTA: Mich kanns ja gleich sein, ich will doch nicht mehr lange für andere Leute arbeiten.

DR. VON SIMON *(ergreift aufatmend die Gelegenheit):* Du musst mir dein Herzchen ausschütten, liebes Kätzchen.

Er will mit ihr umkehren.

BERTA: Der bleibt ja nicht lange hier, er reitet ja jetzt immer schon um 6 Uhr früh spazieren.

Sie gehen in die Taucherbude, das Karussell bewegt sich etwas langsamer. Man hört im Vorbeifahren Heinrichs Stimme.

HEINRICH: Noch einmal, Puppel?

LIESCHEN: Sicher, lieber Herr!

EIN WEIBSBILD *(aus der Rutsche):* Kommt ens bei mich rein.

LIESCHEN: Stell dir doch an de Stange, dann kriegst de den Ring.

Einige Gassenkinder schreien.

GASSENKINDER: Der Schimpanse ist ausgekniffen, de große Schimpanse is ausgekniffen!

Es entsteht eine Panik, zu einem Knäuel strömen die Menschen zusammen, fast alle Fahrenden springen vom Karussell herunter, Lieschen will das Gleiche tun.

GASSENKIND: Der große Schimpanz mit dem kleinen Schwanz is ausgekniffen, ausgekniffen!!!!

LIESCHEN: Hörn Se denn nich, der wilde Affe is ausgekniffen, der beißt, ich hab Angst vor das Tier. De Lehrer sagt, an Kinder machen sich de großen Tiere am ersten ran.

Der Taucher läuft aus der Bude, gestikuliert mit dem Eisenkopf und den Eisenfäusten, was furchtbar komisch aussieht. Heinrich hält Lieschen fest.

MUTTER PIUS *(kommt ans Karussell):* Bleibt man sitzen, das is ja nur eine geriebene Reklame von de Zirkusleute.

LIESCHEN: Is es auch sicher nich wahr, liebe Mutter Pius?

HEINRICH *(nickt):* Nein. Haben Sie das Pulleken kaltgestellt, Mutter Pius?

MUTTER PIUS *(zynisch und wehmütig):* Un mich dabei.

Die vorzeitig Abgestiegenen nähern sich wieder dem Karussell, zwei Weibsbilder schlendern Arm in Arm herbei.

WEIBSBILD *(zu Heinrich):* Nehm mich doch, du zerbrichst ja dein Riesengespielzeug.

EIN ANDERES WEIBSBILD: Er ist doch de *Puppenhangri!*

Die Herren im Zylinder lachen ermuntert auf.

HEINRICH *(zu Lieschen):* Was sie nich alles vom lieben Heinrich wollen; was, Liesken?

EINER DER BEIDEN SCHÄTZE DES GESCHÄFTSFREUNDES *(sagt zu ihrem Begleiter):* Zu de Riesendame wollen wir ens rin *(zu ihrer Mitliebsten),* kuck, Minna, die hat en Bart wie en Kerl.

Das Karussell bewegt sich wieder, ohne zu spielen; in ihm sitzen nur noch vereinzelt Kinder zwischen Heinrich und Lieschen.

HEINRICH *(unsicher, da er angeheitert ist):* Lieschen, spielt es denn nicht?

LIESCHEN: Es ist schon spät in die Nacht, Mutter Pius sagt, die Polizisten kämen sonst.

HEINRICH: Dann wollen wir auch machen, dass wir runterkommen.

Er lässt die Kleine vom Leoparden auf seinen Rücken steigen, springt mit ihr vom Karussell, juchheit, lässt Lieschen zur Erde fallen, hebt es wieder in die Höhe, lässt es wieder fallen, fängt es auf, mit ihm springend durch die Menge, Mutter Pius kommt ihnen bis zur Taucherbude entgegen. Die Herren mit den grauen Zylindern sind vorangegangen mit den Schätzen und bleiben an der Schießbude stehen und schießen.

MUTTER PIUS *(etwas neidisch zu Heinrich und Lieschen):* Wie die Blagen.

Es kommen eine Menge neue Arbeiter.

LIESCHEN: Ich hab Angst, der Vater kömmt und holt mir.

HEINRICH: Ich versteck dich in meinen Mantel, Puppel.

LIESCHEN: Meinen Taler nimmt er mich ab für die Sparkass.

HEINRICH: Dann schenk ich dir einen goldenen, Puppel.

LIESCHEN: So reich sin Se?

Mutter Pius, Heinrich, Lieschen gehen weiter.

EINE FRAU *(erstaunt fragend):* Das Kleine von Puderbachs! – – – *(Sie sperrt grinsend den Mund auf.)*

MUTTER PIUS: Nu, un was alles! Das Kleine helft mich hier. *Sie biegen nach links ein. Dr. von Simon und Berta treten aus der Taucherbude.*

DR. VON SIMON: Du musst nicht immer so laut meinen Namen nennen, Kätzchen, das ist nicht fair.

BERTA *(beleidigt):* O, ich weiß mir doch zu benehmen. *(Sie ahmt die Bewegung Martas nach.)* Du willst mir wohl los sein, Bruno?

DR. VON SIMON: Bewahre. *(Gereizt)* Aber es wäre deine Pflicht gewesen, mich auf den Betrieb hier aufmerksam zu machen. Bedenke die Konsequenzen, falls mich einer meiner Arbeiter hier überrascht.

BERTA: Unser Heinrich geht doch auch immer auf die Messe.

DR. VON SIMON: All right! Die Arbeiter wissen auch, was sie von ihm zu halten haben.

BERTA *(mürrisch):* Dann hätten wir ja überhaupt bei dir bleiben können.

DR. VON SIMON: Das können wir ja noch nachholen.

Er kitzelt sie heimlich in die Taille. Berta schüttelt den Kopf. Dr. von Simon schiebt sie langsam vorwärts am Karussell vorbei zum vorderen Ausgang.

DR. VON SIMON: Wann feiern wir Hochzeit, Kätzchen?

BERTA *(versöhnt):* Ich dachte nach Weihnachten; so lang bleib ich auch noch. Die Frau hat mir durchs Fräulein fragen lassen, was ich mir wünsche.

DR. VON SIMON: Lass dir mal weiche Kopfkissen schenken *(sagt ihr noch etwas ins Ohr)* mit einem *rosa* Himmelchen darüber – – –

Berta, verschämt geziert.

DR. VON SIMON: Also vorher wird nichts?

BERTA: Ich bin doch ein anständiges Mädchen; *(geziert)* ich dürfte nicht mehr nach Hause kommen.

DR. VON SIMON: Auch nicht mir zuliebe?

Er kitzelt sie wieder in die Seite. Sie biegen beide ein, man sieht sie nicht mehr. Färber, deren Hände durch ihren Beruf bunt angelaufen sind, – August Puderbach ist unter ihnen – und Weber in gestreiften Kitteln und andere Arbeiter in blauen Blusen kommen über den Jahrmarkt. Mutter Pius tritt wieder in den Vordergrund.

AUGUST *(zu Mutter Pius):* Wo ist es?

MUTTER PIUS: Liesken oder meine Rarität?

AUGUST: Es!

MUTTER PIUS: Guck ens selber.

AUGUST: Deine Bude ist ja schon zugeschlossen.

MUTTER PIUS: Meinst de, ich lass se bis zum frühen Morgen offen stehen?

August springt aufs Karussell, er dreht selbst die Orgel, die noch die letzten Töne des Liedes »O du lieber Augustin« dumpf abgibt. Er setzt sich dann auf den Hirsch und lutscht an einer langen Stange Süßholz; Herr von Simon kehrt alleine, nach Heinrich spionierend, zurück, ein Weibsbild tritt zu ihm heran.

WEIBSBILD: Lassen Se mir ens schießen, ich möcht en Taschenmesser gewinnen.

WILLEM: Das sag ich dich, lässt de dir mit *dem* ein, hau ich dich de Backzähn aus!

DR. VON SIMON *(ihn wiedererkennend, ängstlich):* Nicht gleich so heftig, ich werd sie dir nicht fortschnappen.

WILLEM: Du dünnet Geripp, durch wen bin ich so heruntergekommen, wenn nicht durch dir *(droht).*

DR. VON SIMON *(zitternd):* Sind Sie nicht der Willem?

WILLEM: So heiß ich.

DR. VON SIMON: Warum hat Sie denn eigentlich der Chef gehen lassen?

Fixiert ihn durch die Lorgnette.

WILLEM: Tu man das Glas von de Nas runter, de Hauptsach is, dass ich dir wiedererkenn, miserabel Verführer!

DR. VON SIMON *(zitternd und devot):* Kalt Blut, Willem!

WILLEM *(zu den Zuhörenden):* Ich hab auch zu meiner Schwester gesagt, wenn ich den ens zwischen de Finger krieg!

AUGUST PUDERBACH *(springt komisch vom Karussell):* Ich wollt meine Stange Süßholz ens zu End lutschen. *(zu von Simon, idiotisch tückisch)* Seine Schwester haben Sie aufs Gewissen; nu kann sie lange warten, bis ich sie nehm, Sie fiser Seidenwurm.

WILLEM: Meine Schwester Laura auf dir warten? Auf son Pitter?

Er spuckt ihn an. Dr. von Simon will sich aus dem Staub machen, aber die Herren im Zylinder halten ihn auf mit Fragen.

AUGUST: Ich heirat überhaupt nich und die abgeknutschte Laura verdek nich.

Willem haut August eine Backpfeife herunter; die Herren im Zylinder kommen in den Vordergrund und ziehen von Simon mit sich.

DR. VON SIMON *(zu den Herren):* Es wird die höchste Zeit, sich zu entfernen, Shocking! Shocking!

EINER DER HERREN MIT DEM GRAUEN ZYLINDER: Sie verstehen nicht, mit den Leuten zu scherzen.

DR. VON SIMON *(verächtlich, sich mit den Fingerspitzen affektiert abstäubend):* Allerdings!

DER GESCHÄFTSFREUND: Hat man Ihnen das nette Dingelchen stibitzt?

EIN ZWEITER VON DEN HERREN MIT DEM GRAUEN ZYLINDER *(auf Heinrich zeigend):* Der Chef versteht es besser mit den Leuten.

Heinrich taumelt stark betrunken an der Hand Lieschens, das selbst sehr angeheitert ist, fiebernde Backen und Augen hat, in den Vordergrund.

HEINRICH *(zu Lieschen):* Kannst mich leiden, Puppel? *Lieschen nickt, schüttelt die Haare wild und wirr durcheinander.*

DR. VON SIMON: Shocking!

DIE HERREN *(freundschaftlich):* Wir wollen ihn nach Hause bringen.

HEINRICH: Nach Haus? Zylinder ab!! Lieschen hörst du, nach Haus wollen sie mich transportieren.

MUTTER PIUS *(leise und vertraulich Heinrich ins Ohr):* Mach man, dass de wegkommst, de kleine dünne Zahnstocher *(weist auf von Simon hin)* gefällt mich immer schon nich.

HEINRICH: Wann wirst de eingesegnet, Liesken?

LIESCHEN *(weinselig):* Brüst hab ich wie junge Salatköppe.

DIE HERREN MIT DEN GRAUEN ZYLINDERN *(drängen ernst):* Sonntag, kommen Sie jetzt!

DR. VON SIMON: Shocking! – – –

HEINRICH: Was sagen Sie?

DR. VON SIMON *(zieht ihn unsanft am Arm und spricht befehlerisch):* Sie folgen mir ohne Zaudern!

HEINRICH *(in festem Ton, als ob er nüchtern wäre, plötzlich):* Wer ist der Herr, ich oder Sie?

DER GESCHÄFTSFREUND VON HEINRICH *(zu von Simon):* Reizen Sie ihn jetzt nicht!

DR. VON SIMON *(dreist, sich von den Herren gedeckt glaubend):* In diesem Falle bin ich der Herr.

HEINRICH *(jähzornig taumelnd):* Soldaten, Kameraden, wer is der Herr Leutnant, er oder ich?

Scharen von Arbeitern sammeln sich plötzlich um Heinrich, von Simon ahnt eine Katastrophe, am Körper zitternd, sucht er kleinlaut Sicherheit hinter dem großen, breitschultrigen Geschäftsfreund von Heinrich und den anderen Herren.

EIN ARBEITER: Ein guter Leutnant war er.

EIN ZWEITER: Gezecht hat er mit uns auf Kaiser sein Geburtstag wie'n gemeiner Soldat mit den andern.

EIN DRITTER ARBEITER: Wir wollen ihn hochleben lassen.

DIE GANZE SCHAR: Unser lieber Leutnant, er lebe hoch!

Hurra! Hurra! Hurra!

WILLEM *(Herrn von Simon drohend):* Kerl!

Von Simon wagt nicht, den Schauplatz zu verlassen, sich überhaupt zu bewegen.

HEINRICH *(brüllt):* Angetreten!

Die Arbeiter und Herumtreiber sammeln sich in Kolonnen wie im Manöver. Die Weiber gucken neugierig zu. August stellt sich an die Spitze des links aufgestellten Bataillons, er hat sich einen Helm aus einer Zeitung angefertigt und setzt ihn auf den Kopf. Er empfängt seiner Ungeschicklichkeit wegen Püffe und Stöße.

HEINRICH *(besichtigt taumelnd sein Regiment, schickt den einen zurück, den andern setzt er an den Anfang der Reihe usw. Ab und zu Flüche ausstoßend. Brüllt):* Gerade gestanden! Schockschwerenot!

WILLEM: De Landhasen müssen zuerst auf den Feind losstürmen.

August macht eine Schießbewegung, den zitternden von Simon suchend.

LIESCHEN *(frech):* Da is er ja!

HEINRICH: Un de Maikäfer halten sich im Hinterhalt.

WILLEM: Un de Musik machen de Bindfadenjungen, dass de Hengste nur so galoppieren.

Alle lachen furchtbar, und die einexerzierten Arbeiter freuen sich mit Heinrich wie große, ungeschlachte Jungen, die Soldaten spielen.

WILLEM: Nu man los, Herr Leutnant, ich bin Euer Unteroffizier.

HEINRICH *(brüllt):* Ganzes Regiment linksum, vorwärts marsch!

Lieschen läuft neben Heinrich her, mit den Händen trommelnd und mit den Lippen Rhythmus markierend. Die Arbeiter exerzieren einige Schritte vom Vordergrund dem Platz zu; plötzlich von Simon bemerkend, wollen sie sich wie wütende Hunde auf ihn stürzen.

HEINRICH: Stillgestanden!!! Den Feind hau ich allein kurz und klein.

WILLEM *(schleift ihn herbei, seine Hände mit der Lorgnettenkette fesselnd, wie vor seinen Feldherrn. Von Simon stöhnt vor Angst. Die Herren mit den grauen Zylindern kommen ihm nicht zu Hilfe, sie amüsieren sich, neugierig den Vorgang betrachtend):* Lassen Se sich nicht totschlagen mit seinen Sabel, Herr Leutnant! *(Er zeigt tobend vor Lachen von Simons dünnes Spazierstöckchen.)*

AUGUST: Nu kann es losgehen, Kinder.

Willem löst die Kette von Dr. von Simons Händen. Der Geschäftsfreund drängt sich durch die erregte Arbeitermenge zu Heinrich, der hört aber in seiner Betrunkenheit des Freundes leises Zusprechen nicht; Heinrich hebt ein Kalkstückchen vom Boden auf und zieht einen großen Kreis unterhalb seines Herzens.

HEINRICH: So, Jüngsken, das Terrain darfst de nich überschreiten, sonst bin ich belämmert.

Alles lacht stürmisch, nur Lieschen umklämmert Mutter Pius ängstlich.

LIESCHEN *(sinnlich erweckt):* Der macht den Heinrich tot. *Von Simon verblüfft; Heinrich wankt auf seine Freunde zu. Von Simon will die Flucht ergreifen, aber die Arbeiter packen ihn.*

DIE RIESENDAME *(guckt aus ihrer Bude):* Kommen Se bei mich, Herrchen!

Von Simon befreit sich einen Augenblick, die Arbeiter hinter ihm her. August springt wie ein Kater auf seinen Rücken. Aber es gelingt von Simon, ihn abzuwerfen, und sie rasen hintereinander über den Platz dem Ausgang zu.

HEINRICH: Steckt ihn in den Aussichtsturm, meinetwegen! *Die Herren nehmen den völlig erschöpften Heinrich in die Mitte, um mit ihm fortzugehen.*

HEINRICH *(zu Lieschen und zu Mutter Pius):* Schlaf süß, Marze! Gut Nacht, Mama Charlottchen.

DER GESCHÄFTSFREUND: Das müsst sie hören!

Die Menge verläuft sich, die Buden werden geschlossen, die alte Pius rennt in ihre Bude. Lieschen steht ganz allein im Vordergrund, setzt sich noch einmal auf den Leoparden im Karussell, streichelt ihn und springt dann ab.

DIE RIESENDAME *(steckt den Kopf durchs Fenster):* Wie heißt dein charmanter Kavalier?

LIESCHEN: Das geht Euch nix an.

Heinrich, in der Mitte der Herren, sieht man noch hinter dem Platz des Jahrmarktes auf einer Anhöhe heimwärts ziehen. Die drei Herumtreiber kommen langsam am Karussell vorbeigewandelt, über den Jahrmarkt gehend.

PENDELFREDERECH: Wir wollen den Garten nu reinigen von de Sünde *(murmelt böse).*

Lange Anna macht die Bewegung des Kehrens. Er trägt eine lange, rauschende Papierschürze und eine Frauennachthaube aus Papier mit flatternden Bändern auf dem Kopf und eine dicke Warzennase.

AMADEUS *(auf Heinrich zeigend):* Da wandelt mein Todeskandidat.

Mutter Pius kommt von ihrer Bude zurück, in der einen Hand einen Korb, in der andern die Kindermumie, ihr zweiter Kopf, angefertigt aus Lumpen, baumelt am Rumpf herunter.

MUTTER PIUS *(zu Lieschen):* Ich will mir hängen lassen, wenn es nicht dein Krakeeler von Vater gewesen war. *Lieschen lässt vor Müdigkeit den Kopf hängen; schauert auf, als Mutter Pius ihm die kleine Mumie reicht.*

MUTTER PIUS *(zynisch):* Halt ens dein Zwilling fest!

Mutter Pius befestigt den Kopf wieder an dem Rumpf. Die Riesendame grinst aus dem Fenster.

MUTTER PIUS: Nu komm man rasch, sonst pumpt mir die Rosa *(auf die Riesendame weisend)* wieder an, und de Mutter Pius kann nicht »Nä« sagen.

Sie wollen beide eilig über den Platz gehen, als Lieschen stehen bleibt, jäh Mutter Pius' Schoß umfassend.

LIESCHEN: Ich dank dir auch vielmals für alles, liebe Mutter Pius.

Sie eilen weiter, die Riesendame lässt die grün und gelb gestreifte Jalousie ihrer Bude herunter, die fällt gleichzeitig wie der erste Vorhang über die ganze Bühne.

VIERTER AKT

Im Arbeiterviertel wie im ersten Aufzug. Schornsteine dampfen und pfeifen in der Ferne jenseits der Wupper. Die Wupper ist bewegt und dunkelrot gefärbt. Fabrikarbeiter und Arbeiterinnen sind auf dem Wege zur Fabrik. Jungen ziehen Milchkarren, und Kinder laufen in die Bäckereien, Frühstück auszutragen. Über die Brücke geht, dem Häuschen von Pius zu, Eduard.

Eduard; Carl; Lieschen; August Puderbach; Mutter Pius; Frau Amanda Pius; Großvatter Wallbrecker; Gretchen Stomms.

EDUARD *(erblickt Lieschen, das zur Bäckerei gehen will):* Lieschen!

LIESCHEN *(läuft entzückt zu ihm):* Herr Eduard! Herr Eduard!

EDUARD: Wohin gehst du denn so früh?

Lieschen ist noch immer zu freudig, um zu sprechen, es hält Eduards Hand fest und springt beständig in die Höhe.

EDUARD: Freust du dich denn so, mein Kind?

LIESCHEN: Sicher!

EDUARD: Sieh mal! *(Er schwingt eine Rolle hoch in der Luft.)* Komm, wir setzen uns hier auf die Bank.

Sie setzen sich vor Pius' Haus auf die Bank. Eduard öffnet die Rolle.

LIESCHEN: Is aus England, nich?

Eduard nickt.

LIESCHEN *(bewundernd):* Wie ist *das* schön gemalen!

EDUARD: Welche von den Puppenmüttern gefällt dir am besten, Lieschen?

LIESCHEN *(freudig):* De mittelste, die hat so große Augen, wie Sie habn.

EDUARD *(streichelt ihr Haar):* Das Bild musst du dir an die Wand hängen, mein Kind.

LIESCHEN: Über unser Bett kömmt es zu hängen, un der alte Herr Jesus fliegt auf 'n Oller mit seine rot geheulte Augen.

EDUARD: Aber Lieschen – – –

LIESCHEN: Er guckt wie der Vater, wenn er von de sündige Welt predigt.

EDUARD: Es kann auch nur ein frommer Maler unsern Heiland so schön malen, wie er gewesen ist.

LIESCHEN *(etwas dreist):* Meine Mutter sagt, Sie möchten uns en goldenen Rahmen bei das Bild kaufen.

EDUARD: Hat das deine Mutter gesagt?

LIESCHEN *(ihre Dreistigkeit fühlend, kleinlaut):* Molz!

EDUARD *(spricht zärtlich, gütig):* Aber dass du gestern nicht das kleine Christkind besucht hast, Lieschen, darüber bin ich sehr traurig.

LIESCHEN *(erschrocken):* Das dürfen Se nich sein; lieber bleib ich mein Leben lang in de Kirche auf de Stein liegen dreihundertundfünfundsechzig Tage *(besinnt sich)* und all die Stunden und die Minuten.

EDUARD *(gerührt):* Unsere liebe Mutter hat dich auch besonders gern, Lieschen.

LIESCHEN: Ich bin doch ens so schäbig angezogen.

Sieht auf ihr Kleid herunter, Arbeiter grüßen Eduard ehrerbietig.

EDUARD: Darauf sieht unsere liebe Mutter nicht; sie sagte mir, du habest ein himmelblaues Herzchen, Lieschen, und sie möchte so gern, dass es nicht fleckig würde.

LIESCHEN: En himmelblaues Herzken – – – habn Sie einmal so eins gesehn?

Kinder rufen Lieschen an.

ERSTES Kind: Lieschen!

ZWEITES KIND: Lieschen!

Sie laufen wieder fort.

EDUARD: Nur einmal bei einem kleinen Engelchen, das trug es ganz vorsichtig in einem seidenen Tüchelchen in den Händen.

LIESCHEN: Aber denn konnt es doch nich mehr klopfen?

EDUARD: Gewiss, es pochte ganz, ganz leise, lauter Perlen.

LIESCHEN: Sicher?

EDUARD: Und das Engelchen konnt es immer sehn, und so musst du auch dein Herzchen wohl behüten, verstehst du mich, Lieschen?

LIESCHEN *(verzückt und erstaunt):* Ja – – –

KINDER: Lieschen, es ist half sieben; wir sagen es wieder!!

Lieschen rafft sich auf.

LIESCHEN: Ich muss nu laufen, Herr Eduard.

Gretchen Stomms kommt herbei, nähert sich etwas dreist den beiden und sagt Lieschen etwas ins Ohr.

LIESCHEN: Das is doch *der* nich.

Wird schüchtern, will fortlaufen mit Gretchen Stomms.

EDUARD: Eine Hand darfst du mir doch noch geben.

LIESCHEN: Mir haut der Vater, wenn ich trödel'.

GRETCHEN STOMMS *(altklug):* Es kriegt heute seine Löhnung. *Eduard nickt, Wichtigkeit markierend. Lieschen verlässt ihn befangen. Die beiden Kinder laufen, die Arme gegenseitig über Kreuz im Rücken, fort. Großvatter Wallbrecker kommt. Er trägt altmodisch grün gestickte Pantoffeln und die neue Pfeife in der einen Ecke im Mund. Arbeiter kommen wieder an Eduard vorbei.*

EINER DER ARBEITER *(brutal auf Eduard zeigend):* Der muss auch bald ins Gras beißen.

GROSSVATTER *(erblickt ihn):* Guck einer an, der junge Herr, so früh. *(Nicht Antwort abwartend, nach dem Dachfenster sich aufstreckend)* Carl, steh auf, Faulenzer, dicker Plumpsack, steh auf! Amanda!

EDUARD *(will ihn beruhigen):* Lassen Sie sie noch friedlich schlummern, Großvater.

GROSSVATTER: Tum Tingelingeling! – – – *(Er drängt Eduard, sich wieder auf die Bank niederzusetzen.)*

EDUARD: Was meinen Sie, Großvater, wenn ich mir auch ein Pfeifchen anzünde?

GROSSVATTER *(streicht ein Schwefelhölzchen an der Wand des Häuschens an):* Schlecht sehn Se mal wieder aus, un es fehlt doch nix bei Sie; wo der Teufel einmal drin sitzt! – – – Was sag ich, der Teufel? Wallbrecker, bist du doch en dämlich Ross, aber was muss das für en Satans in Sie sein?

EDUARD *(schelmisch):* Wer den wohl erlegen könnte, Großvater?

GROSSVATTER: En Heiligen sind Sie, der heilige Laurentius sind Se, un Kaffee müssen Se bei uns trinken, sonst beleidigen Se meine Tochter Amanda.

Er zeigt auf Amanda, die mit einem Tisch aus dem Häuschen kommt, ihn vor die Bank zu stellen.

FRAU AMANDA PIUS: So 'ne Ehre, geehrter Herr Eduard! *(Stellt den Tisch vor die Bank und reicht ihm die Hand. Zu Wallbrecker)* Wo is de Carl?

GROSSVATTER: Er schläft noch. Ruf du ihm.

Frau Amanda geht ins Häuschen.

GROSSVATTER: Er will nu Pastor werden, nehmen Se's ihn nich übel, lieber Herr Eduard.

Amanda kehrt mit Kaffeekanne, Tassen, Butterbrot usw. zurück. Es wird immer heller. Arbeiter und Arbeiterinnen, unter ihnen Färber mit grün, rot und gelb glänzenden Händen und bleichen Gesichtern, ziehen vorbei.

GROSSVATTER *(zu einigen Arbeitern):* Guten Tag zusammen!

ARBEITER: Auch schon aufgestanden?

AMANDA: Wenn uns der junge Herr – – –

CARL *(unterbricht sie):* Ich bin gleich unten.

AMANDA: Wenn uns der junge Herr die Ehre schenken will un en Köppchen Kaffee mit uns trinken will?

EDUARD *(gütig):* Ich bin ordentlich durstig, liebe Frau Wirtin.

AMANDA: Es fiel mich ja im Traum nich ein, dass de junge Herr heut kommen könnt, ich hätt sonst en Lot mehr gemahlen.

CARL *(man hört ihn oben sprechen):* Meinen Kragenknopf kann ich gar nicht finden.

MUTTER PIUS *(guckt aus dem Dachfensterchen):* Was seh ich – *(Sie tritt wieder vom Fenster zurück)* nu halt man still, ich kann dir doch nich mehr auf en Arm nehmen un dir antrecken.

Alle lachen unten.

GROSSVATTER: Mich is so dämlich im Kopf.

AMANDA: Du bist auch schon alt, Vatter.

Mutter Pius kommt.

MUTTER PIUS *(zu Eduard):* Bleiben Se man sitzen, tun Se, als wenn Se zu Hause wären.

Eduard hustet.

GROSSVATTER: Da meld er sich.

EDUARD *(hustet stärker):* Der alte Satansdrachen, was, Großvater?

MUTTER PIUS: De alten Doktors kurieren an Sie herum, die Mutter Pius aber wird Herr Eduard auf de Beine bringen, jeden Morgen und Abend en Köppken von de junge Weizensaat müssen Sie trinken. Ich will es Ihren Personal sagen.

EDUARD *(gütig):* Das mag wohl zuträglich sein, Mutter Pius.

GROSSVATTER: Un jetzt man, wo wir Vollmond haben, soll es am tauglichsten sein.

MUTTER PIUS *(herrisch und verächtlich):* Misch dir nich in mein Praxis, Großvatter Wallbrecker.

EDUARD *(besänftigend):* Das nehmen alle Mediziner übel, Großvater, wir sind doch mal nur Laien.

GROSSVATTER *(könnte aufplatzen vor Lachen):* Tum Tingelingeling, tum Tingelingeling – – –

CARL *(frisch, markig, primanerhaft, pathetisch):* Ich grüße dich, Gottesmann, der du fürlieb nimmst mit unserer Speise und Trank.

EDUARD *(leuchtend schelmisch):* Friede sei deinem Haus, mein Bruder.

Großvatter spricht auf Amanda unverständlich ein; Mutter Pius versorgt sich mit Kaffee und streicht Carl Butterbröte.

EDUARD *(legt Amanda ein Kuvert auf ihren Schoß):* Von meiner Mutter.

GROSSVATTER *(neugierig):* Lass ens gucken!

AMANDA *(stößt ihren Vater mit dem Ellbogen unsanft zurück):* Nä, Ihre Frau Mutter is engelgut.

Eine dicke Träne fließt über ihre Backe.

GROSSVATTER *(nickt dazu, fortwährend Amandas Worte bestätigend):* Tum Tingelingeling, tum Tingelingeling, tum, tum, tum, tum!

Carl und Eduard unterhalten sich leise. Aus der Seitengasse, dem Zimmer im obersten Stock, das Puderbachs bewohnen, dringt Lärm. Ein Haufen Kinder sammelt sich lauschend vor dem Haus an.

MUTTER PIUS *(spricht lauter):* Vielleicht trinkt Herr Eduard auch noch ein Köppken?

Der Lärm lässt nach.

EDUARD *(nickt Frau Amanda zu):* Er ist außergewöhnlich gut gebraut, ich möchte das Rezept unserer Auguste sagen.

MUTTER PIUS *(katzenfreundlich zu Amanda):* Er schmeckt aber auch gut heut, Amanda.

AMANDA: Vatter, hol noch wacker was Zucker aus die Blas, *(er steht langsam auf)* nu eil dir man ein bisschen!

Lärm dringt wieder stärker aus der Seitengasse, man hört weinen, und es ist, als ob Porzellan zerbricht. Arbeiter und Arbeiterinnen gesellen sich neugierig zu den Kindern vor der Gasse.

AMANDA: Geh doch ens rüber, Carl, du verstehst dir doch mit den Scheinheiligen. Bist dich doch eine Otoridät.

CARL *(hart):* Lass mich zufrieden!

Eduard verlegen.

AMANDA: Wat redest de rau!

Der Lärm lässt nach. Großvatter Wallbrecker kommt zurück, in seinem roten Taschentuch den Zucker wie in einem Beutelchen tragend.

AMANDA: Bist de toll, Vatter?

Carl und Eduard lachen.

MUTTER PIUS: Ich sag gar nix mehr.

GROSSVATTER: Wat soll ich denn? Ich schlabbere ja mit de Löffels, *(zu Amanda)* ich schütt ihn doch so in 'em Reisbrei.

CARL *(sich belustigend):* Ich bin Zeuge! Großvatter kallt de pure Wahrheit.

AMANDA: Glauben Se ’s nich, Herr Eduard, *(auf Großvatter zeigend)* er träumt immer.

MUTTER PIUS *(großmütig, heuchlerisch):* Wat sagst de, Wallbrecker, ich nehm mich *doch* en Löffel davon in mein Köppken?

Eduard klopft Mutter Pius auf die Schulter.

GROSSVATTER: Ich hab mir seit von Tag nicht drin geschnäuzt.

Alle lachen wieder herzlich. Aber furchtbar dringt der Lärm aus dem Hause der Seitengasse.

AMANDA: Entweder geh du oder ich *(bittend).*

CARL *(unerbittlich):* Wenn er sie ens tüchtig verwichsen tät.

GROSSVATTER: Du willst en Pastor werden, Carl – – ich hab gleich gesagt, Gesellen musst de haben.

Der Großvatter erhebt sich.

MUTTER PIUS: Wegen dat schlumprige Weib drüben lassen wir uns beim Kaffee stören.

Der Großvatter ist im Begriff, herüberzugehen.

EDUARD: Bleiben Se sitzen, Großvater, der Carl wird Ruhe schaffen.

Der Großvatter lässt sich aber nicht aufhalten.

MUTTER PIUS *(neidisch auf Großvatter weisend):* Das tut er mich zum Ärger.

AMANDA: Nu lauf man rasch den Großvatter nach, Carl!

CARL *(ärgerlich):* Steh du doch deiner Freundin bei!

Carl hält Eduard zurück, der sich schlicht erheben will.

CARL: Er kommt ja gleich wieder heil zurück. *(Der Großvatter naht.)* Salve Cäsar! Statt den Lorbeer das Käppken auf den Kopf und Lieskens Present in de Schnute. *Alle lachen, auch hört man keinen Lärm mehr.*

GROSSVATTER: Ich hab all wieder gestillt, Kinderkes. Bleiben Se man sitzen, Herr Eduard.

Er bemerkt gar nicht, dass Eduard auf seinem Stuhl sitzt.

AMANDA *(geschwätzig):* Was bloß aus dem Liesken werden soll? –

EDUARD: Lassen Sie mich erst über den Berg sein.

MUTTER PIUS *(listig):* Da lassen Se man die Finger von.

CARL: Der Apfel fällt nicht weit vom Stamme.

MUTTER PIUS *(zynisch, halb zu sich zum eignen Amüsement):* Herr Eduard ist doch kein Feinschmecker!

EDUARD: Meine Schwester soll sich des Kindes annehmen.

AMANDA *(devot):* Ihr Fräulein Prinzessin Schwester?

EDUARD *(nickt stolz):* Ist sie nicht eine Prinzessin, Carl?

Carl errötet, ist benommen.

MUTTER PIUS: Dem Weib bin ich zu gut, ganz genau de Mama aus dem Gesicht geschnitten.

GROSSVATTER *(bestätigend):* Tum Tingelingeling, tum Tingelingeling, tum, tum, tum.

Wieder gehen Männer vorbei. Es sind die Helfershelfer, die Lange Anna zu Hilfe kamen am ersten Abend.

GROSSVATTER: Nehmt man de Bein auf en Nacken.

DER HERUMTREIBER *(höhnisch):* Na, wie schmeckt es euch denn?

GROSSVATTER: Carl, hast de das gehört?

MUTTER PIUS *(zu Carl, ängstlich, er könnte sie hauen):* Ärgere dir man nich darüber, Carl, das sind die nich wert.

CARL *(benommen):* Ich hab gar nix gehört.

GROSSVATTER: Dass se mich nich en gemütlichen Abend gönnen, Herr Eduard. Fünfundzwanzig Jahr hab ich mit dem Liesken sein Großvatter am Webstuhl gesessen, *(weinerlich)* und doch war das Leichentuch zu klein für uns beide.

CARL: Mutter, gib mir meine Kappe!

EDUARD *(gütig, schelmisch zum Großvatter):* Wir werden noch oft zusammen ein Piepken schmöken, Großvater. *Alle lachen, nur der Großvatter nickt ernsthaft.*

GROSSVATTER: Jetzt leb ich von de Gnade meiner Tochter un die *(er zeigt auf Mutter Pius).*

MUTTER PIUS: Ich bin doch gewiss nobel für dich!

AMANDA: Dass er das viele Tabakschmöken nicht lassen kann.

CARL: Für de Arbeit sind de Frauleut da!

Frau Amanda greift Carls Kappe durchs Fenster und setzt sie ihm auf.

MUTTER PIUS *(lacht):* Du frecher Bullenbeißer!

GROSSVATTER *(zu Carl):* Du bist noch jung, ich aber bin en altes, kränkliches Ross. *(Er hüstelt und spricht für sich):* Hab das Wiehern eigentlich schon vergessen.

Er will aufstehen und ausspeien.

AMANDA *(zum Großvatter):* Versteck dir rasch, siehst de nich?

Der Großvatter beugt sich schnell hinter den Strauch neben dem Haus. Der Kaplan kommt vom Spaziergang in den Wald über die Wiese links; er hat einen schwankenden Gang. Er bemerkt die Gesellschaft vor dem Häuschen nicht.

EDUARD: Warum soll sich der Großvater vor dem sanften Kaplan verstecken?

MUTTER PIUS *(weist auf ihn):* Wie 'n kleines Prozessionsboot über 'n evangelisch Meer.

EDUARD: Er ist sehr unglücklich, deiner Abtrünnigkeit wegen, Carl.

CARL *(sarkastisch):* So viel Kummer hat sich noch keiner um meine Seele gemacht.

EDUARD: Was sagen *Sie* dazu, Mutter Pius?

MUTTER PIUS: Dass Se lieber wieder nach unseren Luther hören sollen, was wollen Se allein herumschiffen?

EDUARD *(zu Carl):* Die Mütter!

AMANDA: Aufstehen, Vatter, wir müssen auf die Wies.

GROSSVATTER *(seufzend zu Eduard):* De Wäsch legen. *Eduard erhebt sich auch.*

MUTTER PIUS *(zu Eduard):* Bleiben Se doch noch en bisschen bei de Mutter Pius, Herr Eduard.

EDUARD: Morgen geht 's Examen los, ich muss noch mathematische Zahlen rechnen.

MUTTER PIUS: Was nich de Schulmeister all wollen, zu meiner Zeit war es noch nicht halb so schlimm.

CARL *(sarkastisch):* Deshalb bist de auch kein Pastor geworden!

EDUARD *(Großvatter und Amanda, die zögernd warten, die Hand reichend. Die beiden gehen ins Häuschen):* Wir sind alle Pflugtiere. Kommst du mit mir, Carl?

Carl nickt.

MUTTER PIUS: Mit de Schluffen an de Bein, Jung?

CARL *(kleinlaut):* Ich wär wahrhaftig in Gedanken so gelaufen. *(zu Eduard):* Ich hab die Stiefel beim Schuster.

MUTTER PIUS *(zu Eduard, wie zu einem kleinen Jungen):* De Mama wird schon bang sein – dafür kenn ich ihr. *Mutter Pius reicht Eduard ermahnend die Hand, Carl begleitet ihn bis zur Ecke. Eduard winkt noch einmal Mutter Pius zu.*

MUTTER PIUS *(ruft durchs Fenster):* Gib mir meine Valentiaspitzen und Poingtskrägen. Se liegen in de Fase auf en Schrank, dass de Mietze nich damit spielt.

Großvatter reicht die Spitzen heraus und zeigt in die Ferne, wo am Rand des Waldes die drei Herumtreiber: Pendelfrederech, Lange Anna und der gläserne Amadeus um eine Laterne gehen, deren Licht noch nicht ganz erblichen ist.

GROSSVATTER *(dämlich):* Da gehen die drei Erzengel in de Ferne un blasen aus de Laterne.

MUTTER PIUS: Du fängst auch wohl an zu reimen, wie de Carl?

Carl kommt zurück.

MUTTER PIUS *(zu Carl):* Lang macht der auch nicht mehr mit.

GROSSVATTER *(nickt beständig zustimmend):* Tum, tum, tum, tum.

CARL: Ich würd dem schon ein Stück von meiner gesunden Brust geben.

Pause.

MUTTER PIUS: Sag ens, Carl, wen hast de lieber, mir oder ihm?

In der Richtung blickend, die Eduard eingeschlagen hat.

CARL *(lacht):* Du träumst wohl, Großmutter, ich bin noch der Carl in deinem Schoß.

MUTTER PIUS: Mir überkömmt es man so.

CARL: Dich?

GROSSVATTER: Tum Tingelingeling!!

MUTTER PIUS: Meinst wohl, de Großmutter war nie wehmutsvoll gewesen?

CARL: Na, was is denn los?

Mutter Pius sitzt eine Weile schweigend, den Kopf herabgesun-

ken auf die Brust; die drei Männer verschwinden in der Ferne im Wald.

AMANDA *(ruft):* Wo bist du denn, Vatter?

GROSSVATTER: Ich muss noch bei de Mutter Pius bleiben, sie hat Heiratsgedanken.

MUTTER PIUS *(auffahrend):* Du alter Sünder.

GROSSVATTER: Wenn ich en Sünder bin, da hätten wir uns heiraten sollen.

MUTTER PIUS: Dir! Du schlapper Bock!

CARL: Haltet eure Mäuler, ich muss arbeiten.

GROSSVATTER *(holt einen Ausklopfer):* Wart man, ich schaff dich Ruh! *(Amanda zieht ihren Vater vom Fenster fort. Man hört ihn noch aus dem Hause reden, wichtig):* Im Examen muss er steigen!

Carl nimmt Heft und Buch, Tintenfässchen, Halter aus seiner Tasche und beginnt zu blättern; Mutter Pius glättet geschickt die Spitzen und schweigt grübelnd.

CARL *(etwas neckisch):* Ich glaub ens, der Großvatter hat recht gesprochen.

MUTTER PIUS: Ich altes Weib?

CARL *(sie neckend):* Mit dein jung Herz!

MUTTER PIUS *(sich aufraffend):* Temperatur hab'n alle Pius im Leib gehabt un du auch, Carl, siehst de, un de Großmutter weiß das. *(Sie holt sorgfältig Martas Bild aus ihrer Ledertasche und hält es Carl hin.)*

Carl fragend, verblüfft.

MUTTER PIUS: Deine Flamme!

Carl tiefrot, zittert, reißt das Bild an sich.

MUTTER PIUS: Du Spitzbub, gib man rasch wieder!

Carl steckt es in seine Brieftasche. Kleine Pause.

MUTTER PIUS: Sie guckt sich nach dich die Augen aus.

Kleine Pause.

CARL: Wer sagt das?

MUTTER PIUS: Ich!

CARL: Das ist gelogen.

MUTTER PIUS: All de Leut sagen es in de Nachbarschaft.

CARL: Weibergeklatsch. *(Kleine Pause. Flehentlich erregt):* Wer hat dir das gegeben, Großmutter?

MUTTER PIUS: Weißt de nich genug, dass du es auf deine Haut trägst, Carl?

CARL *(plötzlich glücklich):* Großmutter! *(Er küsst sie auf den Mund.)* Du bist eine Teufelin!!!

MUTTER PIUS: Kriegt de Mutter Pius ens Schimpfe für die Gabe. – *(Kleine Pause.)* – Du heulst ja!

CARL *(unterdrückt die Erregung):* Ich glaub es dir bald!

MUTTER PIUS: Wat zitterst du denn?

CARL: Ich hab Angst, ich fall im Examen durch. *(Plötzlich hart.)* Ihr Weiber stört mich!

Kleine Pause.

MUTTER PIUS: Carl, ich muss dich was recht Intimes sagen.
Keiner darf es hören.

CARL: Lass mich zufrieden.

MUTTER PIUS: Sprech mit deine Schwiegermutter.

CARL: Was?

MUTTER PIUS: Wenn du 's Examen bestanden hast.

Carl grübelt.

MUTTER PIUS: Sie weist dir nicht ab, glaub es Mutter Pius. – *(Kleine Pause.)* – Du guckst mir an, als wenn ich dir zum Narren halt.

Carl gespannt.

MUTTER PIUS: So en wackerer Mann, wie du bist, Carl – un de feine Herrschaften stärken gern man das Treibhausblut mit den natürlichen seines.

Carl immer gespannt.

MUTTER PIUS: Liest de dann nich in de Zeitung öfters, dass de Gräfinnen sich mit de Lakais einlassen?

CARL *(naiv):* Hinter den Rücken der Mütter?

MUTTER PIUS: Die Olschen wissen immer davon. *(Listig)* Mamma Sonntag weiß auch von das viele Leckers un de Zigaretten, was de Marta dich in de Manteltaschen stopft.

CARL *(trotzig):* Wer sagt dir, dass sie es hereinstopft!

MUTTER PIUS: Das riech ich im Dampf, Carl. Nä, wie ein kleines Gockel bist de noch!

Von der Seite kommen August Puderbach und andere Färber, mit bunten Händen, durcheinanderredend, von der Fabrik zurück; sie bleiben vor Pius' Häuschen stehen.

AUGUST: Se streiken wieder.

MUTTER PIUS *(ärgerlich):* Und du?

DIE ARBEITER *(durcheinanderredend):* Aufhängen soll man die Kraäler.

CARL: Das sag ich auch.

AUGUST: Sind wir ens einmal eine Ansicht.

Amanda kommt zurück, rechts vom Hause her; sie hat die letzten Worte gehört.

AMANDA: Gut bist de dem Carl ens doch, August. Den Scheitel trägst de ja am Sonntag wie er an der Seit.

EINER DER ARBEITER: Was hab'n wir von der Streikerei?

AUGUST: Drei un ein halben Taler weniger im Monat. Mich war de Arbeitszeit nich zu lang.

MUTTER PIUS: Das muss man dich lassen, ein fleißiger Jung bist de – aber was tust de auch zu Haus bei dein muckerigen Vater?

AUGUST *(zu Carl):* De Pastoren, die streiken nich, was, Carl? – Vielleicht sattle ich noch um.

CARL: Halts Maul!

EIN ANDERER ARBEITER: Was sollen wir machen, Mutter Pius, wir dürfen uns so nich zu Haus sehen lassen.

MUTTER PIUS: Kümmert euch doch nicht um eure Brüders.

EINER DER ARBEITER: Was sollen wir machen gegen so viel Sozialdemokraten? Wir sind ja all Sozialdemokraten, aber darum brauchen wir doch keine Dummheiten machen.

MUTTER PIUS: Nä, wahrhaftig nich.

DERSELBE ARBEITER: Was rätst de uns, Mutter Pius?

AMANDA: Geht man wieder zurück zu euren Herrn und klatscht ihm die Vorgänge.

EIN ANDERER ARBEITER: Nä, verraten tun wir de Brüder nich.

CARL *(herablassend, brutal):* Schlagt euern Herrn tot, wie se 's in Russland machen!

DERSELBE ARBEITER: Un dann?

MUTTER PIUS *(lachend):* Dann wirst du der Besitzer, August.

EIN ANDERER ARBEITER: Lieber bleiben wir en Arbeiter, als en Herrn werden über se alle.

MUTTER PIUS: Ich würd schon mit ihm tauschen. Alte Schafsköpfe, wo man euch hintreibt, fresst ihr!

EINER DER ARBEITER: Recht hat se man.

EIN ANDERER ARBEITER: Mein Jung soll lieber in unser eigenen Schweiß *(er zeigt auf die Wupper)* versaufen, als en Färber werden.

EINER DER ARBEITER: Kannst du uns was borgen, Mutter Pius?

EIN ANDERER ARBEITER: Guck ens in dein Beutel nach – – –

MUTTER PIUS: Ich hab von Tag nich en Kastemänneken über. De Carl muss doch auf de Universität ne ganze Bux am Hintersten hab'n.

Lieschen läuft, vom Brotaustragen zurückgekehrt, zu August – er und die Arbeiter gehen weiter, sich zu beraten. Der Großvatter Wallbrecker kommt keuchend über die Wiese, er ruht sich vor der Brücke aus. Er trägt einen Wäschesack auf dem Rücken. Von der Gasse hört man Getrampel und Fluchen, eine Schar Arbeiter kommt auf Pius' Häuschen zu.

MUTTER PIUS *(nimmt mit einem Griff Carls Bücher und ihre Spitzen):* Komm wacker herein, Carl, ich muss mir neutral halten, un wenn Bebel selber mir um Rat fragen tat.

Der Großvatter sieht Lieschen, das noch vor dem Haus von Pius steht.

GROSSVATTER: Lieschen!

LIESCHEN *(mit raffiniertem Einverständnis zu Mutter Pius):* Soll ich heut wieder helfen, Mutter Pius?

Mutter Pius ist aber schon im Haus und hat Lieschens Frage nicht gehört. Die Arbeiter verziehen sich. Lieschen geht der Gasse zu. Großvatter ruft; aber Lieschen will, scheint's, nicht hören; er pfeift den Pfiff, der Lieschen ein Signal geworden ist. Nun steht der Großvatter vor dem Häuschen.

GROSSVATTER: Nä, wie sich das Blag verändert hat! Amanda, mein Buckel stürzt ein!

Er geht ins Haus.

FÜNFTER AKT

Erste Szene

Eine Art Gartenzimmer in der Villa der Familie Sonntag. Rechts führt die Tür zum Flur, von der man die Haustür deutlich sehen kann. Links ein breites Fenster, das den Garten spiegelt. Viele Schlingpflanzen und andere Blumen schmücken das Zimmer. Nahe dem Fenster steht ein lila Ledersofa, worauf Frau Sonntag und Eduard sitzen. Frau Sonntag hält zerstreut ein offenes Buch auf der Rückseite im Schoß. Marta ist im Begriff, den Flor von Heinrichs Bild abzunehmen. Die Familienmitglieder sind in Schwarz gekleidet, auch die Dienstboten.

Frau Sonntag; Eduard; Marta; Dr. von Simon; Auguste; Berta.

MARTA: Immer wieder hängt ihn Auguste um das Bild.

FRAU SONNTAG: Warum nimmst du ihn ab?

MARTA: Eduard will es ja.

EDUARD *(liebevoll):* Ich möchte, liebe Mutter, dass man ihm Lebendigeres brächte.

MARTA *(zu Eduard):* Wie gefällt dir dieses junge Grün? *Eduard nickt dankbar.*

FRAU SONNTAG *(melancholisch):* Ich traure, dass er gelebt hat. *Marta schmückt das Bild, setzt sich dann ans Fenster und stickt auf einen Rahmen in Seide Kamillen. Ihre Bewegungen sind unruhig, wartend.*

EDUARD: Dass du nur einen Augenblick an seiner Ehrenhaftigkeit zweifeln kannst!

MARTA: Dr. von Simon sagt aber auch, ein Unschuldiger gehe nicht dem Leben durch.

EDUARD: Der Inspektor hat sich kein Urteil über unsern Bruder zu erlauben, vor allen Dingen aber vor seines Herrn Schwester nicht. *Frau Sonntag winkt Marta zu schweigen. Kleine Pause.*

EDUARD: Soldat war er, wie soll der anders in diesem unaufklärbaren Falle handeln!

FRAU SONNTAG: Ich glaubte, diese Zeit hätte er längst vergessen.

EDUARD: Aber Mutter, der Soldat lag ihm im Blut wie in Achill der Sieg.

FRAU SONNTAG: Wie du ihn zu verherrlichen suchst, Eduard!

MARTA: Schneidig standen ihm die Schnüren und der Galahelm.

EDUARD *(Marta in die Rede fallend):* Er hätte Soldat bleiben sollen, Mutter, auch nach Papas Tod.

FRAU SONNTAG: Du sagst das so vorwurfsvoll, sollte ich mich vielleicht ins Büro der Fabrik setzen?

EDUARD: Mutter, du bist nervös.

FRAU SONNTAG: Er hat damals Papa versprechen müssen, die Leitung zu übernehmen.

EDUARD: Ich hätte ihm das Versprechen nicht gegeben, wenn ich Heinrich gewesen wäre.

FRAU SONNTAG: Du? *(Erstaunt)* Dass ich meine Kinder so wenig kenne – – – Es hätte sich schon ein Stellvertreter in der Verwandtschaft gefunden.

MARTA: Wenn ihr euch jetzt immer so ernst unterhaltet – es ist schon trist genug bei uns im Haus.

FRAU SONNTAG *(melancholisch):* Ich bin auch keine Gesellschaft für dich.

EDUARD: Bald habt ihr mich los.

FRAU SONNTAG und MARTA *(sprechen fast zusammen):* Ich hoffte, *du* würdest *nun* bleiben, Eduard?

MARTA: Bringst du auch mal einen Mönch mit nach Hause?

Mutter und Sohn lächeln.

EDUARD: Wie denkst du dir das?

MARTA: Ich möchte mal so jemand ganz Frommes kennenlernen.

FRAU SONNTAG *(wehmütig, mokant):* Du bist ihr nicht fromm genug.

EDUARD: Kinder und Narren – *(kleine Pause).*

MARTA: Mama, kann man eigentlich *Rosa* auf dem Standesamt tragen?

FRAU SONNTAG *(unterbricht Marta erschrocken):* Dass du es übers Herz bringen kannst, Eduard.

EDUARD: Wenn du Gott liebtest, würdest du nicht versuchen, mich wankend zu machen.

FRAU SONNTAG: Ich liebe Gott nicht.

EDUARD: Weil du ihn mit menschlichen Empfindungen suchst.

FRAU SONNTAG *(melancholisch):* Ich habe keine andern.

EDUARD *(legt den Arm um sie):* Und doch leidest du unmenschlich, Mütterchen. – *(Kleine Pause).* – Ich möchte dir, solange ich noch bei dir bin, Vater und Heinrich ersetzen. – Warum lächelst du so fremd?

FRAU SONNTAG: Das wirst du nie, Kind.

EDUARD: Wenn ich mir nun alle Mühe geben werde?

FRAU SONNTAG: Du *könntest* es, Gott sei Dank, nicht.

MARTA: Ich habe einmal zwei Mönche im Kölner Dom gesehen. Ihre Köpfe waren geschoren, wie bei Verbrechern, und barfuß gingen sie später durch den Schnee.

MUTTER *(seufzend):* Du hältst es nicht ein Jahr im Franziskanerorden aus, Eduard.

AUGUSTE *(öffnet behutsam die Tür des Zimmers):* Herr Pius ist da un will die Frau ganz allein sprechen.

FRAU SONNTAG *(zu Eduard):* Er meint dich gewiss, Eduard.

AUGUSTE: Nä, er sagt ganz ausdrücklich, *die Frau.*

Frau Sonntag erhebt sich achselzuckend.

AUGUSTE *(flüstert Marta leise ins Ohr):* Ihr Bräutigam is auch wieder da.

Marta blickt forschend auf Eduard, der aber nichts gehört hat, und geht leise trällernd aus dem Zimmer. Auguste deckt Eduard mit der Gebärde der Frau Sonntag eine Decke über die Füße.

EDUARD: Bei der Wärme, Auguste?

AUGUSTE: Wenn es Herr Eduard hab'n will, leist ich ihm en bisschen Gesellschaft.

Eduard nickt gütig.

AUGUSTE: Ich hör für mein Leben gern von Herrn Jesus erzählen.

Eduard nickt. Auguste nimmt Platz und zieht ihren breiten, blauen Strickstrumpf aus der Tasche.

AUGUSTE: Sie müssen nich immer auf den Heinrich gucken, er kriegt kein Frieden.

EDUARD: Und eigentlich war ich doch an der Reihe.

AUGUSTE: Das helft alles nix, passen Se auf, Herr Eduard, *(freudig verheißend)* nach der Trauer folgt de Hochzeit.

Eduard blickt sie fragend an.

AUGUSTE: Euch mein ich doch verdeck nich, oder der liebe Herrgott müsst sich auch eine Tochter machen.

Eduard lächelt.

AUGUSTE: De Marta mein ich.

BERTA *(tritt mürrisch ins Zimmer, sie bringt auf einem Tablett eine Kanne Milch und ein Glas. Zu Auguste):* Ihnen alles nachzutragen, habe ich auch keine Lust mehr.

Sie verlässt das Zimmer.

AUGUSTE: Das dumme Blag tut ens so zimperlich wie ’n Fräulein.

EDUARD: Sie sieht seit einigen Tagen sehr unzufrieden aus.

AUGUSTE: Gekündigt hat se Mama Sonntag, sie geht nach Schlamerika.

EDUARD: So?

AUGUSTE: Ich glaub, de Mutter Pius hat ihr das aus de Karten prophezeit.

EDUARD: Mutter Pius hält euch nur zum Besten – sie ist doch eine kluge Frau, dünkt mich?

AUGUSTE: *Sie* gucken ja immer in den Himmel rein.

EDUARD: Nein, ist sie keine kluge Frau?

AUGUSTE: Wie mans beguckt; aus ihrer Schlauigkeit krauchen die Narrheiten.

EDUARD: Das ist mir ganz neu.

AUGUSTE *(kleine Pause):* Ich könnt euch alles beichten, Herr Eduard.

Sie hebt eine Masche auf, die während ihres Sprechens gefallen ist.

EDUARD: Tun Sie das, Auguste.

AUGUSTE: Ich habe Mama Sonntag vorige Woche was vorgelogen.

EDUARD *(ein Lächeln unterdrückend)*: Was denn, Auguste?

AUGUSTE: Ich hab mich gar nicht verschlafen, im Leichenhaus war ich. Ich wollt dem lieben Herrn Heinrich Addjüs sagen.

EDUARD: Das hätte Ihnen meine Mutter ja nicht verwehrt, Auguste.

Eine Schar Jungens mit Waldbeeren in Kannen klingeln an der Haustüre und klopfen und surren.

AUGUSTE *(schließt die Tür)*: Und was denken Sie, wem seh ich da – de alte Pius! De Augen standen scheel wie beim Geripp, un gedreht hat se sich *(spricht immer tiefer)* um de Leichen immer rund um, ohne aufzuhören, un gesungen hat se dabei *(sie singt ganz tief, fast im Bass)*: O du lieber Augustin, alles is hin, hin, hin.

EDUARD: Was erzählen Sie da, Auguste?

AUGUSTE: Regen Se sich deshalb nich auf. Carl sein Großvatter, der hat vor langer Zeit zu mich gesagt, de Mutter Pius wär das Karussell, wo wir all drin sitzen.

Frau Sonntag kommt entstellt ins Zimmer; sie sieht ganz gelb im Gesicht aus. Die Jungens sieht man beim Hereintreten sich vor der Haustür drängen. Der größte hält ein Öllämpchen in der Hand.

AUGUSTE: De Jungens machen mir ganz nervös.

Ahmt Frau Sonntag nach, erhebt sich gemächlich vom Stuhl und geht behutsam aus dem Zimmer.

DIE JUNGENS: Gitzhals! Gitzhals!

FRAU SONNTAG: Du weißt es wohl schon.

Eduard ist noch immer erregt von Augustens Erzählung.

EDUARD *(nickt fragend »Nein«)*: Du schüttelst dich, als ob du über ein gedüngtes Land gegangen bist.

FRAU SONNTAG: Du weißt es wirklich nicht, Eduard?

EDUARD: Setz dich zu mir, armes, armes Mütterchen.

Pause.

FRAU SONNTAG: Pius war doch hier.

EDUARD: Ach ja, was wollte er?

FRAU SONNTAG *(tonlos)*: Marta.

Kleine Pause.

EDUARD: Ich hätte mich mehr erschrocken, wenn es der Inspektor gewesen wäre.

FRAU SONNTAG *(verlegen):* Du hättest ihn sehen müssen, den schüchternen Jungen – impertinent wurde er, sage ich dir, Eduard. Er trinkt überdies.

EDUARD *(kleine Pause):* Ich bildete mir ein, er hätte uns so oft meinetwegen besucht. – *(Kleine Pause)* – Ich bin Egoist geworden während meiner Krankheit.

FRAU SONNTAG: Aber Eduard, er konnte sich doch glücklich schätzen, dich besuchen zu dürfen.

EDUARD: Wie trivial fasst du unsere Freundschaft auf, Mutter.

Die Jungen werden so laut, dass man sie im geschlossenen Zimmer hört.

FRAU SONNTAG *(sehr verlegen):* Auguste soll die Kinder draußen fortschicken. *(Sie klingelt.)*

EDUARD: Eine junge, eherne Apostelgestalt ist Carl Pius, in Versuchung.

FRAU SONNTAG: Du bist ein Fanatiker.

EDUARD: Und doch lehrt Krankheit weise Melodien. – *(Kleine Pause)* – Was sagtest du ihm?

FRAU SONNTAG: Ich erinnerte ihn zuerst an seine Jugend.

EDUARD: Und?

FRAU SONNTAG *(sich erdenkend):* Dass Marta dann schon ein altes Mädchen sein würde – aber als er impertinent wurde – wies ich ihm die Tür.

Eduard senkt den Kopf.

AUGUSTE *(tritt behutsam ins Zimmer, ihre roten Backen glänzen, sie lässt die Zimmertür halb offen stehen):* Wie zwei Turteltauben, die beiden im Garten – *(Frau Sonntag verlegen).*

EDUARD: Das wäre allerdings eine Impertinenz – – –

Die Jungens betteln unaufhörlich.

AUGUSTE: Wir wollen de Jungens en Liter Waldbeeren abkaufen, dann hab'n se Ruh.

Sie nimmt aus Frau Sonntags Portemonnaie im Schlüsselkorb, ohne Antwort abzuwarten, Geld. Marta und der Inspektor werden sichtbar im Garten. Eduard wendet den Kopf zum Fenster hin. Frau Sonntag rafft sich auf.

FRAU SONNTAG *(gepresst):* Sie sollten es dir selbst sagen, Eduard.

Kleine Pause.

EDUARD: Schamloser konntest du deinen Sohn Heinrich nicht verraten. – *(Kleine Pause)* – Mein armer Bruder, ein flüchtender Soldat, ging er verzweifelt in den Tod – –

FRAU SONNTAG: Damit gibst du ja seine Schuld zu.

EDUARD: Es steht dir nicht, Mutter, mich meuchlings überführen zu wollen.

FRAU SONNTAG: Ich verstehe nicht, was du eigentlich gegen Dr. von Simon hast.

EDUARD: Dasselbe, was du gegen ihn hast, Mutter, darum wagtest du auch nicht, mir von der Katastrophe *selbst* Mitteilung zu machen.

FRAU SONNTAG *(etwas finster):* Ich fürchte mich vor meinen Kindern nicht, selbst vor dir nicht, Eduard.

Kleine Pause.

EDUARD: Erinnere dich doch, welchen Verdacht du gestern noch gegen ihn aussprachst.

FRAU SONNTAG *(hochmütig):* Ich hab ihn mir eigentlich erst heute Morgen angesehen.

EDUARD *(spöttisch):* Schwärmst etwa *auch nun* für seine schmachtenden Wimpern?

FRAU SONNTAG *(aufweinend):* Ich fühle, Eduard, ich war zu selbstlos zu dir.

EDUARD: Mutter, teure Mutter, aus welchem Grunde willst du Martas Mädchenseele preisgeben?

FRAU SONNTAG: Dass Heinrich in der letzten Zeit auf ihn erbost war, hat tiefere Gründe.

EDUARD: Aber wir haben doch Augen und Ohren, Mutter.

FRAU SONNTAG *(gezwungen):* Ich wünschte sogar, wir hätten Herrn Dr. von Simon veranlasst, zeitiger in unserem Hause zu verkehren.

EDUARD: Du weichst noch immer meiner Frage aus, Mutter?

FRAU SONNTAG: Um dir Einblick in die geschäftlichen Dinge zu geben, warst du damals zu jung, Eduard.

EDUARD: Wir lebten doch luxuriöser als heute, Papa gab eine Festlichkeit nach der andern.

FRAU SONNTAG: Das war es ja eben. Heinrich hat oft genug sein Schweineglück, wie er sich ausdrückte, gepriesen, einen Mann wie Dr. von Simon gefunden zu haben. – *(Kleine Pause)* – Wir können uns glücklich schätzen, dass er Marta nimmt.

EDUARD: Der Mann bringt wahrhaftig kein Opfer.

Auguste öffnet zögernd die Zimmertür, sie hält einen großen Rosenstrauß in der Hand, zwischen den Blättern liegt eine Karte. Sie versucht, sich mit Frau Sonntag schweigend zu verständigen.

FRAU SONNTAG: Nicht wahr, Auguste, Herr Dr. von Simon ist doch der richtige Mann für das Fräulein?

Auguste schlägt erstaunt die Augen auf und dann mit zufriedenem Lächeln:

AUGUSTE: Von das Fräulein Oberbürgermeister – – –

Sie stellt den Strauß zärtlich in eine Vase.

EDUARD *(spöttisch):* Du fragst doch sonst deine Dienstboten nicht.

FRAU SONNTAG: Sie können gehen.

AUGUSTE *(greift in die Schürzentasche):* Un das da soll ich die Madame von dem längsten Bengel draußen geben, un er wünscht ein langes Leben.

Frau Sonntag nimmt das Kuvert gedankenlos hin, spielt damit, legt es dann schließlich auf den Tisch.

AUGUSTE *(zu Eduard):* Ich glaub, dem Liesken sein Bruder wars, der Kerl mit der langen Nas und de grün gemalten Hände. Seine Bux hat er aufgekrempelt bis über de Knie. *Auguste bleibt bei der halb geöffneten Zimmertür unbemerkt stehen.*

EDUARD *(nimmt das Gespräch wieder auf):* Das ist alles noch kein Grund, seine Tochter zu verkaufen.

TRAU SONNTAG: Soll Marta vielleicht Ladenmädchen werden?

EDUARD *(primanerhaft):* Lieber als im buhlerischen Bett liegen.

FRAU SONNTAG: Du übertreibst, Eduard, ich bitte dich, schlafe eine Nacht darüber.

EDUARD *(mit biblischer Wucht):* Ich sage dir, Weib, beflecke unser Haus nicht.

Mutter bricht weinend zusammen.

FRAU SONNTAG *(leise):* Du bist impertinent wie Carl Pius.

AUGUSTE *(behutsam durch die Tür wieder eintretend, glotzäugig, gutmütig, lügend):* Überall schellt es –

EDUARD: *Die* kommt dir immer wie gerufen.

AUGUSTE: Ich kann de Mama Sonntag nicht heulen sehen. *(Tritt gutherzig näher zu ihr hin.)* Ma'mm Sonntag – – –

Eduard kämpft mit sich. Marta kommt temperamentvoll ins Zimmer, von Simon verharrt unsicher, als er Eduard erblickt, vor der halb offenen Zimmertür.

FRAU SONNTAG: Marta, lass uns noch einen Augenblick allein.

Marta gehorcht schmollend; im nächsten Augenblick ihren Bräutigam graziös anlächelnd, verschwindet sie mit ihm wieder.

EDUARD *(zärtlich, aber fest):* Hast du mir noch etwas zu sagen?

AUGUSTE *(zu Frau Sonntag):* Gucken Sie ihm an, Ma'mm Sonntag, er hat en Heiligenschein um de Locken.

Frau Sonntag nickt unendlich traurig.

AUGUSTE: Er passt gar nicht in de sündige Welt.

Frau Sonntag ernst zustimmend.

AUGUSTE *(zeigt auf die Haustür):* Da steht verdeck noch der große Lümmel von Puderbachs vor de Haustür und lauert.

EDUARD: Ist das Lieschen bei ihm?

FRAU SONNTAG: Aber Eduard – – –

AUGUSTE: Lassen Se das arme Blag man lieber links liegen, sonst kommen Se auch wie de Heinrich im falsches Verdacht.

Eduard erschöpft, er hustet stärker.

AUGUSTE *(harmlos):* Er hat mir selber öfters gefragt, ob Herr Eduard das Lieschen poussierte.

EDUARD *(entgeistert, kleine Pause):* Mutter, hast du das gewusst?

FRAU SONNTAG *(mitleidsvoll):* Ich kenne dich doch, Eduard – *Eduard schreitet fremd und einsam aus dem Zimmer wie über einen Berg herüber. Frau Sonntag sieht ihm melancholisch nach; nimmt das Kuvert zerstreut vom Tisch und tritt ans Fenster, vor das die Verlobten treten; Marta blickt erstaunt den Zaun des Gartens entlang.*

MARTA: Denk mal, Mama – *(Frau Sonntag hört kaum hin)* eben ging Berta aus dem Haus am Zaun vorbei, in *meinem* Jackett und Hut, und *ihre* Sachen hängen an meinem Haken am Ständer.

DR. VON SIMON: Darf ich der verehrten Mama die Hand küssen? *Berührt die ihm zaudernd dargereichte Hand.*

TRAU SONNTAG *(verlegen):* Ich kann mich noch gar nicht an den Gedanken gewöhnen.

Auguste wartet am äußeren Ende des Zimmers. Die Situation ist ihr unbegreiflich. Sie geht heraus. Marta schmollt. Sie nimmt eine Kamille aus ihrem Gürtel und befestigt sie über dem Herzen von Simons.

DR. VON SIMON: Du wirst mich ausputzen wie einen Geck, Kätzchen. *Frau Sonntag öffnet apathisch das Kuvert, sie nimmt Martas Nacktfotografie hervor – erschrickt heftig – begreift nicht, betrachtet sie von allen Seiten. Sie ruft Marta ans Fenster zu sich und hält ihr die Kehrseite des Bildes vor Augen.*

TRAU SONNTAG: Marta, kennst du die Handschrift?

MARTA *(übermütig):* Das ist Pius seine dicke Tatze.

AUGUSTE *(kommt geheimnisvoll ins Zimmer):* Herr Eduard sitzt in seine Stub und beguckt sich im Spiegel.

MARTA: Den hat er doch beklebt, dass er nicht eitel werde. *Frau Sonntag schließt das Bild in ihren Sekretär ein.*

DR. VON SIMON *(leise zu Marta):* Für dich wird es auch die höchste Zeit, hier herauszukommen, Kätzchen.

TRAU SONNTAG *(apathisch, dann aufleuchtend zu sich redend, aber den Kopf zu den beiden zum Fenster hin gewandt):* Ich werde ihm eine Herzensfreude machen.

MARTA *(etwas schnippisch):* Du willst wohl mit ihm ins Kloster gehen, Mama?

Auguste geht mit der Gebärde, die ausdrückt, um Himmelswillen nicht, fürsorglich hinter Frau Sonntag aus der Türe. Die Verlobten verschwinden im Garten.

Zweite Szene

Im selben Arbeiterviertel wie im ersten Aufzug.

Pendelfrederech; Lange Anna; Amadeus; Eduard; Carl; August Puderbach; Großvatter Wallbrecker.

AMADEUS: Klopfen Se man tüchtig, de alte Pius schläft doch nich in de Nacht, die hat mit em Satan zu konferieren.

LANGE ANNA: Un oben beim Wallbrecker sin de Fensterlöcher verstopft.

PENDELFREDERECH *(stößt Eduard stier an):* Ich hab 'ne trockne Kehl, Herr.

LANGE ANNA: Du toter Maulwurf, was weißt du von em Durscht!

PENDELFREDERECH *(zu Eduard):* Wir sind ja beide auf de Himmelfahrtreis.

Er murmelt grausig. Eduard gibt ihm ein Geldstück.

LANGE ANNA *(betrachtet es höhnisch):* Davon brauchst de mich nix mitgeben, Frederech!

PENDELFREDERECH: Altes Ferkel!

AMADEUS: Wenn Sie de Carl sprechen wollen, Herr, der is im Wirtshaus und säuft 'en Fusel nach dem andern; *(Eduard bewegt)* un de Aujust sitzt bei ihm un frisst Zucker aus seine Tasch und säuft mit ihm in Kömpanni. *Eduard bewegt sich in der Richtung zum Wirtshaus.*

AMADEUS *(instinktiv):* Ich will ihm herausholen, bleiben Sie man lieber hier.

PENDELFREDERECH: Hausknecht!

Eduard hält Amadeus zurück. Lange Anna kreischt plötzlich auf, ähnlich wie am Abend, als Carl Pius seinen Arm verrenkte.

AMADEUS: Was is dich, Lange Anna?

Lange Anna wimmert wie ein Weib. Pendelfrederech murmelt böse.

AMADEUS: Wie 'n Schellenzug von de Großmutter bammelt dein Ärmel am Leib herunter.

Lange Anna quietscht leise Frederech ins Ohr.

PENDELFREDERECH: Altes Ferkel!

AMADEUS *(zu lange Anna):* Du hast es auch ein bisschen zu weit getrieben.

LANGE ANNA: Ich?

AMADEUS: Ja, das hast de; seit de Zeit hockt er im Fusel drin.

LANGE ANNA: Hihihihi!

AMADEUS: Dat tut mich leid, leid tut mich das, er säuft ja sonst nix.

Lieschens Vater kommt nach Hause, durch die kleine Seitengasse vom inneren Viertel her, man sieht ihn also nicht, hört nur, wie er mit der Faust krachend die Haustür aufstößt.

AMADEUS: Ich merk das Poltern da *(fasst auf sein Herz).*

PENDELFREDERECH *(murmelt böse):* Aus de Bibelstunde kömmt er.

LANGE ANNA *(stößt Eduard an die Schulter und quietscht höhnisch auf):* Das war der Vater von es – – –

Pendelfrederech murmelt grausig.

AMADEUS: Geheult hat es, als es in die Zwangserziehungsanstalt geholt wurde, wie en Madame ihr Schoßpudel auf dem Weg zum Schlachthaus.

Eduard bewegt.

LANGE ANNA: Da werden se es man tüchtig durchbläuen für seine Liebhabereien. – *(Kleine Pause)* – Mich hätt Ihr Bruder lieber nehmen sollen.

PENDELFREDERECH: Dir altes Ferkel? *(Eduard bewegt.)* Die Kleine versteht es feiner wie du. Im Nachthemd spaziert es grad unterm Mond über die Dächer. Ich lag selber auf de Lauer und schnappte nach dem Glühwürmken.

AMADEUS *(zu Eduard, wehmütig):* Einmal hab ich es ja auch gesehen.

LANGE ANNA: Auf mir hat es in de Herrgottsfrüh nach der Oper *(zeigt auf seinen Arm)* unten an de Wupper gelegen.

AMADEUS: Ich war dem netten Dier gut.

LANGE ANNA *(zeigt auf seinen Arm):* Ich soll man nix de Polizisten erzählen von de Carl, es wär sein Schatz. Hihihihi!

PENDELFREDERECH: Verlogenes Ferkel, verkrochen hast de dir vor Carl seine fette Faust.

LANGE ANNA: Du lauerst wohl aus dein Deckel?

Carl und August kommen schwankend Arm in Arm aus dem Wirtshaus. Carl sieht grenzenlos verändert aus. Seine alte Primanermütze trägt August umgedreht auf einen Stock gespießt. Die drei Herumtreiber lachen. Carl erblickt Eduard.

CARL: 'nen Abend, Eduard, wie geht es mein Schatz Marzebillken? Se will mich doch heiraten. Ijo, ijo! *(Zu sich selbst sprechend im Ton seiner Großmutter)* Carl, hast de deine Großmutter lieb? *(Kleine Pause. Im seligtrunkenen Ton)* Ich hab dich ja so lieb, Eduard.

AUGUST *(neidisch; er schwankt ebenfalls):* Lass doch den Hungerleider stehn, Carl, er soll sich das Haar schneiden lassen.

AMADEUS *(zu August):* Zeig meine beiden Kollegen molz de heilige Eva aus deine Brieftäsch, Aujust.

Die Brieftasche hängt August aus der Hosentasche.

EDUARD: Das ist Pius' Brieftasche.

Es beginnt ein Wehen in der Luft.

AMADEUS: Ein Spruch aus Lateinisch steht auf der Hinterseit.

EDUARD *(er umfasst Carl hinterrücks):* Helfen Sie mir doch, Amadeus.

AMADEUS: Ich kann ihm nich untergreifen, mein gläsern Herz bricht in Splittern. *(Wehleidig)* En Sprung hat es schon.

LANGE ANNA: Nehmt mir in de Mitte, versoffne Brüders.

Er stößt Eduard zurück, der taumelnd an Frederechs Brust fällt. Lange Anna drängt sich zwischen Carl und August.

PENDELFREDERECH: Sin wir beide Todenvögels vereint.

Carl, Lange Anna, August wanken über die Brücke, von dort wei-

ter. Der Nachtwind klagt wie ein Kind, Eduard fröstelt. Noch einmal klopft er leise an die Haustür von Pius' Häuschen.

GROSSVATTER *(öffnet sein Fensterchen und kräht):* Will se schon vertreiben, de Nachtgespenster.

Er gießt eine Emaillekanne voll Wasser herunter.

PENDELFREDERECH *(murmelt böse):* Ich leg mir schlafen unterm Busch.

Eduard tritt mit gesenktem Kopf den Heimweg an.

Ende

PROSA

DAS PETER-HILLE-BUCH

PETRUS DER FELSEN

Ich war aus der Stadt geflohen und sank erschöpft vor einem Felsen nieder und rastete einen Tropfen Leben lang, der war tiefer als tausend Jahre. Und eine Stimme riss sich vom Gipfel des Felsens los und rief: »Was geizst Du mit Dir!« Und ich schlug mein Auge empor und blühte auf, und mich herzte ein Glück, das mich auserlas. Und vom Gestein zur Erde stieg ein Mann mit hartem Bart- und Haupthaar, aber seine Augen waren samtne Hügel. Und kleine Kobolde kletterten über seinen Rücken und beklopften ihn mit ihren Hämmerchen und nannten ihn Petrus. Und wir stiegen ins Tal hinab, und der Mann mit dem harten Bart- und Haupthaar fragte mich, von wo ich käme – aber ich schwieg; die Nacht hatte meine Wege ausgelöscht, auch konnte ich mich nicht auf meinen Namen besinnen, heulende hungrige Norde hatten ihn zerrissen. Und der mit dem Felsennamen nannte mich Tino. Und ich küsste den Glanz seiner gemeißelten Hand und ging ihm zur Seite.

PETRUS UND ICH AUF DER WANDERUNG

Als wir auf die Landstraße kamen, begegnete uns ein Mann mit einem kurzen schwarzen Bart, der trug ein großes Buch auf dem Rücken und er sagte, seine Seele trüge er also bei sich. Und als er das große Buch aufschlug, war es voll von eitlen Buchstaben, die sich reimten. Und da Petrus wieder stehen blieb und mit den jungen Bäumen sprach, die an beiden Seiten der Chaussee standen, geschah es, dass der Mann mit der eitlen Seele mich verleiten wollte, Petrus nicht zu folgen. »Er kennt die Wege dieser Erde nicht, und haltloser ist er noch tausendmal mehr, wie Du es bist, und zwei Herumtreiber wird man

Euch aufhalten an der nächsten Ecke.« Aber ich hielt meine Blicke fest auf den Gefundenen gerichtet, wie auf ein leuchtendes Land, wie auf ein Himmelreich mit blauen Gärten. Und als der Mann sah, dass er nichts ausrichten konnte, begann er mich zu schmähen, bis er von einem Graben verschlungen wurde.

PETRUS UND ICH AUF DER WANDERUNG

Vor einem Häuschen bei der Stadt wollte ich mich von Petrus eine Weile trennen – dort wohnte meine Schwester. Aber er trat durch das kleine Zauntor in den Garten. Und es kamen uns zwei liebliche Mädchen entgegen – das Bübchen in ihrer Mitte hatte sich von ihren Händen losgerissen, kletterte wie ein Wiesel auf einen Birnbaum, munteren Spatzen nach, von einem Ast zum andern. Es war mein Bübchen. Und Petrus fragte die beiden Mädchen, wie sie hießen. »Sage und Haidekraut.« Es sind meiner Schwester Kinder. Und zu Sage sagte Petrus: »Dein Gesichtchen ist ein schöner Blumenstrauß.« Denn Sage hatte Augen wie silberne Ähren und einen Malvenblütenmund, und wie Rosen glühten ihre Wangen. Und Haidekraut hob fragend ihr Gesichtchen: »Und Du, erzähle Deiner Mutter, bist ein sonnenfarbenes Prinzesschen.« Und als ich in den Flur des Häuschens trat, sprangen die beiden lieblichen Mädchen hinter mir her: »Mutti, Mutti, der liebe Gott ist draußen im Garten!« Aber meine Schwester hatte uns kommen sehn und war sehr nachdenklich. Ich wusste, dass die Majestät Petrus sie beängstigen würde – und sie erfasste sorgenvoll meine Hände: »Willst Du nicht bei uns bleiben?«

Aber Petrus wandte sein Antlitz, und plötzlich war es hell über dem kleinen Blumengarten. Doch meine Schwester senkte betrübt den Kopf; ich riss mich los, streichelte Sage und Haidekraut, küsste meinen kleinen Wildfang und ging dem Herrlichen nach. Als ich mich umwandte, sah ich meine Schwester am Fenster stehen; ihre Augen waren verwundert aufgetan; sie blickte noch lange, lange hinter unsern Flug.

PETRUS UND ICH AUF DER WANDERUNG

Dann standen wir vor einem Herrenhaus. »Hier wohnt Onit von Wetterwehe«, sagte Petrus, und ich ging ihm nach durch das knarrende Tor. Ausgestreckt in der heißesten Sonne fanden wir den jungen Fürsten mitten im hohen Grase liegen, und vor ihm kauerte sich ein runder, zusammengeballter, rotköpfiger Schläfer; der hielt im Traume Possengespräche, und dem jungen Fürsten rannen die Tränen über die Wangen. »Nun, was meinst Du zu solch einem Tyrannen, dessen Narr sich am helllichten Tage schlafen legen muss, um ihm die Langeweile mit blödsinnigem Kauderwelsch zu vertreiben.« Und Onit von Wetterwehe sprang auf, als er Petrus' Stimme hörte, umarmte ihn und betrachtete mich neugierig. »Wer ist sie?« »Ja, das möchtest Du gerne wissen – gefunden habe ich sie – irgendein fremder, gebräunter Stern hat sie wohl aus der Hand fallen lassen.« Und von der andern Seite des Gartens näherten sich drei Gestalten, die waren groß und schlank, und Petrus nannte den schönsten der beiden Jünglinge Antinous und den andern Grimmer von Geyerbogen, und Najade hieß der Brüder blauäugige Schwester. Und wir verwunderten uns und waren uns gut.

PETRUS UND DER MOND

Wir standen auf einem kleinen Hügel in der Nähe der Stadt und blickten in unsere Fernen. Auf die silberdunkle Linie zeigte Petrus, die Himmel und Erde vereinte. Er sagte: »Von dort bin ich gekommen.« Und es war mir offenbar: eine wandernde Landschaft ist er, die ersehnte Heimat der Jubelnden. Und als ich zu ihm reden wollte, erreichten ihn meine Augen nicht, höher war er gewachsen wie der Mond – und er hielt ihn in der Hand, den größten goldenen Reichsapfel. Ich rief. Da kamen alle die Knaben, die Petrus liebten, und die Mädchen, die um ihn wie um eine steinerne Urgestalt Tänze tanzten und blickten zu ihm auf. Aber er hatte den glänzendsten Stern zurück in die Wolken geworfen, und ein heftiger Regen ergoss sich. Wir stiegen den Hügel herab und traten unter breitlaubige Baumriesen. Die andern sahen wir fliehen zurück in die Stadt.

PETRUS-POSEIDON

»Ich würde mich gar nicht wundern, wenn ich eines Tages die Füße in Goldpantoffeln trage und eine Krone von Rubinen in meinen Haaren liegt. Und in den bunten Spiegelgalerien meines Palastes spiegele ich tausend und ein Mal mein strahlendes Geschmeide.« Und Petrus gütig: »Erzähle noch mehr, Prinzessin!« Aber mein Blut zeigte aus allen Poren auf mich, da ich noch an Nichtigkeiten dachte neben der Herrlichkeit, an deren Seite ich strömen durfte. Und Petrus-Poseidons Gesicht kam und ging und sein Bart war wie Schaum. »Warum sollst Du nicht von Flittergold träumen«, sagte er, »manchmal dünkt es mich, Du bist noch zu jung, um ins Meer zu fließen.« Aber ich eilte zu ihm und erfasste stürmisch seine Hand.

PETRUS UND ICH BEIM PRUNKMAHL ONITS VON WETTERWEHE

Als wir kamen, eilten uns schwarze Diener in farbigen Festgewändern entgegen. Aber Petrus wehrte ihrer Beflissenheit: »Ihr wollt mich doch nicht meiner letzten Haut berauben?« Also betrat er in seinem grauen Mantel den goldenen Prunksaal, und ich lehnte an seiner Seite. Musikanten in bunten Vogelmasken zwitscherten zwischen blühenden Palmenbäumen auf ihren Zauberflöten, und Spaßmacher sprangen behände über die Galaschleppen der schönen Frauen, ihre Kautschukglieder verrenkten sich zu allerlei drolligen Figuren. Und

Tabak, der Narr, saß auf der Tafel in einer großen Kristallschüssel, sein grüner Mund unzählige Male im Tausendschliff gewulstet. Und als wir in der Mitte des Saales standen, wo sich die vielen fremden Fürstlichkeiten paarten, senkte sich eine fremde Wolke schwer auf seine üppige Laune. Die schönen Prinzessinnen verbargen ihre verdutzten Gesichter in den Spitzen ihrer Seidenmäntel, indessen sich die Kavaliere um den erblassten Gastgeber drängten; der aber eilte uns entgegen. »Ich habe meinen Hermelin zu Hause gelassen!«, sagte Petrus lächelnd, und Onit von Wetterwehe wandte sich zu seinen Gästen: »Er hat ihn vergessen anzulegen vor lauter goldenem Träumen.« Und Antinous und Grimmer von Geyerbogen und Najade umringten uns und riefen die Zagenden herbei; dem rotäugigen Zwillingspaar mit den weißen Atlashaaren war Petrus schon im Traume erschienen und auch dem jungen König Otteweihe war also geschehn, seine schüchternen Augen blühten wie Knospen halb erschlossen. Aber einen Freudenschrei stieß der Häuptling Bugdahan aus – Petrus kannte seine wilden, blutigen Schlachtengesänge wohl. Und Raba kam, Bugdahans Schwester, und umarmte mich. Und von den Jerusalemitern traten einige zu uns heran; Onit liebte die dichtenden Söhne Zebaoths. Sie hatten blasse Wangen und schwermütige Lider, und der älteste mit den tröstenden Augen nannte sich Ben Ali Brom. Und Petrus zur Rechten saß Antinous und ich an der Seite seines Herzschlags. Und über uns gebärdete sich einer von den Musikanten unbändig, als er Petrus erblickte, sprang über die bunten Vogelköpfe, über das Geländer der Galerie herunter in den Saal und spielte Petrushymnen auf seiner Bratsche, am Rosenholz seines Stuhles gelehnt. Und Negerknaben mit langen Ohrgehängen reichen Edelspeisen auf goldenen Tabletts, Paradiesvögel mit blauen Früchten. Und Wein, aus Königstrauben gewonnen, gießen sie aus Smaragdkrügen in Prunkbecher – auf dem Grunde formen sich Perlen. Und neben Onit von Wetterwehe saß Weißgerte, die schönste der Prinzessinnen; ihr weißer Hals – Alpenschnee. Und rosige und blaue Libellen, die durch die Taumellüfte des Raumes schwebten, setzten sich auf ihre Flechten, sanken in ihre kleinen zitternden Stirnlocken und nippten Süße. »Du fragst mich«, antwortete Onit von Wetterwehe, »wer der vergötterte Bettelmann und sein Kind sind? Du wirst es mir bald selbst sagen.« Aber Weißgerte kräuselte ihre schlanken Prinzessinnenlippen, bog sich mit schillernder Tanzlustigkeit zu ihm über die blaue Seide der Tafel: »So stoß mit mir auf die Liebe an, Meister, wenn Du Dich nicht über sie erhoben hast.« Und Petrus schwang seinen Pokal, dass er in wilden Strömen überrann, aus seinem Barte lockten knisternde Sterne. Und Tabak, der Narr, hatte sich auf den Rand der Kristallschüssel gesetzt – er schielte unaufhörlich auf ihn – sein Blick stank. Aber Onit entführte mich dem seltsamen Mahle in seine weißen Rosengärten; dort zeigte er mir die Hecke, hinter der Dornröschen hundert Jahre im Zauberschlaf gelegen hatte. Und ein winziger, verrunzelter Zwerg spazierte über die glitzernden Kieswege; es war der kleinste, der um Schneewittchen war. Bimbam machte immer sein bemooster Kopf, und er sagte zu allem, was man ihn fragte, schon »Ja«. Und den großen goldenen Schlüssel zu Onits Märchensammlung trug er um den Hals, und ich musste das Kleid Scheherezadens anlegen. Und als wir zurück in den Prachtsaal traten, erkannten mich die Gäste nicht. Aber um Petrus knieten all die stolzen Prinzessinnen, und Weißgerte küsste den Saum seines schlichten Mantels, und die Kavaliere kredenzten selbst einen Becher. Und Petrus erfüllte den Wunsch der Lauschenden und erzählte ihnen, warum er unvermählt geblieben sei. Und als er am Vorabend der Herzensfeier seine Auserwählte vor ihrer Burg begehrte – stolz blickte der blaue See – »und in der Schlinge ihres Halses erstickte meine sündige Ungeduld. Sie war eine Schwanenjungfrau, Weißgerte. Aber als ich durch Arabien kam, trieb ich dem Kalifen die bösen Teufel aus, die sein Gehirn mit glühenden Nadeln pickten, und wie ein mächtiger Palmenbaum umfing mich seine Gunst. Aus einem Morgenschlummer holten mich seine Sklaven auf einer Karawane weißer Kamele, Brautschau zu halten unter seinen Töchtern. Ihre Schönheit wurde im Lande gepriesen; aber als sie im Geschmeide den Kalifensaal betraten und ihre Schleier lüfteten, fiel ich in eine vierzigtägige Ohnmacht. Sie hatten alle Totenköpfe. Und meine dritte Flamme war ein träumendes Prinzesschen, goldblond, wie Du bist, Weißgerte. Das bat mich in der Zeit der Brautschaft, es nur alle dreißig Tage zu besuchen. Aber die Sehnsucht trieb mich, einmal vor der Zeit seine Lippen zu küssen – da hatte mein Prinzesschen nur ein halbes Gesicht – es war ein Mondmädchen.«

Und als Petrus seine Liebesabenteuer zu erzählen beendet hatte, versteckten sich die schönen Prinzessinnen hinter den Säulen und Nischen des Saales; die Kavaliere lächelten beklommen, und selbst seinen Lieblingen bangte. Und Weißgerte sagte zu Onit von Wetterwehe: »Satan ist er .... Ich fürchte mich vor ihm.« Und sie verlangte, Buße zu tun für ihre übermütige Rede bei der Tafel; als sie nicht nachließ, in Petrus-Satan zu drängen, sagte er: »Wohlan, wenn Dich zu büßen sehnt, schöne Fürstin, magst Du mit Deiner kleinen goldenen Zahnbürste die Zinnen Deines Palastes putzen.« Und dann setzte Petrus den funkelnden Pokal noch einmal an den Mund; der Wein lohte auf in bunten, zischenden Flammen, und er schwang den Kragen seines Mantels um mich: wir schwebten über die Kronen der Gäste hinweg.

PETRUS UND DER NAZARENER

Und der Silberstern hing am Morgenhimmel und viele von den Jünglingen begleiteten uns, auch Onit, der fürstliche Gastgeber, und sein Leibarzt Kraft und auch der rundliche Tafelnarr und Antinous und Grimmer von Geyerbogen, und dicht hinter uns schritten Goldwarth, der unbändige der Musikanten, und der stille junge König Otteweihe, der wandte sich zu Petrus: »Alle hast Du mit Deinen leuchtenden Reden beschenkt, Meister, willst Du mich nicht auch reich machen?« »Das will ich tun, König Otteweihe«, und Petrus sagte ihm: »Dein Herz ist ein Wald von blühendem Geschweige.« Und leise verhallten die Schritte hinter uns; aber jubeln hörten wir die Jünglinge, und das waren goldene Klänge. Und als wir uns nach einer Weile nach ihnen umsahen, konnten wir sie gar nicht unterscheiden. »Echte Müßiggänger sind's, diese sorglose Bande.« Und wie eine bunte Schleife waren sie in der Ferne, die sich auflöste, verwickelte und sich wieder band. »Wie eine spielende Schleife …« sagte Petrus und lächelte. Und ich war so müde – ging mit geschlossenen Augen weiter, aber meine Gedanken konnten nicht schlafen. Und frische Winde kamen und tanzten mit meiner Müdigkeit dem Morgenläuten entgegen, und aus Petrus' Palmsonntagaugen standen selige Erinnerungen auf – ich hob mich andächtig auf meine Zehen, hineinzuschaun. Und als wir vor der Kirche standen, öffnete er das schwere Portal. Mütter beteten zur Mutter, und Kinder legten Blumen nieder vor dem Sternenknaben, und ich sah zum ersten Male Männer aus Stein, die Petrus ähnelten; sie hatten auch raues Haupthaar und trugen lange Bärte und hielten den Kopf gesenkt, aber sie hatten keinen Gipfel wie er. Und am Kreuz harrte der Nazarener; er litt unendlich, so festgenagelt, so blutgenagelt, so hergegeben … »Nimm ihn vom Kreuz, nimm ihn vom Kreuz!« – Und draußen betete die Erde zur Sonne, und auf der Treppe standen die Jünglinge und erwarteten uns; schön waren sie, und selbst der rundliche Narr glich einer schnurrigen Groteske eines seltenen altheidnischen Schmuckes aus kaiserlichem Schatze.

PETRUS UND DER SCHÄFER

Der Himmel füllte sich mit Blau. Die Kühle duftete, es war Mai. Petrus und ich ließen uns über den kleinen Fluss setzen, und als wir am andern Ufer waren, kam uns ein junger Schäfer entgegen mit seinen mähenden Zöglingen: »Na, das schwarze, das Du auf dem Rücken trägst, ist wohl Dein Lieblingsschäfchen?« Und der Knabe nickte … »Es ist meins, die andern Lämmer sind dem Gutsherrn seine.« »Verzeihlich wie eine Mutter handelt er«, sagte Petrus, und der zärtliche Hirte schaute sich noch lange Zeit neugierig um nach dem Knecht Ruprecht mit dem wilden Grimmbart. Und ich zeigte ihm zum ersten Mal mein Kind. Es saß wie ein kleiner Reiter auf meiner Schulter. Petrus hatte es nie gesehen, aber nun, da er es in die Höhe hob, sagte er: »Deines Kindes Auge ist ein klarer Stern«, und er wusste auch nun, warum ich so oft um Abendzeit allerlei flüstere und singe: Wurzel-Purzellieder.

PETRUS-GEBURTSTAG

Am folgenden Tage … war der Petrus-Tag, da er an ihm geboren war. Und in der Frühe schon kamen seine Lieblinge und brachten ihm Geschenke, und auch die andern Knaben und Mädchen bekränzten ihn mit Rosen und goldenem Laub. Und wir setzten uns alle im Kreise um ihn, nur Klein-Pull fehlte. Der war von meiner Schulter heruntergeklettert, und wir hörten ihn leise mit einem kleinen Bürschchen murmeln hinter einem großen Eichenstamm. Und das kleine Bürschchen sah in seiner weiten Kapuze aus wie ein Erdmännchen, und niemand von uns hatte es kommen sehen. »Wenn Du mir Deinen Himbeerstrauch für Petrus seinen Geburtstag schenkst, so schenke ich Dir ein Döschen mit einem kleinen Döschen darin.« Aber das Erdmännchen schüttelte das Köpfchen und aß eine rote, süße Himbeere von seinem Strauch! »Ich schenke Dir ein Döschen«, rief Klein-Pull ungeduldig, »mit einem kleinen Döschen darin, und in dem kleinen Döschen ist noch ein kleineres Döschen, und in dem kleineren Döschen ist noch ein ganz, ganz kleineres Döschen darin, und ein ganz kleines Döselinken ist in dem ganz, ganz …« Auf einmal fing er laut an zu schreien, denn das Erdmännchen hatte in der Zeit alle die süßen, roten Himbeeren aufgegessen, sprang auf und lief in den Wald hinein.

AM NACHMITTAG VOR DER GEBURTSTAGSFEIER EREIGNETE SICH FOLGENDES:

Die Jünglinge waren noch nicht erschienen, aber Raba und Najade bestellten den Tisch mit Schüsseln voll Näschereien und Krügen mit rotem und goldenem Wein und schmückten mit Girlanden das Waldhäuschen. Und vor seiner Efeupforte wandelten auf und ab das herrliche Geburtstagskind und ich. Seine braunen Augen waren zwei Himmel, daher kam es auch, dass alle, die ihn sahen, – glaubten. Und wir bemerkten eine Schar Müßiggänger kommen, die waren in heftigem Wortwechsel. Und als sie uns gewahrten, beschleunigten sie ihre Schritte, und ich erkannte unter ihnen Jene, die sich dünkten, mit mir verwandt zu sein, und sie baten mich, ihnen meinen Sohn zu zeigen. Aber Raba guckte aus der kleinen Luke des Waldhäuschens und lächelte ob ihrer List. Und da ich mich also weigerte, wurden sie jähzornig und bewarfen meine Scham. Und Petrus schritt grimmig unter ihnen, sein Bart ballte sich. Und es geschah, dass Klein-Pull den Jünglingen vorausgeeilt war, und Petrus setzte ihn auf seine Hand und hob ihn über die Köpfe der Hämischen: »Ihr fragt nach dem Stern und kennt die Höhe nicht … aber hier seht ihn Euch an, ihrer Schulter entstiegen ist er!« Die Jünglinge schlugen die lästigen Feinde – nur Antinous blieb gläubig an meiner Seite. Und dann kehrte die Sonne heim mit silberner Armbrust, und wir tranken im Waldhaus den roten und goldenen Wein und aßen die süßen Bäckereien. Und Petrus trank aus einem schweren Riesenbecher, der sang immer Schelmenlieder, ein Geschenk seiner Lieblinge, und zwei der stärksten Negerknaben Onits von Wetterwehe mussten ihn jedes Mal an seine Lippen setzen, wenn Petrus durstete.

PETRUS SETZT KLEIN-PULL IN DIE SONNE

Und Klein-Pull hatte alle schäumenden Reste aus den Bechern getrunken und schlich heimlich wieder unter den Haselnussstrauch und holte tief Atem und knurrte, als ob er schliefe. Aber in der Nacht hörte ihn Raba wimmern und weckte mich, und sie legte ihre stillen Hände auf meines Sohnes Stirn – die taten Wunder. Und ich musste mich an seine Seite setzen neben Rabas Schoß und ihm Geschichtchen von allen Tieren erzählen und namentlich immer wieder die drollige eine von der Pavianmutter mit ihrem Kind. Auf der Kiste im Käfig sitzen sie beide – die Pavianin hält ihr schönes Paviänchen im Arm und singt:

Schlafe, schlafe,
Mein Rosenpöpöchen,
Mein Zuckerläuschen,
Mein Goldflöhchen,
Morgen wird die Kaiserin aus Asien kommen
Mit Zucker, Schokoladen und Bombommen,
Schnell, schnell,
Hase-Hase machen,
Sonst kriegt Blaumäulchen nichts von den Sachen.

Und morgens setzte Petrus den blassen kleinen Pull auf einen bunten Blumenhügel, und die Sonne spielte mit ihm in ihrem kurzen, goldpunktierten Fransenkleidchen Fangeball.

DER HÄUPTLING BUGDAHAN BESUCHT UNS IN DER KALKFELSENSCHLUCHT

Und wir saßen in der Kalkfelsenschlucht wie in einem weißen Riesenkessel und erwarteten Bugdahan. Und Petrus rief ihm entgegen, indessen sich der Häuptling quälte, die steile Wand zu erklimmen: »Willkommen, Sam Bugdahan, wir machen es unsern Gästen nicht leicht, zu uns zu gelangen.« Aber des Häuptlings Wangen glänzten; seine knolligen Augen waren aus den Höhlen getreten, und von seiner Dichterstirn perlte die Freude. Gold hat sein Vater in den Urwäldern gegraben, und die Lust an Abenteuern hat sich in seinem Sohne vergeistigt. Und als er uns seine Kriegsgesänge vorgetragen hatte, meinte Petrus, er habe ganz deutlich gerostete Speere knarren und den Bumerang durch die Lüfte sausen hören. Und ich reichte unserm Gast einen frischen Trunk, ihm zur Ehre in einem Becher aus australischem Holz geschnitzt. »Unter seinem blühenden Schatten haben deine Väter Menschenhühnerfleisch gegessen, Häuptling Bugdahan.« Und er lachte so heftig über meinen kannibalischen Einfall, dass Petrus und ich ebenfalls in Lachlust verfielen, der kein Ende abzusehen war. »Mädchen, Du gefällst mir, willst Du nicht meiner Schwester Raba Gesellschaft leisten?« Ich steckte ihm meine Zunge heraus, die wurde immer breiter und röter, und ich habe Petrus nie sich so herzlich freuen sehen, zumal Bugdahan mich für einen Freudengötzen seines Glaubens hielt. »Mit dem muss man zu spaßen verstehen!«

Und er begann, seine steifen Glieder für den Heimweg zu üben; pustend purzelte er über die Felslehne – ich formte in der Zeit Bälle aus Erde und Lehm und bombardierte ihn, bis er auf der Landstraße war.

PETRUS UND ICH IM TEMPEL JEHOVAHS

Von der Chaussee steil auf stiegen viele Männer und Frauen mit ihren Kindern. Auf der Höhe steht der Sternentempel. Heute ist der Versöhnungstag des Jehovahvolkes. »Ehern und weich ist unser Tempel, süß und schwermütig seine Gesänge.« Und Petrus sagte: »Wir wollen auf die Höhe steigen.« Und die Wangen der Männer und Frauen wurden blass und freudezitterten, als sie ihn sahen mit den leuchtenden Feiertagaugen und dem ewigen Barte. Und der Priester sang, und tausend Stimmen antworteten: unendlich wie die Wellen der Flüsse Babylons. Leise las Petrus die hebräischen Gesänge der Bibel: »Wundervoll ist die Gestalt dieser alten Sprache; wie Harfen stehen die Schriftzeichen, und etliche sind gebogen aus feinen Saiten.« Ich berührte seine Hand und zeigte auf die vielen Silbersterne des weißen seidenen Vorhangs: er verbarg Allerheiligstes. Schweigend gingen wir nebeneinander über die rissigen Steinstufen des Tempels hinaus in die wehende Wärme. Die Birken der Chaussee berührten sich innig mit den Ästen. Und ich pflückte Petrus die Blumen, die am Wege standen.

PETRUS IN DER HÖHLE

Auf den Bergen konnten wir nicht mehr sein und auch nicht auf den Wiesen, und die Bäume der Wälder glichen mächtigen Eissäulen. Und wir froren und waren ohne Obdach. Und die Jünglinge hatten sich entzweit mit ihren Angehörigen, die sie ihres säumenden Wandels wegen schalten. Und Onit von Wetterwehe war mit seinem Leibarzt Kraft und seinem Tafelnarr über die Meere gefahren. Aber eines Tages kam Bugdahan, der Häuptling; er hatte eine Höhle entdeckt, nahe seinem Zelte. Und wir machten uns auf – Bugdahan an der Spitze, dann kamen Petrus und ich; uns folgten Antinous, Najade und Grimmer von Geyerbogen und ihnen: Goldwarth und sein Freund, der Jerusalemiter mit den tröstenden Augen. Und es gesellten sich noch viele von den anderen Jünglingen zu uns, die obdachlos waren und die von unserer Unterkunft wussten. Und wir zimmerten für Petrus einen Sessel aus weißem Birkenholz und polsterten ihn mit Farren und Moos. Und in der Frühe losten wir untereinander, wer tagsüber auf Raub ausgehen werde. Und wir brachten süße Sahne und Weizenbrote heim, die wir vor den Türen reicher Häuser fanden, plünderten große Kaufläden, und Grimmer raubte für Petrus einen Pelz, der wog einen Zentner schwer. Und die Abende wurden gefeiert; wir saßen um kleine Feuer, rauchten aus Pfeifen und tranken von den eroberten Weinen, und Petrus lehrte uns Zigeunerlieder.

PETRUS UND DER ARZT

Durch den blanken, grauen Himmel sahen wir deutlich Lenzblau sprießen. Petrus liegt am Rande eines Waldes; unter ihn haben wir seinen großen Mantel gebreitet. Und noch immer waren die Jünglinge nicht zu sehen, die um den Fiebernden wussten. Nur der eine saß an seiner Seite und ich zu seinen Füßen, und wir betrachteten ihn mit Sorgen. Von der rot leuchtenden Arzenei reichte ihm Antinous, Südwein, den er so liebte. Aber wenn er hustete, suchten wir ängstlich unsere Hände und lächelten uns scheu an über den gewaltigen Körper herüber, wie über ein hochatmendes Meer. Petrus schlief. »Ich liebe Dich«, sagte Antinous, »und ich möchte Deine Augen küssen, die sind wie Brombeeren.« Zaghaft näherten wir uns und verbargen uns hinter dem Schlafenden, hinter dem harten Gekrause seines Hauptes. Aber als wir wieder nachdenklich an unsern Plätzen saßen und die Augen auf zu Petrus hoben, erschraken wir heftig über seine Blässe. Und ich lief achtlos über die hohe Weizensaat; zu Raba wollte ich, dass sie mich ihr zauberblaues Sprüchlein lehre. Unermüdlich werde ich es hersagen, unzählige Male auf jeder Perle meiner Kette, bis das Wolkenfenster droben aufspringt und sich Tausendwärme über Petrus neigt. Aber der Weg, der zu den steilen Felsgehängen führte, war versperrt; umkehren musste ich, aber ich freute mich, als ich sah, dass alle seine Lieblinge ihn umgaben. Und der Leibarzt Onits von Wetterwehe war es, der sich über seine wogende Brust unter den Tannenzweigen beugte und hin und her wankte vom heftigen Stoß des mächtigen Petrusherzens: »Euer rauer Nordsturm ist mit keinem Kraut zu vertreiben und nicht mit bitteren Pillen zu bombardieren, aber Mairegen will ich Euch verschreiben und Sonne!«

Und Onits Negerknaben trugen Petrus auf ihren Schultern in einer goldenen Sänfte in den weißen Rosengarten. Dort grünten schon die Zweige und seidige Vögelinen sangen. Und um Mittag kam im Strahlenkleid die wiegsame, goldene Frau und reichte Petrus den leuchtenden Pokal.

PETRUS-NOAH

Fleißige Engeljungfrauen spinnen feinen Seidenregen und sie gönnen sich keine Feierstunde. Wir sitzen zwischen alten zusammengezimmerten Brettern am Ufer eines Flusses – Petrus hebt die Hand und zeigt auf die schwere Finsternis. Zwei schwarze Märzwolken hebt die nächtliche Frau des Westens aus ihrem schwärzesten Keller, die sehen aus wie große Wasserkessel, und ein Heulen beginnt und das furchtbare Kreischen und Toben in der Höhe. »Das sind die Teufelchen«, erklärt Petrus, »und es wird nicht mehr zu lange dauern und wir haben, plumps, die Bescherung hier unten.« Und wirklich, die kleinen Teufelchen gossen die großen Wolkenkessel rücksichtslos auf die Erde, und die wilden Wasser überschwemmten die Wiesen und Wälder, und der Fluss unter uns erwachte und träumte nicht mehr. Und seine Stille schäumte, und wir waren so hoch mit den Fluten gewachsen bis zu den Tannenkronen der Wälder ringsum. Das schwankende morsche Dach über uns begann einzustürzen, und meine Kleider waren durchfeuchtet, aber Petrus saß und dichtete von singenden

Blüten im Sonnenschein. Kein Tropfen nässte seine Hand, und sein Bart lag wie eine stille Welle: »Meine wilde, schwarze Taube, die ich mit mir nahm«, sagte Petrus und lächelte. Und die Tage und Nächte vergingen, und der spielende Streit nahm kein Ende. Aber wenn die Teufelchen müde waren und die Jungfrauen wieder ihre zarte Regenseide spannen, schwang ich mich über das eingesunkene Dach unserer Arche und pflückte die jungen grünen Tannenzäpfchen, die aßen wir; aber wenn die Lärmmacher wieder an die Reihe kamen mit ihrem Wassergeplätscher, hüllte ich mich in den großen Mantel von Petrus ein und lehnte mich an seinen Schoß. Und dann kam ein Morgen, der war sonnig und selig wie ein großes Brautgemach. Die Auen glitzerten von Demanttropfen, und der Fluss genas und träumte wieder, und die Wälder dufteten, trugen neue grüne Kleider und Petrus-Noah erzählte: dass der Frühling der Glaube Gottes sei, der immer wieder zurückkehre in die Welt!

PETRUS UND DIE WEIDE

Er setzte sich unter eine verkrüppelte Weide. »Wie jung Du bist –« sagte ich zu ihm und betrachtete unter dem Gegrau der Baumhexe den Unaussprechlichen. Wie jung er ist in seiner Ewigkeit – Baldur ist er, der Gott mit den jubelnden Hellen! »Warum kommst Du nicht näher?«, fragte er mich. Aber ich wartete auf etwas nie Geschehenes. Ein rotwangiger Sturm sprang über den Weg und weckte die schlafende Wurzelgreisin, und ihre zwei haarigen, knorpeligen Äste legten sich über braun leuchtende Locken. »Frühling, Frühling, der Frühling der ist da!« Mädchen wie schimmernde rote und blaue Libellen kamen und helläugige Kinder mit silbernen Glockenspielen, junge mutwillige Lämmer, so sprangen sie und feierten Frühlingsgeburtstag. Blau wehten die Himmelsfahnen.

PETRUS UND DER MAI

Es ist Mai, da blüht ein Silberstrauch, und dort einer mit rosa Blüten, und Petrus muss mir immer sagen, wie sie heißen. Und auf einmal war ich ihm weit vorangegangen – er stand mitten auf der Wiese und dichtete. »Ich werde mich nie von ihm trennen«, sagte ich ganz laut zum hellen Himmel, aber er hörte es gar nicht in seinem Lenzübermut. Doch die Jünglinge hatten es gehört; aus einem Versteck schallte ihr vierlauniges Lachen. Und sie hoben mich über den Dorn und banden mich mit Bastfäden. »Du musst uns jetzt sagen, wen Petrus von uns am liebsten hat.« Ich weigerte mich, da verbanden sie mir die Augen und greifen sollte ich den Liebling seines Herzens. Und ich konnte nur noch ein kleines Tröpfchen Morgenschein sehn und darunter Antinous, und ich ergriff ihn, und er klatschte in die großen, schlanken Hände und tanzte mit mir einen ungestümen Tanz. »O Du herzige Petrusbotin!« Und er küsste mich unzählige Male. Und dann setzten wir uns alle nebeneinander auf das frische Grün, und sie drangen unbändig in mich, zu gestehen, wen ich von ihnen am liebsten hätte – und ich zeigte nach der Reihe auf jeden von ihnen. »Euer Leben spielt in Tönen vor mir hin, und ich liebe Euer Lied wie das hohe Lied, das alle tausend Jahre wieder aufklingt.« Und die Jünglinge riefen: »Sie hat zu viel von den grünen Lüften getrunken« – aber ich war tief bewegt, und um meine Rührung zu verbergen, sprach ich salbungsvoll wie ein Prediger. Und hinter dem Zaun stand Petrus und lachte und schwang seinen Riesenbleistift über unsere Köpfe! »Eine Quelle ist Eure Freundin, die nicht mündet, eine Quelle, die aufsteigt und Euch plötzlich überströmt.«

PETRUS UND MEINE LIEBE

Wir wandelten immer um die Rotdornhecken eines Wundergartens. Ich fühlte auch mein Herz duften. Und Petrus nickte versonnen und ich dachte: Er ist ein Schöpfer, wie er so hinwandelt lächelnd, lächelnd … Ein Schöpfer, und er sammelte in seinen großen Güten den Honig meines Glückes für eine neue Welt, die er auf der Schulter trug. Manchmal schweiften seine Gedanken hinauf wie eine Schar junger Vögel und ruhten auf einer schmalen Weißwolke, und seine Augen weiteten sich, Sonne zu trinken, frisch von der Natur. Aber wenn ich eine Weile schwieg, dann sah er auf meine Lippen und sie jubelten: »Ich liebe den schönen Antinous und Onit von Wetterwehe mit den seidenen Augen und dem Starrwuchs um den Herzen, und den kecklaunigen Grimmer von Geyerbogen, und Goldwarths Lenzhaare liebe ich, das Sonnengefunkel auf seiner Stirn. Aber nachdenklich machen mich oft diese heftigen Strahlen der Untreue.« Und Petrus legte meine Hand in die seine und sagte: »Freue Dich über Deine springende Liebe, sie ist ein Kind und will spielen.«

BEI DER ZAUBERIN HELLMÜTE

»Man muss sie gesehen haben, wie der Schiffer auf dem Meer den Leuchtturm gesehen haben muss«, sagte Petrus zu mir, und wir schritten durch eine lange, verwitterte Halle in den runden, kühlen Vorhof. Ich habe immer nur von zarten Zauberinnen mit goldenen Haaren gehört; aber Hellmüte war nicht zart und goldgelockt, wie schwere Taue fiel ihr silberdunkles Haar herab zu beiden Seiten ihres stolzen Angesichts. »Hier bringe ich Dir meinen Kameraden, Tino nenne ich sie; es ist die grünrote Ausstrahlung ihres Blutes – oder weißt Du mir ihren älteren Namen zu sagen, Zauberin?« Und Hellmüte küsste mich auf beide Wangen, und als ich ihr meinen Sohn zeigen wollte, saß er nicht mehr auf meiner Schulter. Alle die Seltsamkeiten, die von der Decke hingen und die vielen ungetümen, verzerrten Fratzen an den Wänden – Klein-Pulls Köpfchen guckte furchtsam aus Petrus' großer Manteltasche. Aber die Zauberin holte ihn aus seinem Versteck, zeigte ihm ihren Marabu, der beleidigt in einem Winkel stand. Er hatte grüne Teichnäschereien zu seinem heutigen Namenstag erwartet, und glücklicherweise hatte Pull seinen Zuckerfrosch vom Jahrmarkt bei sich, und indessen sich beide anfreundeten, bewirtete uns ein Indianerknabe im Blätterrock mit weißem Burgunderwein. Und Hellmütens irrende Meeraugen waren auf Petrus gerichtet; aber er hielt den Kopf abgewendet und erzählte von keimenden Inseln. Und immer dazwischen die stumpfe Klappermusik – der Marabu unterhielt sich köstlich mit meinem Pull, und Hellmüte bat mich, ihr den Pull zu schenken! Sein Fez mit der Silberquaste war dem putzigen Gespielen vom Kahlkopf auf den morschen Schnabel gerutscht. Und als auch die Sonne zu spielen begann, entführte mich die Zauberin unbemerkt über Wendeltreppen in einen weiten Raum. »Ich möchte Deinen älteren Namen wissen.« Dort strahlte durch tausendkantig geschliffene Fenster unzähliges Licht. Einen Tropfen Blut meines Herzens entwand sie, zwischen Licht und Licht klärte er sich wie ein Rätsel. Und Hellmüte sann.

Als wir wieder auf der Landstraße waren, sagte Petrus zu mir: »Vordunkel ist Dein Blut; die Zauberin mag nach Deinem ältesten Namen sinnen.« Und wir sprachen zusammen die blaue Sprache, in der sich Himmel und Erde erzählen. Und vor uns die vielen Felder, mit Mairegen überschwemmt! Und wir hatten alle drei den gleichen Wunsch – zogen uns die Schuhe aus, fassten uns an die Hand und wateten durch den warmen Trunk.

DIE ZAUBERIN HELLMÜTE SENDET UNS GESCHENKE

Und als Petrus meine finstere Stirn sah, wunderte er sich, da der Tag ein buntes, lustiges Kleid trug und aus schelmischem Blauauge guckte. Ich dachte an die Zauberin Hellmüte. »Mich ärgert es, dass sie nicht vor dem Schuh Deines Fußes verharrt und ihre heimlichen Träume fiebernde Meeresnächte um Dich weben.« Aber Petrus lächelte: »Du bist eine gar strenge Priesterin.« Wir setzten uns auf eine Bank, und über uns hingen unzählige Äste mit geöffneten weißen Dolden. Und Petrus erzählte, dass dieser Strauch ein Fremdling sei und aus dem Lande der Wunderhimmel stamme. Und er nahm seinen Stift und aus seiner Manteltasche die große weiße Papierrolle und dichtete; aber ich blickte über die weiten, grünen Schoße der Wiesen auf zu den Vögeln. Wie silberne Wirbelwinde kreisten sie durch die Lüfte – wer so spielen könnte! Auf einmal stand der Indianerknabe der Zauberin Hellmüte vor uns; er kam durch die Lüfte gesaust, der rothäutige Vogel mit dem bunten Federschmuck in dem schwarzen Glanzhaar, gelbe, rote und grüne Federn. Und er warf sich zu unsern Füßen nieder, und Petrus begrüßte ihn mit allerlei Hurraren seiner Muttersprache. Und der junge Wildling jauchzte: Kulaia, wiwua, malibam! Und von seinem Gürtel löste er einen blühenden Rosenstrauch. »Herr, den sendet Dir Hellmüte, die Zauberin!« Zwischen den Rosen lag ihr stolzer Ring mit den weißen Opalen, aber in den Steinen irrte ein schmerzliches Fieberlicht. Und mir schenkte sie Sandalen aus Löwinnenhaut mit Silberschnallen. Und auch Klein-Pull-Pascha hatte sie nicht vergessen – der Marabu sollte fernerhin sein Spielgefährte sein. »Aber am Zügel musst Du ihn halten, Master Pull, damit er Dir nicht durchgeht wie mir, der Herumtreiber, der Leckerschnabel«; da kam er endlich bedächtig über den Wiesengraben geschritten. »Ihn lockten Froschsirenen«, sagte Petrus, und wir gingen ihm entgegen, und Pull setzte sich sofort auf den weichen Federrücken und ritt voran durch die lauschigen Baumwege, sich glückstrahlend umwendend nach allen Seiten, ob wir ihn auch sähen! Und wir kamen auf ein großes borsthaariges Feld; eine Schar Jungens mit roten Apfelbäckchen ließen ihre Drachen fliegen, und Pull schoss mit seinem Propfengewehr auf die weißen und roten Papierdrachen, bis sie alle tot waren. Und die Jungens staunten über den sonderbaren großen Vogel und küssten den mutigen kleinen Jägersmann. Petrus freute sich und sagte: »Schließe nie hinter ihm das Tor, die Illusion ist der getreueste Lehrer und die Natur das weiteste Schulzimmer.« Und die ganze Erde lachte, und lauter Blumen aus Sonnenschein fielen vom Himmel. Das war ein herrlicher Tag! Und Pulls Augen strahlten. Und als es dunkel wurde, schlief der Marabu zu seinen Füßen ein, aber ich musste ihm noch das kleine Lampenliedchen singen:

Lampe Pampe Rampe
Kämmchen Flämmchen Lämmchen Du
Döschen Klöschen Röschen
Kleinchen Meinchen Du.

PETRUS UND MEIN KIND

»Morgen gehe ich nach den Rheinlanden«, sagte Petrus zu mir, »was wirst Du so lange treiben?« »Ich werde mit meinem Kind durch die Straßen spazieren gehen, wo Zuckerläden sind.« Und also spazierten wir Hand in Hand durch die warme Luft, und still gingen die Menschen aneinander vorüber. Nur mein Kindchen sprang an meiner Seite wie ein junges, braunes Zieglein. Zuerst fragte es mich, wohin Petrus gegangen sei, so ganz allein, ob er vielleicht den großen Sturm wieder aufdrehe und alle die Kreiselwinde. Dann blieben wir vor einem Zuckerladen stehen; Schornsteinfeger, Pferde, Hunde aus Schokolade und Zucker standen im Schaufenster und alle die roten und die grünen und die gelben und die lila Bonbons immer .... Und als wir am Abend heimgingen, schwebte am Himmel droben ein großer Wolkenmann mit langem, langem, flockigem Wolkenbart; Pull erkannte ihn sofort – und einen grauen Mantel trug er – und nickte uns zu und holte aus einer großen Wolkentüte den Mond, der war rot und rund wie ein dickes Himbeerbonbon.

PETRUS UNTER DEN ARBEITERN

Wir gingen durch den Nordosten der Stadt, wo der Lenz nicht blühen kann und erstickt wird zwischen Häuserengen. Und auf den Höfen spielen die Kinder, die armen mit Greisengesichtern und krummen Gelenken, aber ihre kleinen Herzchen sind rot und wollen spielen und jauchzen. Balken haben sie quer übereinandergelegt; es macht ihnen großes Quietschvergnügen, so hoppsasa in den Himmel zu fliegen. Aber als sie Petrus gewahrten, plumpsten sie unsanft auf den harten Asphalt zurück und Lottchen und Lieschen heulten – für den schwarzen Mann hielten sie Petrus. Ich glaube, er war stolz darauf. Und vor dem Eingang des schmucklosen, grauen Hauses erwartete uns Sennulf, der Kämpfer; er stürmte Petrus entgegen, wie ein Sehnender seinem Gott. Aber die versammelten Arbeiter murrten, als sie ihn gewahrten mit den segnenden Augen und dem leuchtenden Barte. »Wir wollen uns nicht vertrösten auf den Himmel der Toten; wir wollen ihn wie die Reichen schon auf Erden haben!« Und ich fürchtete um Petrus, denn manche von ihnen hatten die derben Hände geballt und drohten. Aber er sagte zu mir: »Ans Kreuz schlagen nur die Heimlichen und die erreichen mich nicht.« Und unter Sennulfs Schritt verdampften die letzten Flüche. Eine gebietende Keuschheit ging von seiner heißen Knabengestalt aus. »Er ist eine dunkle Birke« – und seine Worte wirbelten über das freiheitshungrige Volk, wie Frühlingslaub vor dem Gewitter. Und am Schluss des Abends traten Einzelne an Petrus heran, unter ihnen ein dichtender Handwerker, er hieß Damm. Und viele Jünglinge waren des hohen Gastes wegen gekommen: Ludwill, der Misstrauische mit den mürrischen Veilchenaugen, und sein Freund, der dürr aufgeschossene Heiligenmaler mit dem Glockenherzen, und Gorgonos, der Starre.

Der hatte schillerndes Haar und einen toten Vipermund und zögerte, sich dem Herrlichen zu nähern, und neben ihm stand sein Tänzer und spielte mit dem Armband.

PETRUS ERPROBT MEINE LEIDENSCHAFT

(Ich lege einen Kranz aus Rosen
nieder auf das Grab eines Propheten.)

Zwei Ochsen ziehen unseren Karren, und auf dem Rücken des Gescheckten sitzt der Bauernbursch. Er hatte uns mitgenommen. »Kommt man ruff ohne lange Fisematenten!« Wir waren müde von unserer Wanderung und lagen ausgestreckt auf den knarrenden harten Brettern. Und als wir am Ziel waren, reichte Petrus dem jungen Knecht eine große Kognakflasche: »Tu Er einen tüchtigen Schluck zum Dank!« – »Der da sein woll der Herr Pankratius von den gestrengen Herren eener? Mit seen Sturmbart fuhr er im Mai über die uffschießende Saat.« Streng genug sah Petrus aus, und er zeigte auf den stillen Garten des Propheten; weiße Maulbeerbäume und Tragantsträucher umschlossen den Kuppeltempel wie eine rauschende Mauer. »Die Berge des Hochlands von Iran durchstreiften seine Vorfahren«, sagte Petrus, »und er formte in den Wolken den neuen Menschen aus der lachenden Mittagssonne seiner Heimat. Ein göttlicher Bildhauer fürwahr – und wer sich spiegeln möchte im Auge seiner Schöpfung, muss schon Flügel haben wie er selbst.« Ich lauschte andächtig, denn Petrus' Worte klangen wie eine Feier. Und den Kranz aus roten Rosen legte er um meinen Arm; wir ließen ihn binden in einer Gärtnerei am Wege, er glänzte noch hell nach Freudenschein des Mittags. Und einen Dolch steckte er in meinen Gürtel – ich wusste nicht, warum das geschah. Aber als ich durch das goldne Tor in die Stätte kam, schwollen mir süßliche Eitelkeiten entgegen, statt herber, eingesteinter Lüfte tausendjähriger Königsgräber – über ihre

Säume schleichen Katzen wie lichtverlorene Schlummer. Und mich überkam Ekel und Zorn, da ich des Propheten Katzin sah; sie kauerte auf seinem toten Herzen, behaglich, wie auf einem Seidenkissen – ihr Rücken war seiner müden Füße Schemel gewesen. Und als ich zu Petrus zurückkehrte, brannte mein Leib, und er zog den Dolch aus meinem Gürtel, der blutete. Und da meine Hände keine Spuren zeigten, sagte er: »Du wirst meinem Andenken einen Thron bereiten.«

PETRUSSEHNEN

Wie die Rasenplätze eingeheckt sind, sie können sich nicht breiten, und die jungen Wasser sind von Dämmen gefangen. »Ähnlich wie ihnen geht es mir, Petrus, darum bin ich betrübt. Aber einmal an einem Herbstabend, Du leertest mit den Jünglingen schäumendes Gold aus Himmeln – ich lag abseits hinter den Gärten im freien Wiesenschoß. Und die Stürme riefen wie Wildvögel, und meine Seele riss alles Lahme von sich, und ich schnellte hin, über Dein Haupt, über die Meere Deiner Ehrfurcht, durch die Rosenreiche Deiner Milde, bis ich rastete auf Deines Herzens Gipfel. Du Gotttrinker, so war ich einmal der Trank Deiner Trunkenheit.«

PETRUS ERINNERT MICH

»Nun sind wir ein Sternenleben zusammen gewandert« – erinnerte mich Petrus – »und Du hast mir nie meinen Namen genannt.« Und ich sagte: »Jeder Nachtwolke, jedem Tag habe ich Deinen Namen genannt, und die Sonne hat ihm einen Altar gestickt ... und einmal wird mich ein Leben Menschen wie Mauern umschließen, die Deinen Namen hören wollen. Und meine Stimme wird ein Ozean sein. *Du heißt wie die Welt heißt!*« Petrus nickte, und als ich zu ihm aufsah, strahlten unzählige Firmamente aus seinem Angesicht und es war grenzenlos, und ich musste mich abwenden, um nicht blind zu werden. Aber ich fühlte meine Kraft, die sich los stieß, und ich bäumte mich und streckte mich, und meine Augen blieben weit vor all der Majestät.

PETRUS LEGT EINEN BAUERNSOHN IN DIE ERDE ZURÜCK

Der Himmel glitzert wie ein reifes Ährenfeld. Petrus und ich liegen im Schatten eines Ahornbaumes. Frühherbst ist es, und die Lüfte versieden noch auf dem Sommerherd. Wir denken beide an das Erntefest, und ich schwenke mich wie das flotteste Schunkelpaar tausendmal im Kreis. Und den Gevattern Bauern muss ich nachahmen, wie sie sich die Kartoffelnasen schnäuzen. »Aber kernig sind diese fluchenden Pflügetiere, die haben keine Seele, die ihnen zu schaffen macht.« Männer kamen den schmalen Feldweg geschritten; sie trugen Heugabeln, Sensen und andere Gerätschaften auf dem Buckel, und vor ihnen schnüffelte ein zottiger Hund. »Na, fluchen könnt Ihr probabel an diesem herrlichen Abend, das muss man Euch lassen.« Der Derbste hatte schon wieder zum Vermaledeien seinen großen Heuschober aufgesperrt, aber der olle verrunzelte Bauer drohte. »Mang de Rippen komm ick Dir«, und dann geheimnisvoll: »Det is eener von de Apostels.« Und weiter meinte er, »der mit'm jroßen Bart könne ihm wohl seggen«, er zeigte auf seine sechs Söhne, »wo der siebente von de sechse herumflaniere. Sin Kopp nämlich hat er immer vor sich jehabt, det hat er von Muttern jeerbt, die hat alle Pflanzens jekennt und alle Vögels, aber von de Männers und de Weibsleut hat se nischt wissen jewollt, und ihre Arbeit ging immer so sachteken weg. Vorichte Nacht is se vor men Bette jeschlichen, so janz dichte ran mit det Sargjesichte, wie ne Heilje hat se jegickt und jeseggt hett se: ›Justav is dot.‹ Drimol hett set jeseggt, und da muss's doch wahr sint.« »Allerdings muss das wahr sein!«, betonte Petrus, und die sechs Söhne verkrochen sich hinter dem Laubwerk des Ahornbaumes. Aber er rief sie und schritt ihnen voran. Die Garben standen wie goldene Säcke aufrecht, nur einige lagen umgestülpt auf dem borsthaarigen Getreidebogen. »Bauer, Du bist fürwahr ein Krösus«, rief Petrus, und die sechs Söhne bemühten sich plötzlich, hochdeutsch zu sprechen und immer dazwischen wie'n verschlissener Dudelsack det Ollen Fistelstimme: »Justav, Justav min Küken, kluck, kluck, kluck, kluck!« »Wie ihm sein Gewissen zusetzt, er wird schon sein Teil Schuld dran han.« Und als wir das dritte Feld betraten, überrannte der zottige Hund einige Garbensäcke, beschnüffelte die goldblasse, beleckte sie und jammerte wie ein Kind. Und Petrus beugte sich über den goldblassen Körper. »Bauer, hier ist Dein siebenter Sohn. Gold zwischen dem Golde des Herbstes.« Und ich bat Petrus, ihn zu erwecken. Aber er schüttelte ernsthaft den Kopf. »Bauer, Dein Sohn ist tot« – und zu den Sechsen sich wendend: »Euer Bruder war ein Dichter.« Und der zitternde Hauch, der noch über dem Toten schimmerte, zerfloss. »Sag uns doch, wie heißt der Mann mit dem harten Bart?« Petrus nickte mir abwehrend zu, aber ich sagte zu den Brüdern: *»Der heißt wie die Welt heißt.«* Und der olle Bauer mit dem Wackelkopf meinte: »Ick hew's Euch anfänglich geseggt, det is keener von de Unsrige.« Petrus erbat sich den toten Knaben; er ließ ihn noch unter dem scheidenden Tage liegen. Aber als es dunkel wurde, nahm er ihn auf die Schulter, bedeckte seinen Leib mit dem Kragen seines Mantels und schritt den Berg des Dorfes herab. Zwischen der Falte seiner Stirn schlief der Abend, und ich folgte dem großen Erzengel, der unter seinem Flügel den Unverstandenen barg. Nach drei Tagen legte ihn Petrus selbst in die Erde zurück.

PETRUS UND DER SMARAGD

Vor uns schimmerte der See in grünen Strahlensplittern. Wir sitzen auf einem niederen Hügel aus Kies und lassen die kleinen Dinger durch unsere Finger gleiten. »Sieh, was ich hier gefunden habe!«, rief Petrus, und in der Hand hielt er einen durchsichtigen Stein und prüfte seine Reine. »Einen Smaragd habe ich gefunden! Du glücklicher kleiner Schelm, ich lasse ihn Dir in Strahlen fassen.« Aber ich machte Petrus den Vorschlag, lieber für seinen Ertrag den Sonnenwendtag eichenmetgolden zu feiern. Und wir eilten in die Stadt. Petrus hatte vorher den Edelstein zwischen meine beiden Hände gelegt, sorglich, wie in ein Schmuckkästchen. Im Schaufenster funkelten Diademe und Ketten aus bunten Lichtern und liebliche weiße Perlenringe, und ich schritt zagend hinter ihm in den Juwelenladen und wurde befangen, als die Verkäufer uns neugierig nach unsern Wünschen fragten. Triumphierend aber legte Petrus den kostbaren Fund auf die Oberfläche seiner Hand. »Zwischen Kiesel habe ich ihn gefunden, wie ich ihn nicht strahlender dichten könnte in der Krone einer Königin. Aber Euren Herrn will ich selbst fragen, ob er ihn erstehen will.« Der hatte ihn schon von ferne leuchten sehen und stellte mit ihm eine regelrechte Prüfung an. Von dem braunen Samt seines Ärmels hob er sich herrlich ab. »Ihr bringt mir da einen kostbaren Juwel, Meister; wenn Ihr mit zehn Goldstücken zufrieden seid, so wären wir einig?« Hinter den Glasschränken und hinter den Ladentischen gebückt, versuchten die Verkäufer ihr Lachen zu verbergen, indessen ihr Herr sich immer von Neuem freute über das Feuer des Smaragds. Und als wir wieder vor dem Schaufenster standen, legte Petrus die zehn Goldstücke lächelnd in meine Hände, »für den eichenmetgoldenen Sonnenwendtag.« Aber als ich mich noch einmal vor der Biegung der Straße umwandte, sah ich den galanten Goldschmied, umringt von heitern Gesichtern, vor der Türe seines Goldladens stehen.

WIR FEIERN EICHENMETGOLDEN DEN SONNENWENDTAG

Über dem Waldboden liegt ein wolliger Moosteppich, mit blauen und roten Beeren bestickt, und die Sommerkrone hat sich der letzte nordische Frühlingssprössling aufgesetzt. Männer, halb entblößt, schleppen auf ihren breiten Nacken Fässer voll Met herbei und an den Stangen junge Eberböcke aus Onit von Wetterwehes Jagden und bepflanzen mit Spießen und Gerätschaften unsern grünen Saal. Und Raba und Najade sitzen, eine schwarze Fee und eine blonde Fee, am Rand des Waldes und weben aus Farnen und seidenen Gräsern Gewänder und binden aus Eichenlaub und wilden Rosen Girlanden und einen mächtigen Kranz für Petrus-Wotans Haupt; wie Sonnengehege hängt sein Bart über seine kantige Brust. Und auf meiner Schulter sitzt Klein-Pull und ruft den Jünglingen lauter bunte Einfälle entgegen. Über Bäche und Hecken setzend, nahen sie, mit Bärenhäuten bekleidet. Antinous sieht aus: ein verzauberter Sagenkönig, gelb strotzen die Locken seines Bruders, und Onits Augen eilen voraus, wie schlanke Jagdhunde. Und vor der Schar der Hornbläser schreitet Goldwarth, und zu beiden Seiten über die Waldwege zerstreut, springen Waldschrats, lachende Elfen im Arm tragend, und auch Tabak ist unter ihnen; aber die kleinen Waldfräuleins sträuben sich vor seiner Umarmung; er ist unrein, und sie tragen alle zauberweiße Morgenseide. Aber teilnahmslos blickt Gorgonos der Starre – sein Tänzer in Zitronenfalteratlas umtänzelt ihn, in seinen Ohren glitzern kostbare Ringe. Und ihm folgen die Adalinge, Ritter und Ritterinnen auf herrlichen Rossen und das rubinenäugige Zwillingspaar singend nebeneinander im Silbersattel. Weißgertens Lider sind geheimnisgroß geöffnet. Doch Bugdahans ungeschickte Füße stolpern über die buckligen Baumwurzeln, und neben ihm auf dem Stier reitet sein Vater, der greise Häuptling. Sein linker Arm hängt schlaff über dem Nacken des markigen Tieres. Feindliche Stämme hielten den gefürchteten Krieger als Geisel zurück, an einem Kokusbaum gebunden. Und als er Petrus-Wotan sah, weinte er vor Wonne. Und Petrus-Wotan bat ihn, mich zu segnen. Und Goldwarth hatte seine Mutter mitgebracht, die war von mädchenhafter Anmut, und Petrus sagte zu ihr: »Frouwe Emmelei, du bist so vil jung, ich wähn du seist mit deim son in der wiegen gelegen.« Und immer, wenn Petrus-Wotan die Arme zum Sturm anhob, schmetterten die Fanfaren. Und die Jünglinge bauten Altäre aus gefällten Stämmen und Ästen und ließen Opferrauch aufsteigen. Und die Elfen spielten um Petrus-Wotan Ringelkranz und die Waldschrats trieben ihre Neckereien. Und ich musste mit dem Tänzer in Schmetterlingsgelb tanzen – wir waren nur Atem. Und in den mächtigen Humpen schäumte der goldträufelnde Honigtrank, und wir aßen das am Spieß gebratene Wild. Aber Petrus-Wotan vermisste Ben Ali Brom, den Jerusalemiter, und Raba, die Häuptlingsschwester, fing bitterlich an zu weinen: Bugdahan habe ihm die bleichen Wangen zerschlagen und ihm den Bart ausgerissen, weil seine Väter damals in Jerusalem die Schmach dem Tode vorzogen. Und der ganze Wald schüttelte sich mit uns vor Heiterkeit, und Gorgonos der Starre lachte, wie es an ihm die Schelmereien seines Tänzers nie vermocht hatten.

Und als der Tag vorübergerauscht war, erzählte uns Petrus-Wotan die Sagen des Nordens und weissagte, und es geschah: indessen eines seiner Augen vom Dunkel ausgelöscht wurde, sich das andere füllte und zwiefach strahlte – eine Mitternachtssonne. Und wir legten uns alle um ihn auf den weichen Waldboden und schliefen.

MEIN TRAUM

Am Morgen, als Petrus-Wotan und die Ritter und die Edeldamen und ihre Knappen, die Elfen und Waldschrats in tiefem Metschlummer lagen, fielen auch meine Augen zu, und ich zerfloss in allerlei Grüngold. – Und über den Boden des Waldes lag er hingestreckt, ein Eichenriese mit sternenjährigem Laubhaupt. Kichernde Elfen tanzten zweigereigeneige um ihn und zupften an seinem Strahlenbart, und eine Horde Waldschrats hatte sich auf seiner Brust versammelt und führte dort Bockskämpfe auf, und ein ganz kleines Waldschrätchen, es trug vorn eher ein Butterblümchen um sein rosiges Stängelchen gewunden, versteckte sich in Petrus-Wotans großer Ohrmuschel – es war mein Pull.

PETRUS UND DIE JERUSALEMITER

Einige Tage nach dem großen Wotanfeste besuchten uns Ben Ali Brom und die andern Jerusalemiter; sie waren wieder in ihrer Heimat gewesen und brachten Petrus und mir Geschenke, Feierkleider und seidene Tücher, geschnitzte Kästchen und Schmuck aus Zedernholz und verzuckerte rote Rosen und andere Näschereien. Und barfuß kamen sie, wie zur Pilgerfahrt. Und Petrus redete viele sonnige Worte mit ihnen. Aber vom Walde her eilten die Jünglinge herbei, die hatten die Wünsche der Juden vernommen und fürchteten, Petrus würde sie erfüllen und ihnen voranziehen ins verlorene Land ihrer Väter. Aber er antwortete ihnen: »Wer seine Heimat nicht in sich trägt, dem wächst sie doch unter den Füßen fort.« Aber der jüngste der Fremdlinge setzte mir seinen Turban auf, und eine Trauer kam über mein Leben, wie die Schwermutwolke über den Goldhimmel, und meine Hände sehnten sich, mit Sternen zu spielen. »Sieh, Deiner Freundin Augen stehen gen Osten«, riefen die Jerusalemiter. Und Petrus schwankte, aber seine Lieblinge lachten über ihre göttliche List – und sie nahmen heimlich ihre Harfen und spielten darauf Misstöne statt der Lieder lieblicher Zebaothländer. Und Petrus schalt sie. Und wir beide zogen auf die Berge und saßen auf den Gipfeln wie auf dem Buckel großer Dromedare. Sein Bart wehte – eine Königsfahne. Und in der Ferne sahen wir die Jünglinge trotzigen Hauptes heimwärts ziehen; ihnen zur Rechten und Linken gingen die Dichter mit den Turbanen, ihre Gebärden erzählten von Wundern.

PETRUS UND ICH AUF DEN BERGEN

Am andern Morgen waren wir in Wolken gehüllt. Und unten am Fuße der Berge gewahrten wir die Jünglinge und die beiden Mädchen Raba und Najade. Aber Petrus spielte mit einem kleinen Tautröpfchen; es glitzerte auf der Oberfläche seiner Zeushand wie ein Käferchen aus Perlmutter, wie ein süßes Seelchen, eine zitternde Tänzerin – immer traumweise .... ein kleines Goldfüßchen zierlich verschwebend. »So hat's doch etwas vom Leben gehabt, wenn es sich auch fürchtete auf meiner grausamen Hand« – tröstete mich Petrus, denn es lag auf den harten Steinen und war tot. Aber im Innern der Berge donnerte es zu den blauen zeusblitzenden Adern seiner Stirn. Und um die Berge lagen hingestreckt die müden Jünglinge und die beiden Edelmädchen, wie junge Liebesgötter und Göttinnen.

PETRUS UND ICH AUF DEN BERGEN

Unten am See an der Felswand lehnte Goldwarth und spielte auf seiner Geige; die andern waren mit dem scheidenden Tag gegangen. »Er liebt Dich«, sagte Petrus, »ein Knabe ist er in Rüstung und trotzen wird er allen Deinen Stürmen.« Und der erste Stern ging auf wie ein silberzitternder Ring, und um den Abendwind gewunden schwebte des treuen Geigers sehnsüchtiges, duftiges Spiel zu uns empor. Und dann war es, als ob er plötzlich versänke in den See.

PETRUS UND ICH AUF DEN BERGEN

Über uns blutete die Abendröte, wie ein Schlachtfeld gefallener Kämpfer; aber die sanfte Nacht beugte sich tröstend über die roten, sterbenden Wolken, und ihr großes Goldauge suchte Gott. »Warum schuf er sich gestaltlos, warum tat er das?« »Damit er sich nicht be- enge und begrenze«, sagte Petrus, »und er breitet über alles sich.« Und wir stiegen die Wolkenstufen hinan, und Petrus lehrte mich die Namen vieler Sterne, die groß aufleuchteten, wenn er auf sie zeigte. Und ich rief helle Jubeltöne zur Erde – mein Menschenkleid ver- wehte. Und ich wurde unbändig, als Petrus wieder mit mir zur Erde steigen wollte. »Ich mag nicht mehr unter die Herzen gehen.« Aber er erinnerte mich an Antinous und an seine Liebe zu mir und an die blonden, rosenlockigen Schalklaunen Grimmers. »Und was würde der fürstliche Gastgeber sagen und Goldwarths Geigenspiel klagen. Tausend Hände musst Du ihnen zum Rosenreigen um den Tag rei- chen und Dich in den Nächten nach Fluren sehnen. Nichts soll an Dir ungeblüht bleiben, willst Du wie ich, einmal gestillt, das Leben trinken.« Und ich erfasste seine Hand und versteckte mein Gesicht. Gottwünsche waren die jubelnden Knaben und wie ich ein Tropfen seiner Ewigkeit. Die Auen und Wälder schlummerten in ihrer Grüne, dahinter die hungernde Stadt, ein furchtbares Gebiss von spitz ge- türmten grauen Häusern. Und Petrus zeigte auf die hungernde Stadt und betonte: »Sie wird Dich nicht zerreißen um meinetwillen.«

PETRUS UND ICH AUF DEN BERGEN

In der Stadt ging die Kunde, Petrus sei mit dem Knaben (sie nannten mich also) in der Nacht oben auf den Bergen vom Blitz erschlagen worden. Und es versammelten sich alle, die um ihn wussten, und noch viele, die ihn zu sehen begierig waren. Und als sie ihn lebend auf der Höhe erblickten, stießen sie in große Hörner und ließen Raketen zum Himmel steigen, die aufklangen unter dem Blau in bunten Sternen. Aber Petrus' Antlitz wurde immer verfaltigter und abgewandter, und es war, als wüchse es in den Himmel hinein und sein Bart hob sich über die Welt. Und ich lag wie ein Ring um seinen Fuß, der war wie Stein. Und Petrus redete zu den Lärmenden, aber ich hörte seine Worte nicht vor dem Dröhnen seiner Stimme; aber das Volk da unten an den Wassern horchte gebannt, und die Wälder ringsum rauschten noch lange und finster:

Der Abend ruht auf meiner Stirne,
Ich habe dich nicht murmeln gehört, Mensch,
Dein Herz nicht rauschen gehört –
Und ist dein Herz nicht die tiefste Muschel der Erde!
O, wie ich träumte nach diesem Erdton.
Ich lauschte dem Klingen deiner Freude,
An deinem Zagen lehnte ich und horchte,
Aber tot ist dein Herz und erdvergessen.
O, wie ich sann nach diesem Erdton …
Der Abend drückt ihn kühl auf meine Stirne.

PETRUS UND ICH AUF DEN BERGEN

Schon drei Tage und drei Nächte saßen wir da oben, und manchmal flogen Scharen von wilden Gänsen an uns vorbei und Stürme vertauschten sich über uns; wohin sie wohl rauschen mögen? Und wir spürten keine Sehnsucht nach dem Tal, aber braun verbrannt war unsere Haut, und dörr hing unser Haar über die Schultern herab, und nach Regen sehnten wir uns mit dem Boden, auf dem wir saßen. Und Petrus legte zum ersten Mal seinen grauen Mantel ab, und ich sah, wie schmal seine Schultern waren, aber wie gewaltig sein Haupt stieg, wie ein Ruf aus der Höhe über die Erde. »Mit wem redest Du, Petrus?« Seine Lippen bewegten sich leise gegen Westen. »Ich rede mit dem Fernsten, der mich geleiten wird.« Und dann fragte er mich: »Was wirst Du tun, wenn ich auf einem andern Stern wandle?« Und als Petrus sah, wie traurig ich wurde, senkte er den Kopf und erzählte mir Träume und Märchen aus den Städten der Goldmutter.

PETRUS UND ICH AUF DEN BERGEN

Am liebsten hörte ich von der Lagunenstadt, der Lieblingsstadt meiner Mutter; dann stiegen Wohlgerüche auf, die mich einwiegten. Schon ihre Vorfahren mit dem Zeichen Davids waren die Gäste der Dogen gewesen. »Manchmal dünkt es mich«, sagte Petrus, »Du hast dieselben Augen meines tiefsten Traumes.« Auf seinem Herzen stand er geschrieben mit den Sternenlettern meiner Mutter, und die Gondolieri erzählen ihn heute noch den fremden Fahrgästen, wenn sie am St. Markusplatz vorbeigondeln. Vor seinem Dome steht St. Marco. Die golddurchäderte Marmorpalme zu seinen Füßen entfiel seiner Hand, als er aus seiner Nische trat und die fremde Signora segnete. Wie ein blauer Samtbaldachin hing der Himmel über dem Schalkwillen der Stadt. »Und die Sterne haben es sich am Abend erzählt«, sagte Petrus, »per omnia saecula saeculorum.« Und sein Blick versank in Tausendtiefen. Harte Falten umhüllten seinen Leib, und er war nur Gestalt und kein Körper mehr. Ich hatte ihn schon einmal so gesehen in meiner ersten Blüte Blut, ihn nur gefühlt unter lauschendem Herzschlag zwischen zärtlicher Nacht von seidiger Haut umwebt. Und ich fürchtete mich; er war ein Zauberer, und ich stürzte die Berge herab, mir voraus mein Herz, über die Wiesen und Hecken, und ein Turm war mein Kopf; ich konnte mich nicht wiederfinden –

Es war im Spätfrühmonat 1903, als mich die Furcht vom Erdältesten vertrieb.

DIE JÜNGLINGE FINDEN MICH AN DER HECKE

Vor einer Hecke lag ich, und die Jünglinge standen im Kreise um mich und flüsterten und wunderten sich, dass Petrus nicht bei mir war. Und als ich die Augen aufschlug, sah ich in blasse Gesichter. »Weshalb sind Deine Haare zerzaust und Dein Kleid zerrissen?« Und da ich nicht antwortete, legte Goldwarth seinen Samtrock unter meinen Kopf und bettete mich und streichelte meine zitternden Hände. Und Antinous weinte. Und da kam Bugdahan, der Räuber, und sagte zu ihnen: »In Schwermut ist sie gefallen, fest geschlossen sind ihre Lippen, die am Sonnenwendtag geöffnet standen. Eilt zu dem Leuchtenden und sagt ihm, dass er nicht zögern solle, denn die Seele seiner Freundin sinke in die furchtbarste Schlucht.« Unterdessen ging er und holte seine Schwester Raba, die brachte mir einen Tee aus heilenden Wunderkräutern ihrer Heimat und legte mir einen Stern von Metall auf die Brust und er alles Böse verbanne. Und Najade kam, Antinous' Schwester, und ihre Arme wiegten mich, wie seidene Maiwinde. Aber mein Blut blieb taub und mein Herz blind. Und der Abend blickte mit verschleiertem Auge auf die Erde, und endlich sahen wir die Jünglinge nahen, die gegangen waren, Petrus zu holen; aber sie brachten ihn nicht, und ihre Köpfe hingen wie welke Früchte herab auf der Brust.

GOLDWARTH TRÖSTET MICH IN DER SCHWERMUT

Es hat eingeschlagen! Und ich erkannte die Stimme von Petrus; noch rollte das Donnerwort kugelab über den Rücken der Welt. Und die Jünglinge jauchzten, da sie wieder in meine Augen sahen. Graue Leinwand hing wie ein Schirm über uns gebreitet, und Scheite von kleinen Ästen brannten, denn die Nacht war nackt und ihr Atem kühl! Najade erhob sich und erinnerte Antinous: »Die Schwestern bangen sich um uns, und weit liegt der Weg noch hinter den Auen.«

Und Raba sprach von ihrem alten, besorgten Vater, der nicht schlafen könne, »und schon singt der Frühstern sein Glockenlied.« Und die weißen Fahnenarme winkten von der Burg Onits von Wetterwehe. Die Fürstin Weißgerte steht vor dem Tor und stößt in ihr goldenes Jagdhorn. »Lebe wohl, Tino, grüße den Leuchtenden!« Und die andern Jünglinge folgten ihm. Und als Bugdahan, der Räuber, sah, dass mein Blick sie nicht gehen lassen wollte, sagte er: »Mädchen, Freundschaft ist ein Froschwort!« Aber Goldwarth saß still an meiner Seite. »Hast Du niemanden, der Dich ruft?« Und er küsste meine Wange und sagte: »Ich höre ihr Rufen nicht vor Deinem Schweigen!« Aber Bugdahan warnte ihn und sah schmerzlich auf uns beide. »O Jüngling, wenn Dir Dein goldenes Haar nicht leuchtet, so steht es schlimm um Dich!« Ich fühlte mich wieder von Grüften verschlungen.

ICH SUCHE IHN

Aber als es Morgen wurde und Goldwarth in einen fremden Garten eindrang, mir Blumen zu pflücken, raffte ich mich auf und flüchtete über die weiten Wiesen. Und ich rastete nicht, bis ich die Berge sah und ihn auf dem Gipfel. Ich rief, aber es schallte dumpf zurück, und ich fühlte plötzlich, dass ich ihn nie mehr erreichen würde. Immer wenn ich auf den Bergen stand, wandelte er im Tal, und manchmal glaubte ich, das Tal wandle um ihn, und wenn ich über die spitzen Steine talwärts schritt, stand er oben auf der Höhe. Und ich suchte nach seiner Stimme, denn meine Füße bluteten schon. Endlich in einer späten Abendstunde hörte ich meinen Namen rufen – und dann: »Mädchen, das mich sucht, meines Herzschlags tiefster, es liegt eine schwere Wanderung hinter mir, von Welt zu Welt, ich habe nicht mehr weit bis zum himmlischen Stern.« Ich lauschte noch lange, aber immer dichter sank der Nebel zwischen uns.

ZWEI GROSSE ENGEL TRAGEN PETRUS INS TAL

Ich saß am Wasser und benetzte mein Gesicht, und die kleinen Kräuselwellen spielten mit meinen müden Händen und Füßen. Ich hatte Petrus schon tagelang nicht gesehen, und ich wusste, dass er am blauen Strand gelandet sei. Und zwei Männer fragten mich nach dem nächsten Weg zur Stadt; sie trugen eine Bahre und hatten ernste, schwebende Augen. Ich ahnte, wen sie trugen, und neigte mich vor dem Verhüllten. Aber als ich die Bahrenträger in der Ferne sah, schrie ich so laut – und der See stand still; die Frühlingswinde erstarrten, und der Himmel fiel auf die Welt herab in wilden Tränen. Und ich zerriss mein Gewand und verbarg mein banges Gesicht in die Erde.

AM MITTAG

Und mein Herz war wie ein großer Sarg, aber ein Sturm erhob sich und zerriss das junge Laub der Wälder und schüttelte an die Felsen, und ihre Gipfel schwankten furchtbar. Und meine Haare flogen wie Trauerschleier über den See, immer weiter, bis über die Dächer der Stadt. Da legten sich zwei Arme tröstend um mich; sie trugen zerrissene Ketten – Sennulf der Kämpfer war es. Er hatte vom Kerkerfenster aus die Männer mit den ernsten, schwebenden Augen vorüberschreiten sehen und durch das dichte Linnen das schlafende Antlitz des Herrlichsten erkannt. Und in der Ferne sah ich die Jünglinge heraneilen, sie hatten mich nicht am Fuß der Berge vermutet. Und wir küssten uns alle auf den Mund und weinten.

AM ABEND

Zwei rotbäckige Kinder kamen am Abend über die Berge den See entlanggeschritten. Der Knabe trug einen großen, großen Bleistift und das Mädchen eine starke Papierrolle und freuten sich über ihren schönen Fund. Ich ließ ihnen beides, denn Petrus liebte die Kleinen.

ICH ERSCHLAGE TABAK

Am Morgen des Begräbnisses begegnete mir Tabak, der Narr; er grinste, und seine Lippen waren gritzegrün. Und in der Hand hielt er einen Kranz, und statt der Rosen waren kleine Kerzen zwischen den Blüten angebracht. »Den soll Petrus zur Wallfahrt in den Himmel um den Hals tragen, denn für den Abend ist eine Mondfinsternis prophezeit.« Die Jünglinge, die langsam des Weges hinter mir gegangen waren, hatten seine lose Rede gehört und erblichen, aber sie neigten sich stumm vor dem wehmütigen Morgen. Ich aber schritt hastig weiter, dem Grünmaul voran. Hinter die Büsche lockte ich ihn; wutrot brannte der Himmel zwischen dem Laub, und ich erhob meine Faust, die war vom Wetterleuchten gestählt, und erschlug ihn und verscharrte ihn unter Erde und Ästen.

PETRUS GRAB

Und von allen Richtungen kamen Scharen herbei, Männer, die Petrus kannten, und solche, die ihn nur gesehen hatten, und Frauen, die ihm begegnet waren – sie trugen alle Trauer. Aber wir hatten unsere Feierkleider angelegt, denn Petrus wusste nur vom heiteren Tod zu erzählen, der Hand in Hand mit dem Leben geht. Und seine Lieblinge standen auf dem Erdhügel vor seiner Gruft und hinter ihnen Kraft, der Leibarzt, und Bugdahan mit seinem greisen Vater. Und andächtig auf ihren Knien lagen die Mädchen und Knaben, die um ihn, wie um eine steinerne Urgestalt, Tänze getanzt hatten. Und die Kavaliere kamen und die Fürstinnen vom Prunkmahle Onits von Wetterwehe; Weißgerte und die Zwillingsprinzessinnen weinten. Und König Otteweihe war zurückgekehrt vom Ozean; er hatte die ahnende Wolke am Himmel vorbeiziehen sehen. Und Gorgonos der Starre lehnte an seinem Tänzer, und Ben Ali Brom und die andern Jerusalemiter beteten. Und Ludwill und den Heiligenmaler mit der läutenden Einfalt und Damm, den Handwerker, erkannte ich und noch viele aus dem schmucklosen, grauen Hause im Südosten der Stadt, die gemurrt haben, als sie Petrus gewahrten. Ich aber stand fern vom Grabe. Und immer neue Wanderer, Reiche und Arme an Krücken betraten den stillen Garten mit den großen Denkmälern, mit den steinernen Stämmen, die nicht blühen und verblühen. Und ich dachte: Wie oft er wohl schon verblüht sein mag, da er so voll von leuchtendem Leben bis in den Himmel hinein blühte. Ich hatte die Augen tief geschlossen, aber Rabas Hand fühlte ich auf der meinen und Najades warmen Atem. Und Hellmüte, die Zauberin, hielt mich umschlungen und forschte bang in meinen Zügen. Ich hörte gläserne Engel singen über dem kühlen Garten, bis seine Hülle im Grabe lag.

ER HEISST WIE DIE WELT HEISST

Und als die Letzten den kühlen Garten verlassen hatten und durch das lächelnde Petruswetter heimwärts wandelten, nahm ich von den Jünglingen Abschied: »Soll Dich nicht einer von uns begleiten?« Sie wussten, mich zog es nach dem Thron der Berge zurück. Und ich blieb drei Tage und drei Nächte. In den Nächten blickte ich in den größten Stern, in den seligen, goldenen Tempel, und am Tage wartete ich auf die Nacht. Und nur einmal näherte sich einer den Bergen (ich kannte ihn nicht); aber als er mich fand, bat er, meine Stirne küssen zu dürfen, da sie sein Bild trug. Aber ich zeigte auf den moosigen Stein der Höhe, auf dem Petrus so oft geruht hatte. Vor dem fiel der Fremdling nieder und betete in der Sprache seiner Heimat. Und am Morgen des vierten Tages schritt ich die Berge herab und mir nach viel schwer Geröll, und ich bog noch einmal den Pfad zu seinem Grabe ein. Unter dem weißen Traumkleide der Frühe umkreiste eine Schar tanzender Teufel sein Grab, und sie versuchten, sich zu verbergen, als sie mich gewahrten. Aber ich winkte ihnen, ihre Totenfeier zu beenden; es waren die treuen Negerknaben Onits von Wetterwehe. Auf dem Grabe blühten noch die Kränze der Trauernden, und die Blumen Rabas und Najadens standen voll von Tränen, und wie ein Beet duftete der Kranz seiner Lieblinge – er trug eine weiße Seidenschleife – darauf in Goldbuchstaben: Dem jubelnden Propheten. Und ich schrieb in die Erde:

Er heißt wie die Welt heißt.

DIE NÄCHTE DER TINO VON BAGDAD

ICH TANZE IN DER MOSCHEE

Du musst mich drei Tage nach der Regenzeit besuchen, dann ist der Nil zurückgetreten, und große Blumen leuchten in meinen Gärten, und auch ich steige aus der Erde und atme. Eine sternenjährige Mumie bin ich und tanze in der Zeit der Fluren. Feierlich steht mein Auge und prophetisch hebt sich mein Arm, und über die Stirne zieht der Tanz eine schmale Flamme und sie erblasst und rötet sich wieder von der Unterlippe bis zum Kinn. Und die vielen bunten Perlen klingen um meinen Hals .... oh, machmêde macheiï ..... hier steht noch der Schein meines Fußes, meine Schultern zucken leise – machmêde macheiï, immer wiegen meine Lenden meinen Leib, wie einen dunkelgoldenen Stern. Derwi, Derwisch, ein Stern ist mein Leib. Machmêde, macheiï, meine Lippen schmerzen nicht mehr … rauschesüß tröpfelt mein Blut, und immer träumender hebt sich mein Finger – geheimnisvoll, wie der Stängel der Allahblume ..... Machmêde, macheiï, fächelt mein Antlitz hin und her – streckt sich viperschnell, und in den Steinring meines Ohres verfängt sich mein Tanz. Machmêde macheiï, machmêde machmêde ....

DAS BLAUE GEMACH

Und seit einigen Tagen beginnt meine Krone zu zittern, ich fühle ein leichtes Brennen auf der Stirn, und meine Augen sind halb geschlossen. Ich bin grenzenlos traurig, es ist, als ob sie mich überschütte, die Traurigkeit, wie dumpfes Nebelweinen eine Stadt. Meine dunkelhäutigen Sklavinnen standen wie schwarze Marmorsäulen um mich, und immer verharrte die Liebe vor meiner Seele, wie vor einem Tempel. Um mich zu belustigen, feiert der Khedive Freudenfeste …

Dudelsackpfeifer und Flötenspieler machen helle, grüne Musik. Gaukler mit zerzausten Flachsperücken springen katzenbehände über schmale Stufen, klettern auf schwankende Bambusrohre und schwingen sich über die Bogengelände des Palastes. Der Weinschenk und die Speiseträger tragen Krokodilmasken, und Spaßmacher mit bunt geschminkten Händen und Füßen drehen Kreise mit ihren wilden, weiten, schellenbehangenen Röcken. Aber meine Augen sind halb geschlossen, und die harten roten Steine meiner Krone zerfließen – und meine schlanken Sklavinnen biegen sich wie Pinienstämme und lauschen heimlich dem Fieber meines tausendjährigen Herzens. Und wenn du wieder hier in der Heimat bist, Senna Pascha, so wirst du auf der Stirne der großen Pyramide in Hieroglyphen meinen Namen lesen.

Senna Pascha – – – ich sitze auf dem Rosenbeet hinter den silbernen Dachfirnen des Palastes und blicke hinüber – – über einen Wald von Pharaonenbäumen ... – – unter der großen leuchtenden Kuppel lag der Harem, und ich starre auf das Fenster meines verlassenen Gemachs mit seinen blauen Wänden. Neben der stolzen, leuchtenden Kuppel erhebt sich die schwere Fahne des Botschafters wie eine fremde, abwehrende Hand. Ich bin endlos traurig – – es ist, als ob ich ersticke unter der Traurigkeit wie unter einer Wüste von Sandtropfen. Ich habe nie eine Prinzessin oder einen Prinzen so geliebt wie mein blaues Gemach. Wie eine Mutter hat mich sein wiegender, blauer Arm umschlungen, und tiefere blaue Augen hat nie ein König des Abend gehabt wie mein hehres, blaues Gemach. Ein blauer Schwan war es, auf dem ich gleitete – – eine Wunderblume war mein süßes blaues Gemach – – hei, eine Tänzerin ... immer in seidenen blauen Schritten ... zauberleise ... und mit der Sonne hat es hellen Schattenschein getanzt und blaue Träume um die Sterne geschlungen, und hast du schon einmal ein Gemach gesehn, das blaue Haare hatte, Senna Pascha? Oh, ein Kuss war mein blaues Gemach und ich sterbe an diesem blauen, blauen Kuss. Und meine scheuen Sklavinnen umfassen sich im Schlaf – – ich singe Lieder aus tödlichen Tönen. Alle Sterne bedecken mein Gesicht .... – – – – – –

O du mein blauer Rauschegarten,
O du meine verlorene blaue Nacht ...
Beim großen Propheten, Senna Pascha, halte mein Geheimnis in deinem Herzen.

PLUMM PASCHA

Als Plumm Pascha nach Bagdad kam, sah er meinen Sohn Pull im Vorhof des Palastes auf einem weißen Elefanten reiten und hinter ihm seine Gespielen, immer längs der Mauer-Mosaik, immer rund über die grünen und blauen Steine des Vorhofs. Aber als Pull den Fürsten erblickte, sprangen, seinem Winke gehorchend, die kleinen Beduinen von den Rücken ihrer Riesen und warfen sich dem hohen Gast zu Füßen. Plumm Pascha ist der liebenswürdigste Fürst Ägyptens, ihm gefiel das stolze Spiel meines Sohnes, näherte sich ihm mit allerlei Zeremonien, wie vor dem Khediven selbst. Mein Sohn legte ihm huldvoll seine Kette aus jungen Krokodilzähnen um den Hals, ließ sich von dem lächelnden Fürsten aus dem Sattel heben, der ihn auf beide Wangen küsste. »Seine Glieder sind aus Elfenbein. Ich möchte ihn bei mir haben in der Blumenzeit in meinem Palaste an den Katarakten.« – Nach einiger Zeit erhalten wir eine Einladung Plumm Paschas. Ich lasse Pull ein Feierkleid anfertigen aus gelber Indien-Seide mit perlengestickter Borte, und auf seinen braunen Haaren trägt er einen dunkelblauen Fez mit langer Silberquaste. »Seine Glieder sind aus Elfenbein«, hat Plumm Pascha gesagt und Pull quält mich, weil sie nicht aus Zucker sind. Aber kleine Segelschiffe, mit lauter Süßigkeiten beladen, sendet der liebenswürdige Fürst uns zum Willkomm entgegen, und er steht selbst vor dem Tore seines Gartens, meinen Sohn zu empfangen. Durch die weiten Räume des Palastes trägt er ihn auf seiner Schulter und wiehert, wie einer der Hengste der Ställe. Er lässt sich von ihm die flatternden Haare zerzausen, unternimmt allein mit ihm Fahrten auf dem Nil und füttert zu seiner

Belustigung die großen Khedivenfische mit bunten Bonbons. Aber die jungen Prinzen im Harem fürchten sich vor Pulls Tyrannei; er schlägt sie, wenn sie nicht seines Willens sind, und die lieblichen Prinzessinnen weinen. Hinter Nischen hat er wieder alle ihre Puppen versteckt. Plumm Pascha wehrt ihm nicht, und die Haremsdamen betrachten meinen Sohn mit missbilligen Blicken. Und seit gestern trägt er an seiner Brust den goldenen Elefanten-Orden mit dem Rubinenauge, und das bedeutet, dass ihm alle die Ehren eines Paschas entgegentragen müssen. Und verlobt hat ihn der liebenswürdige Fürst mit seinen Zwillingsprinzessintöchtern, die sind ein und ein halbes Jahr alt und haben noch keine Haare. Aber sie wollen immer mit Pulls langer Silberquaste spielen. – In Bagdad hängen schon zu unserer Ankunft bemalte und bunte befranste Teppiche von den Dächern, und die Stadt ist mit Girlanden geschmückt. Und Plumm Pascha wird täglich schwermütiger, und ich werde mich wohl entschließen müssen, in seinem Palast an den Katarakten zu bleiben und seine neunundsiebzigste Frau zu werden ....

ACHED BEY

Ached Bey ist der Kalif, und ich bin Tino und weile im Palaste meines Oheims. Von einem kleinen Kuppelfensterchen aus kann ich ihn betrachten, wenn er auf seinem Dache liegt und die Nacht erwartet. Über Bagdad ruht sein Bart und mit jedem Stern, der aufsteigt am Himmel, entschwindet eine Falte seiner faltenschweren Stirn. Müde Wüstenreisende reiten auf Dromedaren am Palaste vorbei – cha machalâa!! ... im schläfrigen Karawanenton. Mein Oheim, der Kalif, grüßt mit seiner großen Hand. Indessen ich durch heimliche Gänge über verwitterte Steinböden schleiche an vergessenen Götzengebilden vorbei – ich möchte kämpfen mit ihren schaurigen Krallen, aber der Duft der schwarzen Naëmirose seines Daches schwelgt mir entgegen. Naëmi .... es wissen alle am Hofe von der Jüdin seiner

Jugend. – Mein Oheim, der Kalif, hebt seine große Hand: Die schwarzen Fächerträger und Sudanneger gehorchen, nur der greise unter den Palastdienern nähert sich demütig seinem Ohre (ich bin unverschleiert), aber mein Oheim, der Kalif, wehrt ihm mit seiner großen Hand. Wir rauchen aus samtumspannten Pfeifen Opium und trinken blaue Getränke aus Diamantkrügen, und ich beuge mich über die Hieroglyphen seiner großen Hand. Am andern Morgen müssen mir meine Sklavinnen Knabenkleider anlegen, und seinen Dolch mit dem smaragdbesetzten Griff trage ich im Gürtel, und wir reiten auf grauen Tierriesen nach den Vorhöfen, dort werden die Verräter des Landes enthauptet ...... Mein Oheim, der Kalif, ruht zwischen zwei Marmorsäulen auf einem Kissen, das ist rot wie ein Mal, und er hebt und senkt die große Hand blutstrafend in den Tod. Enthauptete Söhne edler Mohammedanergeschlechter lehnen an Ungläubige, nur der Kopf des jungen Fremdlings sitzt noch trotzig im Nacken. Dreimal holten sie ihn und dreimal brachten sie ihn – die knurrenden Henker – zurück in die vergitterte Nacht. Die große Hand meines Oheims flattert in meinen Schoß, aber ich kann den sich aufbäumenden Hieroglyphen im Pochen seines Pulses nicht deuten. Er senkt endlich seine große Hand. Durch die Risse der Steintore tropft des Fremdlings Blut über die rauen, breiten Steine der Höfe hinweg bis vor die Füße des Kalifen. Nie hörte ich einen ewigeren Fluss. Er singt, wie die Jehovapriester an ihren Feiertagen, wie der Mosegipfel des Sinai.

Mein Oheim, der Kalif, liegt im Palast tot auf seiner großen Hand.

In den Moscheen beten die Derwische und drehen sich in ihren funkelnden Trauerkleidern – dunkle Sterne, die um seine Seele kreisen. Und morgens kommen die Totenweiber und heulen, und vor dem Palaste stehen schwarz vermummte Frauen und bieten heilige Ware feil, Katzen mit goldglänzenden Fellen (für das Grab des Kalifen), die schläfrigen Augen der Tiere sind von der Farbe der Naëmirose. Und Juden ziehen gen Bagdad, Knaben mit schwermütigen Augen und Mädchen, wilde schwarze Tauben, und sie werfen Steine auf des Fremdlings Grab – ziehen fluchend die Straßen entlang, ballen die Fäuste vor dem Palaste meines Oheims, des Kalifen. Er weilt bei Allah, aber den Juden sehe ich überall wandeln ..... wie der Stein unter ihm ist sein Schritt, aber seine Lippen sind geöffnet, rosige Dichterlippen, wie des Tyrannen Lippen, wenn er auf dem Dache lag und an Naëmi dachte, der Jüdin seiner Jugend.

Alle meine schwarzen Perlen sind eingesunken wie Höhlen – von meinem Stirnreif hängen die dunklen Häupter meiner Vorfahren. Meine Lippen sind tot, aber aus meinen Augen steigen Feuersäulen, die drängen aller Sterne Spur nach, seinem singenden Blute nach – ich tanze, tanze einen unendlichen Tanz, der zieht sich wie eine finstere Wolke über Bagdad, ich tanze über die Wellen der Meere, wirble den Sand der Wüste auf, und vor dem Palaste lauscht das Volk und die jüdischen Knaben und Mädchen verstummen ....

DER TEMPEL JEHOVAH

Und ich zog meine goldenen Schuhe von den Füßen, und meine Schritte waren unverhüllt. Und ich bestieg den Gipfel des Berges, der herabblickt auf die trunkene Stadt. Und da ich zu den Nächten sang, fiel in meinen Schoß das Gold der Sterne – und ich baute Jehovah einen Tempel vom ewigen Himmelslicht. Erzvögel sitzen auf seinen Mauern, Flügelgestalten, und suchen nach ihren Paradiesliedern. Und ich bin eine tanzende Mumie vor seiner Pforte ....

MINN, DER SOHN DES SULTANS VON MAROKKO

Der Sultan von Marokko trägt einen Mantel von weißer Seide, der ist über der Brust von einem Smaragd in der Größe eines Taubeneis gehalten. Aber sein Sohn kommt barfuß und im staubigen Kamelfell gehüllt, ein Bettler neben seinem königlichen Vater. Mein Vetter im Kamelfell ist sechzehn Jahre alt, Ali Mohammed könnte sein älterer

Bruder sein, er ärgert sich nicht, er ist stets zu Scherzen aufgelegt, er hat schöne Zähne, Perlmutter, liebliche Frauenzähne, und er belächelt seines Sohnes mürrische Laune. Auch die Furche zwischen seinen Brauen ist nur ein seltener, huschender Schatten, sieben Häute tiefer schlummert die Nacht in seines Sohnes Stirn. Bei der Tafel weigern sich die Hofleute, neben diesem zu sitzen, und auf dem Dache sein Kissen ist ängstlich gezeichnet. Unter dem lieblichen Himmel des weißen Rosengartens wandelt er auf verbotenen Wegen; das Wandeln durch den weißen Duft ist nur uns Frauen gestattet. Aber ich bitte meinen Vater, den weißbärtigen Pascha, mit meinem Vetter in Kamelshaar am Krontag tanzen zu dürfen. Und ich tanze mit Minn, dem närrischen Sohne des Sultans. Meine Hände liegen quer übereinander, fingergespreizt, ein goldblasser Stern gegen seine zottige Brust gestemmt. »Nun muss ich vom Feste eilen«, klagt traurig mein Vetter, »denn du wirst nicht noch einmal mit mir tanzen wollen.« Ich meine ärgerlich, er glaube wohl, ich leide auch an so närrischen Launen wie er, folge ihm auf den Spitzen meiner beringten Zehe bis an das große Becken im dunklen Sultanshof. »Minn, siehst du mich, ich bin deine Tänzerin?« Und da er schweigt, sage ich verächtlich: »Ich möchte wohl wissen, ob du Heldenschultern unter deinem Bettelmantel versteckst, oder ob mich gar meine Träume necken und deine Arme nicht einmal ein Kätzchen zu bändigen vermögen?« »Oh, ich bin noch tausendmal stärker wie deine Träume dir's schildern, meine stolze Prinzessin, da ich dieses ärmliche Kleid trage und gegen alle stiere Verachtung gleichmütig bleibe. Mich dünkt, ich bin der stärkste Held im ganzen Land.« Er zerrt an der zottigen Naht seines Mantels, eine Masche zerreißt und das ganze Fell sinkt zu Boden. Der Abend färbt seine Glieder zart und sanft. »Wirst du noch einmal mit mir tanzen zum Lohne, da ich meine Rüstung abwarf? Horch, Flötentöne singen die Rosen des weißen Gartens zu unserer Feier.« Sklaven finden uns – und zaudern – auf dem Rand des großen Beckens setzen sich die Frauen, die Gesichte gestreckt, und hinter der Palme stehen unsere Väter, der Sultan Ali Mohammed und Mohammed Pascha, sein älterer, weißbärtiger Bruder. Wir tanzen, bis unsere Füße eins sind im Drehen. Dann lässt mein Vater den schwarzen Dienern, die also gesehen haben mit ihren nackten Augen unseren nackten Tanz, meinen Leib und vor allen Dingen mein Angesicht, er lässt ihnen ihre Zungen durchbohren und die edlen Hofleute blenden im Vorhof des Palastes; den Prinzessinnen geschieht nichts Übles, sie haben nur auf den Prinzen geschaut. Täglich empfängt er von ihnen Geschenke, Armspangen, Gürtel, und auf dem Dache liegen für seine Träume seidengestickte Kissen. Die Frau des Fruchtveredlers reichte ihm ein durchsichtiges Feigenblatt aus Mondstein geschliffen. Aber der huschende Schatten auf der Stirn seines königlichen Vaters krallt sich tief ins Fleisch, finster umschleicht er den Palast bis zur Lichtstunde. Man vermutet, er habe sich vor Schreck in jener Nacht an einer Säule einen seiner Perlmutterzähne ausgeschlagen. Die Frauen des Harems schmachten nicht mehr hinter den Fenstern ihrer Gemächer nach seinem Anblick, aber sie bestechen seines Sohnes wegen die Eunuchen, die ihnen Mannstrachten verschaffen und so ihre Anwesenheit bei der Abendtafel ermöglichen. Ich halte die Augen gesenkt über den trauernden Rosengarten, Minn hat die heilige Tanznacht vergessen zwischen schillernden Schmeicheleien. Nur mein Vater lässt manchmal seinen weißen Bart über meine Hände gleiten und schweigt. Er glaubt, ich habe das alles nur für einen Traum gehalten. Aber die Rosen im weißen Garten sind grau geworden. Zerbissen unter geknickten Ästen liegt Minn. Die Gärtner meinen, »nur eine eifersüchtige Prinzessin könne so grausam gewesen sein«. Ich weiß, wer seine zarten, sanften Glieder zerrissen hat – mein Gemach war grün bescheint vom Smaragd des vorüberschleichenden Seidenmantels – seines Vaters, des Sultans von Marokko.

DER FAKIR VON THEBEN

»Innahu gad marâh alleija alkahane fi sijab .....« Priester in weißen Gewändern gingen über die Landstraße, die nach Theben führt; ich beugte mich vor ihrem heiligen Leben und bat sie, mich in ihre Mitte zu nehmen. Und die frommen Männer lächelten gütig, nur der Fakir, er war schon einige Male begraben gewesen und hatte die Kräfte der Erde gesammelt, runzelte die Stirn, als ich meine Bitte aussprach. Er hasste die Frauen, sie zu vertilgen, war eines seiner frommen Werke. Aber er gewahrte meinen Ring am Finger mit dem seltenen Caelumstein. Der entstammte dem Schatze eines besiegten Kriegers aus Latinien. Der Caelum wechselte seine Farbe mit der Zeit des Himmels. In der Frühe schien er traumhaft silbergetönt, am Mittag voll Lilaschwermutssüße, und dann umfing er die Dämmerung und dunkelte mit der Nacht in unzähligen Sternen. Der Fakir blickte unverwandt auf meinen Ring und murmelte unverständliche Worte. Mir bangte. Als wir Theben erreicht hatten und die Frauen ihren Fakir unter den anderen Priestern bemerkten, bebten ihre Leiber wie zur Kindsstunde. Viele von ihnen ließen ihre Krüge fallen und eilten zurück in ihre Wohnungen. Denn die Frau, welche der Fakir mit seiner fleischlosen Hand berührte, blutete vierzig Tage lang. Und das war wie eine Seuche, wenn er sich blicken ließ; es blutete bald ein Viertel der blühendsten Frauen der Stadt. Mich, die in der Gesellschaft der Priester blieb, neben ihm ging, verschonte der grausige Heilige – er blickte auf meinen Ring, in seinen Stein; der freute sich, er glänzte hell wie der Himmel über Theben. Ich aber war sehr betrübt über das Geschick der Stadt, und da keiner ihrer Bewohner wagte, sich dem Fakir zu nähern, fiel ich vor ihm nieder, umklammerte seinen kalten Fuß und bat ihn, meine Schwestern nicht weiter seinem frommen Werke zu opfern. Er blickte gierig auf meinen Ring, in den herrlichen Stein, in dem ich den Himmel trug. Den verlangte er für seine Gnade. Ich schüttelte trotzig den Kopf, und am selben Tage bluteten alle Frauen der Stadt. Und das war wie ein grausiges Meer über Theben, von dem üppigen Grün der Wälder alle die Menschentropfen!!! Und es stand kein Haus, was nicht rot gefärbt war vom Blut seiner Frau und auf zum Himmel schrie. Der Caelum an meinem Finger drohte mir, eine rote Nacht! Und ich fiel vor dem Fakir nieder, küsste seinen kalten Fuß und bat ihn flehentlich, auch mich zu berühren mit seiner fleischlosen Hand. Die ließ sich langsam auf meine Schulter nieder, ich fühlte nicht einmal ihren Moderhauch, sie erstarb im Herabsinken. Er aber wandte sich verächtlich von mir, die ich unwert seines frommen Werkes.

»Muktagirân!« »Silika Unu geivuh ....« »Gadivatin« »biwila jati hi!!!«

DER KHEDIVE

Indeszeit Tino, die Dichterin Arabiens, Einlass begehrte vor dem Tore des Palastes, saßen die Lieblingsfrauen des Khediven um den Springbrunn im Vorraum und freuten sich ihrer Ränke. Und als nach Jahren Mohammed Pascha der Weißbärtige zum Rosenfeste nach der Nilhauptstadt reiste, erzählte ihm seine Tochter Tino auf dem Wüstenwege, wie sie verspottet wurde von dem Torwächter des Khediven. Noch in derselben Nacht weckte Mohammed Pascha sein Gefolge. Auf seinem schweren Elefanten saß er und ritt über die ruhenden Leiber der Würdenträger und Sklaven und sie nicht vergessen sollten diese Stunde. Und sie mussten bis zur Mondneige immer sein Gebot sprechen und es drehte sich schon in ihrem Munde, ein heiliger Tanz. Und als die große Karawane in die grüne Stadt einzog und das Volk auf den Straßen befragte, wie die Prinzessin mit den schillernden Augen heiße, sprachen sie nach ihres Herrn Gebot. Aber die Lieblingsfrauen des Khediven hatten schon für ihren Gast ein Bad bereitet und es getränkt mit duftendem, giftigem Öl. Und als sie hörten: Tino ist tot – und die fremde Prinzessin, des Paschas Bruders-Tochter, ihrer Freundschaft warte, schmückten sie ihre Schultern mit Ketten und Gehängen und legten sie auf ein Ruhebett von Seide; da träumte sie, ihr Name sei verklungen wie der Ruf des Wüstenvogels. Und als die funkelnde Goldhand am Morgen das blühende Kairo segnete, hatte sie ihren Namen vergessen, und alle die wussten ihn nicht zu nennen, welche gezogen waren mit ihr und ihrem Vater nach Ägypten. Aber die jungen Knospengärten unter ihrem Fenster füllten sich, wenn sie ihnen zur Märchenstunde von Farben singender Erden erzählte.

Aber die großen Feste begannen, da die Frauen teilnahmen einmal im Jahre. Des Weißbärtigen Tochter saß neben dem Herzen des Khediven und ihre Lippen murmelten immer süße Gesänge … um seine Stirne ein leuchtendes Liebesband. Und am letzten Tage des Festes erhob der Khedive des Weißbärtigen Tochter zu seinem Gemahl über alle Frauen seiner Liebe und seines Palastes. Und immer, wenn er sie fragte über ihrer Lippen süßes Gemurmel, verbarg sie ihr Angesicht in den Spitzenkelch des Schleiers. Und ihre Glieder glühten von den rauschenden Farben ihrer Gedanken. Ein Feuerberg war sie, der an seinem Feuer verdorrt, eine bunte Quelle, die nicht von ihrem Schäumen erzählen darf und in ihrem eigenen Gesprudel ertrinkt. Und den Khediven erfüllten die ruhlosen Schatten ihrer Seele mit Sorgen, und er schenkte ihr, um sie zu ermuntern, fünfhundert tanzende Zwerginnen zum Spielzeug – ließ ihnen vor ihrem Fenster ein kleines Städtchen bauen. Und Gärtner sandte er in ihre Heimat, die Blumen von den Ufern des Roten Meeres brachten. Schimmel und Esel aus den Ställen ihres Vaters, und den schweren Elefanten ließ er kommen, der sie und Mohammed Pascha in sein Land getragen hatte.

Und als die Prinzessin ihre Heimatfreuden nahen hörte, das Wiehern ihres Lieblings-Pferdes, die Rufe der mutwilligen kleinen Eseltreiber und das schwere Getrampel des Elefanten vernahm, eilte sie dem köstlichen Zuge entgegen. Und der Khedive gab ein großes Fest; von Dudelsackpfeifern und Flötenspielern waren die Höfe um den Palast gefüllt. Nach ihrer Musik tanzten die Prinzen und Prinzessinnen, und alle im Palast tanzten bis zu den Ziegenknechten. Und die Mauern der Gärten begannen sich zu drehen, und die ganze Stadt tanzte bis zum Ufer des Flusses. Und als der Khedive seine Herzallerliebste zum Tanze holen wollte, lag sie am Rücken des schweren Elefanten gelehnt – Tino ist tot! Und der Goldfinger der Sonne zeigte auf ihren eingeschnittenen Namen in der Haut des Riesentieres. – Von den Gipfeln der Pyramiden sprechen Priester zu allen Rosenmonaten ihre Märchen, und es ist bald niemand mehr im Lande, der sie nicht kennt. Aber die lachenden Locken des Khediven hängen starr um sein Angesicht und wer ihn ansieht, stirbt an seinem Schmerz ......

MEIN LIEBESBRIEF

Durch den goldenen Himmel blicken blau die Sterne, aber die Fenster des Harems sind schon dicht verhangen. Meinen schwarzen Perlenohrreif trägt der Eunuche am Daumen – dafür läutet er zeitiger zum Schlaf. Die Frauen träumen schon von ihrem neuen Naschwerk, von verzuckerten, roten Rosen; und der Schlummer liegt auf den Wangen der kleinen Prinzen und Prinzessinnen wie Tauben. Und ich bin heimlich durch den Vorraum des Harems entkommen, die herrlichen Türen des großen Sultansaals schließen sich hinter mir, eherne schützende Arme. Und meine andächtige Freundin wartet auf mich, die schlanke Kerze auf dem Marmortisch; sie ist bereit, für mich ihr Leben zu lassen. – O Abdul, deine Augen schweifen immer über die Dämmerung, und mein Herz ist blau geworden, dunkelblau wie der Garten des Jenseits. Auf dem Gipfel des Balkans sehe ich dich herannahen, wie auf dem Buckel eines Dromedars. Abdul, ich bin verliebt in dich, und das ist viel rauschender, als wenn ich dich lieben würde. Wie der Frühling ist es, verliebt zu sein ...... Immer kommen große Stürme über mein Blut; ich fürchte mich vor ihnen, aber sie überjubeln mich mit tausend blühenden Wundern. Und der Schleier vor meinem Antlitz ist zerrissen, zu stürmisch dachte ich an unser Wiedersehn. Aber die Stunde unseres Glückes muss stumm sein – nicht reden, Abdul ... Und die Augen geschlossen halten, unsere Liebe selbst darf nichts ahnen, dass sie sich zwischen unsern Lippen verfing. Der große Prophet mag die Ungläubigen deiner neuen Heimat und ihre Lehren nicht, und er könnte aus einer heimlichen Spalte der

Nacht lauschen. Aber ich habe einen dunklen Stern auf meine Stirn gemalt, und es wird alles nur ein unsichtbares Keimen sein und unsere Lippen werden Knospen bleiben, Abdul ....

DER MAGIER

Vor Bor Ab Balochs Blick stürzten die Tore der feindlichen Städte, und vom zackigen Dolch einer Gewitterschlacht fiel der jüdische Feldherr jehovahgesegnet. Tief im Antlitz senkt sich seines Sohnes Abduls herbes Knabenauge, aber seine Wange lächelt seiner Mutter Lächeln. Unter der Goldrose der Frühe wandelt Abdul Antinous an den Bächen vorbei, darin sich die Königskinder spiegeln. Bagdads Prinzessin blickt ihm entgegen – ein goldenes Samtsegel ist ihre beschattende Hand – Abdul Antinous .....

Alle Sonnen singen vor ihrer Seele, Psalme, die nach seinem ehernen Blute stehn und duften nach dem Lächeln seiner Wange.

Deine Schlankheit fließt wie dunkles Geschmeide.
O du meine wilde Mitternachtssonne,
Küsse mein Herz, meine rot pochende Erde.

Wie groß aufgetan deine Augen sind –
Du hast den Himmel gesehn
So nah, so tief.

Und ich habe auf deiner Schulter
Mein Land gebaut –
Wo bist du?

Zögernd wie dein Fuß ist der Weg –
Sterne werden meine Blutstropfen ....
Du, ich liebe dich, ich liebe dich.

DER GROSSMOGUL VON PHILIPPOPEL

Der Großmogul von Philippopel sitzt im Garten des Reichspalastes in der Sultanstadt; kommt ein fremdes Insekt von Abend her und sticht ihn auf die Spitze seiner Zunge. Er hat nämlich die Angewohnheit, sie beim Nachdenken auf der Unterlippe ruhen zu lassen. Und trotzdem die Ärzte dem Unfall keine weitere Bedeutung beilegen, geschieht es dennoch, dass der erhabene Herr sich einbildet, nicht mehr reden zu können. Und auf andere Weise sich verständlich zu machen, lehnt er mit Finsternis ab; das ist ein unabsehbarer Schaden für das Land. Züge von kasteienden Priestern ziehen durch die Straßen Konstantinopels, und auf den Knien vor Allah liegt der Sultan. Seine beiden Söhne ruft er zu sich in sein Privatgemach: »Buben, ihr müsst ein Handwerk erlernen!« –

Könige mit spitzen Krummschnäbeln drohen schon lange den Balkan aufzufressen und allein die Geschicklichkeit des Großmoguls verschanzte die Beute. Und von den Dächern der Häuser und öffentlichen Gebäude, von der Kuppel der großen Moschee rufen Knaben Berichte aus über das Befinden des verstummten Ministers. –

Meine Tante schüttelt behäbig den Kopf, sie sitzt auf ihrem Dach und heißt Diwagâtme. Sie ist eine der dreißig Frauen meines reichen Oheims gewesen, er aber und ihre Nebenfrauen sind an ihrer Klugheit gestorben, neunundzwanzig Mumien um das Grabmal meines Oheims. Ich weile bei ihr ihres wunderherrlichen Sohnes Hassan wegen, denn ich bin eine Dichterin. Hassan und ich weinen immer abends heimlich unter großen Sternen – wir können uns nicht heiraten; Diwagâtme will uns keinen Palast bauen. Aber sie gibt mir den Rat, einen wundertätigen Trost zu erdichten, da es sich nur um das rechte Wort handle, die behexte Zunge des Großmoguls von Philippopel zu lösen. »Ein Honigstrom möge seine Gunst dich umfließen, mein Kind.« Und Krüge mit abendländischem, sündigem Getränk füllt die kluge Tante für die lechzenden Kehlen der grimmigen Türhüter des Reichspalastes. – Fremd gekleidete Weise und Ärzte wandeln zwischen den Säulen der Höfe auf und ab, reißen an ihren Bärten, beraten und streiten sich einander, und dazwischen die näselnden Schreie der Esel aus den Ställen. Und ich gelange unbemerkt zu dem schweigenden Großmogul; und über Kreuz liegen meine Arme auf der Brust und mein Schleier zittert. Aber der erhabene Herr hebt das rot umbartete Haupt näher meinen zaubernden Lippen, und seine Stimme erschallt dröhnender wie je zu seinen Redezeiten. Auf sein Quastenkissen zieht er mich neben sich und er betastet meine Wangen, meine Augen, meine Stirne, und der Schleier zerreißt, und mein Atem flattert nur noch unter seiner schweren Freude. »Wir sind jetzt ein Staat, ein Volk!«, ruft er. Aber als die Weisen und Ärzte und die Bürger von den Straßen und der Sultan auf der Schulter seines Schnellläufers in den Garten des Reichspalastes stürmen, senkt der Großmogul von Philippopel abermals sein Haupt und verfällt in Stummheit. Ich aber muss seines schwarzen Dieners Bericht bestätigen. In den großen Saal des Reichspalastes werde ich geführt, dort nehmen Schreiber vom Amte meine erdichteten, wundertätigen Worte auf, und die Staatsmänner bilden einen Chor um mich, und der Sultan nickt dazu immer herablassend mit dem Kopfe, und ich bin schon ganz müde vom Wiederholen meines erdichteten wundertätigen Trostes. Und in eine Glasurne auf blauem Purpursamt bestattet man das fremde Insekt vom Abend, das ich kühn ergriff, als es mich zur selben Stunde wie den Großmogul von Philippopel auf die Spitze meiner Zunge stach und meine Sprache raubte. »Und, o Herr, lass mich schweigen mit dir!« Und ich muss mit ihm aus seiner goldenen Schüssel speisen, aus seinem Pokal trinken, und ein orangegelbes seidenes Beinkleid und einen Mantel, feuerfarbig, wie ihn der Großmogul von Philippopel trägt, ist man im Begriff mir anzufertigen. Und über uns blühen die Bäume gold, und wenn der erhabene Herr schlummert, denke ich an den wunderherrlichen Hassan. Aber in den kühlen Hallen des Reichspalastes warten die Landesvertreter auf mich. Ich muss ihnen heimlich seine Gutachten ihrer Entwürfe übermitteln, sie geschickt dem Gespräch beimischen, was wir abendlich eng aneinandergeschmiegt zur Insektenstunde führen. Aber ich vergesse des so hochgeschätzten Ministers Entgegnungen ihrer vielen politisch gewürzten Ausdrücke wegen, und von der Brüstung des Reichspalastes wiederhole ich gegenwärtig der versammelten hohen Gesellschaft der Staatsmänner entstellt die neue Steuerfrage betreffend die Zollerhebung von Spezereien fremder Länder. »Aber der erhabene Herr hat sich wiederholt bei mir doch für die zollfreie Einfuhr der Muskatnuss lebhaft ausgesprochen.« Und schon läutet der erhabene Herr, ich bin an seine Anhänglichkeit gefesselt. Und eine Stunde vor dem Monde naht der Sultan, dem Staatsmann den stummen Mund zu küssen, und mich beschenkt er mit seltenen Gaben, und einen Orden hat er für mich erfinden lassen: den wundertätigen Stern mit dem Diamant. Denn der Kredit des Landes ist beträchtlich gestiegen, und die Könige mit den Krummschnäbeln ergriffen schleunigst die Flucht, nachdem sie Bekanntschaft mit den höchst wertvollen, neuen Sprenggeschossen gemacht hatten. – Ich aber höre nichts mehr von dem wunderherrlichen Hassan – freue mich nicht mehr über die Pracht ringsum und nicht mehr über die mir dargebrachten Ehren, und es zerstreut mich, die verdutzten Gesichter der Staatsmänner zu sehen, wenn ich ihnen die Weisheiten meines erhabenen Bruders bringe. Das Todesurteil der Rotte herrenloser Hunde auf den Straßen Konstantinopels trage ich in meinem Herzen – ich aber freue mich schon auf die morgige Sitzung im Reichstagsgebäude. Was der Großmogul von Philippopel geruht zu entfalten, ist heilig wie die Worte des Korans. Also baut man im byzantinischen Stil Wohnstätten für die verwahrlosten, bellenden Geschöpfe. Neger und auch abendländische Arbeiter bezahlt der Staat für die Ausführung der Bauten. Und unter der Angabe berühmter Architekten wachsen kleine Paläste aus den wertvollsten Grundstücken der Hauptstadt. Dass den verlotterten Tieren blaues Blut durch die Adern strömt, bezweifeln die Balkanbewohner keineswegs länger. Die heruntergekommenen Hundearistokraten werden Mode, reiche Haremsdamen kaufen sich zottige Hundeprinzessinnen für Tausende Piaster als Schoßspielzeug. Und in allen Erdteilen schon spricht man von dem Luxus der Bosporusstadt, von seinen verborgenen Goldfeldern und Diamantbergen. – Zweimal am Tage küsst Ali Rasmâr nun den stummen Mund. Ich aber rede nur noch in Versen, bis der erhabene Herr in Schlummer verfällt. Acht Stunden hat sein Vortrag über das Projekt der Kanalisation gedauert, das er mir ohne Pause vortrug. O Hassan, du Wunderherrlicher ... Und es strahlte die Mondsichel mit dem ersten Stern über Konstantinopel, als die Weisen und die Ärzte und die Bürger und der Sultan auf der Schulter seines Schnellläufers in den Garten des Reichspalastes eilen durch die kühlen Hallen in den Großen Saal – wohin sie der erhabene Herr zu seinem Vortrag geladen hat. Und ich muss des schwarzen Dieners Bericht bestätigen, ich habe dem Großmogul von Philippopel gesagt, dass ich wieder reden könnte. Aber seine gelben Kuppelaugen, die noch eben dankerfüllt zum Himmel leuchteten, sind aus den Höhlen getreten, seine roten Haare stehen wie wilde Blitze gezückt, als er die Urkunden des Reichsbuches zu durchblättern beginnt. Den Ministern schneidet er mit donnernden Flüchen das Wort ab, sie müssen flüchten, und hinter der Schulter des Schnellläufers hält sich der Sultan verborgen. Leise schleicht die Kunde durch die Sternenstadt: Der Großmogul von Philippopel sei tobsüchtig geworden. Man reißt mir das Gewand vom Körper, den Schleier vom Antlitz, schneidet meine langen Locken ab, und der Sultan hat den Zorn über mich gesprochen – und vertrieben werde ich aus dem Garten des Reichspalastes. Nur einer von den weißen Eseln der Ställe folgt mir. Ich wandle schüchtern neben ihm durch die Nacht – über den Platz – dort wohnt der wunderherrliche Hassan – aber er erkennt mich nicht und höhnt mich, und meine kluge Tante Diwagâtme spreizt ihre Hände abwehrend von ihrem Dache aus. – Und ein Abendländer kommt und fragt mich nach dem Preis eines Eselrittes am Ufer des Bosporus. Eseltreiber bin ich geworden, meinen geschorenen Kopf bedeckt ein alter Fez, ich fand ihn im Sand am Ufer. Und abends liegen wir unter dem großen Mondhaupt, mein Esel und ich, und ich deute mein Geschick, die eingeschnittenen Bilder seiner haarigen Haut! ....

TINO AN APOLLYDES

Tino von Bagdad hat schon zweiundfünfzig Monde die Erde nicht unverschleiert gesehen, und sie war müde der blinden Blicke und sie verwünschte ihre braunen, langen Haare und alles, was sie von Eva geerbt hatte. An Apollydes schrieb sie, der war ein schöner Griechenknabe – auf den Plätzen ihrer Stadt pries er die Liebe.

APOLLYDES UND TINO SIND ZAGENDE UND TRÄUMEN UNTER DER MONDSCHEIBE

Stille Lichte scheinen durch die gläsernen Wände der Säle, und wir sind ganz allein im gläsernen Schloss, und unsere schlanken Körper sind durchsichtig, sind zart und singen. Aber in unseren Schläfen sickert ein kleiner, roter Blutstropfen auf und nieder und dehnt sich wie ein fließender Reif um unsere Stirnen. Wir sprechen klingende Dinge, aber unsere Lippen bewegen sich kaum, sie sind von heimlicher Farbe, und unsere Augen sind aus Süße zuckender Sommernächte. Wir wissen nicht, in welchem Lande wir sind, heiß ist es, und in der Ferne steigen schwarze Feuer auf, die prangen oben tief in schillernden Rosen. Wir berühren kaum unsere Hände, aber wenn der Blutstropfen hoch steigt in unseren Schläfen, dann drängen sich unsere Lippen zusammen, aber sie küssen sich nicht, sie drohen zu zerbrechen im Wunsch. Nachts liegen wir auf weißen Teppichen und träumen von grausamen Farben – oder Lustgestalten kommen und spielen mit unseren zarten, kühlen Körpern wie mit toten Kindern. Unsere Locken aber sind verbrannt von der Glut des kleinen Blutstropfens, und unsere Lippen stehen geöffnet und schmerzen. Das Laub in den Gärten summt, und an den Randen der Teiche sitzen seltsame Tiere, Eingeweide, bläuliche, graufahle, und nicken immer mit ihren Zungen; wir stehen auf dem gläsernen Turm des Schlosses und warten auf die Morgenwinde und wanken nur noch, die Seide unserer Gewänder zittert – wir möchten unsere Hände berühren, unsere Lippen küssen, und unsere Augen sind gespannt wie Gewitteräther. Die gläsernen Wände der Säle krampfen sich – wir suchen etwas – zwei kühle Blicke richten sich spitz auf unsere Herzen – Glasdolche sind es, wir sehen sie immer wieder durch verschimmernde Spiegel – sie haben goldene Griffe, zarte Hände – die bewegen sich, sie winken uns – wir möchten uns küssen ... uns küssen! Sie winken – in unseren Schläfen lauscht der Blutstropfen, er streckt seinen Kelch ins Unendliche ...

APOLLYDES UND TINO KOMMEN IN EINE MORSCHE STADT

Und als wir aufwachten, stand ein großer Finger am Himmel und zeigte, wo wir gehen sollten. Und wir kamen in eine morsche Stadt, die von einem allahalten Palmenhaupt beschattet war. Und da wir nach ihrem Namen fragten, lachten die greisen Torhüterinnen, und der elefantenhäutige Stadtpfeifer dudelte und schnitt dazu spaßige Geistergrimassen. »Chabâah! Bâah!!« Aber die Mädchen der morschen Stadt nennen sich mit Königinnennamen ihrer Mumien und duften nach dem heiligen Fluss; tanzen alle denselben unermüdlichen Tanz in staubfälligen Tüchern, chabâah ... bâah ... nur das Auge inmitten ihres Leibes, das wurzelliebesverschlungene, blickt ....

TINO UND APOLLYDES

»Nun küsse mich!«, bat Apollydes – »ich weiß nicht zu küssen, denn unsere Rosengöttin in Hellas war meinem Vater böse, da er der Kriegerin opferte.« Ich verwunderte mich und sagte: »Keiner sprach so schön von Liebe wie du, und solltest nicht küssen können?« Ich selbst zagte, ihn zu küssen. Und er: »Immer träumen meine Lippen von deinem flatternden Taubenmund« ......

IM GARTEN AMRI MBILLRE

Und als es dunkel wurde, setzten wir uns auf das Seidenbeet im Garten Amri Mbillres, des Königs der namenlosen Stadt. Da begannen meine Augen zu singen, lauter goldene Tränen, Liebeslieder, indes wir uns küssten. Amri Mbillre wandelte dem Monde nach; wie die schlafenden Pfade des Gartens schwebten seine Füße um das Seidenbeet unserer Liebe. Ich warnte Apollydens geöffnete Lippen – aber schon haben sie ihn angerufen. An eine Säule seines Palastes bindete der König den Griechenknaben und schwelgte in seinem blühenden Schmerz. Ich werde meine Krone der rachsüchtigen Liebesgöttin von Hellas, sie zu versöhnen, weihen, denn auf den Plätzen meiner Heimat, wo der schöne Griechenknabe die Liebe pries, versammeln sich die Sterndeuter, aber niemand weiß, wo er geblieben ist, die namenlose morsche Stadt kann keiner nennen; ich habe den Sand des Weges dorthin verstreut mit meinem bangen Atem ....

DER SOHN DER LÎLAME

Als Lîlame, die Gemahlin des Großwesirs, noch in ihrem Schoß den kleinen Mêhmêd trug, geschah es, dass unter ihrem Fenster eine Gauklerbande mit hellblauen Flachsperücken ihre Späße trieb. Und als Mêhmêd auf die Welt kam, ringelten sich mitten auf seinem Kahlköpfchen zwei ganz kleine hellblaue Wollhärchen. Seine Mutter Lîlame soll schwermütig darüber geworden sein, und sein Vater, der Großwesir, ließ alle Friseure des Landes in den Palast rufen, aber die standen ratlos um den hellblau keimenden Haarboden seines Sohnes. Und Mêhmêd wurde der Welt böse, als er zum ersten Mal mit seinem Gouverneur durch die Straßen von Konstantinopel spazierte. Die reichen und die armen Leute hielten sich die fetten und die hageren Bäuche vor Lachen. Und einige von ihnen wurden sogar handgreiflich und zupften an den Spitzen seiner hellblauen Locken. Aber als Mêhmêd älter wurde, gewährte es ihm einen unerklärlichen Reiz, durch die lachende Volksmenge zu schreiten. Seiner Locken Blau hob sich grell ab von der Zitronenfarbe seines Turbans. Und in jedem Jahre einmal kam der Tag des großen Köpfens. An dem wurden alle, die sich des Lachens bei seinem Anblick nicht enthalten konnten, in den weiten Vorhof seines Palastes geladen. Der Sohn des Großwesirs saß dort auf einem eisernen Stuhl und zwang seine Opfer, sich noch einmal so ungebührlich zu gebärden, wie sie sich's vor ihm auf den Straßen Konstantinopels hatten zuschulden kommen lassen. Aber die Leute zitterten vor Nöten, und namentlich die Kinder heulten, denn auf einer Wetzbank lagen krumm gebogene Schlachtmesser wie blitzende Mondsicheln, in jeder Größe, für jeden Hals passend. Aber es ist noch nie eines von ihnen blutig geworden, denn Mêhmêd erlöste die Qual der Schuldigen, indem er sie vor der Hinrichtung wieder in ihre Wohnungen schickte. Und man betrachtete den Sohn des Großwesirs bald mit scheuen Blicken. Die Lachlustigen verbargen ihre Gesichter, wenn sie ihn von ferne herannahen sahen. Und die alten Weiber auf den Plätzen, die Spezereien und Kräuter feilboten, tuschelten sogar von der Wunderkraft seiner heiligen, hellblauen

Haare. Aber Mêhmêd war der Welt böse. Doch weil er sie so liebte, begann er seine außergewöhnlichen Haare mit flüssigem Kalk zu weißen. Und als ich ihn eines Abends also tun sah, trat ich in den Garten zu ihm, er saß am Rand des Spiegelsees, und sein Haupt war wie ein Stückchen Himmel, das in das kleine Wasser gefallen war. »Was beginnt Mêhmêd, mein lieber Vetter?« Und ich wehrte ihn, sein Vorhaben weiter auszuführen, denn ich empfand Allahs Willen im Leuchten seiner hellblauen Haare. »Mêhmêd, du bist ein Weiser und bist ein Narr, da du es nicht weißt. Und wenn du auch die schwarzen Haare deines Vaters oder die goldbraunen Locken Lîlames, deiner Mutter, trügest, dich hätte das gleiche Geschick ereilt.« Ich zeigte in den See. »Deine Stirne ist mit Gold beschrieben, wie sollten die Unwissenden ihre Sprache deuten können, und deine Augen blicken in eine andere Welt.« Und wir stellten noch am Abend eine Probe an, er verbarg seine hellblauen Haare tief im Turban und ich sah recht deutlich durch meinen Schleier, wie sich die Vorüberschreitenden neugierig anstießen und ihre Lachsucht ihm galt. Aber Mêhmêd wandelte seitdem nur noch vor meinem Gitterfenster des Harems auf und ab, bis ich zu ihm in den Garten trat. Seine hellblauen Locken ließ er sich nicht mehr nach Landessitte beschneiden, sie hatten schon seine Lenden erreicht, und eines Abends am Spiegelsee offenbarte er mir, ihn beseele die tiefe Erkenntnis, er sei tatsächlich ein Weiser und größer als alle seine Nebenmenschen, als Mond und Sterne. Und er könnte seine unumstößliche Erleuchtung nur damit begründen, dass er ein Zwilling Allahs sei. Auch würde er ferner nicht mehr über die Straßen Konstantinopels schreiten und die winzigen Menschenhaufen zertreten, das liefe nicht mit seiner Weisheit parallel. Aus verschiedenen Ländern ließ er Geometer kommen, welche die Höhe der Granitsäulen feststellen sollten, auf denen das Dach seines Palastes ruht. Er ging Wetten ein, natürlich gewann er immer. Er war ja beträchtlich größer als die steinernen Träger. Und die Pyramiden jenseits des Ufers hatte er selbst mit Klötzen aus den Baukästen der Haremskinder aufgebaut. Und die mächtige Moscheekuppel war ein Punkt gegen seinen Kopf. Und sein Vater, der Großwesir, erbaute sich an der heiteren Laune seines sonst so schwer brütenden Sohnes; übersteigen seine Späße doch die Sprünge der Gaukler vor dem Palast. Aber ich wurde täglich schwermütiger, wie Lîlame, seine Mutter. Und es war in aller Frühe, die Priester hatten noch nicht die Gebete verrichtet, als ich Mêhmêds Stimme vor meinem Fenster höre; er schwenkte eine Zeitung triumphierend wie eine Siegesfahne durch die Luft. Und er ließ mir kaum Zeit, die große Neuigkeit zu lesen. Es handelte sich um ein Elefantenriesenmonstrum aus Ostindien. Augenblicklich weilte es in der Kaiserstadt der Deutschen, im Abendland. – Fünfundzwanzig schwarze und fünfundzwanzig Diener seiner Haut mussten sich zur Reise bereit halten und außerdem die Hochgestelltesten im Palaste und ich, seine Base, die ich seine Weisheit zuerst erkannt hatte. Auf der Fahrt über die Gewässer verhielt sich Mêhmêd auffallend schweigend, nur manchmal stieg ein Siegeslächeln jäh wie auf Meileneile über sein Antlitz und verklärte seine hellblauen Haare. – Umzäunt von drei Eisengittern gewahrten wir Goliathofoles, das Riesenmonstrum, und in den Nebenkäfigen die anderen Elefanten, die ihn kopfschüttelnd begafften. Er war gerade im Begriff, zwei Kessel Wasser auszuschlürfen. Auf eine Eingabe hatte die Hauptstadt die Kessel der Gasanstalt dem hohen Gaste zur Verfügung gestellt – und der Westen war ohne Beleuchtung. Goliathofoles war so groß – um gewissenhaft zu berichten: Auf seinem Kopf lag Schnee. Aber nichtsdestoweniger verstand er mit seinem Rüssel die Orgel zu drehen und namentlich die Trommel zu schlagen. Heute aber weigerte er sich entschieden, seine Kunststücke dem Publikum vorzutragen, trotz der vielen Zuckerhüte, die für ihn zur Belohnung in Bereitschaft standen. Mêhmêds schmächtige Glieder krampften sich vor Ungeduld, und die fünfundzwanzig schwarzen und die fünfundzwanzig Diener seiner Haut spannten ihre volle Kraft an, um das Vorhaben ihres Herrn zu verhindern, in den Käfig einzudringen. Mit zugespitzten Lippen, girrende Töne flötend, versuchte er das unfolgsame Riesentier zu ermutigen. Biskuitkrümel warf er in sein höhlenaufgesperrtes Mäulchen. Er duckte sich immer kleiner, damit Goliathofoles auch den aufmunternden Trommelwirbel seiner Hände auf dem Gesäß eines seiner Diener vernehmen könne. »Gutes Kiehnd, gutes Kiehnd ...!«

Einen so köstlichen Prinzen hatten die Menschen der fremden Hauptstadt noch nicht empfangen. Mir aber rannen schmerzende Tränen über das Herz ....

DER DICHTER VON IRSAHAB

Neunhundertneunundsechzig Jahre war Methusalem alt, als er starb. Noch am Mittag stand er auf dem großen Marktplatz in Irsahab und ließ seine Finger herabhängen, die Zweige seiner langen Armäste, und hielt den bemoosten Kopf trauernd zur Erde gesenkt. Und die Knaben und Mädchen, die sich in seinem lauschigen Versteck küssten, und die Kinder, die ihre Spiele unter seinem Schatten spielten, fürchteten sich vor seiner Düsterkeit. Und dann kam sein Sohn Grammaton und tröstete ihn. Sein Jüngster war es, der Einzige seiner letzten hundertsten Gemahlin, die sich aus Neugierde mit dem himmelalten Greis vermählt hatte. Und so kam es, dass Grammaton aus blauem Auge schaute, weil Methusalem der blauen Ferne näher war wie der Erde. Und Methusalem sagte zu seinem Sohne Grammaton: »Ich werde heute noch sterben, denn ich kann nicht weiter leben ohne Mellkabe, meine Amme.« Mellkabe war am Morgen bestattet worden, und ihre Wiegenlieder schläferten immer aus ihrem Grabe zu Methusalem auf. Und er hörte allerlei Schmeichelnamen und Methusalem sank also ins Grab neben ihr. Und ein alter Rabe setzte sich auf den Rand seiner Stätte, der hieß Henoch und war Methusalems Vater. Nach finsterer Seelenwanderung kam er endlich wieder in Rabengestalt auf die Welt, weil er Wischnu, den Gott des Nachbarvolkes, beleidigt hatte. Und außer diesem hinterließ der Himmelalte drei Söhne und eine unzählige Kindeskinderbrut. Und die beiden ältesten Söhne waren Zwillinge und fünfhundert Jahre alt und Grammaton, sein später Sprössling, der so viel himmlische Güte im Gesicht trug, war zu gleicher Zeit mit dem neuen Sternbild Pegasus geboren. Und Grammaton war ein Dichter und das war sein Unglück, denn er konnte nicht zwei von drei unterscheiden, auch hatte er sich nie mit dem Ein- und Verkauf der Ländereien und Viehherden seines Vaters abgegeben. Und es leuchtete ihm ein, als sein fünfhundertjähriges Brüderpaar ihm auseinandersetzte, dass die Hinterlassenschaft ihres Vaters sich wohl in zwei, aber nicht in drei Teile teilen lasse, und Grammaton verzichtete mit Edeltränen in seinem blauen Auge. Aber seitdem ließ ihm sein Großvater in Rabengestalt keine Ruhe. Er setzte sich auf seine Schulter, auf seinen träumenden Lockenkopf, und einmal hörte ihn Grammaton, der keine Ahnung von der nahen Blutsverwandtschaft des Vogels hatte, in warnendem Tone sprechen. Aber des Schwarzen Verdächtigungen entfachten sein Herz grimmig, bis seine Seele aufging unter Morgenleuchten und sich füllte mit Gold. Und er dachte, ich kann meine goldenen Gedanken nur prägen in Sternen und Zeichen in die Säule, die das Dach meines Vaterhauses trägt. Aber das schlaue Brüderpaar schimpfte ihn einen Heimlichen, der sich vergriff an ihrem Eigentum, und vertrieben wurde er aus Vater Methusalems reichem Garten. Und da die Säule, die das Dach seines Vaterhauses trug, der Tempel seiner Kunst war, begann er seine Brüder zu hassen und er konnte nicht den Tag erwarten, bis einer den anderen erschlug, wie Kain den Abel.

Und sein Hass dehnte sich aus auf die Kinder und Kindeskinder und er streute kranke Saat unter sie und eines riss das andere vom Erdboden fort. Aber ebenso schnell wuchsen sie wieder auf, von Kindeskindeskind aus Kindeskindeskindeskind, und starb der Vater, so ersetzte ihn ein Sohn in der Nacht. Und Grammaton sah ein, die ganze Stadt war mit ihm verwandt, und sein Hass wuchs von Glied zu Glied und er zertrat das mutwillige Zieglein, was ihm in den Weg lief – ehe es wiederkehre einmal auf zukünftigem Sterne als irgendeines kommenden Urneffen SohnesSohnesSohn. Und es gelang ihm, das Geschlecht Methusalem auszurotten, und das waren alle Einwohner der Stadt, und selbst seinen Tempel, die Säule, die das Dach

seines Vaterhauses trug, verschonte er nicht. Und nur der Rabe, er konnte nicht mehr sterben, hockte in den Höhlen seiner Schultern, und er, Grammaton, saß auf dem Schwanz eines steinernen Affen und sang:
i! ü! h i i i è!!
i! ü! h i i i è!!

DIE SECHS FEIERKLEIDER

Sechs Feierkleider, aus Traumseide gesponnen, rauschen in meinem Nachtgemach auf goldenen Bügeln in Glasschränken. Ich bin die Prinzessin von Bagdad und wandele in der Großmondzeit durch helle Rosengärten um heimliche Brunnen. Der aufgeblühte Mondstern duftet zwischen Wolkenschwarz – ich lege mich schlummer in seinem Schoß ....

MEIN HERZ

Ein Liebesroman mit Bildern und wirklich lebenden Menschen

Mein Herz –
Niemandem.

Liebe Jungens!

Dass Kurtchen Dich mitgenommen hat nach Schweden, Herwarth, ist direkt eine Freundestat. Kurtchen wird erster Staatsanwalt werden und Euch kann nichts passieren. Aber mir kann was passieren, ich hab niemand, dem ich meine Abenteuer erzählen kann außer Peter Baum, der aber aus der alten Wohnung in die neue Wohnung zieht. Im Wirrwarr hat er statt seines Schreibtischsessels seine Matja in den Möbelwagen getragen und sie den Umzugleuten besonders ans Herz gelegt, dass die Quasten nicht abreißen. Am Abend erzählte ich ihm erst meine neue Liebesgeschichte. Ich habe nämlich noch nie so geliebt wie diesmal. Wenn es Euch interessiert: Vorgestern war ich mit Gertrude Barrison in den Lunapark gegangen, leise in die ägyptische Ausstellung, als ob wir so etwas Süßes vorausahneten. Gertrude erweckte dort in einem Caféhaus die Aufmerksamkeit eines Vollbartarabers; mit ihm zu kokettieren, auf meinen Wunsch, schlug sie mir entsetzt ab, ein für alle Mal. Ich hätte nämlich gerne den Lauf seiner sich kräuselnden Lippen beobachtet, die nun durch die Reserviertheit meiner Begleiterin gedämmt wurden. Ich nahm es ihr sehr übel. Aber bei den Bauchtänzerinnen ereignete sich eines der Wunder meines arabischen Buches; ich tanzte mit *Minn,* dem Sohn des Sultans von Marokko. Wir tanzten, tanzten wie zwei Tanzschlangen, oben auf der Islambühne, wir krochen ganz aus uns heraus, nach den Locktönen der Bambusflöte des Bändigers, nach der Trommel, pharaonenalt, mit den ewigen Schellen. Und Gertrude tanzte auch, aber wie eine Muse, nicht muselhaft wie wir, sie tanzte mit graziösen, schalkhaften Armen die Craquette, ihre Finger wehten wie Fransen. Aber er und ich verirrten uns nach Tanger, stießen kriegerische Schreie aus, bis mich sein Mund küsste so sanft, so inbrünstig, und ich hätte mich geniert, mich zu sträuben. Seitdem liebe ich alle Menschen, die eine Nuance seiner Hautfarbe an sich tragen, an sein Goldbrokat erinnern. Ich liebe den Slawen, weil er ähnliche braune Haare hat wie Minn; ich liebe den Bischof, weil der Blutstein in seiner Krawatte von der Röte des Farbstoffs ist, mit der sich mein königlicher Muselmann die Nägel färbt. Ich kann gar nicht ohne zu brennen an seine Augen denken, schmale lässige Flüsse, schimmernde Iris, die sich in den Nil betten. Was soll ich anfangen? Die Verwaltung des Lunaparks hat mir verboten, wahrscheinlich hat sie Verdacht bekommen, den Park zu betreten. Ich brachte nämlich gestern Morgen meinem herrlichen Freund einen großen Diamant – Deinen, Herwarth; bist Du böse? – und eine Düte Kokosnussbonbons mit. Wenn ich überhaupt jetzt Geld hätte? Und ich habe an den Lunapark einen energischen Brief geschrieben, dass ich diese mir angetane Beleidigung der Voß mitteilen würde, dass ich Else Lasker-Schüler heiße und Gelegenheitsgedichte dem Khediven lieferte beim Empfang europäischer Kronprinzen. Was nützt mirs, dass sie mich wieder einlassen – immer geht ein Detektiv hinter mir, aber Minn und ich treffen uns bei den Zulus, die leben schwarz und wild am Kehrricht der ägyptischen Ausstellung, wo kein Weißer hinkommt. Die ganze Geschichte hat mir der Impresario eingebrockt, der behandelt die Muselleute wie Sklaven, und ich werde ihn ermorden mit meinem Dolch, den ich mir erschwang im Lande Minns. Er ist der Jüngste, den der Händler nach Europa brachte, er ist der ben, ben, ben, ben, ben des jugendlichsten Vaters im ägyptischen Lunagarten. Er ist kein Sklave, Minn ist ein Königssohn, Minn ist ein Krieger, Minn ist mein biblischer Spielgefährte. Er trägt ein hochmütiges Atlaskleid und er träumt nur von mir, weil er mich geküsst hat. Kurtchen, Freund Herwarths, wärst Du doch hier, kein Mensch will mit mir nach Ägypten gehn; gestern war eine Hochzeit dort angezeigt an allen Litfaßsäulen. Sollt er sich verheiratet haben?

Denkt mal, ich habe in den Mond gesehn auf der Weidendammerbrücke für zwanzig Pfennige. Ich habe aber nur sehr schattenhaft die Menschen durch das Fernrohr erkannt. Ein Mann hatte die Haare so wie Du geschnitten, Herwarth, oder vielmehr nicht abgeschnitten. Ob die Mondproleten auch immer rufen: Lass Dir das Haar schneiden? Und einen Herrn mit einer Aktenmappe habe ich ein Brot mit Roastbeef essen sehn, der glich Dir, Kurtchen. Und wahrhaftig, ein Café gibts auch auf dem Mond; es war Nacht, ich hörte aus seinem

Innern eine Stimme wie Dr. Caros Stimme singen: »So lasst uns wieder von der Liebe reden, wie einst im Mai.«

Ich habe mich endgültig in den Slawen verliebt – warum – ich frage nur immer die Sterne. Ich liebe ihn ganz anders wie den Muselmann, sein Kuss sitzt noch, ein Goldopasschmetterling, auf meiner Wange. Den Slawen aber möchte ich nur immer anschaun, wie ein Gemälde auf Altmeistergrund. Eine Feuerfarbe hat sein Gesicht, ich verbrenne im Anschaun und muss immer wieder hin. Du brauchst gar keine Angst zu haben, Herwarth, er hat mir auf meinen Liebesbrief gar nicht geantwortet. Ich schrieb ihm: »Süßer Slawe, würdest Du in Paris im Louvre gehangen haben, hätte ich Dich statt der Mona Lisa gestohlen. Ich möchte Dich immer anschauen, ich würde gar nicht müde werden; ich würde mir einen Turm bauen lassen, ohne Türe. Ich möchte am liebsten zu Dir kommen, wenn Du schläfst, damit Deine Wimper nicht zuckt im Rahmen. Ich denke gar nicht mehr, als an Dich und nur an Dich und nie anders, als ob Du in einem Rahmen ständest. So schön wie Du gestern warst, Du warst so schön, man müsste Dich zweimal stehlen, einmal der Welt und einmal Dir selbst; Du weißt am schlechtesten mit Dir umzugehen, Du hängst Dich immer ins falsche Licht.« Ich versichere Dir nochmals, lieber Herwarth, Du brauchst Dir darum keine Sorgen machen, er reichte mir gestern Abend nicht einmal die Hand. Es verriet mir jemand im Vertrauen, er will sich mit *Dir* nicht entzwein, er ist Literat. Was sagst Du zu solch einer Feigheit? Du hättest mir in seiner Lage wieder geschrieben, nicht? Ihr braucht also noch lange nicht kommen; vorgestern Nacht träumte ich sogar, ein Eisbär sei Euch beiden Nordpolfahrern begegnet und hätte Euch gefragt, ob Ihr Euch bei ihm fotografieren lassen wolltet. Was ich ein ausgesuchtes Unglück in der Liebe habe! Ihr auch? Habt Ihr schon Ibsen gesehn und die Hedda Gabler? Und habt Ihr Euch schon eine andere Landschaft betrachtet, wie ein Café? Es gibt wohl da oben nur Schneefelder und weiße Berge und was weiß noch? Die Lappen halten wohl nicht, schickt mir aber ein paar Krönländer.

Ihr könnt lachen, ich hab aber die ganze Nacht nicht geschlafen, einmal war es kalt, einmal heiß, dann stürmte es Herbst, und dazwischen glühte Eure Mitternachtssonne. Als ob der September mir alles nachäffe! Ich weiß nämlich gar nicht genau, wen ich liebe: den Slawen oder den Bischof? Oder sollte ich mich noch immer nicht von Minn trennen können? Der Bischof ist seit gestern von mir zum Erzbischof ernannt worden. Aber der Slawe wird wohlweislich bald seinen Abschied einreichen, seine diplomatischen Experimente mit mir sind demokratisch. Ich bat ihn, meinen Liebesbrief mir wiederzugeben, zum Donnerwetter. Ich habe doch zum Donnerwetter Ehre im Leib. Er hat ihn mir noch nicht zurückgesandt – ob er mir ein paar Worte dazu schreiben wird! Aber was hilft das nur, der Erzbischof spricht, wie ich träume, ganz genau so, auch versteht er unausgesprochen meine Wünsche zu erfüllen. Er wandelt mit mir durch schwermütige Wälder über Rosenpfade, oder wir suchen mitten in der Gespensterstunde rissige Straßen auf, die auf die Spree blicken, finster wie das Auge des Arbeiters. Und jeden Tag bekomme ich vom Bischof einen Brief, es sind die schönsten Briefe, die ich je gelesen habe, ich lese sie laut mit der Stimme des Slawen. Und wie geht es Euch? Ihr seid wohl schon am Wendekreis des Schneehuhns angelangt? Erkälte Dich nur ja nicht, Herwarth. Vor allen Dingen bekomme keinen Schnupfen, ich werde wahnsinnig vom Rauschen der Nase. Kommt Ihr bald nach Hause? Der Erzbischof und der Slawe sind heute vor elf Uhr schon aufgestanden und verließen das Café. Ich wäre gern so sans façon mit ihnen fortgegangen, aber Ihr kennt die Leute noch nicht im Café. Wenn sich nun der Erzbischof und der Slawe alles sagen!!? Der dicke Cajus-Majus blieb bei mir am Tisch sitzen, Cajus-Majus, Cäsar von Rom; wenn er nur nicht immer von Literatur redete! Solange es von meinen Versen handelt, geht es ja noch, aber fängt er von Aristophanes an zu quatschen, soll ihn Dantes Hölle holen! Er vertraute mir an, er liebe Lucrezia Borgia. Als ich ihn fragte, wer das Frauenzimmer sei, bekam er einen Lachkrampf. Ohne Dich, Herwarth, geht es hier doch nicht. Du hilfst mir immer in der Geschichte, auch geniere ich mich, jemand zu bitten, mir die Kommas zu machen. Auf einmal kam gestern Dein Freund, der Doktor, wieder ins Café mit der Marie Borchardt und ihrer Freundin, der Margret König. Die ist auch Schauspielerin, wusstest Du das? Du, sie ist reizend! Ich schickte ihr im ausgerauchten Zigarettenschächtelchen des Slawen einen Chokoladencaces und eine Zigarette. Sie ist eine süße Silhouette. Immer steht sie, ein goldenes Nymphchen, zwischen meinen bunten, plätschernden Gedanken. Darum ging ich auch heute Abend in den Vortrag der Marie Borchardt, nicht um meine Gedichte zu hören, nur der Margret wegen. Aber ich war sehr überrascht von der Vorlesung der Marie, die ist eine italienische Sprecherin; in ihrer Stimme tönen venezianische Glasblumen, und echte Spitzen aus den Palästen knistern unter ihren Worten. Ausgesehn hat sie in ihrem Terrakottakleid und ihrem Turban mit der Goldfranse wie eine kleine Dogenprinzessin. Wenn ich einen Dogen wüsste, ich ließ sie entführen in einer Gondel. Es kann doch nicht alle Tage dasselbe außer mir passieren. Du sagst zwar immer, ich soll mich nicht um andere Menschen bekümmern, aber mich ärgern ebenso sehr die unkünstlerischen, wie die künstlerischen Vorgänge mich im Leben erfreuen. Ich glaube, es ist schon zwölf Uhr; ich bin tatsächlich zu bange, heute den Flur meiner Wohnung alleine zu betreten. Ich bin nervös. Ich werde Dir mein Wort nicht halten können und vor Morgen schon in meinem Bett liegen. Ich werde bei dem Billetfräulein am Halenseer Bahnhof schlafen auf ihrem blutlosen, alten Kanapee. Sie erzählt mir den Rest der Dunkelheit von ihren Liebhabern. Gute Nacht, Herwarth, liebes Kurtchen!

Ich bin nun zwei Abende nicht im Café gewesen, ich fühle mich etwas unwohl am Herzen. Dr. Döblin vom Urban kam mit seiner lieblichen Braut, um eine Diagnose zu stellen. Er meint, ich leide an der Schilddrüse, aber in Wirklichkeit hatte ich Sehnsucht nach dem Café. Er bestand aber darauf, mir die Schilddrüse zu entfernen, die aufs Herz indirekt drücke; ein klein wenig Cretin könnte ich davon werden, aber wo ich so aufgeweckt wäre, käm ich nur wieder ins Gleichgewicht. Ich hab nämlich gebeichtet, dass ich mir außerdem das Leben meiner beiden Freunde wegen hätte nehmen wollen am Gashahn, der aber abgestellt worden sei; der ganze Gasometer ist geholt worden. Ich konnte die Gasrechnung nicht bezahlen. Auch in der Milch kann ich mich nicht ersäufen, Bolle bringt keine mehr. Wie soll ich nun, ohne zu erröten, wieder ins Café kommen? Ein Mensch wie ich müsste sein Wort halten. Ich werde den beiden, dem Bischof und dem Slawen, vorschwindeln, Du wirst Dich zu sehr erschrecken.

Liebe Jungens

Ratet nur, die beiden waren gar nicht mehr da, als ich um zwölf Uhr lebendig ins Café kam, aber Dein Freund der Doktor saß und sang für sich, manchmal so laut, er vergaß schier den Ort. Seine Stimme ist mythenhaft, olympisch, auch Krater raucht darin, und dröhnen kann sie wie Zeuswort. Dass wir beide uns böse sind, ist direkt unkünstlerisch.

Wisst Ihr, wer heute in aller Früh angeklingelt hat – Fridolin Guhlke. Er habe sich verliebt, er habe seine erste Liebe getroffen; damals sei sie dreizehn gewesen vor drei Jahren. Und er zeche nicht mehr, seine Flamme trüge einen Heiligenschein um den Kopf. Auch ins Café käme er nicht mehr, ich sollt ihm dieselbe Askese versprechen. Heimlich halten wir alle das Café für den Teufel, aber ohne den Teufel ist doch nun mal nichts. Ich bin neugierig, wie lange der Guhlke es ohne Teufel aushält. Manchmal gehts ja dort auch etwas zu heiß her, wenn einen so eine aufgetakelte Plebejerin anranzt; man soll ihr aus dem Weg gehn, ihr Vollmond könnt nicht vorbei mit dem Spitzenüberwurf. Ich wollt ihr eine Backpfeife geben, als sie schon oben aus dem Billardraum ihren Mann holte, der in Begleitung von galizischen Saduzäern und Chaldäern sich mir näherte. Aber ich verhielt mich stumm; hasse es, mich mit lauten schreienden Weibern einzulassen. Nach einiger Zeit kamen dann zwei Polizisten, mich zu vernehmen. Aber Richard versteckte mich zwischen den Zeitungen; das bleibt jetzt mein Fach. Dann kam unser Direktor Wauer, er hätte gern die

Szene gesehn. Ich entschädigte ihn. Er kannte wirklich noch nicht die Schauspieler im ägyptischen Lunapark. Gerade trabte das Dromedar am großen Fenster des Cafés vorbei; es kam vom Tierarzt, es leidet an seinen Mägen. Ich sehne mich nach Minn, er war es nicht, der Hochzeit hatte. Was mir noch einfällt, Kurtchen, Herwarth hat seine Taschentücher vergessen, leihe ihm von Deinen. Du kriegst sie *gewaschen* zurück. Es ist vier Uhr; es ist noch ganz hell. Direktor Wauer fährt in einem Wagen unserer kleinen Karawane voraus.

Lieber Herwarth und liebes Kurtchen! Bleibt noch so lange wie es Euch gefällt; ich freue mich ja so, dass Ihr Euch schon erholt habt, auch über Eure schönen, interessanten Ansichtspostkarten. Wie vornehm ist Ibsens Grabmal gehalten, eine Säule in der Sprache der Hieroglyphen, eine nordische Pyramide. Gestern zeigte mir der Erzbischof auch mein Denkmal. Der indische Turm des Lunaparks müsste einmal auf meinem Leibe stehn. Es überkam mich ein Grauen, aber zu gleicher Zeit senkte ich erhaben den Kopf vor der mir angetanen Ehre. Der Bischof ist der Gärtner des Worts, er spricht mit einer gleichmäßigen Ruhe, die mir wohltut. Er behauptet zwar, er spräche nur mit mir so gleichmäßig und vorsichtig, und ich weiß nicht, ob er mich für eine zarte Pflanzenart oder für einen Tiger hält. Als wir am Abend dem Slawen begegneten, ging er an uns vorbei; er spielt altmodisch den Erhabenen, er ist eben ältlich im jugendlichen Alter. Wenn man ältlich ist, kann man keine Jahreszeit des Herzens erleben, selbst den Winter nicht, ebenso wie der Kindische nichts vom Frühling weiß. O, und alles bedeutet der Wandel im Menschen; der Bischof und ich, wir spielen augenblicklich Lenz. Peter Baum gibt mir auch vollständig recht, er sei nur zu faul zum Wandel. Er lässt Euch grüßen; sein Roman aus der Rokokozeit sei fast fertig, vor einem halben Jahr war er beinah fertig. Lebt wohl, liebe Kameraden!

Cajus-Majus, der Cäsar, setzte sich geheimnisvoll an meinen Tisch, als sich Peter Baum für einen Augenblick entfernte, Cajus möchte mich etwas fragen. »Ich möchte Sie etwas fragen, Else Lasker-Schüler, passen Sie mal auf! Es handelt sich um meine literarische, wie um meine materielle Zukunft. Würde es mir Herr Walden übel nehmen, falls ich bei Capuletti in Florenz in den Verlag einträte? Kraus ist ja erhaben über dergleichen, aber Walden hat zur Zeit Herrn D. schon einmal bei einer solchen Gelegenheit die Alternative gestellt.« Ich habe ihm geantwortet, Herwarth, dass er meine Stellung zu Dir überschätze. Ich wäre noch nicht mal als Laufbursche unten im Bureau angestellt, ich bewürbe mich aber um den Sekretariatsposten und würde seine Angelegenheit zur Sprache bringen. Bin ich nun so dumm? Offen gestanden, ich mag Cajus-Majus schrecklich gern leiden, er ist ein drolliger, erwachsener Pausbackenengel, ein fromm gewordener Bacchant im Bacchantenzug; sein Humor hat sich frisch erhalten, aber statt der Trauben trägt er einen weißen Kragen um den Hals. Was sich doch die Menschen verändern, was die Literatur aus einem Menschen macht! Aber allen Ernstes, Herwarth, wirst Du es ihm übel nehmen? Eins will ich Dir sagen, druckst Du nichts mehr von ihm, schreib ich nicht eine Bohne mehr. Die einzigen Sachen, die mir Vergnügen machen, sind Cajus-Majus Sachen. Als Peter Baum wieder an unseren Tisch trat, kamen durch die Caféhaustüre die Signorina Marie und die Margret. Ich sagte, die Margret sieht heute aus wie ein Glühwürmchen, und Peter Baum schnappte danach. Aber Cajus-Majus schwamm weiter durch die literarische Seligkeit wie ein Walfisch. Aus seinem Kopf floss über Kreuz ein Springbrunnen. Wir gingen zeitig nach Haus, Herwarth, auf Ehrenwort! Wieder ist ein Brief vom Dalai Lama aus Wien gekommen, ich habe ihn zu den anderen Briefen und Karten und Drucksachen in Deine fife o glock Hose gesteckt.

Lieber Cook und lieber Peary!

Ich muss Euch ein Geheimnis anvertrauen: Gestern in der Nacht, der Himmel war eine Mischung von taubenblau und stern, gingen der Bischof und ich in eine kleine Kneipe in die Mommsenstraße. Aber ich hatte kein Geld mehr bei mir, als gerade noch für ein Glas Wasser, das Trinkgeld kostet. Der Bischof verträgt aber wahnsinnig viel Alkohol; er wollte durchaus Burgunder trinken, weißen Burgunder. Er beteuerte mir, dass durch sein Herz weißer Burgunder ströme, er wollte mich durch die Blume des Weins von seiner reinen Liebe verständigen. Aber ich sagte ihm, ich hätte kein Geld. Und er war sehr niedergeschlagen, dass ich von ihm nichts annehmen wollte. Meint Ihr, ich hätte mit ihm den Burgunder trinken sollen? Oder Goldwasser? Ich will Euch offen sagen, wir haben Goldwasser getrunken; ich habe mich zum ersten Mal von einem Menschen freihalten lassen; es lag eine Zärtlichkeit in seinem Geben, manchmal reichte er das klein geschliffene Glas bis an meine Lippen, wie mans bei einem Kind tut. Ich liebe seitdem den Bischof und ich habe ihm erlaubt, meine Haare zu küssen; er sagt, sie duften nach Lavendel.

Liebe Jungens!

Ich habe hier nun keinen Menschen, dem ich das alles erzählen kann, kommt bald wieder! Der Peter Baum ist ein Schaf, er grast immer auf der Wiese bei seiner Mutter und immer kann er nicht loskommen von Hans oder von einem anderen Cousin des Wuppertals. Oder seine Schwester lässt ihn nicht fort, oder Maja, sein Weib, ist zurückgekehrt von der Reise. Ohne Peter Baum kann ich nicht leben. Er rügt mich nie, er findet, alles passt zu mir, was ich tu. Aber vor Dir hab ich Angst, lieber Herwarth; eine Backpfeife wäre mir lieber als Dein strenges Gesicht. Den Geschmack habe ich noch von der Schule her. Und ich werde lieber in Deiner Abwesenheit diese Briefe an Dich und Kurtchen an Deine Druckerei schicken. Du sagst ja doch, es geht nicht, aber es geht alles, wenn man will. Peter Baum findet auch nichts dabei. Den ganzen Tag hab ich gestern auf ihn gewartet; ich schrieb dreimal denselben Brief an ihn, einen sandte ich an seine erste Wohnung, den zweiten an seine zweite Wohnung und den letzten an seine Mutterwohnung nach Friedenau. Auf Wupperthaler Platt: »Lewer Pitter Boom, dat letzte Mol, dat eck Deck schriewen tu: Kömm oder kömm nich, ollet Mensch. Eck han Deck so völl tu verzählen, eck weeß nich, wän eck vön de dree Arbeeter liewe: den Fredereck oder den Willem oder den Ost-Prösen. Du söllst meck helven tu sinnen, dommet Rendveeh. För wat böß De denn geborn? On leih meck een Kastemännecken, eck han verdeck keene Kartoffel mähr em Hus, on necks tu freten. Eck gew et Deck weher, so wie ming Gelägenheetstrauerspeel, »Die Wupper«, obgeföhrd wörd. Der Derektör Reenhardt han et meck versproocken optuföhren; wenn meck ens nur der olle Großvatter em erschten Akt vörher nich sterben dut; hä leid on die Luft. Det weeßt De jo. On de Grätz vom Dütschen Triater söll emm speelen. Du gönnst et meck wohl nich, fiser Peias? Kömmste nu oder nich? Kömm ens wacker! Ding Amanda!« Denkt mal, er ist abgereist mit seiner Schwester Julie nach Hiddensee. Am Hohenzollerndamm wohnt seine Frau, die Matja, mit ihrer Freundin Jenni. In der alten Ringbahnstraße hat Peter Baum seinen Roman liegen lassen. Die Tapezierer haben die Hälfte Blätter schon mit Kleister beschmiert, um sie unter die neue Tapete zu kleben. Aber was geht das uns an! Hast Du Dir den Brief von der Post in Christiania abgeholt, lieber Herwarth? Was sagst Du dazu, dass Deine Pantomime in ganz Luxemburg angenommen worden ist? Ich singe immer seitdem: Ich bin der Graf von Luxemburg und hab mein Geld verjuxt, verjuxt.

Liebe Kinder!

Ich habe Euch schnell was furchtbar Schmerzliches zu sagen: Der Marokkaner ist entführt worden von einer Undame.

Herwarth!

Gestern war ein Monstrum im Café mit orangeblonden, angesteckten Locken, und wartete scheints bis Mitternacht auf Dich, Herwarth. Leugne nur nicht, Du kennst sie; sie sprach genauso im Tonfall wie

Du, überhaupt ganz in Deiner Ausdrucksweise. Nachher ging sie in die Telefonzelle; ich und Zeugen hörten sie unsere Nummer rufen, aber Deine Sekretärin musste wohl schon gegangen sein, denn das Monstrum stampfte so wütend mit dem Fuß, dass die gläserne Tür des kleinen Kabinetts klirrte. Und so stampfen nur Verhältnisse! Es wäre doch eine Gemeinheit von Dir, wenn Du mir untreu wärst. Jemand hat hier im Café gesehn, wie sie Dir unter dem Tisch eine ihrer künstlichen orangefarbenen Locken schenkte. Aber was wollte ich noch sagen: Heute Morgen war Minn bei mir in der Wohnung; auf seiner stolzen Schulter trug er einen großen Reisekorb, mich darin sofort einzupacken nach Tanger. Ich will es mir noch überlegen mit dem Bischof; natürlich, wenn der mich wirklich liebt, kann ich ja nicht weg. Aber noch eins: Niemand schwärmt so für Deine Pantomime wie der Erzbischof und der Slawe. Also bleibe noch ruhig am Nordpol, Du und Kurtchen.

Lieber Herwarth!
Zum Wohlsein, Kurtchen!

Gestern sind meine Rosa und ich fast überfallen worden!! Sie flickte mir gerade meinen Rock. Ihr Fritze war es, der doch so ungefährlich aussieht. Sie hat ihm in der letzten Zeit dieselben Briefe geschrieben, die ich ihr an Dich und Kurtchen vorlas. Was wir so alles durchmachen! Auch geht es mir materiell schlecht. Im Café habe ich große Schulden, beim Ober vom Mittag: ein Paradeishuhn mit Reis und Apfelkompott; beim Ober von Mitternacht: ein Schnitzel mit Bratkartoffeln und Preiselbeeren und ein Vanilleeis, ein ganzes zu fünfzig Pfennig. Martha Hellmuth, die Zauberin Hellmüthe in meinem St. Peter-Hille-Buch, lieh mir einen Groschen fürs Nachhausekommen, sonst hätte ich Dir wieder mein Wort nicht halten können. Und nachher kam Rechtsanwalt Caro; er ist direkt ein gentleman, er gab mir für Dich zehn Mark; er sei Dir das schuldig. Als ich dann Lachs mit Buttersauce gegessen hatte, fiel mir ein, es war eine elegante Ausrede von ihm. Was man doch an Keingeld zugrunde geht! Zwar Kleingeld vertrag ich noch weniger, ich bin von Hause nicht en miniature gewöhnt. Macht Euch keine Sorgen um mich, solang ich noch im Fall einer Mobilmachung was zu versetzen hab – Euer Krösus.

Liebe Jungens!

Höxter ahnt was von meiner Schwärmerei zu Minn, er hat mir zwei Ansichtspostkarten der ägyptischen Lunaausstellung mitgebracht. Auf dem Kamel der Palmenlandschaft sitzt mein Sultan. Wo ihn die Diebin wohl hingeschleppt hat? Hast Du übrigens von der Zeichnung, die Höxter von mir gemacht hat, ein Cliché anfertigen lassen, Herwarth? Sie kommt doch in den Sturm? Ich bin darauf wirklich der kriegerische Prinz von Theben, dafür ist die Sphinx im Vordergrund ein richtiges Weib. (Ich schreib sonst kein Wort mehr für den Sturm.) Höxter und ich sitzen heut ganz allein im Vorgarten des Cafés; wir knobeln in der Sonne aus, dass wir beide von Beduinen stammen, er sitzt immer wie ich auf einem edlen Araberpferd, darum können wir nie ganz verkommen. Wir sind vom Stamm der Melechs und ziehen in Gedanken immer gegen andere Rassen. Ich bin Höxter dankbar, er erzählte mir ein Wunder, seine Schwester heiße Schlôme.

Wisst ihr, wer gestern bei mir war? Die Exkönigin Eugenie! Ich öffnete mit Zagen die Korridortüre wegen des Gerichtsvollziehers. Ihre Majestät versprach mir, an meine Cousine zu schreiben, die ist Zwillingsmillionärin.

Lieber Herwarth, edles Kurtchen!

Ich habe mir seit einigen Tagen vorgenommen, Karl Kraus, der Dalai-Lama in Wien, soll außerdem Minister werden. Ich sehe ihn überhaupt nicht mehr anders, als auf einem mächtigen Stuhl sitzen. Wie langweilig und langsam alle Menschen sind, er wäre schon längst Minister. Ob ich wohl Hofdichterin werden würde mit einer Apanage. Aber daran denke ich erst in zweiter Linie. Ich hätte die Angelegenheit Dalai-Lamas längst zur Sprache gebracht, aber die Leute, wie gesagt, lächeln immer langwierig, wenn ich was sage, auch verstehen sie nicht meinen gaukelnden Worten ein Seil zu spannen. Nur der Minister freut sich meiner Sprünge, er ist ernst genug.

Der kleine Jakobsohn hat zweiundzwanzig Nummern der Fackel bestellt; ich habe Dir sofort gesagt, Herwarth, er ist gar nicht so schlimm, es wird ihn auch noch der Sturm umreißen. Seid vergnügt, beide, macht Euch keine Sorge wegen meines Mitbruchs, ich hab Diamanten und Perlen – und ein Heer Verse – auf Dich gedichtet.

Ich kann Euch heute nur eine Postkarte schreiben; der Bischof telefoniert eben, ob wir gleich etwas in Sibirien spazieren gehen wollen. Wir nennen nämlich die Gegend am Lützowerplatz in Charlottenburg Sibirien. Wir haben überhaupt viel gleiche Empfindungen beim Anschaun der Welt. Auch sehen wir dieselben Tiere im Menschgesicht. Die Katzen liebt er, ich nicht. Ich werde ihn heute fragen, ob er die Katzen mehr liebe wie mich. Solche Fragen berühren ihn glücklich. Ich frage ihn vieles Verhängnisvolle auf Französisch, als wäre er mein Gouverneur. Es ist so aufatmend, wenn einem auf einmal alle die verantwortlichen Gedanken und eingenisteten Gefühle von der Schulter gleiten und man eine Marionette ist, am feinen Seidenfaden geleitet. Aber manchmal bin ich sein goldener Ball, den er liebevoll in Kinderhände wirft. Oder ich schlummere vom Rausch seiner Worte, er hat etwas Rebenartiges. Ich lehne, seitdem ich ihn kenne, oft an schwarz angestrichenen Wänden der Häuser und werde süß. Wenn er nicht mit mir spielen würde! Ich müsste verdorren in der Nüchternheit von Berlin. Unter Asphalt ist sogar hier die Erde begraben; einen großen Baldachin wie des Wintergartens dumpfer Sternenhimmel wollen sie jetzt über die Hauptstadt bauen; wo soll man dann hin, blau sehn. Der Westen unserer Stadt ist mir am verhasstesten, die Arbeitergegenden haben wenigstens etwas Kriegerisches. Kürzlich standen wir auf der Brücke, die zur Siemens-Fabrik führt, in der Nacht. Wir hätten uns fast geküsst, aber ich entschwand seinen Lippen, ohne es zu wollen, wir sind auch beide zu weiß, wenn wir erröteten im Küssen, wäre wie Blut, vielleicht wie Mord. Ich muss Euch das alles sagen, liebet mich dafür.

Liebe Jungens!

Als ich heute ins Café kam, saßen der Slawe und der Bischof wo versteckt. Der Slawe findet es scheints politischer in Deiner Abwesenheit, Herwarth, sich nicht mit mir zu befassen, er spielt den Ehrenmann. Auf die Idee, dass er sich aus mir nichts macht, bin ich noch nicht gekommen, aber ich habe ihn satt; er ist auch gar nicht so schön, wie ich ihn zuerst sah, er hat ein enges Mienenspiel. Und er freut sich immer, wenn jemand Verlust der Phantasie erleidet, da er keine besitzt. Ich habe Minn verloren, alle marokkanischen Träume und den tätowierten Halbmond an seinem vibrierenden Nasenflügel. Der Bischof sah mich von Ferne weinen, er küsste schon dreiundzwanzig Mal mitleidig seiner kleinen, heiligen Katze den Kopf.

Heute stellte ich dem Bischof eine Sängerin vor, weil sie der Talismanfotografie ähnlich sieht, die er in seinem Portefeuille trägt. Nun soll er in Wirklichkeit seinen Typus Angesicht von Angesicht sehn. Ich glaube zwar, er ärgert mich nur mit ihm, aber ich will mich lustig rächen. Felicitas summt immer meine Melodien auf Berliner Jargon, die ich aus dem Morgenland weiß, sie ist mein verwässerter Nil abwechselnd mit einer Schüssel Tigriswasser, darin sie ihre Strümpfe wäscht. Aber sie trägt seidene Strümpfe; mit Wohlgefallen bemerkte das der Erzbischof, auch stellte er Vergleiche an zwischen mir und ihr. Das nehme ich ihm übel, ich glaube, ich mag ihn nicht mehr leiden. Meine ganze Psyche ist eine Weile eingekracht. Eine feine ganz goldene Stadt ist meine Seele, lauter Wandelgänge von Palast zu Palast. Und ihre Landschaften übersteigen die Schönheiten aller Länder. Ich soll wieder erkrankt sein, aber wo? Es ist kein Mosaik mehr da, und mich behandelt man auf Backsteine. Ich gab dem Bischof lächelnd die Hand zum Abschied: »Leben Sie wohl, Herr Erzbischof,

Sie behaupteten, die Kultur der Ägypter über alles zu lieben, und vergaßen, dass man eine pharaonische Prinzessin nicht (wenn auch in Gedanken) neben einem deutschen Porzellangänschen stellen darf.« So sagte ich ihm.

Herwarth!

Heute gabs wieder Aufschnitt bei mir; dabei esse ich so gern Ente und Mirabellen. Ich hatte geradezu Sehnsucht nach Kempinski, trotz der gierigen Philister an den Nebentischen. Warum sind wir beide dort so unverheiratet? Bin weder in dem Lokal Deine Verehrerin, noch Deine Kameradin, noch Deine Angetraute. Du bist dort mein Liebhaber, erster Liebhaber, und ich fühlte wohl in den beiden Malen, wo wir dort aßen, dass auch in Dir verborgen wie in allen Männern das Talent zum Bonvivant steckt; aber ich auch nicht alleine die Dichterin und die Tino von Bagdad bin, nicht nur der Prinz von Theben, zu guter Letzt nicht nur als Jussuf der Ägypter existiert habe, sondern ich auch ein ganz kleines Mädchen sein kann, das zum ersten Mal von einem Herrn zu Kempinski zum Abendbrot mitgenommen wird und Geschmack an Kaviar und Ente mit Mirabellen findet, sich aber noch schüttelt entsetzt vor der Schnecke in der geöffneten Muschel. Weißt Du noch unsere Angst, dass jemand uns von Bekannten sehen würde, – unser Verhältnis. Ich trank aus Deinem Glas Rotwein, und Du machtest mir Komplimente meiner schmalen Fußgelenke wegen. Du versprachst mir seidene Strümpfe zu kaufen und eine weiße Feder für meinen großen Strohhut. Du hast so emsig süß zu mir gesprochen, namentlich wie ich mich genierte, noch etwas von der Auswahl der Konfitüren zu wählen. Und ich vergaß wirklich, dass ich Deine Frau war, und machte mich über Deinen Drachen lustig, über ihre finstere Stirn. Aber ich werde nie Dein stutziges Gesicht vergessen; da wusste ich, dass Du schon öfters mit kleinen Mädchen bei Kempinski soupiert hattest, die Deine Frau ihrer fanatischen Galiläerstirn wegen verspotteten. Das hatte Dich immer wieder von den Leckermäulern abgebracht, denn Du wurdest barsch und unmutig zu mir, weil ich Deine »Frau« beleidigt hatte. Und wie ich erfahren habe, bist Du erst neulich in einer kleinen Gesellschaft dort gewesen, Dein Freund, der Doktor, brachte seine lachende Kleine mit. Warum hast Du nicht Kurtchen veranlasst, den Doktor auch zu der Reise nach Norwegen einzuladen? Er sieht abgearbeitet und verärgert aus. Es gibt keinen Menschen, der aufmerksamere Liebe nötiger hat, als der Doktor, als »unser« Doktor, sind er und ich auch schuss für ewig. Ich habe jahrelang Jünglingen, die ihm ähnlich sahen, Blumen gesandt.

Liebe Nordpolforscher!

Direktor Wauer hat heute Morgen ein Telegramm aus Elberfeld bekommen. Die Stadt Elberfeld hat ihn verständigt, dass der Wupperthaler Gesangverein ihm ein Ständchen bringen wird, weil er ming Stöksken aufführen tät. Was mich meine Einwohner doch gut leiden mögen! Und eine Deputation Färwer, Knoppmaker on Suttaschdreher on zweihundert Weberslüte werden unserm Direktor ein Album mit bergischen Fotografien überreichen. Ich schwärme wahnsinnig für Direktor Wauer.

Liebe Beide!

Wieso weiß Richard Weiß in Wien von der Aufführung meines Schauspiels? Er schickte mir heute Rosen. Ich möchte ihn einmal sehen. In seiner Schrift stehen alle seine Gedichte gemalt, manche sind gebeugte Bäume, aber auch herrliche Kuppelbauten erheben sich an Ufern. Ja, seine Schrift hat Ufer und Flüsse, heilige Wellen, die nach Gebeten duften. Seine Schrift duftet. Es hat mir jemand verraten, dass er schlank ist, dass er braune Haare habe und schmerzlich der Blick seiner Augen sei, und dass er den Scheitel an der Seite, wie ich, trüge. Ich denke an ihn immer sehr bewegt: ich wollte, ich wäre ein Spaßmacher und er eine Schlange, ich würde ihm das Tanzen beibringen.

Lieber Herwarth und lieber Kurt!

Ach, ich habe diese Nacht so sonderbar geträumt! Ich lag auf einer Bahre mitten auf einem Platz. Ich lag gehüllt in einem weiten, stillen Tuch, wie in einem Meer – und war tot. Manchmal tratst Du zu mir, Herwarth, und hobst das Meer von meinem Angesicht und wiesest auf meine Stirn. Und es verhöhnten sie so viele Menschen, wie ich Tage gelebt hatte. Ich begann mich schon wegen Deiner Arglosigkeit zu ärgern, denn ich habe immer den neugierigen, dreisten Tag gehasst. Aber als die Nacht kam, bat ich Dich, drei Prinzessinnen meiner Liebe zu beschenken. Du versprachst mir feierlich, der Venus von Siam das Armband zu senden, das ich beim Aufschreiben meiner Gedichte trug. Du wiederholtest mir mit reiner Stimme, meinen Ring mit dem eingefassten Abendrot, Jephta, der Frau des gentlen Rechtsanwalts, der immer vom Mai singt, zu reichen. Du schworst mir treu, dass Du Nora von Indien, dem weißen Panther, meinem treuen Absalon, meinem frommen Spielgefährten, mein Rubinherz selbst um den Nacken legen würdest. Ich weinte so wild, ich hörte das Meer um mich aufstehn. Und ich fürchtete, Dein Finger würde erfasst werden, der über den Platz wuchs, auf dem ich gebettet lag, der klare Wegweiser, der auf meine Stirn wies. Es wurde immer auf etwas gewartet – Zeuxis Kokoschka schlenderte hinter dem Dalai-Lama; und Loos, der Gorillaarchitekt, trug auf seinen Händen mein Gewölbe, wie es sich für mich geziemt, aus weißem Libanonholz, schlicht, aber zu reich für den eitlen Geschmack der Leute. Und es brach ein Kampf um das Haus meines Leibes aus; Stuckvolants und Einsätze setzten sie an meines Tempels Fassade. Aber ich konnte nicht mehr streiten, ich hatte mich schon aller Täglichkeit abgewandt und spielte mit der runden Zeit. Des Dalai-Lamas Augen, blaue, milde Myrrhen balsamierten mich ein, Zeuxis malte mich endlich im Tode. Und Du, Herwarth, küsstest meine Stirn, eine Orgelsymphonie stieg zu mir empor; ich bin nie mit anderen Menschen zu messen gewesen; ich konnte nur immer so sein, wie man zu mir heraufblickte, denn meine Stirne war der Nachthimmel. Du wusstest es.

Liebe Renntiere!

Ich freu mich so auf Euer Geweih! Aber ich dachte mir gleich, dass Ihr so leicht nicht von der Schlittengegend fortkämet. Und habe also früh Schluss mit meinen Briefen an Euch gemacht. Übrigens empfing ich schon viele bedauernde Anfragen deswegen; also bleibt noch, friert ein bisschen. Ganz recht, ich werde anfangen, meine Briefe an Euch zu sammeln, und sie später unter dem Titel »Herzensbriefe, allein selig machender Liebesbriefsteller, gesetzlich geschützt« herausgeben. Vorwort: Alle bis dahin vorhandenen Liebesbriefsteller hinterlassen Übelkeit und Magendruck. Und den Deckel muss mir ein Porzellanfabrikant zeichnen, ein Pärchen zwischen bunten Blumenmustern. Oesterheld und Cohn sagen, das ist meine erste vernünftige Idee, nur ihr Lektor Knoblauch war empört darüber. Der Verlag hat sich aber noch nicht erholt von dem Reinfall in meine Wupper. Und was meint Ihr – Müller Mahle Mühle hat mir mein Manuskript Essays aus München wiedergesandt, »sie seien ja sehr hübsch, aber das Publikum interessiere sich nicht für die Namen«. Ich meine doch, Julius Lieban, Emmy Destinn, Tilla Durieux, William Wauer, Paul Lindau, Friedrich von Schennis, Peter Baum, St. Peter Hille, Karl Kraus, Adolf Loos, Oskar Kokoschka, Dr. Adolf Kerr, Maupassant etcetera sind nicht unbekannte Leute. Außerdem erschienen alle meine Essays in den ersten Zeitschriften und Zeitungen, das müsste Herrn Müller doch maßgebend gewesen sein. Mahle Mühle Müller. Euer Pechvogel.

Herwarth und Kurt!

Ich muss Euch heute Nacht noch etwas ganz Seltenes erzählen, Stefan George ist mir in der Dunkelheit eben begegnet. Er trug einen schwarzen Samtrock, ließ die Schulter hängen, wie müde von der Last des Flügels. Ich schrie ganz laut. Ich bin einem Erzengel begegnet, wie er gemalt ist auf den Bildern Dürers.

Lieber Herwarth und Kurt!

Ich habe das Café satt, aber damit will ich nicht behaupten, dass ich ihm Lebewohl für ewig sage, oder fahre dahin Zigeunerkarren. Im Gegenteil, ich werde noch oft dort verweilen. Gestern ging es Tür auf, Tür zu, wie in einem Basar; nicht alles dort ist echte Ware: Imitierte Dichter, falsches Wortgeschmeide, Similigedanken, unmotivierter Zigarettendampf. Der Rechtsanwalt kommt schon lange nicht mehr hin. Warum es einen so ins Café zieht! Eine Leiche wird jeden Abend dort in die oberen Räume geführt; sie kann nicht ruhen. Warum man überhaupt in Berlin wohnen bleibt? In dieser kalten, unerquicklichen Stadt. Eine unumstößliche Uhr ist Berlin, sie wacht mit der Zeit, wir wissen, wie viel Uhr Kunst es immer ist. Und ich möchte die Zeit so gern verschlafen.

Kinder, ich langweile mich furchtbar, die ganzen Geliebten sind mir untreu geworden. Ich komme mir vor wie eine Ausgestoßene, trete ich in den Vorhof unseres Cafés. Den Slawen kann ich ja nicht mehr ausstehen. Und der Bischof ist mir zu wertvoll zum Spiel; wenn er das Spiel ertragen könnte! Wer verträgt aber den Kopf- und Herzsprung! Minn ist herabgekommen durch die Undamen; ich weiß gar nicht mehr, ob er hier in Berlin ist. Ich bin inwendig wie ein Keller, wie Sibirien ohne Duft. Ich bin so allein; wäre ich wenigstens einsam, dann könnte ich davon dichten. Ich bin die letzte Nuance von Verlassenheit, es kommt nichts mehr danach. Wenn mir doch jemand was Süßes sagte! Wäre ich doch eine Biene und könnte mir Honig machen! Was nützen mir Deine lieben Briefe und Postkarten! Ich kenn Dich und Du kennst mich, wir können uns nicht mehr überraschen, und ich kann nur leben von Wundern. Denk Dir ein Wunder aus, bitte!

Gestern Abend war ich im Wintergarten mit dem Maler Gangolf. Ich gehe so gern mit ihm gerade in die Variétés. Er spöttelt nicht, er kann groß gucken wie ein Kind. Manchmal überkommt uns auch Romantik – dann schielt er leise nach der Nelke oder Rose oder Georgine, mit der meine Hand spielt. Ich schiebe sie dann ganz grundlos auf seinen Schoß. Am besten gefielen uns die beiden musikalischen Clowns, der eine in der weiß getünchten Maske Kubeiks, dem Spiel nach war er selbst darunter versteckt. Der zweite, verkleidet als Rubinstein, spielte, wie der gespielt haben muss. Ja, ja, man muss Clown werden, um sich mit dem Publikum zu verständigen, und – damit man dran kommt. Ich habe Dir schon lange gesagt, Herwarth, ich trete auf als Aujuste und spreche so mit dem Gänseschnabel meinen Fakir und meinen Ached-Bey und meine Gedichte. Gangolf war bewegt darüber – er zeigte mir am Abend noch zur Zerstreuung sein Puppentheater. Er hat eine Stadt voll von Miniaturmenschen geschaffen. Auch seine Gemälde sind wirklich geformt vom bunten Blut der Farben. Leid tat mir, dass er sein hervorragendes Selbstbildnis zerstört hat, den Mann hinter dem Fenster, der über die Türme der Stadt blickt. Sie hat ihn verloren und er die Stadt. Wir wollen jetzt öfters zusammen wieder in die Variétés gehen. Du hast doch nichts dagegen, Herwarth? Ich grüße Dich!

Liebe Skiläufer!

Oder lauft Ihr nicht Ski? Wie ich noch so oberflächlich fragen kann, und bin in der größten Besorgnis, wo ich mein Manuskript unterbringe. Ich muss doch eine Familie ernähren, ich meine meinen Paul in allen Schmeichelnamen. Er will nun endlich eine Lokomotive mit vier oder vierzig Volt elektrischer Kraft haben oder einen Dampfkessel, der täglich hundert Kubikmeter verträgt, fünfzig Pferdekraft stark ist. Ich bitte ihn gar nicht mehr um Einschränkung seiner Wünsche; er wird wütend über meine Unwissenheit in technischen Dingen. Ich glaube, er ist Edison, und er wartet nur noch *einen* Monat höchstens, dann soll ich mir einen Laden aufmachen und alles einen Pfennig billiger verkaufen. Vielleicht hat er recht, auch verwirft er meine Bücher und mein Schauspiel habe ich von Schiller abgeschrieben. Ihr müsst nur seine Modelle für sein neues Luftschiff sehen, er erklärt mir unermüdlich von Propellern. Morgen muss ich alles auswendig wissen. Ich hab mir was geboren!! Wo bring ich nun schnell mein Manuskript unter? Erkundigt Euch doch mal in Norwegen nach einem blutmutjungen Verleger. Heut Nachmittag geht Paul mit Hüne Caro aus, sie haben beide zusammen eine Braut.

Liebe Jungens!

Ich habe Frau Franziska Schultz besucht. Ihr Schutzhaus für den Neugeborenen ist so österlich. Lauter kleine rosarote Zuckerostereier gucken nebeneinander versteckt aus weißen Kissen. So reizend ist das anzusehen, und ein Negerküken liegt auch dazwischen – geradezu Schwarz-Weiß-Kunst. Ich wollt, ich wär auch noch mal klein. Manchmal wünscht ich mir wirklich, jemand führte mich spazieren und ich wär erst vier Jahre alt. Die Zeit drückt, die meisten sterben an der Zeit. Darum sollte man sich viel in seine Kindheit zurückversetzen.

Ich möchte Euch heut Abend nur sagen: Berlin ist eine kleine Stadt, täglich schrumpft sie mehr und mehr ein. Groß ist eine Stadt nur, wenn man von ihr aus groß blicken kann. Berlin hat nur ein Guckloch, einen Flaschenhals, und der ist auch meist verkorkt, selbst die Phantasie erstickt. Gute Nacht!

Liebe Brüder!

Ich bin außer mir, der Pitter Boom, den ich berühmt im Sturm gemacht habe, – schreibt mir folgende wörtliche Ansichtskarte: »Liebe Tino, wenn ich auch finde, dass zu Ihnen alles passt, so passt mir doch nicht alles. Sehr muss ich bitten, endlich meine Familie aus dem Spiel zu lassen. Ich las im Sturm den plattdeutschen Brief. Herzliche Grüße aus Hiddensee. Peter Baum.«

Habt Ihr Worte – vielleicht irgendwelche Nordpollaute? Ich brauche sie, meinen Zorn abzukühlen. Aber ich weiß etwas, was Ihr nicht wisst. Aber ich habe einen Eid geleistet, es nicht wiederzusagen, trotzdem es mich eigens betrifft. Warum verteidigt man sich selbst eigentlich, man sollte doch gegen sich nicht argwöhnen. Ich bin ganz unglücklich, dass ich es keinem Menschen sagen darf. Wenn mich doch ein Geschöpf dazu zwingen würde! Oder wenigstens Peter Baum käme, und ich es in die Natur schreien könnte. Seid Ihr nicht neugierig?

Liebe Kameraden!

Mein Eid wurde eine Zwangsidee, oder vielmehr ich konnt ihn nicht bezwingen. Der verdammte Cajus-Majus kam mir heut am Spittelmarkt entgegen, wo der Krögel ist, und sagte, ich sähe aus, als ob ich an Depressionen leide. Seine Mutter aber fand (Dr. Hiller hat doch eine ganz jugendliche, reizende Mutter), ich sehe ganz munter aus. »Das bin ich ja gerade, selig bin ich, und kann keinem Menschen sagen warum. Meine Cousine Therese aus der Tiergartenstraße hat mir vorige Woche zweihundert Mark geschickt. Ich sollt mir aber keinen Mohrenmantel kaufen!« Mutter und Sohn haben mir versprochen, es niemandem wiederzusagen. Ich setzte mich dann erleichtert, noch dazu mit dem Rest der zweihundert Mark, an die Spree hin. Alle diese praktischen, unnotwendigen Sachen, die ich für meine Millionen bezahlt habe – den Mohrenmantel besäße ich wenigstens noch! Müssten mir nicht die Leute alle Tribut zahlen? Der Krögel ist ein gerechter Ort, der Krögel ist der schönste Aufenthalt in Berlin; so denk ich mir die Fjorde von Norwegen, wie der Blick auf die plötzlich unerwartete, daliegende Spree mit einem Schuss am Ende des schmalen, alten, zerschlissenen Gassenarms. Nur Fahnen wehen wohl an den Ufern der Fjorde – hier stehen über Nacht die kleinen blau und weiß gestreiften Eiswagen, die gefrorenen Himbeer- und Maikrautsaft für die armen Kinder enthalten. Wenn Ihr eine Rose seht, sagt, ich lass sie grüßen.

Warum ich Euch nichts mehr vom Bischof erzähle? Ich spräche nur immer von mir, sagt er. Ich glaub, er hat es über. Dabei entdeckte er nur in mir ein kleines Dorf, nicht einmal eine meiner Städte hat er erobert. Hunderttausend Meilen war er immer von Bagdad entfernt. Aber wer weiß von meinem Herzen? Alle nur immer auf der Landkarte. Ich liege zwischen Meer und Wüste, ein Mammut. Mein Bau ist furchtbar und vornehm. Erschreckt bitte nicht. Aber ich muss mir wirklich abgewöhnen, immer von mir zu sprechen, wie Kokoschka in Wien, der spricht darum gar nicht. Denk mal Herwarth, das Plakat der Neuen Sezession war im Café. Das ist ja Pechsteins Frau. Eine Indianerin ist sie wirklich, des roten Aasgeiers wunderschöne Tochter; sie ist malerisch wild böse, sie trug ein lila Gewand mit gelben Fransen. Und noch viele Maler waren heute im Café: Berneis, Ali Hubert, der Himmelmaler, und Fritz Lederer. Der ist der Sohn von Rübezahl. Er und seine nagelneue Frau zeigten mir ihre junge Wohnung; ich musste mit ihnen Tee trinken. Aus seinem Atelier kams immer so frostig durch die Ritzen der Türe. Er malt nur Schneebilder. Du kannst Schneebälle machen von dem Schnee, der auf dem Riesengebirge seiner böhmischen Heimat liegt. Ich trink jetzt abends immer Tee dort.

Depesche.

Walden-Neimann. Norwegen. Hôtel Seehund. Hiller, Kurtz, Hoddis sind wieder ausgesöhnt. Else.

Liebe Kinder!

Ich kam ins Café, ich traute meinen Augen kaum, saßen alle wieder ausgesöhnt beisammen. Auch Blass war unter ihnen und Golo Ganges. Ich schlich schnell an der versammelten Literatur vorüber. Rudi Kurtz sprach gerade vom wilden Mythos meiner Wupper. Wie konnte ich je auf ihn schimpfen! Da hört sich doch alles bei auf! Soll noch einmal ein Mensch ein böses Wort auf ihn sagen. Addio!

Heute ist St. Peter Hilles Namenstag. Mich fragte ein Fremder, wie St. Peter Hille ausgesehn habe. Der Frager war ein Astronom und machte sich den wahren, strahlenden Begriff von ihm. Warum ich nicht an seinen Feiertagen zu seinem Grab pilgere – wenn ich Maria oder Magdalena wäre – aber zwischen uns war selbst nicht die Intimität der Träne. Ich warte ehrfürchtig, bis der Prophet mir erscheint. Ebenso, meinte der Astronom, wie ich dieser Himmelserscheinung harre, erwarten sie den Kometen. Aber dass St. Peter Hille einmal ein Engel begegnete auf dem Felde, das weißt Du wohl nicht, Herwarth? Wie er mir das sagte, waren seine braunen Augen himmelblau und ein Blinder, der unserm Gespräch lauschte, vertraute mir später verzückt, er habe *sehen* können, während der Prophet die Geschichte des Engels erzählte. Ich möchte etwas darum geben, wenn er die Melodie, die Du seinen Gedichten weihtest, vernehmen würde; er konnte sich freuen; und meine Bibel, das Peter-Hille-Buch, hätte er immer in seiner großen Manteltasche getragen und nachgeschlagen, wenn er etwas über sich vergessen konnte. Manchmal vergaß er wahrhaftig, dass er ein Prophet war. Wir müssen St. Peter Hille einen Tempel bauen, wer hätte so ein mächtiges Herz, ihn darin ganz zu gedenken. Deine Tempelbauerin. Grüße Kurtchen.

Der Sezessionsmaler Hernstein glaubt wahrhaftig, er ist der Bischof. Ich habe selbst schuld, nannte ich ihn doch stets den feinen jüdischen Kardinal. Er findet außerdem, meine Korrespondenz schwäche ab, ich schreibe gar nichts mehr zum Lachen. Nun weiß ich aber wieder was zum Lachen. Der »wirkliche Bischof« fragte mich, ob er mir seine Freundin vorstellen dürfe? Als meine Erkundigungen nach ihren Vermögensverhältnissen ungünstig ausfielen, antwortete ich meinem Bischof, dass ich mir diesen Luxus nicht erlauben könnte. Ich bringe direkt ein Opfer, meine Freunde, denn seine blonde Lacherin dünkt mich eine Schelmin, aber ich kann doch nicht *alle* Menschen in meiner bösen finanziellen Lage umsonst kennenlernen. Ist das nicht zum Lachen?

Rudolf Kurtz schrieb mir heute Morgen einen Brief im Zeitstil Kleists. Aber ich las deutlich eine Unzufriedenheit aus seinen Zeilen deswegen auf Umwegen meiner Depesche, die ich Euch sandte des Bündnisses Hiller Hoddis Kurtz usw. usw. wegen. Und dabei war sie doch kurz gehalten, ganz in seiner eng anliegenden Schreibweise. Sein letzter Aufsatz (ich glaube in der Gegenwart) war direkt inhaltlich ein geistvolles Buch von zwei Seiten. Aber desto mehr hat die Versöhnungsdepesche Max Fröhlich gefallen, verehrte Pelzvermummte. Er malt, wie ich dichte. Ich liebe ihn dafür unausssprechlich, meine Liebe überträgt sich auch auf seine Frau, die ist Bildhauerin, das wisst Ihr doch? O, seine mannigfachen Buntheiten an den hellen Wänden! Wer denkt da an Linie; ebenso wenig, wie man der Sonnenflecke Umrisse nachspürt. Alle die spielenden Farben wirft die strahlende Phantasie seiner Kunst. Die Kete Parsenow, die Venus von Siam, liegt auf seidenem Grund, eine Kostbarkeit im goldenen Etui des Rahmens!

Wisst Ihr, wer plötzlich in den Saal trat, als Gertrude Barrison tanzte? Minn! Aber er versteht die Tänze des Abendlandes wie ich nicht; nur bei Gertrude mache ich eine Ausnahme. Die letzte Schöne der Tänzerinnen Barrisons bewegt sich interessant und anmutig, und ihre Gewänder sind seidene Geheimnisse weißer Marquisperückenzeiten. Alle Schauenden waren entzückt.

Heute traf ich den Bischof auf der Spreebrücke. Ich war von seinem plötzlichen Erscheinen sehr beglückt; ich hatte den ganzen Tag wieder die unbegreifliche Angst, und mein Herz zuckte kaum mehr. Und ich sah schon Farben, die nicht vorhanden waren. Freute mich, dass der Bischof keine lehrreiche Methode anwandte, mich zu beunruhigen. Er besitzt einen sanften Willen, den er ähnlich wie Du, Herwarth, auf mich zu übertragen vermag. Zwar begreift er nicht, dass zwischen vorsintflutliches Mammut eine flatternde Taube bangen kann. Wie kommt wirklich meine Seele zu der rührenden Hilflosigkeit? Ich habe nämlich bemerkt, dass selbst der roheste Mensch bewegt wird von meiner Angst. Nun spiel ich oft die Angst, wenn ich mir zu schwer werde. Ich muss doch etwas von den Stunden meiner Pein haben. Und wir stiegen herauf in des Bischofs Einsiedlerklause. An den Wänden hängen düstere Gedanken, schwermütige Gebilde. Ich setzte mich in einen großen Stuhl und versuchte, noch nicht ganz beruhigt zu sein, und betrachtete meinen Retter zwischen halb geschlossenen Augen. Der Bischof hat Züge aus warm getöntem Stein, seine Augen sind hart blau und manchmal stählern sich seine Brauen. Er begann meine Hand zu streicheln, er weiß, ich liebe Zärtlichkeit, beantwortete sie auch mit verlegenen Rauheiten. »Wo sind Sie jetzt augenblicklich?«, fragte mich der Bischof. Ich saß nämlich gerade am Ende einer rissigen Straße in Kairo – vier Jahre zähl ich – im zerrissenen Kittel, auf dem unfrisierten, geschorenen Kopf trage ich einen verschossenen Fez und meine Augen sind verklebt von tausendabertausend winzigen Insekten. Diese kleinen geplagten Kinder hab ich so oft gesehen am Graben der Straßen sitzen und betteln; »süßer Bischof, seitdem bin ich auch oft so ein verwahrlostes Eselstreibers-Kind«. Er schenkte mir einen Piaster, es war in Wirklichkeit ein goldener Pfennig, ein Glückspfennig, ich ließ ihn tanzen auf der Innenfläche seiner Hand; da wurde er eine kleine glühende Erdkugel, bis sie zur Erde fiel. Da haben wir uns geküsst, Herwarth; findest Du das schlimm? Ich war dabei schrecklich traurig, dachte an die vielen pochenden Heimate, die ich schon im Leben verlassen hatte, die alle die Farbe meiner Liebe trugen. Überall ruft mich ein Tropfen meines Blutes zurück. Nun aber hier in der kleinen Einsiedelei, im höchsten Stockwerk, komm ich wieder zu mir, ich strahle zusammen unbeengt. Der Bischof meint zwar (er vergisst manchmal seine neue Würde), er sei strafbar, dass er mich küsst. Du könntest ihn anzeigen und es stände Gefängnis darauf, betonte er energisch, da er wahrscheinlich meine Offenheit fürchtete. Ich antwortete? Und wenn –! Und dachte dabei, Herwarth, diese abkühlende Antwort habe ich von Dir.

Ob ich mir das nur einbilde – Dein Doktor möchte mir eine Falle legen. Dabei kann ich doch nicht offenherziger sein, als in den Briefen an Dich und Kurt. Aber schon einige Male setzte sich ein Bekannter des Doktors in die nächste Nähe meines Tisches. Das wäre ja noch kein Beweis meiner Vermutung, aber der Bekannte sieht aus wie ein Hase und einer seiner Löffel ist schon abgenutzt vom Lauschen. Wie mystisch ist es doch, mit einem Menschen ehrfürchtig böse zu sein. Es liegt ein tote Stelle zwischen uns, darauf nichts mehr blühen kann, aber wir bringen der Grabstätte unserer Feindschaft Pietät dar – manchmal in Form von bunten Immortellen. Ob der Doktor auch schon mal etwas Ähnliches gedacht haben mag? Es bringt mir niemand von ihm Kunde. So muss es nach dem Tode sein, wir sind uns im Leben schon gegenseitige Geister geworden. Er erscheint mir oft in Rollen, manchmal als überlegener, höherer Geist, der verneint. Als Samiel erschreckte er mich neulich am Ufer der Spree, als ich heimlich auf den Bischof wartete. Schlank ist er, gemmenhaft sein Schatten, überraschte er mich als einer der ermordeten Könige Richards im Traum. Habe ich Ähnlichkeit im Wesen mit einem Bluthund? Nun ist der Winter meines Missvergnügens – ich habe sogar die schlimmen Sommer auch alle durchgemacht. Euer Shakespeare.

Liebe Beide!

In einem Restaurant der Friedrichstraße saß unser Doktor, Herwarth. Ich wollte dort nur telefonieren, aber da ich ihn bemerkte, schlich ich auf die Galerie und betrachtete ihn aus der Vogelperspektive. Er war allein, sonst nur abgedeckte Tische. Drum begann er wieder zu summen und es war seine Stimme, die bald an den Säulen des Saals brandete. Ich begreife nicht, was ihn noch von den Konzerten abhält. Er ist natürlich kein Heimatsänger, wie die dekorierten Vögel alle, zwitschernder, musizierender Blätter-Wälder. Des Doktors Stimme ist stellenweise noch ungeheftet, ich konnte manche von den schwarzen Perlen in die Hand nehmen. Wüllners Töne sind alle schon geordnet auf Golddrähten, die Meeresstimme des Doktors wäre auf Taue zu reihen. Diese Erkenntnis sollte sein Lehrer besitzen. Du musst ihm die letzten Zweifel nehmen, Herwarth.

Lieber Herwarth!

Ich habe den Pitter Boom gemalen für den Sturm. Seitdem er sich den ganzen Hiddenseesommer nicht um mich bekümmert hat, sieht er gar nicht mehr aus wie ein Großfürst, sondern wie ich ihn in der Katerstimmung als Langohr gemalen hab. Ich zeigte ihm sein Bild, aber er weigerte sich, das Cliché zu bezahlen. Nun wende ich mich mit diesem Brief an seinen Vetter. Bitte, Herwarth, mach Du die Kommas; der ist gebildet, er schrieb ein mathematisches Buch über Geburten und Todesfälle.

»Geschätzter Herr. Sie sind doch der Johannes, dem Peter Baum sein Kuseng? Ich bin seine Freundin Amanda und geh in die Knopffabrik auf Arbeit, und bin nicht wie sie in die höhere Töchterschule gegangen in Elberfeld und das Hochdeutsch macht mich Kopfjucken. Sie sind einer von den Vornehmen und darum spenden Sie wacker zwei Taler für das Cliché Ihres Cusengs Peter; sonst kann seine Visage nicht abgekleckst werden. Der Peter hat mir im Vertrauen in der Lämmerstunde auf Ihnen aufmerksam gemacht, Herr Johannes. Und ich grüße Ihnen freundlich und schaffen Sie sich einen Bullenbeißer weniger an und füttern Sie Ihre Wachteln mit Teufelsbeeren, und trinken Sie sich einen Schoppen auf mein Wohlsein. Ihre Amanda Wallbrecker, aus Elberfeld Grüne Pumpe an der Klotzbahn 86.«

Lieber Junge!

Den ganzen Tag erwarte ich den Geldbriefträger, dass er nicht mit den Talern in Dein Bureau rennt. Ich hab nämlich vor, in den Zirkus zu gehn, und ein guter Platz kostet drei Mark; und den Slawen will ich dazu einladen, damit er sieht, dass es nicht nur Rindvieh gibt auf der Welt, er ist nämlich verbohrt in sich. Ich bin misslaunt, die Menschen, die ich für Menschen hielt, sind auch keine Menschen; die Liebe erdrosseln sie mit ihrem Ehrgeiz. Und die Liebe, Herwarth, Du weißt doch, was ich von der Liebe halte, wäre sie eine Fahne, ich würde sie erobern oder für sie fallen. Gute Nacht.

Herwarth!

Denk mal, die zwei Taler sind eingetroffen und noch ein Abonnement auf den Sturm dazu. Siehst Du, ich bin ein Großkaufmann. Stell mich an, Du wirst ja nie den Handel verstehn, und ich möchte nicht warten, bis der Sturm alles niedergefällt hat. Ich hab meinem Pitter Boom noch ein Wörtchen zu seinem Gemälde dazu geschrieben:

Pitter!

Dat De so een dommer Moolesel böß, nä, dat han eck nich gedacht. Wie kannst De meck nu so eene alberne Karte schriewen ut Hiddensee! Doför möß De bestraft wörn. Eck wörd nu all Dinne Extravaganzen on Hokospokos an Dinne ganze heelege Familie en usse Vorwärts brengen. Ook Dän artegen Bruder Hugo wörd eck entlarven. Dat glöw eck Oenk, dän Sommer on dän Herbst en die Badeörter herömflanieren, on die Portemaries dän Lüten ut de Mäntels kiebitzen, on eck sitt hier biem leeren Kochpott. Van wäm häst De dann dat Geld all? Völleecht van Ding Tante ut die Waffelbude oder van die

Riesendame? Die Erbschaft Dinnes Urgroßvatters, däm Derektor on Professor vom Olympiaflohtriater, häst De doch opgefreten on Deck heemlich doför eene nue Hohse on eenen Schabbesdeckes gekauft? Genau wie en Pastor stehst De met der longen Piepe im Muhl vor die Thöre van Dinne Filla op die Groschenkarte on de Hugo kickt ut däm Fenster wie Ding Hilfsprädeger. On eene Eölsharfe steht ook op däm Dach; wer speelt die? Dinne tröhe Amanda.

Liebe Jungens!

Cajus-Majus hat mir gesagt, er habe Willi Himmel aus Regensburg zum »Gnu« eingeladen. Im Café Austria findet der Cabaret-Abend statt. Es wäre wirklich nett, wenn Willy Himmel käme. Er erinnert mich an den Primaner, den meine älteste Schwester gnädig, wie ihre Kleider mit den vielen Bändern, meiner zweiten Schwester vererbte, bevor sie ins Pensionat kam. Der hatte, wie der Regensburger Student, große, kluge Augen und war kein Spielverderber und hieß auch genau wie er.

Ich bin mit dem Auto ins Cabaret gefahren, ich fühle mich ernstlich krank. Ähnlich wie Känguru hört sich »Gnu« an. Aber interessant war es dort, tausend Menschen kamen und immer wieder tausend, die Einlass begehrten, und da war kein Platz mehr zu finden. Ich erklomm die Bühne und setzte mich in einen erhabenen Sessel. Mit meinem Kolossalsaphir am Finger (höherer blauer Glasscherben), präsentierte ich Leo den Siebenundzwanzigsten. Das meinte auch Cajus-Majus. Alsbald begann die Lyrik.

Herwarth, Kurtchen!

Zeppelin kommt wieder über unserm Haus vorbei. Ich sitz eingeschlafen am Schreibtisch, wird plötzlich die Erde aufgerollt – modernes Gewitter, die Welt geht unter, ich hab keine Zeit mehr, die Koffer zu packen. Wahnsinnige Stimmung in der Luft; Meer rauscht über unsern Dächern und Häusern – wo ist Himmel geblieben, wo will der Walfisch da oben hin gemächlich durch die Wolkenfluten. Adieu, adieu, ich lauf rasch hinunter auf die Wiese. Else.

Heute nur ein paar Neuigkeiten!

Erstens: Dr. Alfred Döblin hat sich als Geburtstagshelfer und noch für »alles« niedergelassen. Auf seinem Schild in der Blücherstraße 18 am Halleschen Tor steht geschrieben, dass er Oberarzt am Urban war. So eine Reklame!

Zweitens: Leonhard Frank hat wieder einen himmelblauen Mädchenleib gemalt, nun glaube ich wirklich an seine Satanerie!

Drittens: Scherl will mich für die Verbreitung der Gartenlaube in Tripolis anstellen. Ich wohne bei Enver Bey.

Viertens: Der unvergleichliche Baron von Schennis war gestern Nacht wieder im Café.

Fünftens: Alle Jungfrauen Berlins hat Poiret eingeladen zu seiner Ausstellung bei Gerson. Die sammelten sich, eine Mauer zur Rechten und Linken des Durchgangs. Zwischen blond und schwarzem Frauenhaar, ein Spalt der noch zu haben war, sah ich die Mannequin wundersam. Sie war nicht in der Stadt geboren, man wusste nicht woher sie kam.

Sechstens: Das Café und alles, was drum und dran liegt, Berlin und Umgegend, grüßt Euch Möwen!

Hört nur, Kokoschka wird steckbrieflich verfolgt in der Neuen Freien Presse; er wirkte doch immer schon rührend, fing er von der Villa an zu simulieren, die er seinen Eltern schenken würde. Er aß sich nur immer objektiv satt aus Idealzweck. Tut mir wirklich leid! Wenn er mich auch nicht leiden mag. So bin ich ja gar nicht! Ein Modell, ein Holzhäuschen, soll er in der Nacht vom fünfzehnten auf den sechzehnten Oktober einfach gestohlen haben. Ich schneide Euch hier sein Bild aus, es ist dilettantisch gezeichnet und gerade seine charakteristischen Verbrecherzüge sind gemildert. Ob er sich auch in einer guten Pension versteckt hält, die für ihn sorgt? Rattke, der Ober vom Café, bei dem er hier in Berlin gewohnt hat, meint auch, wenn er nur gut wo verpflegt wird.

Lieber Herwarth!

Ich habe dem Dalai-Lama in Wien für die Fackel ein Manuskript geschickt. Hier die Abschrift.

Wertester Dalai-Lama, sehr geehrter Minister! Ich möchte Ihnen etwas vom Himmel erzählen, den ich meiner Mutter widme.

Vom Himmel

In sich muss man ihn suchen, er blüht am liebsten im Menschen. Und wer ihn gefunden hat, ganz zart noch ein blaues Verwundern, ein seliges Aufblicken, der sollte seine Blüte Himmel pflegen. Von ihr gehen Wunder aus; unzählige Wunder ergeben Jenseits. Könnte ich nur immer um mich sein, der himmlischen Beete möchte ich ziehen. Wie man versöhnt mit sich sein kann, und Eigenes sein Ewiges küsst. Hätte ich je einen Menschen so unumstößlich erlebt, wie ich mich! Zweitönig Pochen, vertrautes Willkomm. Rundeilen meine Gedanken um mich, um alles Leben – das ist die große Reise um aller Herzen Schellengeläute und Geflüster, über Wälle, die Jubel aufwarf, über Gründe der Versunkenheit; und falle in Höhlen, die der Schreck grub – und immer seine Herzstapfen wiederfinden, seinen Blutton, bis man den ersten Flügelschlag in sich vernimmt, sein Engelwerden – und auf sich herabblickt – süße Mystik. Und irrig ist, den Himmelbegnadeten einen Träumer zu nennen, weil er durch Ewigkeit wandelt und dem Mensch entkam, aber mit Gott lächelt: St. Peter Hille. – Was wissen die Armen, denen nie ein Blau aufging am Ziel ihres Herzens oder am Weg ihres Traums in der Nacht. Oder die Enthimmelten, die Frühblauberaubten.

Es kann der Himmel in ihnen kein Licht mehr zum Blühen finden. Aber Blässe verbreitet der Zweifler, die Zucht des Himmels bedingt Kraft. Ich denke an den Nazarener, er sprach erfüllt vom Himmel und prangte schwelgend blau, dass sein Kommen schon ein Wunder war, er wandelte immer blau über die Plätze der Lande. Und Buddha, der indische Königsohn, trug die Blume Himmel in sich in blauerlei Mannigfaltigkeit Erfüllungen. Und Goethe und Nietzsche (Kunst ist Reden mit Gott) und alle Aufblickenden sind Himmelbegnadete und gerade Heine überzeugt mich, Himmel hing noch über ihn hinaus und darum riss er fahrlässig an den blauen Gottesranken, wie ein Kind wild die Locken seiner Mutter zerrt. Hauptmanns Angesicht und auch Ihres, Dalai-Lama, wirken blau. Den Himmel kann sich niemand künstlich verdienen, aber mancher pflückt die noch nicht befestigte, junghimmlische Blüte im Menschen ab. *Das sind die Teufel.* Ihr Leben ist ohne Ausblick, ihr Herz ohne Ferne. Der Nazarener am Kreuz wollte dem Teufel neben sich noch eine sanfte Wolke, einen Tropfen Tau seines Himmels schenken. Doch eher ist ein Taubstummer zu überzeugen, als ein Glaubdummer. Der ist ein Selbstverbrecher.

Man kann nicht in den Himmel kommen, hat man ihn nicht in sich, nur Ewiges drängt zur Ewigkeit. Es öffnet sich dem Himmelblühenden *nicht* wegen seiner guten Taten der Himmel, verdammen ihn auch nicht seine schlechten Handlungen zum Staube. Der Himmel belohnt und verdammt nicht. Aber Wertewiges bedingt den Himmel. Der spiegelt sich gerne im Menschen, unbegreiflich, wie Gott selbst. Reich und besonnen ist der himmlische Träger. Die Wunder der Propheten, die Werke der Künstler und alle Erleuchtungen, auch die unberechenbare Spiellust im Auge steigen aus der Ewigkeit, der bleibenden Bläue des Herzens. Manchmal überkommt mich eine schmerzliche Verantwortung, aber man kann nicht tief genug in sich schauen und zum Himmel aufblicken.

Die Gottheit im Himmel ist nicht zu greifen, sie wäre bald vergriffen – die Ewigkeit ist nicht einmal zu verkürzen. Die Gottheit Himmel im Menschen ist Genie.

Leben Sie wohl, sehr verehrter Minister, mein Himmel macht mich nicht glücklich im irdischen Sinne, ich kann ihn nicht teilen. Wunderbar aber spielen sich die tiefsten Erinnerungen meines Blutes in dem Glanze meines Blaus wieder. Fata-Morgana. Spätes Verwundern, seliges Aufblicken. – Tragen Sie den Saphir meiner blauen Abendstunden zum Andenken an Ihrer grübelnden Hand.

Herwarth, Kurtchen, Kameraden, Brüder!

Habt Ihr an alle Direktoren der Theater im Pan den Kriegsruf von Rudolf Kurtz gelesen? Er hat über meine eingetrocknete Wupper eine Flut gebracht – ich hatte mich auch schon zu Bett gelegt. Aber nun trage ich meinen krummen Samtsäbel an der Seite, den mein Neger Tecofi zur Theaterstatisterei trägt. Wa kadâba kabinâhu hinâma raga utu dalik, lia nahu jakrah anisâ a wahalakuhunna!!!

Der Pitter Boom hat mir sechs Honiggläser (Gühler und Biene) für sein Bild gesandt. Ich summe nun den ganzen Tag für mich hin. Aber Kokoschka lässt kein Wort von sich hören. Überhaupt, ich bin des Lebens müde. Ruth machte mir den Vorschlag, für mich an Kokoschka zu schreiben, er habe so reiche Gönner (?). Aber ich kenne ja ihren Stil und nahm ihr die Mühe ab.

Sehr geehrter Herr Kokoschka!

Eigentlich sollt ich Ihnen böse sein, denn Sie haben es nicht einmal der Mühe wert gehalten, nachdem Sie stets die größte Gastfreundschaft in unserem Hause genossen hatten, sich zu verabschieden. Aber man kann Ihnen nicht böse sein. Das sagte ich gestern noch zu Frau Lasker-Schüler, die sehr krank im Bett liegt. Schreiben Sie ihr doch eine Zeile, dass Ihnen Ihr Bild Freude gemacht hat – sie ist doch ein so geliebtes, armes Geschöpf und hat so für Sie geschwärmt. Es geht ihr sonst auch gar nicht gut. Von mir weist sie jeden Happen zurück, sie ist ja so eigensinnig. Aber könnten Sie nicht in zarter Weise etwas für sie bei Ihren Freunden erzielen? Ich bitte herzlich um Diskretion, geehrter Herr Kokoschka, Sie wissen doch, wie empfindlich sie ist. Und verbleibe mit freundlichen Grüßen Ihre Jephta Elfriede Caro.

Internationale Postkarte.

»Schweigt mir von Rom –«

Liebe Eiskühler!

Der Bischof und ich sind entzweit, er behauptet, ich habe ihn missbraucht. Wie missbraucht man jemand? Ich möchte so gerne wieder mit ihm gut werden und ihn am besten selbst fragen. Herwarth, schreib Du ihm ein Wort! (?) Herrn Architekt Gregor Münster, Hildebrandstraße 11. – Er wollte mich ja auch hauen, ich meine in Stein als Freske. Vielleicht komm ich wo an ein Haus. – Gestern setzte ich mich an seinen Tisch, er trank Kümmel und Syphon. Ich rief Otto, der brachte mir auch ein Glas, als ich es mit dem fremden Syphon füllte, musste der Bischof sich das Lachen verbeißen. Aber er sprach nicht mit mir. Er erzieht mich reizend. Oder er hat Charakter; wie man so sagt, wenn man seine Eigenschaften eingeschachtelt mit sich trägt. Also er ist berechenbar; ich bin unbequemer und schwieriger. Ist das eigentlich nicht vornehmer? Oder er tut nur so mir gegenüber und verfolgt Deine Taktik, Herwarth, wenn Du den Beleidigten spielst. Du weißt, Brüche werden mir schwer. Was man so alles durchmacht!

Ich war heute als Petz verkleidet im Café. Ein Autolenker hatte mir sein Fell geliehen. In dem hinteren Raum saßen die Theaterheimkehrenden. Am Nebentische debattierten die Oberlehrer; bei Professor Cohn würde ich heute noch Latein lernen. In der kleinen Sofaecke aber schlummerte Höxter, er lässt lässig die Fransen über die Augen hängen. Sein antiker Rock zerbröckelt schon, aber grünseidene Strümpfe trägt er in Lackschuhen. Neben ihm saß Frau Spela leise, eine heimliche Schnecke, fein zusammengeballt. Mondscheinfarbene Parkstimmung. Aus dem Zentrum des Cafés lacht Fritz Lederer-Rübezahl mit seiner Frau, die hat einen kühlen, vornehmen Spürsinn und Augentulpen, die blau sind. Und denke, Otto Freundlich aus Paris ist hier wegen der Neuen Sezession, er betrat mit Gangolf zusammen das Café, der kommt immer aus Italien, ob er von Friedenau oder Florenz anlangt. Cajus-Majus brummte ich einige Male aus meiner Bärenhaut an. Auch Pechstein mit seinem Indianermädchen sah ich und M. Richter mit seiner Römerin. Und die vielen, die ein- und ausgingen, zuletzt kam unser lieber Direktor Wauer, der erkannte mich in meinem Gezott, ich schwitzte aber auch eine ganze Wupper.

Internationale Postkarte

Schweigt mir von Rom!

Lieber Herwarth und Kurtchen!

Daniel Jesus, der König von Böhmen, ist hier; ich meine Paul Leppin. Er hat einen neuen Roman gedichtet, er widmet ihn mir; er schrieb schon von Prag aus: »Liebe, liebe, liebe, liebe Tino.« O, welch eine liebe Überschrift, ein Lied. Ich möchte viele Leute nun so singen lehren.

Sehr edle Gesandte!

Ich, die Dichterin von Arabien, Prinzessin von Bagdad, Enkelin des Scheiks, ehemaliger Jussuf von Ägypten, Deuter der Ähren, Kornverweser und Liebling Pharaos, verleihe dem großen Essayisten Rudolf Kurtz den Elefantenorden mit dem Smaragd und die schwarze Krokodilzähnenkette erster Klasse.

Cohn reitet, Oesterheld hat sich eine Frau geheiratet, alles für meine Wupper. Dabei wies Cohn (Oesterheld hätte gern meine Essays genommen) mein neues Manuskript ab. Er könne sich dafür keinen Apfelschimmel zu dem Rappen kaufen. Ich stand vor seinem Gärtchen wie ein herausgeworfener Handlungsreisender mit der Rolle Muster unterm Arm. »Man soll so einen Kerl lebendig braten, oder das Genick soll er!« – Jedenfalls sandte ich ihm abends einen Abschiedsvers, daran er sich hoffentlich die Zunge zerriss:

Reiter und Reichsritter,
Bitter riss ich im Gewitter
Im Ginster vor Ihrem Gitter
Mein Manuskript in Splitter.

Brigitte

Heute bekam ich mit der ersten Post einen Brief aus dem Mäuseturm bei Bingen. Dort scheint ein Bewunderer Peter Baums zu wohnen. Aber, dass der Mensch keinen Spaß versteht!! Fragt mich dieser Mäusetürmer an, ob Herr Peter Baum wirklich ein Herumtreiber ist, er könne sich das gar nicht zusammenreimen bei der Großzügigkeit und Großfürstlichkeit seiner Romane und Schlossnovellen. Ich hab ihm seiner verständnisvollen Kritik wegen geantwortet: »Mein Herr, es ist mir kein Zweifel, Sie befinden sich in der Mause. Haben Sie denn noch nicht bemerkt, dass meine norwegische Briefschaft ein Massenlustspiel ist – allerdings mit ernsten Ergüssen, die bringt so der Sturm mit sich. Peter Baum hat mich besonders gebeten, die Rolle des Herumtreibers in meinem Werk zu spielen, um ganz unerkannt zu bleiben: Ich selbst, mein Herr, knüpfte ihm ein rot gemustertes Taschentuch um den Hals und steckte ihm eine Schnapsbulle in die zerschlissene Manteltasche. Im wirklichen Leben ist er viel langweiliger, es schmerzt mich, Sie etwa zu enttäuschen, er sitzt nämlich den ganzen Tag oben in seinem Zimmer und *arbeitet*. Ich verachte das an ihm, auch seine Genügsamkeit, aber er ist ein lieber, lieber, lieber, lieber Mensch, auch seine Mama; nur der Johannes, sein Kuseng, spielt den Baron auf meiner Drehbühne und ist von Beruf: Hundefänger.«

Hurra, lieber Herwarth, liebes Kurtchen!!! Hurra!

Meine Zwillingscousinen-Theresen schenkten mir einen Pelzmantel. Mein heißester Wunsch. Im Sommer werd ich ihn versetzen, schon der Hugemotten wegen.

Jakob van Hoddis, der Rabe, ist mit einer Puppe durchgebrannt. Immer saß er schon im Sommer auf dem Sims vor dem Schaufenster bei Friedländer in der Potsdamerstraße 21 und schmachtete zwischen turmhohen Hüten und Rosenkapotten das süße Marquisechen an in den Pfauenpantöffelchen. Eine Seele, die für sechzig Mark zu kaufen war.

Herwarth!

Ich glaube, dass ich Dir keinen Brief mehr schreiben kann. Als ich heute draußen vor dem Café saß, überfiel mich ein wildfremdes Individuum im drohenden Mantel, ganz dicht kam es an mich heran, beinah rannte es die Stühle um an meinem Tisch vor Schwung. Ich hörte den Mann atmen wie Karl von Moor: Ich sei eine bodenlose Schwindlerin, ich berichte über mich historisch falsch, ich treibe Blasphemie mit meinem Herzen – denn unter den vielen, vielen Liebesbriefen im Sturm verbärge ich nur den Ungeschriebenen. Ich war zu gerecht, den Mann von meinem Tisch zu weisen, ich ließ ihm sogar eine Zitronenlimonade kommen und legte ihm sogar von der Platte eine Schillerlocke auf den Teller. Er beruhigte sich, aber ich mich nicht, das kannst Du mir glauben, Du und Kurtchen, Ihr beiden kühlen Skageraktencharaktere. Ich hasse Dich plötzlich, lieber, guter Herwarth, und Dich, Kurtchen, auch und die vielen Leute im Café und die vielen lieb- und hassenswerten Menschen in der Welt! Steht Ihr nicht alle wie eine lebende Mauer zwischen ihm und mir. Und den wildfremden Räuber hasste ich auch, dem ich meinen »ungeschriebenen« Liebesbrief diktierte, bis er unter seiner bebenden Hand versengte. Heute war der Bischof bei mir; wir flüstern bei jedem Zusammensein leiser. Ich bin so empfindlich am Herzen, ich höre mit meinem Herzen und das sanfte Sprechen tut uns wohl. Er saß an meinem Lager (Du Herwarth, ich habe mir direkt ein Zelt eingerichtet mitten im Zimmer) und spielte mit seinem Muschelbleistift; ich zeichnete mit dem Kohinoor den Mond auf, bis er schwebte – so: zwischen der weißen Nacht des Papiers ganz alleine ohne Stern und Erde. Wie grausam man zeichnen kann, aber ich bat den Bischof, mit seinem rauschenden Bleistift ein Meer unter den Mond zu setzen. So geht es mir aber auch mit Nasen, die ich hinsetze oder Mündern oder halben Gesichtern, ich muss sie vervollständigen, damit ihnen nicht ein Sinn fehlt, und dabei versäumt man sich selbst so oft, und das Herz liebt so selten bis zu Ende. Herwarth, Du musst auch flüstern lernen, man hört das Echo der Welt ganz deutlich. Wenn der Bischof und ich flüstern, werden die Wände leise und die Möbel erträglich, ihre Farben mild. Und die Spiegel der Schränke sind Bäche, und unsere Liebe ist ein Heimchen oder eine Grille, eine Pusteblume, daraus sich die Kinder Ketten machen.

Liebe Jungens!

Heut bekam ich eine Massenpostkarte aus dem Rheingold in Berlin:

Liebe, beste Frau L.-Sch.!

Sie werden von uns allen vermisst!!! Loos.

Liebe, unbekannte Frau!

Herr Loos hat über Ihnen solche Lobhudeleien gemacht, dass ich beinahe fürchte, Sie kennenzulernen. Keine Dichterin in ganz Deutschland schrieb Verse wie die Frau L.-Sch., das ist das wenigste, was er sagt, und dann zitiert er den Tibet-Teppich von Morgen bis Abend. Aber hoffentlich sind Sie doch, wie er sagt. Und einmal werden wir uns doch begegnen. Viele Grüße Karin Michaelis. Arnold Schönberg. Webern. Beste Grüße Ludwig Kainer. Ada und Emil Nolde. Kurtchen. Bestens grüßt Albert Ehrenstein. Herwarth Walden. Döblin – immer mal wieder. Erna Reiß. Gustav Wallascheck. Hede von Trapp. William Wauer. Lene Kainer.

Also seid Ihr beide doch wieder in Berlin; ich habe das ganz vergessen, lasst Euch ja meine Briefe aus Norwegen zurückschicken.
Else.

Der Dalai Lama meint, einige meiner Modelle haben nicht den Anspruch auf meine Kunst. Anders kann ich mir nicht des Ministers Worte deuten. Aber es kommt ja nur darauf an, wie ich die Modelle zum Ausdruck bringe. Ich habe weiter nichts mit ihnen zu tun. Und meine Dichtung werde ich später verkaufen, meine Seele an einen Verleger verschachern, und dennoch hat der Dalai-Lama mir die Augen geöffnet; ich empfinde seitdem mein Dichterinnensein für ein Pfandleihtum, immer bewerte ich die Menschen, fast ohne Ausnahme, zu hoch. O, diese Verluste!

Lieber Herwarth!

Willst Du im Sturm veröffentlichen lassen, dass sich alle Vertreter unseres gemeinschaftlichen Cafés melden mögen, die den Wunsch hegen, nicht mehr in den Briefen an Euch erwähnt zu werden. Ich gewähre ihnen freien Abzug.

Lieber Herwarth und lieber Kurt!

Manchmal sieht Cajus-Majus aus durch das Telefon wie ein Posaunenengel, namentlich zur Ausposaunenstunde in der Dämmerung. Er sitzt mit zwei Flügeln an seinem Schreibtisch, dabei fliegt ihm so alles ins Fenster herein, wie aus dem literarischen Schlaraffenland. Immer gerad, wenn er eine ausgezeichnete Humoriade schreibt, komm ich dazwischen mit meinem verdammten Klingeln. Ich trage noch dazu ein Glöckchen um den Hals. Ich kann direkt manchmal ein Schaf sein. Was brauch ich ihn zu fragen, ob den Leuten meine Norwegischen Briefe gefallen? Er wird immer jemand wissen, der streikt. Gestern hat sich Dein Doktor stirnrunzelnd bei ihm beklagt über sein Vorkommen in meinen Briefen an Euch. Da war ich ja nun platt. Ferner will sich ein Urenkel Bachs das Leben nehmen (er hat es Cajus-Majus versprochen), falls ich ihn erwähnte in meiner Korrespondenz. Schade um ihn, er hat ein rosiges glorreiches Lächeln um den Mund. Er wird sich nun in die Wellen des heiligen Franziskus stürzen, weil eine Dichterin ihm ein Ständchen brachte verwegen mitten im Sturm.

Lieber Kurt!

Er drohte mir gestern selbst. Ist meine Antwort juristisch einwandfrei?

Mein Herr!

Sie wollen sich das Leben nehmen, falls ich Sie im Sturm erwähne, oder haben Sie vor, mich indirekt auf die Idee zu bringen? Zumal Sie annehmen konnten, dass ich nicht sentimental bin, ich jedem seine Neigungen lasse, vor allen Dingen mirs nicht auf so ein Menschenleben ankomme. Aber bis jetzt kämen Sie für mich noch nicht als Modell in Frage weder als Porträt noch als Karikatur. Zwar ist es mir schon gelungen, aus einer prüden Null ein Wort zu formen. Aber gedulden Sie sich, seien Sie guten Mutes. Hochachtungsvoll.

Herwarth!

Loos ist kein einfacher Gorilla, er ist ein Königsgorilla. Er fragte mich, ob er sich auch mal wieder selbst begegnen würde im Sturm? Weißt Du schon, er trägt vorübergehend einen Backenbart, der wirkt milde bei ihm, zur Schonung seiner reinen Gesichtszüge. Die meisten, die Bartbast tragen, wollen damit Männlichkeit markieren, oder breite Mäuler oder lange Kinne überwältigen. Adolf Loos erzählte mir Geschichten aus den afrikanischen Wäldern, seine Augen blickten voll ernster Anmut. O, er ist gütig und das ist Gotteigenschaft, das Höchste, was man von einem Menschen sagen kann.

Liebe Kinder!

Ich habe Karin Michaelis geantwortet:

Karin.

Ich werfe zuerst ein Sternchen in das K Deines Vornamens und grüße Dich! Deine Bücher sind verschiedenfarbene Tauben, weiße, blaue, aber auch rote, dämonische Tauben und goldene und silberne Wirbelwindtauben sind darunter. Deine Bücher setze ich darum nicht in den Bücherschrankkäfig. Tino von Bagdad.

Herwarth!

Du kannst Folgendes im Sturm veröffentlichen:

Unter blinder Bedeckung Heinrich Manns reichte der Abbé Max Oppenheimer den Kritikern Münchens das Blut Kokoschkas.

Abbé Maler Oppenheimer muss heute meine Zeilen empfangen haben:

Lieber Max Oppenheimer!

Ihre ostentative Kleidung hat mir immer Freude gemacht dem eingefleischten Publikum gegenüber. Es lag nicht nur Mut, auch Geschmack darin. Ich ging doppelt gerne mit Ihnen in München in Ihre Bilderausstellung, aber es hingen nicht Ihre Bilder an den Wänden, sondern lauter Oskar Kokoschkas. Und da mussten Sie gerade mich mitnehmen, die Ihr Original kennt. Hielten Sie mich für so kritiklos – oder gehören Sie zu den Menschen, die Worte, Gebärden des Zweiten anzunehmen pflegen, darin Sie verliebt sind? Sie sind, nehme ich an, in Kokoschka verliebt und Ihre Bilder sind abgepflückte Werke, darum fehlt ihnen die Wurzel. Dabei besitzen Sie doch einen eigenen Garten. Das Bild Heinrich Manns hat mir ausnehmend gefallen wie eine glänzende Kopie und ich sah in seinen Farben und Rhythmen den Maler Oskar Kokoschka, nicht *Sie.* Steckt etwa Max Oppenheimer in *Kokoschkas* Bildern? Man kopiert doch ehrlich in den alten Museen die alten Meister und setzt nicht seinen Namen darunter. Kokoschka ist ein alter Meister, später geboren, ein furchtbares Wunder. Und ich kenne keine Rücksicht in Ewigkeitsdingen, Sie sollten auch pietätvoller der Zeit gegenüber sein. Bin Ihnen sonst ehrenwörtlich wie immer gut gesinnt, Max Oppenheimer, lieber Abbé.

7. Dezember 1911 Else Lasker-Schüler.

Wer zweifelt an seiner Urwüchsigkeit? Er nimmt gern seine erste Gestalt an als bäurischer Engel.

Ich ging heute in Begleitung meines Dienstmädchens durch die Friedrichsruherpeterbaumstraße in Halensee an den Bahnschienen entlang. Mein Dienstmädchen ist mein Galleriesonntagspublikum zu halben Preisen. Ich kann mich nie so recht, neben ihr gehend, meiner Gedanken freuen oder daran zugrunde gehn, sie bringt mich immer aus meinen Inspirationen. Sie tut nämlich nur so, in Wirklichkeit ist ihr alles langweilig, aber sie hat sich schon an den Rhythmus der Bahnlinien meiner Sprache gewöhnt, wenn auch mit Hindernissen; manchmal entgleist sie, doch immer kommt sie über mich hinweg zu ihrem Schatz. Manche Menschen möchte ich wohl betrachten, wie die Gottwerke alter Dome und Tempel. »Nur St. Peter Hille konnte man nicht anblicken, er war unsichtbar, er war eine Sonne, die anblickte.« Ich erzählte sicher ohne Pathetik, ich sprach wie zu einem Kind und dennoch schäme ich mich seitdem vor dem Geschöpf; so habe ich mich in der Schule schon geschämt meiner schönsten Geschenke wegen; die Welt ist angefüllt von Dienstmädchen und Knechten (von armen und reichen, von gebildeten und rohen); der Deutsche verwechselt immer Rohheit mit Urwuchs; und doch würde mich eine Kartoffelknolle eher verstehn wie so ein urwüchsiger Mensch. Ich hasse die Liebe unter den Alltäglichen, wenn der Prophet noch lebte, ich würde an ihn einen Hirtenbrief schreiben, dass er die Liebe verbiete. St. Peter Hille war Ästhet. Lieben dürfen sich Tristan und Isolde, Carmen und Escamillo, Ratcliff und Marie, Sappho und Aphrodite, der Mohr von Venedig und Desdemona, Wilhelm von Kevlaar, Du, Herwarth, und Gretchen, Romeo und Julia, Faust und Margarete, Mephisto und die Venus von Siam, der weiße Panther und Joseph der Ägypter, Sascha der gefangene Prinz und Scheheresade – »er« nannte mich Scheheresade. Gute Nacht.

Liebe Kinder!

Heute besuchte mich der Bildhauer Georg Koch und brachte mir Schokoladenbonbons mit. Ich aß alle die süßen Dinger mit Marzipan und Zuckerfüllung hintereinander auf. Die waren in silbergrünes Papier eingewickelt mit Goldsternen. Ich spielte die ganze Nacht damit; erst trug ich einen Mantel aus dem seligen Märchenschein, dann standen meine Füße in silbergrünen Schuhen mit Sternen, eine Krone glänzte in meinen Haaren, ich saß plötzlich im Zirkus mit Lorchen Hundertmarck, die durfte mich begleiten – das kleine Kutscherkind – ihr Vater fährt die Wagen spazieren von meiner allerliebsten Tante Johanna. Lorchen und ich sind beide zehn Jahre alt und schwärmen heimlich für Joy Hodgini; wir stoßen uns groß blickend an und nennen ihn Traumbild. Es hat kein Mensch gehört, alles guckt in die große runde Manége und viele, viele Hände klatschen. Lieschen Hundertmarck hat eine Kommode, darauf stehen: ein Muschelkästchen, in seinem Spiegel starrt der goldene Porzellanengel vom Sockel. Ein kleiner, blauer Glasleuchter mit einer gelben, gerippten Weihnachtskerze, und ein Wachsherz auf einer Karte liegt neben einem glitzernden Osterei, man sieht darin das Feenreich. Und daneben liegt ein Gebetbuch aus grünem Samt, aus ihm hing ein Buchzeichen aus silbergrünem Glanzstaniol mit goldenen Sternen.

Weißt Du schon, Herwarth, dass Paul Zech aus Elberfeld nach Berlin zieht? Ich riet ihm zu dem Stadtwechsel, er braucht Dir nicht erst immer seine Verse schicken. Aus seinem letzten Gedicht qualmen Schornsteine, Ruß liegt auf jedem Wort. Er ist der einzige Heimatdichter im großen Stil.

Lieber Herwarth!

Ich habe diese Nacht wieder verbummelt geträumt. Ich schlenderte über den Kurfürstendamm wie ein Strolch angezogen, in zerlumpten Hosen und grünlich abgetragenem Rock, ich dachte nur stumpfe Dinge, auch war ich angetrunken – aus Traurigkeit. – Der Wind heulte meine rote Nase an. Du kennst doch so einen Zustand – gemildert – bei mir, wenn Du verreist warst und wiederkamst, und mich hier oben am Henriettenplatz trafst, als ob ich obdachlos sei. Diesmal kam mir im Traum Kete Parsenow entgegen, die Venus von Siam. Sie sann nach irgendeinem Wort, dann ergriff sie mich, mit ihren Händen aus Elfenbein, aber mit der Energie eines Gensdarms – »Tino!«

Herwarth, Kurtchen!

Ich vergesse immer seinen Namen – er ist aus dem sächsischen Tirol, er schrieb ein Buch über gemalte Irdenkochtöpfe, angehender Direktor der Museen hier. Mehr weiß ich nicht von ihm. Übrigens besitzt er eine eigene Möblierung von der Urgroßtante geerbt; und eine ländliche Base der Mona Lisa hat er an der geblümten Tapete hängen, das Gemälde erbte er auch von seiner Erbtante Isabella.

Liebe Jungens!

Warum fragt Ihr mich nie an, was ich mit dem geheimnisvollen: »Schweigt mir von Rom« gemeint hab? Ich wollte mir nämlich einen Wahrsagesalon eröffnen, »Schweigt mir von Rom« – aber da Ihr beide stillschweigend darüber hinweggegangen seid, wie sollen da die Fremden hereinfallen. Ich gehe nun lieber hausieren. Denk mal an, Herwarth, eben kommt unsere Rosa und kündigt mir; muss ich nun aus dem Haus oder sie? Sie hat heimlich über Leipzig den Sturm abonniert und bezieht den Spaziergang mit mir durch die Friedrichsruherpeterbaumstraße auf sich. Ihr Ehrgefühl ist angegriffen; sie fühlt sich verletzt, und ich muss mir nun meine Wohnung wieder selbst reinigen oder nicht reinigen, ich bin zu Staub geworden zwischen Staub. Ihr Fritz würde sie nun nicht heiraten, was meinst Du, wenn ich ihr verspreche, ihre Hochzeit bei uns zu feiern?

Liebe Beide!

Peter Baum sieht schlecht aus, er sehnt sich nach Elberfeld, selbst an seine Amme denkt er noch mit großer Anhänglichkeit. Er trägt sie an seiner Uhrkette in einem Herzenveloppe. Sie hat seine Vorfahren schon gesäuget und stammet aus Remscheid. Sie war es ja, die ihn eigentlich auf die Verse gebracht hat. Nicht?

Liebe Reisende!

Ich habe mir in Hieroglyphen-Schrift ein für alle Mal eine Antwort drucken lassen auf die vielen Briefe, die ich empfange, auf jeden Brief ohne Ausnahme von wem er kommen mag. »Krabbeln Sie mir den Buckel herauf!« Was werden Richard Weiß in Wien und Paul Leppin in Prag, beide, die ich so gernhabe, zu der Unhöflichkeit sagen! So eine Unhöflichkeit kann direkt eine Zwangsidee werden, sie wird dann plastisch ein Feind, der Feinde bereitet. Wenn mir nun in diesen Tagen die Venus von Siam einen Brief schreibt und ich ihr die Antwort in Hieroglyphen übersende. Oder Ramsenith? Wisst Ihr, wer Ramsenith ist – in München wohnt er seit dem Testament und trägt eine Pyramide auf dem Kopf und ist schön, seine Augen reichen bis in den Himmel. Er ist der einzige Mensch, der historisch nachweisen kann: Ich bin Jussuf der Ägypter, denn ich lebte an seinem Hof.

Lieber Herwarth!

Mein Herz ist sehr krank oder fühlt es übergroß? Wenn es übergeht, glaubt man ja immer so kleinlich, man ist krank. Das hat man noch so von den Ärzten überliefert. Herwarth, gestern Abend war mein Herz granatrot, ich konnte die Farbe im Munde vernehmen, kosten. Mein Herz war das Abendrot und ging unter. Draußen kann es in der trüben Winterstimmung nicht mehr geschehn; ich starb am Abendrot. Kannst Du das fassen, konnte je ein Mensch fassen, wenn ich von den Sternen sprach, wie von meinen Brüdern, den Mond geleitete durch die Wolken, er ein lustiger, beruhigender Herr ist, Berncastle Doktor, alter Baldrian edele Auslese? O, ich scherze nicht, ich will Dich und Euch nicht amüsieren, aber mich immer retten mit Tyll Eulenspiegel Spielen. Ich wäre Clown geworden, Herwarth, wenn ich Dich nicht dadurch beleidigt hätte.

Internationale Postkarte

Lieber Herwarth, ich bin sehr traurig, ich höre den ganzen Tag weinen in der Stadt. – Wie ich mich umdrehte, war ich es. Ich weine, Herwarth, weil mir jemand böse ist.

Gute Kinder!

Ich bin tief ergriffen, meine Seele hat sich aufgelöst, es fließt an ihr herunter, Smaragd, und Rubin und Saphir, auch Mondstein wie bunte Quellen. Und ich sage immer zwei Worte, die Überschrift meines versengten, »ungeschriebenen« Liebesbriefs, der an Sascha adressiert war nach Sankt Petersburg Zitadelle:

Himmlischer Königssohn –

Ich habe nun kein Geheimnis mehr, mein Herz kann keins verwahren, es steht im Amt der Welt. Meere kommen und spülen seine Heimlichkeiten ans Land, es erwacht mit dem Morgengrauen und stirbt am Sonnenuntergang. Aber immer ist mein Herz von Seide, ich kann es zuschließen, wie ein Etui. Weißt Du ein Geheimnis oder frag Kurtchen, das meiner Diskretion wert wäre?

Lieber Herwarth, liebes Kurtchen!

Sollte ich wirklich die Briefe vorgestern verwechselt – den an Euch Peter Baum, den Brief an Peter Baum Euch etwa geschickt haben? Oder sollte sich die Post den Streich geleistet haben, der Postbeamte mit dem Ziegenbart guckt mich so faunisch immer an.

Pitter!

Wenn De dän Breef bekommen häst, han ech meck ermordet, Du bruchst ewwer nich nachkicken. Pitter, eck han meck dötmal werklech verknallt! Rot ens, en wäm! Du glöbst meck nich mähr, Pitter, ewwer et is werklech war, on eck kan nich mähr op Arbeet gon en die Fabrik. Pitter Boom, en die Fröh han meck der Prinzipal geköndegt, weil eck ömmer wie eene Taube op däm Taubenschlag en die Loft kicke, on die Knöppe op die verkehrte Siet öwerspannen tu. On freten kann eck ook nich mähr, on eck berg ömmer minne Liebeschmerzen em Herzen en ming kariertes Koppkissen; oder die Konterfeis on die Wände kick eck on, usse Beld, wo wir eingesegnet worn sind met die riecken Kender tusammen. Weeßt Du et noch? Wie häst De Deck verändert, Pitter, on eck erscht, ewwer wir sinn uß trö gebliewen en Früd on Leed, on Du weeßt ganz genau, dat eck wacker ömmer tu Deck gekömmen bön, on Deck allet gebeechtet han. »Arbeet macht dat Lewen sös« hat Deck der Pastor Krummacher en Ding Poesiealböm geschriewen, on meck hätt hä eene empfendleche Rede gehalten, weel eck ömmer gelacht han, en der Konfermantenstonde onter ming Polt. Ewwer det es allet vorbee, nur lach eck nech mähr, eck modd ümmer hühlen, van wegen öhmm. Kennst De »Öhmm«? Du kennst öhmm! Rot ens »Öhmm«. On klatsch et nich Herwarth weher, Pitter, on sei gegrößt van Dinne Frönden Amanda.

Unglücklicher Herwarth, der Pitter hat mir hier auch den Brief, den ich an Dich schrieb, zurückgesandt: Lieber guter Herwarth, bleib nur noch ruhig und wohlgemut im Eis. Du kommst desto frischer nach Haus. Du kennst mich doch, Du kannst ganz ruhig sein, ich bin überhaupt den ganzen Tag über zu Haus und mache Weihnachtsbaum und abends zünd ich schon die Kerzen an und singe Lieder, himmelhochjauchzend zu Tode betrübt. Ich bin wahnsinnig glücklich, Du siehst daraus, wie treu ich Dir bin. Grüße Kurtchen, unsern Engel. Else.

Herwarth!

Wo Dus nun mal weißt, ich bin heut zur Jephta-Elfriede gerannt – wie ein Primaner. Einer »Frau« wollte ich mein Herz ausschütten. Aber sie glaubt mir nicht mehr, erst wenn ich in vier Wochen zu ihr käme mit dem gleichen Gefühl für »ihn«. Merk Dir und Kurtchen bitte den Tag, es war gestern, den neunzehnten Dezember. Ich bin ja fest überzeugt, dass mein Herz mich nicht betrügt, ich kann im Grunde bauen auf mein Herz, aber, wenn mich das hier im Stich lässt, dann werde ich oberflächlich.

Ich habe an Tristan geschrieben: Süßer Tristan, nachts versammeln sich alle meine Vorfahren in meinem Zelt, Kalifen und Derwische und Paschas in hohen Turbanen. Und auch ein Häuptling, der mir das Tanzen beibrachte über die Leiber der Ungläubigen, droht mir nun mit: Allahs Zorn. Tristan, du bist ein Ungläubiger, aber ich liebe dich, Tristan, und mit dem Golde deiner Locken blende ich das Auge des Gesetzes im Koran. Und meine Paläste und meine Dromedarherden schenke ich dir, die werden vor dir niederknien, zottige Sklaven, wenn du sie besteigen willst. Und die Schnüre meiner wilden, blauen

Perlen sollst du um deinen Nacken tragen und meinen Ring nimm mit der Sintflutperle. Und ich schenke dir mein Herz, das kannst du in die Hand nehmen und damit gaukeln. In ihm spiegelt sich der brennende Dornenstrauch des heiligen Berges und die Nacht und ihre unsäglichen Sterne. Ich liebe dich, Tristan.

Tino von Bagdad.

Lieber Herwarth und liebes Kurtchen!

Dass eine Karte ironisch lächeln kann, hat mir Eure bewiesen, auch eine gewisse zuschauende Väterlichkeit geht von den abgeklärten, temperamentlosen Buchstaben aus, lauter Greisenhaare. Ihr habt sie wohl zusammen angefertigt? Abgeklärtheit muss kolossal schwer sein, mir wenigstens. Dein Handschriftbild, Herwarth, ist doch sonst ein Symphoniekonzert oder eine Pantomime und Kurtchen präsentiert sein Selbstporträt, jeder Haarstrich seiner Zeilen ist er. Vor allen Dingen ist es eine Frechheit von Euch beiden, Euch so erhaben über mein Geständnis zu benehmen. Else.

Lieber Herwarth!

Tristan selbst will mir auch nicht glauben, dass ich ihn liebe, aber er war sehr milde, als wir uns begegneten; wir gingen Hand in Hand, und er erzählte mir die Geschichte von dem Wolf, ohne zu wissen, dass die Geschichte eine wahre Begebenheit ist, ich selbst war damals der Knabe, der atemlos durch die Stadt schrie: »Der Wolf ist da, der Wolf ist da!« Und zweimal heulte ich die Leute an, versetzte sie in Schrecken, und als der Wolf wirklich einmal aus einer Menagerie ausgebrochen war, wollte es mir niemand glauben. »Er« will mir nun auch nicht glauben, dass ich ihn liebe, und ich werde vom Kummer zerfressen werden und sicher die ganze Stadt.

Herwarth!

Bitte, lass diese Gedichte im Sturm drucken, sie sind an Tristan – vielleicht glaubt er dann – bei Gedichten kann man nicht lügen.

Wenn wir uns ansehn
Blühn unsere Augen.

Und wie wir staunen
Vor unseren Wundern – nicht?
Und alles wird so süß.

Von Sternen sind wir eingerahmt
Und flüchten aus der Welt.

Ich glaube wir sind Engel.

*

Auf deiner blauen Seele
Setzen sich die Sterne zur Nacht

Man muss leise mit dir sein,
O, du mein Tempel,
Meine Gebete erschrecken dich;

Meine Perlen werden wach
Von meinem heiligen Tanz.

Es ist nicht Tag und nicht Stern,
Ich kenne die Welt nicht mehr,
Nur dich – alles ist Himmel.

*

Gar keine Sonne ist mehr,
Aber dein Angesicht scheint.

Und die Nacht ohne Wunder,
Du bist mein Schlummer.

Dein Auge zuckt wie Sternschnuppe –
Immer wünsche ich mir etwas.

Lauter Gold ist dein Lachen,
Mein Herz tanzt in den Himmel.

Wenn eine Wolke kommt –
Sterbe ich.

*

Ich kann nicht schlafen mehr,
Immer schüttelst du Gold über mich.

Und eine Glocke ist mein Ohr,
Wem vertraust du dich?

So hell wie du,
Blühen die Sträucher im Himmel.

Engel pflücken sich dein Lächeln
Und schenken es den Kindern.

Die spielen Sonne damit
Ja ..

*

Herwarth!

Tristan hat mir gesagt, er habe eine Braut, ich will nun nie mehr über ihn sprechen –

Ich gehe jetzt so oft allein in die Stadt, fahre mit all den Maulwürfen Untergrundbahn. Ich hab schon eine Erdfarbe bekommen. Ich soll schlecht aussehen. Dass mir das gerade auf hypochondrisch jemand gesagt hat! Denn erst jetzt fällt es mir auf, dass einen alle Menschen fragen: »Wie gehts?« Ich such immer suggestiv nach der hypochondrischen, erdfarbenen Linie in meinem Gesicht – über Knie-Görlitzer Bahnhof. Aber die Menschen haben ja von Natur alle so verkalkte Gesichter, Eier; wenn es hoch kommt Ostereier; ich freu mich immer, wenn ich ein lachendes Plakat unten im Erdfoyer der Hochbahn entdecke. Das wilde Bengelchen von seinem Vater Ludwig Kainer gezeichnet, ich hab's sofort wieder erkannt; morgens lacht es auf der großen Hand seiner Dienerin kühn reitend mich aus der Zeitung an, wie aus einem Marstall. Ich möchte dem allerkleinsten Sezessionsmaler ein grünes Zwergpferdchen bringen, es müsste wie ein Baum so grün und sprühend sein, das wäre das Lustigste, was ich mir vorstellen könnte. Schon lange steht nun Natur auf der Asphalttafel der Stadt; das steinerne, harte Herz Berlins rührt sich. Tannendüfte färben das Blut in den Adern und die Gesichter sehen frischer aus. Aber was geht es mich an, ich habe kein Interesse für das Wohlergehen dieser Welt mehr, schwärme nur noch für ihren ärmsten Tand; Schaumglaskugeln in allen sanften Farben, manche sind wie kleine Altäre geformt, in ihrer Nische leuchten verborgene Schimmerblumen der Maria. Ich glaube schon, ich spüre die gläsernen Blüten in der Brust. Diese Offenbarung! Und bin doch keine Christin; wo könnte ich an mir Christin werden? Das hieße sein Blut verstoßen. Diese Erkenntnis sollte des Jehovavolkes hochmütigster Reichtum sein.

Gulliver hat hier eine Stadt gebaut. Der ist ja Architekt; das erzählte mir schon Adolf Loos. Tausend Zwerge, so groß wie Streichhölzer, trampeln durch die Straßen über den Marktplatz von Midgesstown. Wir waren zu fünf Riesen dort und haben uns geradezu unserer Größe geschämt – und gingen behutsam gebeugt. Und doch hatten wir Unglück; einer von uns, der Schauspieler Murnau, hat einen Zwerg zertreten. Habt Ihr's gelesen? Und Peter Baum hat sich einen zehn Zentimeter hohen Feuerwehrmann in die Tasche gesteckt in Gedanken. Lauter Detektive und Kriminalpolizisten laufen dort herum. Cajus-Majus, der Doktor Hiller sah aus, wie ein gutmütiger Menschenfresser, mit seinem runden Bauch. Und Hans Ehrenbaum-Tegele hat doch die Zwerge eingeladen zur Bowle Sylvester; ich glaub, er will sie hineinschütten.

Herwarth und Kurtchen!

Ihr kennt doch Chamay Pinsky, er ist mit Beate nach Jerusalem gezogen, das Land säuern. Der Schelm! Er weiß ganz genau, zum gelobten Land gehören gelobte Leute. Und nicht jüdische Bourgeois, die von posener Berlin in das Land der Könige ziehen; ihre Frömmigkeit besteht aus bröckelnden Matzen, kräftigen Fleischbrühen. Vierzig Jahre lehrte Moses seinem Volk die Freiheit der Wüste und das Brüllen der Schakale, und das Gesetz vom göttlichen Angesicht lesen, bevor er sie durch das Tor Jerusalems führte.

Ich denke jetzt viel an Religion, aber zur Religion gehört eine Welt: Alleinsein. Nicht ein Idyll mit einem Haus, das still. Ich war dazu bestimmt, Tempeldienst auszuführen, ich hätte Gott Heilige gepflückt von den Ufern leiser Ströme. Und das Licht der Seele blau erhalten. Auch lege ich *fromme Bilder* mit den Sternen, die über das Allerheiligste schweben, und immer wüsste ich vor Gott zu knien, dass es ihm kein Zorn entfacht. Ich sage zu Gott: du, sie duzen sich mit ihm.

Lieber Herwarth und liebes Kurtchen!

Meine religiöse Stimmung muss also einen Grund haben. Ihr meint wohl, mich plagt die Reue? Die Sünde ist mir erschienen, meint Ihr wohl, mit dem Fegefeuer in der Hand, oder die Schlange hat doch endlich Einfluss über mich gewonnen. Pfui Teufel, Ihr traut mir zu, dass ich eine religiöse Stimmung auf Pfählen baue, irgendwo in die Sintflut hinein. Ich habe Vertrauen zu meinen guten und bösen Handlungen. Ich kenne keine Sünde, mag sein, dass ich sie oft von außen her mit Süßigkeiten mir greife, ich hab noch nie etwas davon gemerkt. Lebe das Leben ja tableaumäßig, ich bin immer im Bilde. Manchmal werde ich unvorteilhaft hingehängt, oder es verschiebt sich etwas in meinem Milieu, auch bin ich nicht mit der Einrahmung zufrieden. Einrahmungen sind Einengungen, Unkunst, Grenzen, die sich kein Gott, aber ein Gottdilettant zieht. Die runden Rahmen haben noch etwas Kreisendes, aber die viereckigen, neumodischen, sind so ganz menschlich aus dem Kosmos getreten. Ich sehe also aus dem Bilde das Leben an; was nehm ich ernster von beiden? Beides. Ich sterbe am Leben und atme im Bilde wieder auf.

Hurra!

Liebe Nordländer!

Ich fühle mich ergraut, wie der Tag plötzlich; bald ist es Nacht; soll ich wachen oder schlafen. Lohnt es sich zu leben oder zu versäumen. Alles sollte sich lohnen, auch das Nichtvorhandene. Ich weiß, irgendwo sehnt sich ein Hadrian oder ein Pharao nach mir. Ist das nun wahr oder ist das nicht wahr? Aber ich finde, so ein Gedanke lohnt sich. Allerdings, der Bürger verliert nie etwas, mich kostet vielleicht, so einen Gedanken zu haben, das Leben. Meint Ihr, mein Leben ist zu ersetzen? Lohnt es sich, mein Leben zu ersetzen? Ich will diesen Gedanken von Euch beantwortet haben. Aber ich sprach vom Hadrian, ich sprach vom ägyptischen König, der eine Pyramide als Krone trägt, wir ziehen zusammen in den Krieg auf Dromedaren. Ich sitze hinter ihm, an seinem Rücken gelehnt, und meine Pfeile fliegen an seinem Herzen vorbei in die Leiber der Feinde. Nachts schminkt er meine Lippen mit seinen Küssen.

Herwarth!

Karl Kraus, der Dalai Lama, weilt in Wien, aber unten in Deinem Arbeitszimmer hängt seine Hand in Marmor. Ich stand wieder vor dem schwarzen Brett, darauf sie gespannt abwärtsgreift, sie bewegte sich, als ob sie mir etwas erklären wollte. Diese Hand, eine sichere Ministerhand, eine gütige Diplomatenhand, eine züngelnde Hand, sie kann eine Stadt anstecken. Meine Augen tanzen um ihre Randung – Polka. Lieber noch ringe ich mit dieser Hand zum Zeitvertreib. Sollte dieser vornehmste Kampf unterlassen bleiben! Ich träume oft in der Nacht von den Kriegen unserer Hände und staune, dass Du die seine noch immer in der Frühe erhalten am Brett hängend vorfindest. Sie lächelt sogar seit Kurzem. Des Ministers Hand, eine ernste, mongolische Dolde, eine Hand, jeder seine Pfade endet. Was er wohl von meiner ziellosen Hand aus Spiel und Blut denkt?

Lieber Herwarth!

Was ist das Leben doch für ein eitler Wettbewerb gegen das Aufschweben zur Ewigkeit. Ich bin erregt, ich hatte schon einige Male heute das Gefühl, ich muss sterben. Wenn ich auch im Bilde lebe, Bild bin, aber meine Eindunkelung Dir gegenüber macht mir schon lange Schmerzen. Wir können uns beide kaum mehr sehen, Herwarth; alle die Leute, die uns wieder zusammenbringen wollen, sind nichts weiter als Ölschmierer oder Terpentinwäscher, uns auffrischen wollen sie; über die echten Farben unechte, gezwungene schmieren. Fälschung! Verkitschte Auferstehung! Man sollte lieber die Menschen, über die die Nacht kam, einbalsamieren. Es klopft heute schon einige Male an meiner Tür, es geschieht etwas Schreckliches in der Welt, lauter Fälschung, dafür geben die Leute ihr Geld aus. Das sag ich Dir, ich wollte, ich besäße eine Brücke, es müsste mir jeder – Zoll bezahlen – Brückenzoll. Da ich doch tot bin, hab ich mir wenigstens vorgenommen, reich zu werden.

Herwarth!

Vorher schick ich dir noch ein Gedicht für den Sturm. Ich bin rasend verliebt in jemand, aber Näheres sag ich nicht mehr. So kann es immer an Dich gerichtet sein.

Du bist alles was aus Gold ist
In der großen Welt.

Ich suche deine Sterne
Und will nicht schlafen.

Wir wollen uns hinter Hecken legen
Uns niemehr aufrichten.

Aus unseren Händen
Süße Träumerei küssen.

Mein Herz holt sich
Von deinem Munde Rosen.

Meine Augen lieben dich an,
Du haschst nach ihren Faltern.

Was soll ich tun,
Wenn du nicht da bist.

Von meinen Lidern
Tropft schwarzer Schnee;

Wenn ich tot bin,
Spiele du mit meiner Seele.

Ludwig Ullmann habe ich das Gedicht: An Jemand – für sein Flugblatt geschickt:

Lieber Ludwig Ullmann!

Es war Nacht, als Ihr Brief kam, ich hatte mich gerade aufgehängt, konnte nur morgens den Baum nicht wiederfinden. Ob das ein Glück für Ihr Flugblatt ist, kann ich nicht beurteilen. Denn ich bin noch sehr angegriffen von der Aufhängerei und von allem Drum und Dran. Machen Sie gute Stimmung für mich, mir fehlt jede. Auch ist Berlin so langweilig, es ist weder interessant zu leben, noch zu sterben, was ich nun beides beurteilen kann. Ihre Karte war mir eine Labung, so frisch geschrieben; wie Quellwasser sind Ihre Buchstaben, nicht etwa verwässert. Sie müssen immer von Wäldern dichten, das wäre charakteristisch für Sie. Jedenfalls begleiten Sie mich in den Prater, wenn ich nach Wien komme. Ihre E. L. Sch.

Liebe Jungens!

Ich habe vor, regierender Prinz zu werden. Müssten mir nicht alle Menschen Tribut zahlen?

Ich habe gestern Dr. med. F. leider vergebens geschrieben:

Sire!

Sie haben ganz recht empfunden, ich bin der Prinz von Theben. Sie wollen mir eine Klinge zum Geschenk überbringen lassen. Ich bitte Sie, mir zweihundert Silberlinge, das sind auf Deutsch zweihundert Mark, beizulegen, damit ich Ihrem Diener den ihm zukommenden Lohn entrichten kann.

Konnte ich seinen Herrn höher schätzen? Ich traute diesem Doktor zu, dass er meinen Brief mit allem Respekt erfüllen würde, er ist Nierenarzt, er hat den Zug eines Bohemiens in sich, er behandelt mit Vorliebe Wandernieren.

Soeben kam eine Dame aus Prag, ich soll in ihrem Verein sprechen. Wo ich so viel umsonst schreibe, muss ich doppelt so viel für mein Sprechen beanspruchen. Willy Haas hat sie aus Prag zu mir ins Haus gesandt. Ich habe tausend Mark verlangt; für meine Liebesgedichte zweihundert Mark besonders. Die Dame war ergriffen, aber sie will mit ihrem Verein über meine Forderung sprechen. Auch war ich äußerst pathetisch, zog meinen Königsmantel einige Male über die Schultern in Falten, in wilde Falten. Ich spreche überhaupt nicht mehr ohne Bezahlung, nur Bindewörter; könnt ich doch eins finden, das mich binden würde.

Herwarth!

Ludwig Kainer will meine Kalifengeschichte illustrieren. Bei mir kann ich ihn nicht empfangen, überall liegen fußhoch norwegische Briefe an Euch. Aber mein erlauchter Illustrator geht nach München, ich reise dann auch dorthin, einige Tage; übrigens hat mir mein Freund Antoni, der Prinz von Polen, aus München geschrieben, mein Geist wäre gestern im Café Bauer in Galla allen erschienen. Ich war schon immer neugierig, meinen Geist kennenzulernen, meinen Astralleib, er soll reich sein, ich werde ihn anpumpen.

Prinz von Theben, schrieb mir der Maler Schmidt-Rottluff: Ich will

Sie malen mit ihrem schwarzen Diener Oßmann. Ich wollte, er malte mich im Hintergrund seiner Handschrift, mitten hinein. Lauter Schlangengrotten, Urwaldgewächse, Kokospalmen, menschengroße Affenkörper. Man kann nicht durch seine Handschrift in die Ferne blicken, man erstickt in dieser Handschrift. Er und Richard Dehmel trinken aus denselben dunklen Quellen. Ich werde ihm Geschichten aus meinem Leben erzählen. Ihr wisst doch, mein hinterurwäldlicher Ahne ist der einzige Mensch, der nicht von Affen stammt. Ich habe noch unseren Stammbaum in Blüte. Ihr wollt es nicht glauben, aber der Maler mit der ungeheuren Handschrift wird mir glauben, dass ich von der Ananas stamme. O, dieser berauschende, wilde Fruchtkopf mit dem Häuptlingsblattschmuck! Ich habe noch nie davon gegessen, nicht einmal genascht, aus Pietät, und dabei könnt ich meine pflanzliche Abkunft auffressen, wie ein Menschenfresser.

Herwarth!

Weißt du, dass Ludwig Cranach schon die Venus von Siam als Kete Parsenow gemalt hat. Also nicht ich alleine weiß, dass Kete Parsenow die Venus ist, die wirkliche Venus. Ich sah die Venus lächeln, ich spiegelte mich in den Tränen der Venus, ich sah die Venus tanzen, ich sah die Venus sterben. Ich, ich ich, ich kann mich kaum mehr berühren vor Süße.

Lieber Herwarth!

Paulchen will endgültig nicht mehr in den Kino gehen, er hätt die Nacht nicht schlafen können, ein Mensch sei irrsinnig im Stück gewesen und kein Junge will mehr hingehen. Die Unglücke sehe er ja sonst gern. Er war noch ganz erregt am Morgen und erzählte mir Folgendes: Es war ein Mann, der hieß Marius, der hatte eine Braut bekommen beim Tanzen und da schrieb die Braut dem Marius, ein helles Fenster sollt ihm in der Nacht zeigen, wo sie wär. Im selben Haus war ein Hotel, das Haus war ein Hotel überhaupt, davor ein Irrenhaus für die Geisteskranken von Doktor Russel, wo die Leute mit Strahlen geheilt werden von Doktor Russel. Herr Marius hatte sich in der Dunkelheit verirrt und ging in das Irrenhaus in eine Zelle. Da kommt plötzlich mit dem Auto ein Geisteskranker her und er wird von einem Diener durch Strahlen zum Schlafen gebracht und schläft. Da wird er wieder wach und wollte aus dem Fenster, aber er sinkt vors Bett und auf einmal kommt Marius rein und sieht den irren Mann und sofort vor lauter Angst hinter die Wand, aber der Geisteskranke packt ihn an die Kehle und würgt ihn fast ganz tot, aber nicht ganz tot, auf einmal hört das ein Wärter, der nachts rumgeht, macht die Tür auf und man kann da plötzlich reinsehn in Doktor Russel sein Zimmer, der sitzt mit Marius seiner Braut auf dem Bett und poussiert.

Liebes Kurtchen!

Morgen komme ich in Dein Bureau, Potsdamerstraße 45, mit der Rechnung vom Cliché Deines Bildes – hoffentlich hast Du Dich getroffen gefühlt.

Nota:

Cliché sechs Mark. Zwei Mark zwanzig das Auto in die Clichéfabrik; drei Mark fünfzig *mit Trinkgeld* das Diner bei Kempinski und für fünfzig Pfennig Fachinger. Bei Kranzler trank ich Schokolade für fünfzig Pfennig und aß für fünfundsiebzig Pfennig Törtchen, die alt waren. Nahm dann wieder ein Auto in die großen Rosinen. (Meinhard spielte famos.) Dreißig Garderobe, sechzig Foyer (Lachsbrötchen). Nahm dann ein Auto, raste ins Café des Westens, Dich und Herwarth abholen; traf Euch nicht, fuhr schließlich im selben Auto heim, kam aber zu spät, musste den Portier herausklingeln für fünfundzwanzig Pfennig. Bitte zähle die Summen zusammen, irre Dich nicht. Lass Dein Gemälde einrahmen in Watte, Dich einsalzen, wo der Pfeffer wächst.

Ich grüße Dich! Else L.-Sch.

Lieber Herwarth, liebes Kurtchen!

Ich bin Adolf Lantz begegnet; er trägt, seitdem er Direktor ist, einen Zylinder, der blaakt.

Ich gehe jetzt seltener ins Café, ich kann es nun auswendig. Es ist ja nicht allzu schwer zu lernen; internationale Cafés sind schwerer zu behalten. Ich plaudere wieder so vor mich hin wie Verblühn. Ich habe alles abgegeben der Zeit, wie ein voreiliger Asket, nun nimmt der Wind noch meine letzten herbstgefärbten Worte mit sich. Bald bin ich ganz leer, ganz weiß, Schnee, der in Asien fiel. So hat nie die Erde gefroren, wie ich friere; woran kann ich noch sterben! Ich bin verweht und vergangen, aus meinem Gebein kann man keinen Tempel mehr bauen. Kaum erinnerte ich mich noch an mich, wenn mir nicht alle Winde ins Gesicht pfiffen. O, du Welt, du Irrgarten, ich mag nicht mehr deinen Duft, er nährt falsche Träume groß. Du entpuppte grauenvolle Weltsagerin, ich habe dir die Maske vom Gesicht gerissen. Was soll ich noch hier unten, daran kein Stern hängt.

Ich bin nun ganz auf meine Seele angewiesen, und habe mit Zagen meine Küste betreten. So viel Wildnis! Ich werde selbst von mir aufgefressen werden. Ich feiere blutige Götzenfeste, trage böse Tiermasken und tanze mit Menschenknochen, mit Euren Schenkeln. Ich muss Geduld haben. Ich habe Geduld mit mir.

Schmidt-Rotluff hat mich im Zelt sitzend gemalt. Ein Mandrill, der Schlachtengesänge dichtet. Schmidt-Rotluff hat mich als Mandrill gemalt, und ich stamme doch von der Ananas ab. Ihr habt den Affen überwunden; man kann sich doch von nichts in der Geburt vorbeimachen.

Bin entzückt von meiner bunten Persönlichkeit, von meiner Urschrecklichkeit, von meiner Gefährlichkeit, aber meine goldene Stirn, meine goldenen Lider, die mein blaues Dichten überwachen. Mein Mund ist rot wie die Dickichtbeere, in meiner Wange schmückt sich der Himmel zum blauen Tanz, aber meine Nase weht nach Osten, eine Kriegsfahne, und mein Kinn ist ein Speer, ein vergifteter Speer. So singe ich mein hohes Lied. O, Herwarth, Ihr könnt es mir ja nicht nachfühlen – was blieb Euch vom Affen übrig? Herwarth, Du brauchst es ja nicht wiedersagen, Herwarth, ich schwöre es Dir bei dem Propheten Darwin, ich bin meine einzige unsterbliche Liebe.

Lieber Herwarth!

Ich höre, Du hältst einen musikalischen Vortrag bei Cajus-Majus im Cabarett Gnu. Ich weiß noch nicht, ob ich kommen kann. Das Gnu hat so viel Junge geworfen, die sicher nicht blind für Deine Musik bleiben. Es hat jemand herumgebracht, seitdem Du eines Deiner Lieder einer anderen gewidmet hast, als mir, interessieren mich Deine Vertonungen nicht mehr. Jemand hat nicht ganz unrecht. Subjektiv nicht mehr! Ich glaubte immer, Du könntest nur meinen Glanz aushalten, dass keine blasse Sehnsucht in Dir stecke.

Lieber Herwarth!

Ich gehe doch in das Cabarett von Dr. Hiller, schon um der kleinen Martha Felchow Pralinées zu bringen. Sie sitzt vor der Eingangstür an der Grenze zwischen Prolet und Gnu und nimmt die Zölle immerzu.

Ich hörte, Ludwig Hardt habe wieder so großartig im Choralionssaal vorgetragen – er ist der einzige Liliencron-Interpret. Er gab mir mal alleine einen Liliencron-Abend, in einem der Erkerviertel des Cafés. Sein Vortrag trägt die weiche Seele Liliencrons, das Stahl seines Herzens. Ludwig Hardts Stimme marschiert mit Sporen durch des Dichters Kriegsgedichte. Ludwig Hardt ist ein lyrischer Soldat, er ist adelig, wie Liliencron. Sein Elternhaus lag, eine Löwin, an goldener Kette.

Heute kommt Ludwig Kainer und zeichnet mich für den Sturm als Prinz von Theben. Meine zwei Neger, Oßman und Tecofi, der Häuptlingssohn, werden ihn im Vorhof meines Palastes empfangen. Ich trage mein Feierkleid und meinen Muschelgürtel und den Islamstern des Sultans über meinem Herzen, und werde nach »ihm« aussehn.

Lieber Herwarth, liebes Kurtchen!

Ich habe vor, eine große Festlichkeit zu veranstalten; meine Gemächer sind nicht geräumig genug, und ich begab mich heute Morgen ins neue Schlossviertel hier zu der Marquise Auguste Fürst-Foerster, der ich die Valenciennehand mit Ehrfurcht küsste. Sie war wie immer von ausgesuchter Delikatesse und stellte mir auf meine Bitte ihre Salons zur Verfügung. Dass sie hoffe, auch als Gast erscheinen zu dürfen, auf meiner hohen Festlichkeit, erfreut sie unendlich. Dann geleitete sie mich zwischen Rosentapeten ihrer Korridore; »Allerhöchste Marquise«. – Marquise (gnädig lächelnd zu mir): »Hoheit« …

Herwarth!

Ich habe noch eine Zeichnung von S. Lublinski gefunden, wie ich ihn heimlich zeichnete über lauter Köpfe im Café hinweg, da wir uns vorher gehauen hatten. Er war ein Charakter. Die einzige Eigenschaft, die einen ganzen Charakter ausmachen kann, ist Mut. Also war er *noch mehr* wie ein Charakter, er war ein rostiges Gefüge.

Herwarth!

Ich schreibe hier einen offenen Brief an Paul Cassirer

Sir!

Es war für mich keine Überraschung, in Ihrem vornehmen Salon die Werke Oskar Kokoschkas zu bewundern. Manche von den Betrachtern hielten sich sicher ihr Lachen ein, in Erinnerung an Sie, Sir, des unumstößlichen Glaubens wegen an Sie, Sir, Ihres kunstverständigsten Namens wegen, Sir, Ihrer Sicherheit in den Farben und Werten und Zeitwerten wegen, Sir; Sie haben sich am Tage, da Sie Oskar Kokoschka in Ihren Salons ausstellten, selbst hundert Jahre voraus in die Zukunft gesetzt, indem Sie als erster Kunsthändler in Berlin den Ewigkeitswert seiner Schöpfungen erkannten. Ich hörte mit nicht geringem Erstaunen, dass Sie eine zweite Ausstellung von Kokoschka in Ihren Sälen veranstalten wollen, Kopien seines Genies. Warum das schon bei seinen Lebzeiten? Warum echten Wein verwässern, wenn schwach befähigte Besucher Herzklopfen bekommen! Oder besoffen werden und taumeln oder ausfahrend werden. Ich fordere Sie aller höflichst auf, Sir, diese Ausstellung zu unterlassen. Oskar Kokoschka ist kein Zwilling, er hat noch nicht einmal einen Vetter, aber einen Meuchelfreund. Ich rechne darauf, Sir, und mit mir zeichnen noch ernste Bewunderer der Oskar-Kokoschka-Bilder, Sie unterlassen eine Ausstellung der Kopien, die Herr Jemand in Ihren Sälen zu beabsichtigen gedenkt. Und genehmigen Sie meine hochachtungsvollen, verbindlichsten Grüße, Sir. Else Lasker-Schüler.

Oppenheimer hat auch Anhänger – jawohl, bitte – an seiner Uhrkette hängen.

Max Oppenheimer, Abbé!

Sie wollten mich rücklings in die Beichte stecken ... Denn niemand weiß so genau wie ich, dass Sie farbige Wechsel ausschreiben mit der Unterschrift Oskar Kokoschkas. Warum? Da Sie doch selbst malen können. (Dieses schrieb ich ihm im Café, er glaubt, ich, le Prince de Thebe, bin das Werkzeug einer Partei.)

Lieber Herwarth!

Ich schrieb an Dr. Hiller:

Heute Mittag aß ich die Erstgeburt, zwar nicht Linsen, aber dicke Erbsen. Es schwammen Bröckchen darin und die Überreste eines Schweinsohrs. Ich bin aufgebläht, aber Ihr Antlitz, Cajus, hat Monderweiterung bekommen. Wie dürfen Sie sich erlauben, uns, vor allen Dingen mich, in Ihrem Vortrag mit Idioten anzureden; zumal Sie genau wissen, ich bin Idiot. Aber erinnern brauchen Sie mich nicht daran, das ist unzart, das ist direkt ordinär von Ihnen. Ich komme nicht mehr ins Gnu, ich hab gnug.

Herwarth!

Gestern ist mein Onkel, der süddeutsche Minister, mit mir ins russische Ballett gefahren. Hinter uns saßen strahlende Petersburgerinnen, zwischen ihnen Herr Barchan, der Hexenmeister. Einige Male hat er bei uns in der Wohnung frische Fische gezaubert und nachher verschlungen, lebendig; er hat Dich auch einmal verschwinden lassen wollen, Herwarth, weißt Du's noch? Ich meine, Dich verleugnet; aber sein Ärmel war nicht weit genug.

Ich schreibe nun schon drei Monate oder noch länger norwegische Briefe. Verreist Ihr beide nicht wieder bald? Vielleicht regt mich eine zweite Reise auch so an, wie Eure Nordpolfahrt. Ich habe zwar verlernt, mit Sonne zu schreiben; meine Vorfahrengeschichten verlangen Morgenland. Auch dem historischen Stil habe ich Schlittschuh angeschnallt, und ihn so mit fortgerissen, es kam mir nicht darauf an. Ich schrieb also den größten Teil meiner Briefe mit dem großen Zeh; die Historie aber kann man nur mit dem Herzen schreiben; das Herz ist Kaiser. Womit schreibe ich eigentlich meine Gedichte? Was glaubt Ihr wohl? Die schreibe ich mit meiner unsichtbarsten Gestaltung, mit der Hand der Seele, – mit dem Flügel. Ob er vorhanden ist, – Sicher! Aber gestutzt vom böswilligen Leben. (Mystik.)

Lieber Herwarth!

Außerdem habe ich den Gnudirektor Cajus-Majus = Dr. Hiller in seinem Gnutheater am Vortragstisch auf der Bühne sitzend gezeichnet. Er spricht vom gescheckten Mondgnukalb – versteh vor Lärm nur alles halb – in seinem Hirne – elektrisch spiegelt sich die Birne.

O, Herwarth, o, Kurtchen!

Wie sich die Welt verändert hat; früher war die Nacht schwarz, nun ist sie goldblond.

Liebes Kurtchen!

Weißt Du's schon, eine Deiner Klientinnen hat den Sturm aufgekauft, lässt sich mit Deinem Bild ihr Schlafzimmer tapezieren! Sie singt: »Ich hab dein Bild im Sturm gesehn!«

Jungens!

Nun hab ich's raus mit den Künsten: Man muss zeichnen, wie man operiert. Ob man ein Stück Haut zu viel skalpiert oder einen Strich länger zieht, darauf kommt es ja gar nicht an! – Und die Massenliebe des Publikums zur Musik ist mir auch klar geworden. Die Zunge hat am meisten zu tun beim Hören, sie wächst sozusagen gehöraufwärts, sie probiert; namentlich schmeckt ihr die Nationalmusik: Deutschland, Deutschland über alles, Volkslieder, prickelnde Operettenlieder; Carmen, glänzendes Hochzeitsmahl; auch Wagners heiliger Gral ist nicht zu verachten. Deine Musik, Herwarth, aus Tanz und Schwertern, aus Frühling und Schäfern, aus Mond und Nacht und Sternen frisst auch die Menge mal für Schildkrötensuppe und indische Vogelnester – *hoffe ich!*

Abends trinke ich jetzt immer Tee Chambard, ein Getränk aus Goldkamillen, blauen Glockenblüten und Rosenblättern. Ich habe Peter Altenberg das duftende Rezept geschrieben für eine Fortsetzung seines Buches Prodromus. Ich hörte, er spucke auf mein erlesenes Gedicht, auf meinen alten Tibetteppich, er kann nur dadurch antiker und wertvoller werden.

Peter Altenberger, der Dichter der Österreicher, hurra!!!

Lieber Herwarth!

Wenn ich Frau Professor Helene Herrmann begegne, muss ich an tiefe Wolken denken; wenn ich an Julius Hart denke, weiß ich, wo ich einst Engeln begegnet bin! Helene Herrmann und Julius Hart sind (fort mit allem Hirn-Maché) durchrankt von Seele.

Lieber Herwarth, liebes Kurtchen!

Ich habe meine beiden Ringe verschenkt; es tut mir so leid, aber ich habe mir einen großen, braunen Käfer aus Glas in Messing fassen lassen; er sitzt auf meinem Mittelfinger wie auf einem kahlen Herbstast und sehnt sich nach Sommer und Sonne, nach Blüten und Silberblättern und wahrscheinlich nach einem Glühwürmchen.

Herwarth!

Wir sind nur auf dem Wege, das Leben ist nur Weg, hat keine Ankunft, denn es kommt nicht woher. Wohin soll man da? Immer in sich Zuflucht nehmen! Darum sind ja die Menschen so arm, ihre Herzen sind Asyle, sie fühlen sich sicher in ihren geselligen Heimstätten. Wohin soll man da? Mein Herz ist zerfallen; o, diese Einsamkeit zwischen gebrochenen Säulen! Kennst Du ein luxuliöses Herz – und wenn es aus Marmor ist?

Meine Lieben!

Ich bin sehr neugierig geworden; ich beginne mich zu fragen, ob ich intellektuell bin oder stumpf? Manchmal denk ich was, das geht über meine Grenzen; über Eure Horizonte habe ich wohl lange schon gedacht. Aber wo komme ich hin, wenn ich über meinen Mauern und Zäunen hänge, wo sich noch nicht Land vom Meere getrennt hat? Wer wird mir Schöpfer sein!! Werde ich meinen Schöpfer lieben oder ihn anbeten in Ehrfurcht?

Wenn ich ernstlich krank bin, dann hole ich keinen Arzt, Herwarth, aber einen Astronomen, jedenfalls einen Sterndeuter oder einen Fakir, meinetwegen einen Gaukler. Eher stellt »der« fest, wie weit mein Sternbild Corpus von dem Sternbild Psyche entfernt ist, als der anerkannteste Professor.

Herwarth!

Ich habe meine medizinische Arbeit gedichtet (nicht geschrieben), darum werde ich wohl den Doktorhut bekommen, aber ihn nur Karneval aufsetzen dürfen.

Lieber Herwarth!

Ich habe im Berliner Tageblatt einen Ruf nach dem Simplizissimusmaler Ludwig Kainer und seiner Frau, der Malerin, ergehen lassen. Beide sind plötzlich verschwunden. Ich hänge aber eingeschlossen einige Male in ihrer Wohnung. Wie es mir gehen mag, meinen verschieden aufgefassten Ichs?

Kurtchen!

Steht Gefängnis auf Schweinehund? Oder Geldstrafe? Oder verjährt nach zwei Jahren ein Schimpfwort, wie zum Beispiel Schweinehund? Ich habe vor zwei Jahren mal jemand so genannt; ich möchte endlich von der Kette los.

Ich muss manchmal an die Schwärmerin denken vom Sylvester im Café des Westens. Sie kniete vor mir (eine mir höchst unsympathische Stellung), aber sie kniete im Blut, denn der Wein uminselte unseren Tisch. Ich trug mein Kriegsgewand und alle meine Dolche, und nie war ich so vornehm der Prinz von Theben, wie an der Grenze zwischen Alt- und Neujahr. Ich habe der Schwärmerin versprochen, nicht mehr Platt zu sprechen in meiner norwegischen Korrespondenz; liegt auch im Grunde nur Brüderschaft in der ollen Omgangssprake twischen Pitter Boom on mek.

Herwarth, Kurth!

Wie findet Ihr mich getroffen auf der neuen Freimarke meiner Stadt Theben? Ich werde mein Volk lieben bis in den Tod.

Lieber Herwarth!

Es hilft Dir nichts, ich sende Dir diesen Brief so lange, bis Du ihn im Sturm veröffentlichst. Ich glaube Dir schon, dass es Dir wehtut, diese Zeilen meines Herzens prägen zu lassen, aber da ich mich nicht zu beherrschen gelernt habe, verlange ich es von Dir. In meinem Interesse musst Du Eisbären bändigen – Pudelhunde gehorchen eher; ich sagte Dir schon einmal, die meisten Temperamente bellen oder jammern oder kläffen nur.

Ich war nämlich in Jedermann oder heißt es Allerlei? Ich glaube, es heißt Allerlei für Jedermann oder Jedermann für Allerlei: Herein meine Herrschaften ins Riesenkasperle, ins Berliner Hännesken! Ein evangelisch Stück wird gespielt für die »getauften« Juden, namentlich, sehr anschauend und erbaulich. Alle getauften Juden waren in der evangelischen Vorstellung-Schaustellung gewesen und waren erbaut *namentlich* von dem blonden Germania-Engel in Blau und Doppelkinn. Rechts ein Fleckchen, links ein Fleckchen Mensch oder Engel an der Kasperlewand und wie das Gewissen zu heulen anfing: Jedermann hier, dort Jedermann. Wo kam das her – ich denke aus den Ställen, Herwarth. Nein, da wollen wir lieber auf die Kirmes gehen in Köln am Rhein und ein Kölner Hänneskentheater aufsuchen, von dort sollte Direktor Reinhardt die Naivität herholen, nicht sich welche anfertigen lassen von dem Hofmannsthaler in Wiener Stil oder übertünchen lassen, ein britisch-evangelisches Mysterium, charakteristisches Gähnen mit noch entsetzlicheren, gelangweilten, unechten Reimereien eines »Verbesserers«. Denk mal an, wenn er sich auf Bildhauerei verlegt hätte, an der Skulptur geflickt hätte, und der Venus von Milo die beiden Arme angesetzt hätte! Was grub er doch alles

Literarische aus: zuerst den Ödipus von Sophokles und nährte ihn mit Wiener Blut; die Elektra machte er zur dämonischen »Lehrerin«. Ihm gebrichts an Phantasie. Immer sagen dann die Leute, Herwarth, weil sie stutzig werden: Ja, haben Sie denn noch nicht *das* Gedicht von ihm gelesen: Kinder mit großen Augen? – Ich habe sogar Tor und Tod und den Tod des Tizians von ihm gelesen; glänzende Dichtungen allerdings, aber im Granit Goethes gehauen. Wenn Jedermann wüsste, was Jedermann wär usw. – eine Blasphemie, eine Verhöhnung einer alten Pietät, einer religiösen Verfassung. Das Leben und der Tod, die Sünde und die Strafe, Himmel und Hölle, alles wird zur Schaustellung herabgewürdigt, wie die Elefanten und Araberpferde mit Bändern und Kinkerlitzchen geschmückt, allerdings nicht einmal wie hier den Kindern zur Freude, dem reichen sensationslustigen Publikum zur Erbauung, pfui Teufel, dass der Sekt besser mundet.

Ein paar Tage vor Weihnachten forderte Direktor Reinhardt mein Schauspiel Die Wupper ein. Sie liegt noch nicht zwei Monate in seinem Haus; mein Schauspiel hat Leben, meine Geschöpfe möchten weiter leben. Nun wird mein Schauspiel eine Geisel sein in Reinhardts Händen, er wird meine Dichtung ins Feuer werfen oder sie mir mit ein paar Phrasen seiner Sekretäre wiedersenden lassen. Gleichviel, ich will keine Rührung noch Sentimentalität aufkommen lassen, Herwarth, ich muss meine Dichtung opfern der Wahrheit, dem »Ehrgeiz« zum Trotz. Der Prinz von Theben wirft die letzte Fessel von sich. Mit einer goldenen Schaufel will ich der Sage meiner Stadt einen Weg ebnen oder sie begraben, indem ich Direktor Reinhardt die Wahrheit sage. Die Aufführung des Jedermann ist eine unkünstlerische Tat, eine schmähliche – von ihm zumal, der im Publikum für unfehlbar gilt und in Wahrheit mit Bewusstsein nicht fehlgreifen *kann*. Wie soll man sich diesen Zynismus erklären! Hat Reinhardt Geld nötig? Warum rauben es nicht seine Leute für ihn: *Sie sollen den Westen der Stadt plündern für ihren Kaiser!!* Kassenschränke sind nicht zu unterbilden, wohl aber eine Zuhörerschaft (es sind talentvolle Zuhörer darunter) wackelköpfig durch ein Irrspiel zu machen. Solche Geschenke darf sich Reinhardt nicht erlauben. Draußen tobten die Sozialdemokraten, es war am Tag der Wahl – in mir stürmte eine stärkere Revolution, es fiel am Abend meine letzte Hoffnung, die Aufführung meines Schauspiels unter dem Können Reinhardt, das ich in so vielen Aufführungen bewunderte. Ich fordere mit diesem Brief meine Arbeitersage, die Wupper, ein. Hat er sie schon gelesen? Sie muss ihm imponiert haben.

Liebe Beide!

Als ich heute Morgen aufstand, kroch eine kleine Sonne auf meinen Fuß und spielte mit ihm wie eine bunte Eidechse Ringelrangel. Ich bin sehr glücklich heute, mein Zimmer ist süß, die kalte Luft, die durchs Fenster dringt, schmeckt süß und mein Schrank enthält lauter süße Feierkleider: ein goldenes, ein palmenfarbenes und ein Kleid aus Kristallseide, das klingt. Und meine Kriegsgewänder sind friedlich, die weite schwarzseidene Hose schmücken süße Perlenborden und aus den Muscheln meines Gürtels begegnen sich Schnecken und strecken ihre kleinen Korallenhörnchen entgegen: Allah machâh. – Es sind alles Muscheln, die ich am Strand des Nils auflas. Und in der Kriegstasche zwischen wilden Schalen harter Früchte finde ich verzuckerte Rosen, die süß zu essen sind. Ich bin verliebt. –

Kurtchen, Herwarth!

Er sagt, er hätte breite Hände. Ich finde seine Hände wundervoll und rührend, kleine Kinderhände, aber durch die Lupe gesehn, als ob sie durchaus groß sein wollten. Ich spiele den ganzen Tag mit seinen Händen; jedem Finger habe ich einen Ring aufgesetzt, jeder trägt einen anderen seltenen Stein. Der an seinem kleinen Finger erzählt die Geschichte meines Urgroßvaters, des Scheiks, des obersten Priesters aller Moscheen. Am Goldfinger sitzt ihm die Sage des Fakirs, des Bruders der Gemahlin des Emirs von Afghanistan, der war der Vetter meiner Mutter. Am Daumen droht ihm der blutigste Krieg, ein rissiger, tiefer Stein mit dem Bilde Konstantins des Kreuzritters, dem ich den Kopf abschlug in der Schlacht bei Jerusalem. »Er« ist selbst ein Kreuzritter, ich befinde mich in verliebter Verzweiflung.

Wollt Ihr mir beide telegrafisch mitteilen, ob es stillos ist, dass ich mich in einen Ritter verliebt habe?

Tino von Bagdad.

Statt mir telegrafisch zu antworten, fragt Ihr mich, wer »er« ist. Aber ich hab schon einmal betont, ich sag nichts Genaueres mehr. Er ist groß und schlank und wenn seine Augen sich glücklich auftun, blühen sie wie ein Kornblumenfeld. Ich habe ihm gesagt, jedes Mal wenn er seine Augen lächelnd öffnet, schenke ich ihm einen Palast, oder einen goldenen Palmenbaum, oder eine Hand voll schwarzer Perlen oder *ganz* Asien. Ich muss Euch noch was Merkwürdiges erzählen: Er bat mich, er drängte zärtlich zu gehorchen, ich ging am selben Abend nicht mehr ins Café. Am anderen Abend war ich wieder dort; er war sehr traurig, als er da sagte, er hätte eine Schlacht verloren. Mich bekümmerts, er sollte alle Schlachten gewinnen, und wenn ich ihm helfen sollte, mir den Kopf abzuschlagen. Oder meint Ihr, ich ginge auch ohne Kopf ins Café? Nur mit dem Rumpf, dumpf, stumpf in den objektiven Sumpf! O, wie pathetisch, nicht? Aber, es gibt ja nichts Objektiveres wie das Café, nachdem man in seiner Literatur am Schreibtisch zu Haus die Hauptrolle gespielt hat. Entzückend, sich abzuschütteln, seine intensivste Last. Sagt, Ihr beide, kann mir das Café schaden oder nicht schaden? Herwarth, Du behauptest ja immer, ich bin ein Genie, das ist Deine Privatsache. Soll ich mich nun von – »ihm« – trennen und ins Café zurückkehren oder soll ich bei ihm bleiben? »Kehre zurück, alles vergeben!« Pfui! ... Er hat das schönste Profil, das ich je gesehen habe, wem soll ich es anvertrauen – Dir, Herwarth: Er ist der Konradin, den ich tötete in Jerusalem, den ich hasste in Jerusalem und alle seine Kreuzchristen in Jerusalem. Wem soll ich es anvertrauen wie Dir, Herwarth; die andern sind ja alle Philister. Wir sind ganz lila, wenn wir uns lieben, wir sind Gladiolen, wenn wir uns küssen, er geleitet mich in die Himmel Asiens. Wir sind keine Menschen mehr. Du erzählst mir nie etwas, Herwarth, oder lass ich Dich nicht zu Worte kommen, oder hast Du noch immer nicht vergessen, dass *wir* verheiratet sind?

Ich habe nun nur ihn. Aber ich bin so begierig, wie es meiner Bleibe und meiner Sterbe geht, dem Café des Westens? Es ist genau so, als ob ich einen Ohrring verloren hab, ich beginne, mich nicht mehr zu fühlen. Ein Säufer muss in seine Kneipe, ein Spieler in seine Hölle, nur ich bin abnorm. Aber er meint es ja gut, er sagt, die Leute verstehen mich nicht. Aber das Café ist das einzige Geheimnis zwischen uns (selbst Dich kennt er, Herwarth); das Café liegt wie eine Küste zwischen uns. Gibt es nun einen Ort, auf dem so eine Basarbuntheit ist, wie in unserem Café?

Lieber Herwarth, Kurth!

Wisst Ihr das Neueste? Cajus-Majus ist verschollen, er darf nicht mehr ins Café kommen, er soll sich das Leben genommen haben, teilweise wenigstens. Ich habe es selbst gehört im Café, ich war verkleidet als Poet, nur der Kokoschkasammler, Herr Staub, erkannte mich, er ist ein Eigener; es war gestern am ersten Februarlenztag, der Schnee lag bescheiden auf dem Hag ... Ich bin Poetin!! Aber lauter Leute kamen ins Café mit lauter seltsamen Tiergesichtern, ich wollte, ich hätt manchmal so eins zum Bangemachen. Ich hätte gern mit dem Kokoschkasammler gesprochen; einmal lachte er auch, aber ich wollte, ich hätte – zum Teufel, wenn ich wüsste, was ich wollte.

Herwarth!

Ich muss viel denken, ich hab auch wieder viel Angst. Und mein Herz spür ich immer so komisch, ich kann nachts nicht schlafen und träume mit offenen Augen Wirklichkeiten. Es gibt einen Menschen in

Berlin, der hat dasselbe Herz, wie ich eins habe, dein Freund der Doktor. Sein Herz ist kariert: gelb und orangefarben mit grünen Punkten. Galgenhumor! Und manchmal ist es schwermütig, dann spiegelt sich der Kirchhof in seinem Puls. Das muss man erleben! Aber meins ist manchmal doppelt vergrößert, oder es ist purpurblau. Wenn er wenigstens Schwärmerei des Herzens kennen würde; aber die Unruhe fühlt er manchmal. Ich erlebe alle Arten des Herzens, nur den Bürger nicht. O, die Herzangst, wenn das Herz versinkt in einen Wassertrichter oder zwischen Erde und Himmel schwebt in den Zähnen des Mondes oder es einsinkt – o, der Augenblick, wenn meine Stadt Theben-Bagdad einsinkt. Sieh Dir die Bilder an, Herwarth, wie klar alle Dinge und Undinge des Herzens gezeichnet sind. Sollte man nicht an die Wirklichkeit glauben, ist die zu verwerfen? Ist dieser kleine Abschnitt der Herzstimmungen meiner medizinischen Dichtung wertlos?

Leb wohl, ich will noch an den Dalai-Lama schreiben.

Sehr verehrter Dalei-Lama

»Ich werde so lange an das rote Tor Ihrer Fackel rütteln, bis Sie mir öffnen. Ich habe ein neues Gedicht, ein neues Gedicht habe ich gedichtet. Ich habe es mir in den Kopf gesetzt, es muss in Ihre Fackel herein, es hilft mir kein Himmel, es muss in Ihrer Zeitschrift gedruckt werden. Ob Sie die jetzt alleine schreiben oder nicht, ich lasse mich darauf nicht ein, – es muss sein. Ihre Fackel ist mein roter Garten, Ihre Fackel trug ich als Rose über meinem Herzen, Ihre Fackel ist meine rosenrote Aussicht, mein roter Broterwerb. Sie haben nicht das Recht, allein die Fackel zu schreiben, wie soll ich mich weiter rot ernähren?

Wir grüßen Sie, Sire, ich, der Prinz von Theben, und sein schwarzer Diener Oßman und Tecofi, der Häuptlingssohn.«

Ich habe bald nichts mehr zu sagen, Herwarth und Kurt. Übrigens seid Ihr ja so lange wieder in Berlin schon, und meine norwegischen Briefe neigen sich dem Ende zu. Ich habe bald überhaupt nichts mehr zu sagen, dünkt mich; wer wird ferner meine Gedichte sprechen. Nur der Prinz Antoni von Polen kann sie sprechen, seine Mondscheinstimme ist durchsichtig und alle Gesichte, die horchen, werden sich in meinen Gedichten spiegeln. Ich kann bald nicht mehr leben unter den Menschen, ich langweile mich so überaus, über alle hinaus und hin, ich seh kein Ende mehr und weiß nicht, wo es aufhört sich zu langweilen und traurig zu sein. Er, der Prinz, spricht meine Gedichte, dass sie über alle Wege scheinen, immer allen Gestalten, die da wandeln, ins Blaue oder ins Ungewisse voraus.

Unglaublich, Herwarth!

Glaub ich endlich zu Ende zu sein, lässt mich der deutsche Dichter Hans Ehrenbaum-Degele fordern zum Duell. Wegen der deutschen Sage und des hohen Lieds. Sein Sekundant wird der Schauspieler Wilhelm Murnau sein und ein Quaksalber kommt wegen der Wunden mit. Aber mir zur Aufmunterung wird mein Neger Tecofi-Folifi Temanu seinen Menschenknochentanz während des Kampfes tanzen.

Telegramm:

Herwarth Walden, Halensee, Katharinenstraße 5. Meine rechte Hand vom Rapier lebenslänglich durchbohrt!

Lieber Herwarth!

Ich habe meiner Stadt Theben große Schmach angetan. Für einen Krieger ist es schon eine Schande krank zu sein, aber eine nie wieder gutzumachende Schmach bedeutet es für mich, im Zelt verwundet zu liegen, getroffen von einem abendländischen Sieger. Meine beiden Neger heulen wie Weiber, schleichen im Vollmond, listige Katzen, um sein Haus; ich bin schlimm gelaunt.

Der Prinz.

Gestern schloss ich mich im Privatgemach meines Palastes ein und betete. Ich habe die Gebete fast zu sprechen vergessen, die wie Harfen eingeschnitten sind. Ich habe in Gedanken meiner Mutter Füße geküsst; wie man fromm werden kann, ich war im Augenblick dieser goldenen Demut sündlos. Du meinst, es gibt keine Sünde, aber ich zweifle nun nicht mehr daran, da ich noch im Gebet steh und vom frommen Kuss weiß bin. Soll ich mein Herz öffnen?

Herwarth!

Wie man sich nie findet! Das hat immer indirekt einen kosmischen Grund. Ich wandle ruhelos von einem Stern zum andern; wenn ich nicht Lucifers Schwester wäre, so wär ich der ewige Engel. Du stehst augenblicklich, ganz genau nach der Sternwarte berechnet, im Wendekreis des kämpfenden Sturmhahns. Bravo!

Lieber Herwarth!

Ich saß heute Nacht auf dem Dach und blickte mit dem Mond über Theben; schlief aber ein und träumte, mein stärkstes Kriegsschiff hätte Wasser gefasst und sei untergegangen. Da dachte ich an Dich – wenn Dich einmal ein loses Weib erfassen könne! Denn das Wasser, ob es ein Bach oder ein Teich ist, ein Fluss oder ein Meer ist, es verbirgt die lockeren, lockenden Eingeweide des Weibes in sich. Kein Schiff ist ihrer sicher. – *Ich mag Dich nicht mehr leiden.*

Lieber Herwarth!

Ich habe Richard Dehmel gezeichnet, ich habe ihn blutrot gezeichnet als orientalisches Stadtbild; nicht im Bratenrock, in dem er zu verkehren pflegt mit der Außenwelt, aber im altmodischen Stadtturban. Richard Dehmels Gedichte fließen wie Blut, jedes ein Aderlass und eine Transfusion zugleich. Er ist der Großkalif aller Dichtung.

Ihr beiden Freunde!

Was ist das? Wart Ihr schon dort, Ecke Kurfürstendamm und Wilmersdorferstraße, im Café Kurfürstendamm? Ich bin zum Donnerwetter dem Café des Westens untreu geworden; wie einen Herzallerliebsten hab ich das Caféhaus verlassen, dem ich ewige Treue versprach. Das Café Kurfürstendamm ist eine Frau, eine orientalische Tänzerin. Sie zerstreut mich, sie tröstet mich, sie entzückt mich durch die vielen süßerlei Farben ihres Gewands. Eine Bewegung ist in dem Café, es dreht sich geheimnisvoll wie der schimmernde Leib der Fatme. Verschleierte Herzen sind die sternenumhangenen, kleinen Nischen der Galerien. O, was man da alles sagen und lauschen kann – leise singen Violinen, selige Stimmungen. Das Café ist das lebendig gewordene Plakat Lucian Bernhards. Ich werde ihm einen Mondsichelorden, der ihn zum thebanischen Pascha ernennt, und meine huldvollste Bewunderung übermitteln lassen.

Herwarth, Kurtchen!

Ich schreibe heute selbst die »ungeschriebenen« Zeilen an Sascha nach der Zitadelle in Russland. Lasse meinen flammenden Myrtenbrief nicht veröffentlichen.

Telegramm:

Eben regierender Prinz in Theben geworden. Es lebe die Hauptstadt und mein Volk!!

Ich werde in meiner Stadt erwartet, kostbare Teppiche hängen von den Dächern bis auf die Erdböden hernieder. Und rollen sich auf und wieder zusammen. Meine Neger liegen schon seit Sonnenaufgang vor mir auf den schwarzen Bäuchen und werden am Abend unter die Leute gehen, sie das Wort »Hoheit« lehren, bis das Wort tanzt in ihren Mündern. Ich bin Hoheit. Merkt Euch das, betont es jedem, der Euch in den Weg läuft. Aber mich schmerzt diese Ehrung, denn ich kann nicht in meine Stadt zurück, ich habe kein Geld. Und die Morgenländer lieben den Glanz; sie greifen Sterne aus den Wolken, und ihre Herzen sind aufgespeichert mit dem goldenen Weizen des Himmels. Hier gibt es keine Sterne, kleine Streukörnchen glitzern zur Erde. O, wie arm diese Abendlande, hier wächst kein Paradies, kein Engel, kein Wunder.

Wie hat mich diese Armut so beschämt, Eure Armut; ich habe nicht einmal eine Damasthaut mehr; meine elenden Füße sind zerrissen – ich sehe selbst mit Verachtung auf meine eigene Hoheit herab. Aber die Neger sind feinfühlig, sie haben ein Spiel erfunden, wir spielen zur Probe schon hier Volk und König. Sie stellen sich zu meinen beiden Seiten scharenweise auf, hunderttausendabermillionen Köpfe in Turbanen, die schreien und kreischen, Allah, maschâh! Und klatschen in die Hände – ich lächle und werfe gnädige Küsse unter das Volk. Ich bin ganz in Gold gekleidet wie der allerleuchtendste Mond, meine Haare funkeln, die Nägel meiner Finger sind Perlen; ich werde in den Palast getragen und gebe meinem teuren Volk die Verfassung.

Ich hoffe, Dich haben meine Briefe nicht gelangweilt, oder hat Kurtchen oft gegähnt? Lies noch einmal meinen Brief, Herwarth, der mit den Worten endet: Ich bin das Leben. Wie stolz! Nun bin ich wie ein durchsichtiges Meer ohne Boden, ich hab keinen Halt mehr. Du hättest nie wanken dürfen, Herwarth. Was helfen mir nun Deine bereitwilligen Hände und die vielen anderen Finger, die mich bang umgittern, durch die meine Seele grenzenlos fließt. Bald ist alles zu Tode überschwemmt, alles ist in mir verschwommen, alle meine Gedanken und Empfindungen. Ich habe mir nie ein System gemacht, wie es kluge Frauen tun, nie eine Weltanschauung mir irgendwo befestigt, wie es noch klügere Männer tun, nicht eine Arche habe ich mir gezimmert. Ich bin ungebunden, überall liegt ein Wort von mir, von überall kam ein Wort von mir, ich empfing und kehrte ein, so war ich ja immer der regierende Prinz von Theben. Wie alt bin ich, Herwarth? Tausend und vierzehn. Ein Spießbürger wird nie tausend und vierzehn, aber manchmal hundert und vierzehn, wenn er es »gut« meint. Herwarth, warst Du mir treu? Ich möchte aus Geschmacksgründen in Deinem Interesse, dass Du mir treu warst. Nach mir durftest Du Dich nicht richten, ich hab den Menschen nie anders empfunden wie einen Rahmen, in den ich mich stellte; manchmal, ehrlich gesagt, verlor ich mich in ihm, zwei waren aus Gold, Herwarth, an dem einen blieb mein Herz hangen. Herrlich ist es, verliebt zu sein, so rauschend, so überwältigend, so unzurechnungsfähig, immer taumelt das Herz; gestern noch stand ich vor dem Bilde des stolzen Medici, er ist lebendig geworden und wollte mich in der Nacht entführen. Wie bürgerlich ist gegen die Verliebtheit die Liebe, oder Jemand müsste mich geliebt haben. Hast Du mich geliebt, Herwarth? Wer hat mich geliebt?

Ich würde mich im selben Augenblick zu seinen Füßen niederwerfen wie vor einem Fels, wie vor einem kostbaren Altar, ich, der Prinz von Theben. Ich würde den Liebenden mit mir tragen in den Tod wie die ägyptischen Königsmenschen ihre Kostbarkeit, ihren goldenen Krug mit sich ins Gewölbe nahmen, und den letzten Rest aus ihm tranken, den sie verachteten. Ich flüchte in das Dickicht, Herwarth, ich habe immer das Haus gehasst, selbst den Palast; wer auch nur ein Gemach sein Eigentum nennt, besitzt eine Häuslichkeit. Ich hasse die Häuslichkeit, ich hasse drum auch die letzte Enge, den Sarg. Ich gehe in den tiefsten Wald, Herwarth; was ich tu, das ist wohlgetan, ich zweifle nie an mir. Kann man ein gläubigeres Wort aussprechen, ohne ein Lächeln hervorzurufen? Oder hüpft wo ein Heuschreck? Ich lege mich unter die großen Bäume und strecke mich mit ihren Wurzeln, die sich immer umhalten, wie knorpliche Schlangen. Ich höre nicht mehr das Schellengeläute in meinen Ohren; jeder Herzschlag war ein Tanz. Ich kann nicht mehr tanzen, Herwarth; ich weine – Schnee fällt auf meine weinenden Augen. Grüße Theben, meine Stadt, vergiss wie ich nicht den Propheten Sankt Peter Hille, er schrieb voraus: Mir brach die Welt in Splitter. Ich richte mich noch einmal auf, stoße meine wilden Dolche alle in die Erde, eine Kriegsehrung zu meinem Haupte. Hier und nicht weiter!

Ende

Olvenstedt bei Magdeburg

L. H.!

Als ich heute Morgen Deine Reisetasche vom Schrank holte, Herwarth, lag darin ein unveröffentlichter Brief von mir eingeklemmt, den ich Dir und Kurtchen einst nach Norwegen sandte – und mein Selbstbildnis in Seidenpapier gewickelt; das ist direkt ein Diebstahl an den Kunsthistorikern. Denn ich habe keine Zeichnung von mir gemacht, auch kein Gemälde, ich habe ein Geschöpf hingesetzt. Ich will Dir schnell die verlorenen Zeilen senden und mein Selbstbildnis von ungeheurem Wert. Es kostet höchstens fünf bis sechs Mark zu klischieren. Gehe zwei Abende nicht ins Café, bringe meinem Bildnis das Opfer. Unter mein Bett stellte ich die Kiste mit meinen Liebesbriefen, damit Du was zu tun habest. Ich ruhe mich indessen aus hier auf dem Lande; zwischen Richard Fuchs und Otto Fuchs gehe ich spazieren durch ihre Treibhäuser und sehe zu, wie die Nelken wachsen. Aber kalt ist es ungeheuer und die Bäume rauschen zum Wahnsinnigwerden. Ich werde sie heute Nacht alle abschneiden zum Donnerwetter!

Ich grüße Dich Deine E.

Liebe Gesandte!

Wenn Ihr wieder in Berlin seid, bin ich voraussichtlich in Theben zur Einweihung meines Reliefs in der Mauer. Aber ich bin nicht gespannt darauf, mich zu sehen, denn ich habe mich nie wiedererkannt, weder in Plastik, noch in der Malerei, selbst nicht im Abguss. Ich suche in meinem Porträt das wechselnde Spiel von Tag und Nacht, den Schlaf und das Wachen. Stößt nicht mein Mund auf meinem Selbstbilde den Schlachtruf aus?! Eine ägyptische Arabeske, ein Königshieroglyph meine Nase, wie Pfeile schnellen meine Haare und wuchtig trägt mein Hals seinen Kopf. So schenk ich mich den Leuten meiner Stadt. Oßman und Tekofi Temanu, meine schwarzen Diener, werden mein Selbstbildnis auf einer Fahne durch die Straßen Thebens tragen. So feiert mich mein Volk, so feiere ich mich.

Euer Prinz von Theben.

Ungläubige

Mein Volk will immer mein Gesicht sehn, meine Stimme hören.

Unter dem Frühstern, der nach mir benamet wurde, spreche ich zu meiner Stadt und öffne ihren Menschen meine Seele wie einen Palmenhain, den sie betreten dürfen.

Der Himmel ist mein Spiegel.

Mein Bildnis wird verteilt in Theben.

Jussuf-Prinz

DER PRINZ VON THEBEN

Ein Geschichtenbuch

DER SCHEIK

Mein Vater hat mir schon so oft die Geschichte aus dem Leben meines Urgroßvaters erzählt, ich glaube nun, ich habe sie selbst erlebt … Nicht einmal der Insektenabwehrer durfte hinter dem großen Straußenwedel dem Gespräche lauschen, das mein Urgroßvater, der Scheik, allabendlich führte mit seinem Freund, dem jüdischen Sultan Mschattre-Zimt. Vom schlichten Dach des jüdischen Sultans führte eine Wolke herüber zum gastlichen Dach meines Urgroßvaters, des Scheiks, des obersten Priesters aller Moscheen. Oft vergaß der Scheik sein Abendgebet zu sprechen vor Ungeduld nach seinem Freund. Der schritt nicht verspätet, nicht verfrüht über die göttliche Brücke. Sie spielten: Enti. Durch kleine Kanäle liefen die Kugeln und fielen in die Rinnen des goldenen Spiels; oder gewannen bei geschicktem Wurfe, indem sie vorher haltmachten in dem ersten, zweiten oder dritten Kreis des Bretts. Das Haften der Kugel im dritten Kreis gehörte zum Ausnahmeglück; wenn es also geschah, wusste es der ganze Palast. Die Überraschung meines Urgroßvaters machte sich in einem Lachen Luft (namentlich wenn er der Gewinnende war), welches die Wände der Säle unter ihnen erschüttern ließ. Um Mondaufstieg brachten zwei Sudanneger den beiden königlichen Freunden Getränke und übliches Rauchwerk. Der Scheik rauchte den Opium unverdünnt und Mschattre-Zimt rügte immer schärfer den Schaden des Giftes auf seines Freundes Leib.

Mschattre-Zimt besaß in seiner Sammlung außer den Blöcken der Gesetztafel des Sinaï, auch unter andern eines der Bücher Mose, ein medizinisches, naturwissenschaftliches Werk in althebräischer Schrift. Diesem verdankte er seine medizinischen Kenntnisse, mit denen er sich aber nur im äußersten Falle hervortat. Denn der jüdische Sultan war kein Menschenfreund. Und selbst über seinen Freund, den Scheik, äußerte er sich in gleichgültigster Weise, was aber nur aus übergroßer Vorsicht geschah.

Mein Urgroßvater hatte dreiundzwanzig Söhne, unter ihnen einen Zwilling. Der jüngste der dreiundzwanzig Söhne war mein Großvater und hieß: Schû. Der setzte sich heimlich vor den Eingang des Daches; er war Geschichtsschreiber und erhielt der Nachwelt in Bildern und Sternen, was die zwei Bärtigen miteinander sprachen. Ob Allah oder Jehovah der einzige Gott der Erde sei – wurde zum streitenden Amen ihres Abends. Wie die Kugeln des goldenen Spiels überstürzten sich schließlich ihre Worte und Gebärden. Der Scheik vergaß sich in seiner Würde so weit, dass er die Krüge der Getränke wie ein unerzogener Knabe über die Zinnen seines Daches warf, bis die Tränen vor Erschöpfung aus seinen Augen rannen. Aber Mschattre-Zimt stand aufgerichtet auf meines Großvaters Dach, seine großen, braunen Augen lächelten schüchtern. Mit einem Schweigen, über das mein Urgroßvater das Ende der Dunkelheit mit Kümmernissen sann, verließ der jüdische Sultan vor Mitternacht das Dach. Und wenn Schû am Morgen, von seinem Vater bewogen, den jüdischen Sultan schon bei der ersten Waschung überraschte, kam es nicht selten vor, dass dieser sich verschwor, niemals wieder seinen Vater zu besuchen; heimlich aber dachte er: In ganz Bagdad findet Jehovah keinen jüdischen Knecht, auf den er mit größerem Wohlgefallen blicken würde wie auf den mohammedischen Priester aller Moscheen. Denn Mschattre-Zimt bewunderte heimlich den ungezähmten Eifer seines Freundes. – An einem Feiertage der Juden zerriss mein Urgroßvater, der Scheik, der oberste Priester aller Moscheen, seine Kleider; schüttete Asche auf sein glänzendes Haar ... Mschattre-Zimt war am Morgen gestorben. Der Scheik folgte zu Fuß, inmitten seiner dreiundzwanzig Söhne dem schlichten Sarge seines Freundes, der zur Ruh bestattet wurde nach seines Gesetzes Gerechtigkeit wie der Ärmste der Gemeinde. Der Scheik sprach dreiundzwanzig Gebete und eins, dreiundzwanzig am Grabe des jüdischen Sultans nach seiner Söhne Zahl und eins in hebräischer Sprache zu Ehren seines Freundes. Dann wurde er schweigsam und blickte trübe wie der Himmel zur Regenzeit. Und Schû, der jüngste seiner dreiundzwanzig Söhne, saß an seines Vaters Seite, vor seiner Lippe, wie vor einem verschlossenen Tor. – – Es war ein Jahr nach Mschattre-Zimts Tod, als es ganz geheimnisvoll an die Wand des Palastes klopfte. Mein Urgroßvater saß an der Tafel, um ihn seine dreiundzwanzig Söhne, und speiste. Die schwarzen Diener, die gegangen waren, den Gast einzulassen, sahen niemand, der Einlass begehrte; es klopfte unaufhörlich – aber sie brachten denselben Bescheid. Da erhob sich Babel, er war der älteste Sohn der Dreiundzwanzig, aber er brachte den späten Gast nicht, der die Ruhe seines Vaters störte. Und es gingen alle die dreiundzwanzig Söhne, einer nach dem andern, durchsuchten den Palast, zerstörten das dichte Laub der Sträucher und lauerten vor der Mauer des Gartens wie Spürhunde. Aber der Scheik, mein Urgroßvater, legte sein Feierkleid an und er ließ seine Füße mit dem Öle des Tigris beträufeln. Seine Söhne folgten ihm in die unterirdischen Gewölbe der Stadt; aber die Königsmumien schliefen. Und in den Moscheen opferten ahnungslos die Priester und weihten Allah ihre Nacht. Und sie beugten sich vor dem Scheik und küssten seine geheiligten Füße. Durch die Straßen von Bagdad wehte ein klagender Wind, der kam von der Richtung des jüdischen Friedhofs her; aber die Söhne weigerten sich, auf ihres Vaters Wunsch ihm zu folgen. Er zwang sie. Denn der Pförtner des Friedhofs war ein Schläfer und die dreiundzwanzig Söhne meines Urgroßvaters mussten eine Leiter bilden von der äußeren bis herab zur Erde der inneren Friedhofmauer und über die lebendigen Stufen seiner Söhne: Babel, Mohammed, Ingwer, Bey, Nessel, Hassan, Bôr, Abdul, Hafid, Schâl, Neu, Ismaël, Iildiz, Amre, Säuel, Nachod, Asra, Gyl und Gabel, Abel, Bab, Haman, Schû, gelangte der Scheik in den stillen Garten. Mschattre-Zimt war aus seinem Grabe gestiegen, um seine fein blitzende Stirne den Turban Mose – und die Hand hatte er erhoben, wie er sie erhob gläubig zu seinem Gotte, wenn er den Freund vor Mitternacht erzürnt zu verlassen pflegte. Seine braunen schüchternen Augen waren aus den Höhlen getreten, verwitterte Kuppeln, rissige Synagogen. Ein Schauer ergriff den Leib des Scheiks. Versöhnend legte er den Freund zurück in seine Gruft.

In dem Tore von Bagdad ruhen eingeschnitten die Bilder meines Urgroßvaters, des Scheiks, des obersten Priesters aller Moscheen, und seines Freundes, des jüdischen Sultans Mschattre-Zimt.

TSCHANDRAGUPTA

Tschandragupta ist siebenzig Jahre alt. Am frühen Morgen wird ihn sein Sohn erschlagen. So ist es Sitte im Stamm. Und vor ihren Zelten schreien die Weiber und ihre Söhne klatschen mit ihren Händen einen wilden Freudentaumel. Der neue Häuptling zerbeißt das Genick eines Elefantenkalbes, springt dreimal über seinen Stamm, der steht aufgerichtet, ein Haupt, da er trägt seines Königs Dach. Und Tschandragupta, des erschlagenen greisen Tschandraguptas Sohn, liebt des Melechs Tochter. Sie lockt ihn übers Meer. Und an einem Gebettag des Jehovavolkes nimmt der junge Häuptling heimlich sein Weib, bringt es in sein heidnisches Land. Und die Tochter des Melechs schenkt ihm einen Sohn, den nennt Tschandragupta: Tschandragupta und nach seines Weibes Vater, dem Melech. Und Tschandragupta, der Abtrünnigen Sohn, hat Sehnsucht nach den Juden. Die Heidenmädchen lieben ihn, eine opfert ihm ihr Federkleid. Er fliegt an allen Sternen vorbei zu den Juden. Und die Leute von Jericho glauben, ein Engel sitze vor dem Tor, und bringen den Schlafenden auf ihren Händen in die Stadt. Gehen in das Haus des obersten Priesters und holen ihn nach dem Hügel, worauf Jehovas Tempel steht. Denn sie haben den heiligen Fremdling unter der Balsamstaude auf weichem Moos gebettet, und die Tochter des obersten Priesters wäscht seine Füße mit der Quelle. Da spaltet der Wind des Fremdlings Federkleid, – er erwacht – und die Leute sehen, dass er kein Gottgesandter ist und sie höhnen ihn. Aber ein Deuter ängstigt die Enttäuschten: Der dort ist Schaitan. Der Oberpriester nimmt den verhöhnten Gast in sein Haus. Der sehnt sich nach den Juden, beschenkt die Männer auf den Plätzen und schlichtet ihren Streit und gewinnt so der Juden Herz. Und den Frauen hilft er die Rosen pflücken. Nur Schlôme, seines gastlichen Hauses Tochter, gewahrt er nie, und doch ist sie die früheste an den Hecken. Und Tschandragupta schnitzt Räucherbecken aus Elefantenzahn für den Altar Jehovas. Aber der oberste Priester verschmäht sie sanft. Da wird Tschandragupta traurig und mit ihm Schlôme, des obersten Priesters einziges

Kind. Und sie bittet ihren Vater, die fromme Gabe seines Gastes nicht zu verachten; der ehrwürdige Knecht Jehovas aber wendet sein Angesicht. Da geht Tschandragupta und fällt die Stämme der schwarzen Rosen, Jehova einen Altar zu bauen, aber der oberste Priester wehrt ihm schmerzlich. Nun weint des Häuptlings Tschandraguptas Sohn und heimlich in ihren Schleiern Schlôme, des treuen Knecht Jehovas einzige Tochter. Und sie schilt ihren Vater seines Hochmuts. In der Dämmerung besteigt sie den Hügel, auf dem der Tempel Gottes steht, entfaltet ihr Angesicht und lässt ihre Haare spielen wie Eva vor dem Schöpfer und beginnt ihrem Gotte zu schmeicheln, erinnert ihn an den Schmerz der Liebe, da er noch Zebaoth hieß und das blinde Weib im Paradies ihn hinterging, und ihre Gebete werden Liebkosungen, und so versündigt sich des obersten Priesters einziges Kind. Den Hügel herab steigt sie, stolpert über ihres Hauses Gast, der sitzt unter der Balsamstaude und sehnt sich nach den Juden. Glieder waren aus seiner Glieder Glieder gewachsen, die sich sehnsüchtig verschlungen hielten, wie die vielarmigen Götzen seiner Heimat. Seitdem Tschandragupta in der Stadt weilt, bieten alte, fratzenhafte Weibchen in den Winkeln der Straße oder in den Gruben hinter ihren Häusern heimlich verbotene Spielereien den stillen Mädchen von Jericho feil. In Urnen halten die Freundinnen Schlômes die kleinen Heidenliebesgötter gefangen und lächeln so eigen im Schlaf mit ihnen. Aber Tschandragupta sinnt, das hartherzige Herz des Priesters zu gewinnen. Mühsam gräbt er nach Gold in den Wäldern der Oase und belegt den Hügel, auf dem der ersehnte Gottestempel steht, mit seinem Fleiß. Prägt ein Stück Leben seines Nackens nach der edelsten Münze des Judenlandes und legt das atmende Gold zu dem verglommenen. Und die Leute der Stadt sehen von ihren Dächern den strahlenden Hügel. Eilen in des Oberpriesters Haus: »Die Sonne ist vom Himmel gefallen!« Aber der weiß, wer alles die Pracht gesäet, verbirgt sein Angesicht; denn er hat den Fremdling lieb. Und Schlôme hängt sich an ihres Vaters Schoß, bittet ihn, den frommen Wunsch des Jünglings zu erfüllen. Aber er sendet ungeduldig von den ehrlichen Hirten zwei zu dem Hügel, dass sie sammeln sollen das Gold in Säcken und nicht ein Stäubchen verloren gehe. Ist doch die lebendige Münze aus goldenem Fleisch und Blut schon abhandengekommen. Da pocht der Deuter an das Haus des fürsorglichen Priesters, warnt ihn des beleidigten Volkes wegen: Der Enkel des Melechs wird dein einziges Kind töten. Aber der zuversichtliche Priester erinnert ihn an den Morgen, da er den sanften Heiden seines Hauses beschimpfte und die Leute beängstigte. Die sammeln sich auf den Plätzen in murrenden Scharen und ziehen vor ihres Oberpriesters Haus. Die Männer reißen an seinen starken Wurzeln und die Weiber springen wie Katzen um seine Balken. Und sie fordern von ihm, dass er den friedfertigen Fremdling zu Jehova führe. Beschimpfen ihren obersten Priester einen Dieb an Jehovas Gaben. Und Schlôme steht auf dem Dach, die Stadt sieht zum ersten Mal ihr nacktes Angesicht. Wie eine lechzende Flamme seufzt ihre Stimme und schürt das Volk gegen ihren Vater auf. Vor seines ehrwürdigen Raumes Pforte lauscht Tschandragupta, seine Augen sind eingesunken und sein Atem hungert. Da kommt über ihn das Fieber seines Stammes nach verlorener Schlacht. Mit geöffnetem Rachen irrt der Fremdling an die Wände der Häuser vorbei. Die verscheuchten Rosen der Hecken flattern auf, sein Atem peitscht die Bäume und Sträucher um. Über die tobende Menge setzt er, »wer wagt Schaitan zu bezwingen!« Bis zu den Knien waten die bebenden Hirten heimwärts ihren Lämmern voraus, die sind von Menschensaft bespritzt. Um den Hügel, worauf der Tempel steht, kreist Tschandragupta, ein böser Stern, ihm rinnt das Blut schwarz aus den Poren. Und die Leute gedenken des Deuters und kriechen auf Knien, auf dem Leibe kriechen sie über die Dächer und dringen so in des Oberpriesters Haus. Fordern sein Opfer, hat er doch so viel Unglück gebracht über die blühende Stadt. Und Schlôme salbt ihre Glieder wie zur Hochzeit, sie hatte des Deuters Warnung vernommen. Und sie schwingt sich herab, eine zarte Wolke von der Höhe ihres Hauses und wandelt lächelnd immer näher dem tödlichen Kuss. Es finstern die Sterne wie das Haupt des Häuptlings; das drohte ihr unzählige Male auf dem Vorhang der heiligen Gerätschaften. Über die Namen der Wildväter, die in heidnischen Zeichen und Bildern geprägt sind in

Tschandraguptas Fleisch, fließt Schlômes geweihte Süßigkeit, über seine goldenen Lenden hinab, wie rosenfarbener Honigseim. Zwischen seinen Zähnen trägt er verzückt sein letztes Opfer, ihren Leib hin über Jericho. Die schmeichelnde Dunkelheit beleckt die Straßen und Plätze, die Brunnen bluten nicht mehr. Und aus des Oberpriesters Haus, in den Schleiern Schlômes tritt Tschandragupta wie die Frauen der Stadt. O und sein Wesen so liebevoll tastend, wie ein kindtragendes Weib. Zwischen den schaudernden Frauen, hinter den Gittern setzt er sich in den Tempel und seine Gebete tönen zwischen seinen Lippen, sanftes Gurren der Taube. Niemand hemmt den Wandel des Melech's Enkel. Auch im ergrauten Feierkleid der tempelalte Knecht nicht.

DER DERWISCH

Die englischen Damen reiten jeden Abend auf ihren Eseln die heiße Gräberstraße entlang, die heiligen Katzen hinter den Gittern der Gräber blicken schon weltlich. Der Derwisch tanzt. Die Ladies mit den hellen Augen like the spring hören auf zu zwitschern, aber die blauen Schleier ihrer Hüte zittern. Mein Herz wird täglich magerer in der Brust, wie die Mondhälfte in den Wolken. Die zarten Hälse der Abendländerinnen heben sich aus dem Rand ihrer durchsichtigen Kleider, darinnen ihre Leiber wie in gläsernen Vasen stehen. Ich aber trage den lammblutenden Hirtenrock Jussufs, wie ihn seine Brüder dem Vater brachten. Und die jungen Dromedare und Kamele weide ich, tränke sie mit Wasser der Brunnen. Und abends, wenn der Derwisch tanzt vor der kleinen rissigen Moschee, schenke ich den jungen Höckertieren meine Datteln und Feigen, dass sie nicht nach mir schreien. Nie hat ein Sohn oder eine Tochter der Stadt in die Augen des Derwischs gesehen, es warteten heimlich die Prinzessinnen Kairos vor seiner Wimper finsterer Sonne. Alle goldenen Bilder küssten die Moschee, da sie den Derwisch gebar. Ich reiche ihm Labung im Kelch der Derwischlilie und blase den aufgewirbelten Sand Ismael Hamed zu, der lehnt am Dorn der Oase und hat das Jenseits verloren. In einer Sänfte tragen Priesterknaben den erschöpften Priester schaumgeronnen in das Priestertum. Auf ihren Eseln reiten die englischen Damen die heiße Gräberstraße bergab am glänzenden Pupillengitter vorbei, der bunt betenden Nacht zu. Kostbare, allahgeweihte Teppiche fallen von den Dächern der Häuser bis auf die Steine der Straße und erwarten die roten Füße des Feiertags Jom 'aschuras. Der treibt am 10. des Monats Muharram das Blut der Stadt; den Enkel Mohammeds, der an diesem Tage bei Kerbela getötet wurde, lebendig zu halten. Ich jage meine Dromedare hintereinander und Kamele nach Karawanenart. Durch die Straßen springen schon in tollen Sprüngen Männer, ihre Schultern schaukeln auf und ab, wie die irdenen Krüge des Brunnens. Christenhunde flüchten vor Steinwürfen, den Juden ist das Menschvergießen ein Gräuel. Vornehme Araber, Staatsleute, Priester in gestickten Satteln ziehen auf hochmütigen Pferden vorbei. Unter die Hufe unzähliger Tierbeine werfen sich unzählige Leiber. Mir klebt das Blut schon schwarz auf den Lippen. Blutweihrauch entströmt den Poren der Stadt. An die geöffneten Haremsfenster drängen sich die Frauen. Sichelaugen, mandelgoldene, zimtfarbene, Schwärme von schillernden Nilaugen, schweben über den tödlichen Zug. Mit Peitschenhieben züchtigen sich die jungen Heiligen, andere wetzen Waffen an der Säule ihres Rückens. Waghalsig über die Gelände des Daches beugen sich die englischen Ladies, werfen halb aufgeblühte Nachtschleierknospen und Mondschatten über den Derwisch. Der sitzt auf einem Kamel, allahtrunken, und trägt die weiße Taube Mohammeds, das Licht des Jenseits auf dem goldenen Ast seines beringten Fingers. Ich schreie. Der Derwisch winkt. Ein junger Edelmohammedaner wirft sich unter seinen frommen Reiterschritt; aber ich besteige den hinteren Buckelteil seines Tieres und halte mich am Schwanze fest, da es zu stolpern droht über zermalmte Leichen. Manchmal wendet der Derwisch seine goldene Stirne leise gegen meine. Von Gold sind die feinen Flügel seiner Nase. Meine Glieder halten den Odem ein und lauschen Melodien nach: Am Tigris steht ein Palast, der gehört meinem Vater und meiner Mutter, die schlummern schon sieben Jahre im Gewölbe. Meiner Mutter Hände sind zwei einbalsamierte Sterne, und der Bart des weißbärtigen Paschas fiel: ein silberner Vorhang über stolze Vorfahren. Und ich vertauschte den Prinzessinnenschleier mit dem armseligen Rock der Weide. Nun bindet Ismael-Hamed die jungen Lasttiere. Ich erzähle: »Bocknäsig ist Abba, sein langhaariges Kamel, und Rebb wirft mit dem Schwanzwedel meinen Fez vom Kopf, und meine Kamelin liebt Amm, ein Dromedar aus Ismael-Hameds Herde.« Der lächelnde Derwisch beugt den Oberkörper feierlich im Wandel: Nacht und Tag – die glitzernden Perlenquasten des königlichen Sattels klingen über Beduinenhände, wie über braune Teppichfransen. Unser Tier sinkt in eine Blutlache, warm tröpfelt es von meinem Gesicht, es sind lebendige Regentropfen, bald naht die Zeit des segnenden Himmels: Allah begießt die Welt mit seinem Saft. Aber Ismael-Hamed wird die duftenden Wunder, die wachsen werden, nicht sehen, er hält den Kopf in seinem Nacken versteckt. Schmächtige Knaben wetteifern um den schnellen Weg ins funkelnde Jenseits, aber unser Kamel will nicht über ihre verhungerten Körper traben. Der Kinder Lockrufe übertönen die wilden Gebete der Halbpriester. Mich beschnüffelt schon die Plattnase eines Einhöckers und drängt mit seiner Gurgel ungeduldig nach meinem Rücken. Der Derwisch gibt den kleinen Bettlern ein Zeichen, sich zu entfernen. »Herr, warum verschließt du ihnen das Tor zum goldenen Garten? Und weißt doch, dass ihre Väter sich auflehnen wider den Koran. Sollen sie büßen wie Ismael-Hamed, der Hirte? Er trägt statt des Lichtes das finstere Bild seines ungläubigen, geschlagenen Vaters in der Brust und schämt sich, mich anzublicken, weil er so arm ist. Und ich verträumte, ein verklärter Grund hinter deiner frommen Schönheit, ihm ein Jenseits zu suchen im Damast des reichen Zuges. Herr, verzeih' mir den bösen Gedanken, ich hoffte, dass einer der Geweihten verlöre seine Seligkeit vor der dämmernden Stufe des Todes!« Nach der Richtung der zerlumpten Kinder tastet fürsorglich der erschrockene Derwisch. Die bauen ihr Leben auf, Kopf auf Kopf, und spielen Pyramide. Ich hänge über den Rücken des Tieres allem Blute nach, aber die Wimper des Priesters ergreift mich; der Schatten seiner leeren Augenhöhlen fällt über die blutende Stadt. In Allah ruht sein frommsüchtiger Vater, der ihm die runden Lichte ausgestochen hat. Wir waten rot über aufspritzendes Grellrot. Wir reiten in einem Gemälde. Der Nil ist rot gemalt. Ich zerschlage mir die Stirne an den harten Säulen der Häuser, ich bin im Finstern, meine Augen frieren. Ich habe im Grauen seiner heimlichen Gräber mein Jenseits verloren, es fiel in Ismael-Hameds, des Hirten, Schoß. In der warmen Milch einer Kamelkuh badet er meine erstarrten Füße, aber mein Gesicht legt sich schon im Wind zur Seite. Blumen blühen; in Wasserfalten gehüllt schwemmt der Nil die verwesten Leiber jenseits weilender Seelen ans Ufer. Ich erkenne die drei Beduinen an ihrer Schlankheit und den Edelmohammedaner an seinem Gürtel wieder. Die armseligen, spielenden Kinder zerstampfte ein tanzender Pferdehuf; es fehlen ihnen die bettelnden Händchen. – Über Kairo schwebt der Gebetschein des Korans.

EIN BRIEF MEINER BASE SCHALOME

Im Hafen von Konstantinopel liegen goldene Boote – Sterne .... Ich bin im Palaste meines Großoheims; wir Basen aus Bagdad duften nach altem Gemäuer, wir Prinzessinnen vom Tigris tanzen mit stummen Gliedern. Und ich verstehe die Sprache der Frauen des Harems nicht. Weiß nicht, was sie veranlasst, sich zu freuen oder sich gegenseitig zu überwerfen. Sie sprechen nicht ihre Sultanssprache: »Wir sprechen parisisch«, erklärt mir die Kleinste; ihre Haare sind rot, »chik«. Manchmal summt sie hüpfende Lieder. Ich hungere, schwebe über die bunten Mosaikbilder der Böden; ich fürchte mich vor den bösen Speisen und Getränken, die heimlich in die Frauengemächer geschafft werden. Verbotene Fleische essen sie und rote und gelbe murmelnde Getränke trinken wir, unsere Köpfe schaukeln immerzu. Auch schäme ich mich vor dem Eunuchen, seine Augen stehen vornüber, kranke Greise. Wenn ich an unsern Eunuchen denke – runde Mannakuchen sind seine Backen und seine Stimme dudelt lustig wie Gauklerflöten. Ich wollte, ich wär wieder in Bagdad. Hier sitzt auf dem schönsten Kissen der Eunuche. Meine Tante und ihre Töchter knien um ihn, ein Kranz von bunten Farben, sie tragen alle weite Hosen und meine alte Tante eine weite aus geblümtem Brokat. Mich langweilt ihr Lachen und ihre entblößten Gebärden, ich möchte ins Bad steigen, aber ich schäme mich, vor der kriechenden Stimme des Eunuchen, meinen Schleier vom Antlitz zu heben. Meine besessene Tante in der überweiten Brokathose beginnt sich zu entkleiden; neugierig folgen die anderen Frauen den Belehrungen des Eunuchen. Ein großes Buch mit grausamen Bildern breitet er auf dem Teppich hin. Seine Stimme schlängelt sich ein lüsterner Bach um die fiebernden Sinne der Frauen. Hinter dem Vorhang unter der Taube des Mohammeds, die sanfte Behüterin des Harems, stehen scharfe und zackige Gestelle, Peitschen und Pechfackeln. Meine Tanten und Basen haben mich heute Abend ganz vergessen; ich weiß nur, dass sie so spitz wie Dolchstiche durch meine Träume schreien wie Mütter, deren tote Kinder ihre Leiber zerfleischen. Ich bebe, der Eunuche ergreift eine der vielfältigen Peitschen; in Bleikugeln endet jeder Riemen; er wetzt sie einige Male waagerecht in der Luft, lässt sie dann langsam herab auf den weiten überweiten allerwertesten Vollmond meiner fiebernden Tante prallen, die ihn, ich schwöre es bei Allah, nach allen Seiten hin ihm zuwendet, mörderisch aufschreiend, kokett die Zähne zeigend. Auf dem Divan sitzen ihre Töchter; neidisch entblößen sie ihre Brüste, die blühen in gesprenkelten Goldnelken. Der Eunuche entnimmt dem Vorhang kleine spitze Nadeln. Ich schleiche auf vieren über den Teppich aus dem Frauengemach und stehe hinter dem Fenster des Vorraums. Ich möchte in eins der kleinen Sternboote steigen, auf dem Bosporus – der Himmel ist ein einziger großer Stern.

DER FAKIR

Die drei Lieblingstöchter des Emirs von Afghanistan heißen Schalôme, Singâle, Lilâme. Ihre Gesichter sind wie Milch; Sklaven verscheuchen die Sonne vom Dach der Frauen wie einen lästigen Vogel. Um die Abendstunde wandeln die drei Emirstöchter unter Tamarisken und Maulbeerbäumen, oder sie werden in geschnitzten Sänften zum Zeitvertreib an Goldbasaren vorübergetragen; der Emir könnte reiche Schwiegersöhne gebrauchen. Er ist ein Vetter meiner Mutter, aber ich bin zum ersten Male an seinen Hof geladen. Wir Träumerinnen aus Bagdad haben von alters her schlimmen Einfluss gehabt auf die Töchter fremder Paläste. Wir schleifen einen bösen Stern hinter uns, meint mein Großoheim, und seine Edeltöchter weisen die gläsernen Spielereien zurück, die ich ihnen mitbrachte. Aber ich weiß mich zu rächen. »Wo ist euer Oheim, Schalômesingâlelilâme?« Denn sie schämen sich seiner Verkommenheit; ein Flecken klebt er auf dem milchweißen Hals ihrer Mutter, der Emirsgattin. Die alte Sklavin meldet ihr vertraulich, dass der Fakir wieder auf dem Hofe stehe; ob sie ihren Bruder dudeln höre? Aus seinem Schlangensack kriecht eine junge Viper, schleichender Schleim um seinen schmutzigen Oberkörper. Aber Singâle wirft ihm einen Königinnentropfen, ein kleines Ehrengoldstück, mit dem Kopfe ihrer Mutter geprägt, in den Schuh, den sich der bettelnde Oheim von seinem eitrigen Fuß gezogen hat. Singâle ärgert gerne ihre Mutter, sie hat ihre altsyrische Nase geerbt, die schon einen der jüdischen Stämme verunglimpfte. Beschnüffeltes, übergelassenes Futter, setzt man dem dudelnden Fakir in einem irdenen Becken der Hunde vor. Manchmal übernachtet er gesättigt zwischen den Säulen des Haremshofes auf seinem lebendigen Sack, dessen Schlangen aufständig werden, sich zu einem Hügel bäumen, um von der Last ihres Schläfers wieder einzusinken in nachgiebiges Dehnen. Schalôme steht am Fenster im Mond, wie auf rundem Goldgrund. Und ihre Schwestern fallen: angerufene Schlafwandlerinnen in ihre Kissen zurück. Der Geruch, der aus den Poren des Fakirs dringt, weckt das Blut auf, wie die pochende Beere, das verbotene Getränk des Korans. Die Eingeweide der Jünglinge quälen sich und die Töchter der Stadt nippen heimlich an seinem Geruch; ihre Leiber gehen auf wie braune und gelbe Rosen. Lilâme, die zweite Tochter des Emirs von Afghanistan, trägt seit Monden in ihrem Schoß ein atmendes Spielzeug, der türkische Prinz vergaß heute seinen Turban unter dem Lebensbaum im Frauengarten. Und Singâle liebt Hascha-Nid, der ist der Sohn des Chân, des Weißbarts eines wilden Stammes; seine Haut schimmert in süßerlei Farben. Aber seine Tracht ist herb, er vergisst jeden Schmuck anzulegen, wie es sonst Sitte ist beim Kriegstanz oder bei den Zeremonien ihrer Götzenfeste. Ich habe meine Augen, seitdem Singâle ihn mir gezeigt hat, noch nicht geschlossen. Immer starren sie herüber über die Zuckerfelder weiter nach der Richtung der wilden Waffengesänge. Und ich erschrak, als ich beim Schminken in meinem Spiegel den Fakir sah; er saß auf der Mauer des Hofes und küsste seine Schlangen. Die eine, die sich ihm wild ergab, steckte er zur Hälfte in seinen grauen, kriechenden Mund. Seitdem blicke ich mich in der Nacht ängstlich zu den drei Schwestern um, ob sie mein Brüllen nicht erschrecke. Manchmal schreit Schalôme auf; Lilâme tändelt mit ihrem Kissen, das ist silbern, wie der Turban des Prinzen. Und Singâle blickt eifersüchtig auf meine Lippen, sie stehen krampfhaft geöffnet. Ich höre die wilden Kriegsweiber heulen – Hascha-Nid, der Sohn des Chân, liegt im Sterben. Über die Abendwege der lächelnden Pflanzungen schlängelt sich der Fakir, er soll ein Wunder verrichten an des Weißbarts Sohn. Schalôme steht am Fenster im Mond, sie streichelt sanft meine Haare, der Wind reißt sie aus ihren Händen und weht sie über die süßen Äcker. Ich möchte ihre Hände küssen, aber meine Lippen färbt noch ein Tropfen Blut meiner nächtlichen Speise. Immer warte ich zwischen den hohen Rohren und halte seine Glieder in meinem Rachen versteckt, und bald feiert Schalôme Hochzeit; eine Karawane von indischen Elefanten bringt ihre Geschenke, und auf dem Rüssel des Riesen sitzt der Gekrönte, der sie holen wird in sein Haus. »Schalôme, wie träumst du von ihm in der Nacht?« »Immer kommen die Schlangen meines Oheims und erwürgen meinen Traum.«

Und wenn Lilâme den Oheim gewahrt, versteckt sie ängstlich ihr weißes, aufgeblühtes Paradies unter den Lebensbäumen. Nur Singâlens wolkige Seide hebt sich von ihren weißen Hängen, der sterbende Häuptlingssohn aber verschmäht ihre gesprenkelten rosa Nelken. Ich darf nicht mehr im selben Gemach mit Schalôme, Singâle, Lilâme schlafen; meine Großtante, die Emirsgattin, hat mein Freudengebrüll gehört. Schalômes sanfte Hände zittern, sie lassen alles auf den Teppich fallen, was sie ergreifen, sie hat den Veitstanz. Jeden Abend dudelt der Fakir auf dem Hof. Schalômens Mienen tanzen nach seinen Tönen. Ich irre, nur von Spinnengeweben der alten Wände behangen, durch die Erdgewölbe des Palastes. Von dort, erzählt mir Singâle, entkommt ihr Prinz. Und ich habe über mein Kinn einen glühenden Streif gezogen, mein Spiegel dudelte dazu Hochzeitsmusik. Auch trage ich die langen goldenen Ohrgehänge, die mir Schalôme geschenkt hat. Die Schwestern sagen, ich habe einen goldenen Körper, und sie wollen die verschüchterte Sonne wieder anlocken. Hascha-Nid hat auch einen goldenen Körper, wenn wir uns kreuzten, würden wir ein goldener Palmenbaum sein. Ich bin müde, ich möchte mich begraben lassen, wie der verkommene Oheim es tut, einige Male im Jahre. Der Vater der Würmer sehnt sich nach seiner Erde zurück. Dann atmet die Emirsgattin bis zum anderen Ende der Ufer auf, und ihr Atem hält das Flüstern der jungen Lippen an, und bringt Nüchternheit über die Söhne und Töchter der Stadt. Ich stolpere über aufgeworfene Erde und greife in ein bereitgehaltenes Grab. Kleine, blitzende Gerätschaften liegen auf dem geöffneten Erddeckel, die dienen zur Ablösung des Häutchens, das die Zunge mit dem Unterkiefer verbindet. Ich sah es im Spiegel: Man steckte sie ihm zum Luftabschluss wie einen Pfropfen in den Schlund. Ich muss so traurig summen: Schalôme kriecht ihm nach ins Grab. Und kann mich gar nicht mehr finden. Der Streif über meinem Kinn zieht sich durch meinen ganzen Körper, teilt ihn in zwei Hälften. Hascha-Nid ist tot? Ich höre die wilden Weiber wie Besessene toben, ihre Stimmen vermehren sich ungeheuerlich, im wuchernden Widerhall des Gewölbes. Ich wollte, mein Vater wäre da, ich schwebte auf seinem langen Bart in den Palast zurück in

Schalômes Schoß, der wiegt sich wie eine tanzende Schlange. Und ihre ruhelosen, sanften Hände kriechen über den Staub der Böden. Unser Gemach mit den vier seidenen Kissen dudelt und ist angefüllt von lockenden Narden des Fakirs. Schalôme erhebt sich eine Stunde vor Mitternacht und lächelt wieder im Mond. Dann sah die alte Sklavin sie über die letzten Stufen der Haremstreppe schnellen. Ich schneide meine Adern auf mit meinen gläsernen Spielereien. Der Palast ist taubstumm, Lilâme und Singâle sind zwei alte Götzenbilder. Der Emir von Afghanistan lässt alle Wälle in den Gegenden der Stadt aufgraben. Leichen liegen ihrer Erdhemden entblößt auf den Steinen des Friedhofs. Die Luft ist schauerlich. Unter den Wassern des Flusses schaufeln die Taucher. Manchmal streift mich forschend des Emirs Blick. Wir Mädchen aus Bagdad schleifen einen bösen Stern hinter uns; aber ich werde Schalôme nicht verraten; und ich wollte, mein Vater wäre da, sein langer Bart wehte der Gassenmäuler leichtfertige Melodie aus der Stadt. Ich habe sie an ihrem dunkel bereiteten Palast schwermütig erdacht.. Schalôme kriecht ihm nach ins Grab.

DAS BUCH DER DREI ABIGAILS

Abigail der Erste

Er wurde Melech, als er noch im Mutterleibe war. Die Melechmutter klagte, denn Abigail weigerte sich zur Welt zu kommen. Der lag in seiner Mutter Prachtleib wohl geborgen und schnarchte so laut, dass man seinen Schlummer vom Palaste aus bis über den Fluss, im Osten der Stadt vernahm. Der junge Melech wollte nicht zur Welt kommen. Und Diwagâtme, seine Mutter, gewann einen Umfang, der über das Königskissen hinauswuchs, und man polsterte für ihren hohen Leib ein Gemach des Palastes aus, darin sie sich ausdehnte von Tag zu Tag. Der junge Melech lebte nun in ihrem Leibe zwanzig Jahre und weigerte sich zur Welt zu kommen. Da berief die Melechmutter von jeder Vereinigung ihrer Stadt einen Mann, der ihr raten sollte. Von den Jehovanitern den vornehmsten Priester, von den roten und gelben Adames je einen der Viehzüchter, auch den liebwertesten Zebaothknaben, der der Gespiele ihres Sohnes Abigail hätte werden sollen. Und der Marktplatz wurde gehöhlt und mit weichen Schafsfellhaaren ausgestopft, denn Diwagâtme, die Mutter des eigensinnigen Abigail, konnte ihres Leibes wegen nicht mehr im Palast bleiben, und also geschah auf Raten ihres ärztlichen Beistands, dass sie behutsam trugen eines Mittags unzählige Sklavenhände, begleitet von der Musik der Dudelsackpfeifer und Schellen und Trommeln auf ihren neuen Sitz mitten auf dem Marktplatz in Theben. Abigail weigerte sich zur Welt zu kommen. Aber einmal hörte ihn seine Mutter eine himmlische Melodie sagen und sie dachte an das hohe Lied Salomos, doch sie verschwieg der Stadt und sogar den Nächsten ihrer Umgebung das neue Geheimnis ihres Leibes. Abigail, ihr Sohn, war ein Dichter und kein Regent; ihr sein Beharren in der dunklen, sorgenlosen Nacht wohl verständlich, den anderen ein immer mehr zunehmendes Rätsel. Von dem Bewahren des Geheimnisses wurde Diwagâtme krank; Schatten bedeckten ihre strahlenden Augen, und stumm wurde sie vor Furcht, doch einmal einzuflechten den Dichtgeist ihres Sohnes in ein gleichgültiges Gespräch, zumal sie keine andere Freude empfand, als die beim Vernehmen des hohen Liedes ihres Sohnes. Sie mochte sich auch nicht mehr betasten lassen von dem kleinen Staate, der sich um ihren Leib wie um eine Insel bildete, Umschau hielt und Messungen anstellte. Der beharrende Melech aber lebte weiter vom Fleisch und Blut seiner Mutter, und sie fühlte ganz genau, dass er eine Vorliebe für einige Gerichte hatte; dass er nur dichtete beim Genusse süßen Blutes, wenn seine Mutter verzuckerte Rosen verzehrte. Aber immer, wenn sich die ungeduldigen Bürger der Stadt seiner Mutter näherten, verkroch er sich ganz tief in seiner einsamen, pochenden Heimat, bis er eines Tages das Herz seiner Mutter gewaltig mit seinem Fuß in die Rippen stieß und Diwagâtme tötete. Da weigerte sich der Muttermörder nicht mehr – zur Welt zu kommen aus der erstarrten Nacht. Diwagâtme wurde begraben, aber ihn, den Sohn, setzte man auf den Thron im Palast. Abigail der Erste saß nackt auf dem Thron in seiner letzten Haut, die war zart und neu und unberührt. Und er fürchtete sich in der offenen Welt – seine Hände suchten immer Wände und der Tag tat seinem Auge weh. Aber seine Bürger trugen ihn auf ihren Schultern durch die Stadt, durch die Lande – ihren Wundermelech! Schön war Abigail, jedes seiner Glieder ausgeruht; nicht eine Farbe an ihm nur hingeworfen! Die Töchter Thebens gehörten alle ihm, die hatten durch die lange Erwartung, in der die Stadt lebte, fragende Augen und geöffnete, lächelnde Lippen, und trugen eine Blume im Haar mit offenem Kelch für den Schmetterling. Abigail aber kroch in jeder Jungfrau Leib und er sehnte sich nur noch nach dem Mond, wenn er rund und weich am Himmel pochte. Da, einmal in der Frühe brannte sein Palast; nun starb Abigail der Erste, der Sohn Diwagâtmes, die das Geheimnis mit ins Grab nahm, dass ihr Sohn ein Dichter war. Er stand und schritt und lief zum ersten Mal auf seinen Füßen, die sonst, ein verwöhnter König, auf den Schultern seiner Bürger ruhten. Der Palast stand in wilden Flammen, als Abigail es bemerkte, sich an der Säule des Gebäudes herabließ, ohnmächtig zusammenbrach und von einer Karawane, die im Morgendunkel noch träumte, überritten wurde. So endete Abigail, der Spätgeborene von Theben.

Abigail der Zweite

Abigail des Spätgeborenen ältester Vetter Simonis saß auf dem Thron zu Theben nur einen Tag und langweilte sich und verzichtete auf die Krone zugunsten seines Bruders Arion-Ichtiosaur. Der nannte sich Abigail der Zweite – wie er vorgab, – zum Angedenken seines vetterlichen, spätgeborenen Vorgängers. Dieser Zweite ähnelte kaum entfernt nur noch dem Ersten. Denn der neue Melech war sechzig Jahre alt, als er den Thron der Stadt bestieg, seine ursprüngliche Wesenheit hatte geglättete, wohlweise ganz in sich ruhende, feste Form angenommen. Er bestieg am zehnten des Monats Jisroël den Thron und hielt sein träumerisch Volk wach und in Spannung. Er lud die ältesten Bürger der oberen Stadt zu sich in den Palast ein, erging sich an sie in einer stummen Ansprache in Kopfnicken und Gebärden, legte einige Male die erlauchte Stirn in Falten, nahm den zartesten der reichen Kaufleute, küsste ihn mit einer Wucht, die den so vor allen seinen Mitbürgern ausgezeichneten Mann aufschreien ließ und ihn wie die verwunderten Zuschauer ebenso verblüffte wie ergötzte. Darauf die kleine Gesellschaft entlassen wurde, stumm und mit dem huldvollsten Lächeln ihres Melechs. Sie zerstreuten sich hinter dem Tore des Palastgartens über die gepflegten Wege, durch die morschen Straßen und lächelten verlegen. Auf Befragen der neugierigen Menge vermochten sie nur die Schultern zu zucken und erklärten sich heimlich untereinander das Verhalten ihres neuen Melechs als ein Symbol der Gnade; neigten die alten Köpfe mit den Turbanen und taten nach ihres wunderlichen Königs Geheiß. Der stellte Männer an, die meisten waren überernährt und kugelrund gespeist, die auf den Marktplätzen von der Enthaltsamkeit predigten, die dem verwöhnten Volke im Namen ihres besorgten Melechs einige Male im Monat den Genuss der Früchte, des Brotes, der Fische und jegliches Vieh verbaten, so, dass keine Speise übrig blieb und die Leute den Tag über hungern mussten. Aber der Melech gestattete jedem Bürger der Stadt Thebens, seinem eigenen Mahle zuzusehen, sich an den Melonen seines Tisches zu freuen. Und er säete Hass, Gier und Missgunst unter die zärtlichen Menschen, dass sie sich der Dattel missgönnten. Einmal fragte ihn dann sein Lieblingssklave: Herr, warum befiehlst du solches? Da sagte der Melech: Hass und Gier und Missgunst halten ein Volk wach. Abigail der Zweite ließ sich auf die Backe den Wendekreis des Affen tätowieren; er beschäftigte sich mit Astronomie und Mathematik und die Gemächer seiner Arbeit waren mit Karten dieser Wissenschaften behangen. Abigail der Zweite besaß seine Lachweiber und seine Tränenweiber; außer dieser Schar begleitete ihn sein Grüßer, ein edler Jüngling mit freundlichem Wuchs, an dem sich der Melech des Grüßens Anstrengung jedem Vorbeischreitenden immer wieder höflich enthob. Ihm zur Seite aber kam sein Erklärer, der ihm die Würzen der Humoresken deuten musste, die seiner Hochlaunigkeit vorgetragen wurden. Mit einer Anekdote durfte sich jeder Bürger der Stadt auf der Straße oder im Palaste ungehindert dem Melech nähern; der wanderte oft zur Abendstunde gemächlich durch die erfrischenden Lüfte. Oder er stand auf dem Dache seines Palastes und stritt mit Gott. Oder er unterrichtete seine Diener und Dienerinnen in der Schöpfungsgeschichte. Da er kinderlos war, nahm er sich der beiden toten Söhne Adam und Evas an; glaubte nimmermehr an die Bruderbluttat Kains. Vom Sohne des obersten Priesters ließ er sich das Brüderpaar an die Wand seines Festsaals malen. Jussuf, der Sohn des Tempels, der in engste Berührung mit dem Palaste trat, wohnte einmal einem Gespräche bei, das der Melech mit seinem roten Hausgeschöpf Bisam-Ö führte. Dieser riet dem sehr bewegten König, sich zu vermählen. Das Murren, das sich nach und nach in seinem Volke, namentlich unter der Jugend bemerkbar mache, bezog sein Ratgeber auf das Nichtvorhandensein eines Thronerben. Abigail hatte sich mit seiner ganzen erhabenen Person seinen geliebten Bürgern gewidmet und es schmerzten ihn diese leisen Aufrührungen. Er hatte versucht, die säumenden Leute seiner Stadt aufzurütteln, er hatte versucht, jeden Einzelnen von ihnen auf eigenen Fuß zu stellen, darum begann er schon bei Beginn seiner Regentschaft alle die Vereine zu lösen, die sich schon zu Abigail des Ersten Zeiten gebildet hatten. Nur die Zebaothknaben, die jüngsten Bürger Thebens, hielten trotz des Melechs Verbot ihre heimlichen Zusammenkünfte, deren Oberhaupt der begabte Sohn des obersten Priesters war. Jussuf warf sich schon unter seinen jugendlichen Anhängern zu ihrem Prinzen auf. Einem der Zebaothknaben, dessen Vater des Melechs Gunst erworben hatte, geschah es, dass er vom König in den Palast gerufen und mit allerlei Geschmeiden, Nasenknöpfen, goldenen Gurtschellen und Ketten beschert wurde, aber sich der Sitte fügen musste, einige Male im Mond den Melech aufzusuchen und in tiefster Dankbarkeit den heiligen Zeh seines Fußes zu küssen. Diese Handlung, die die unerfahrenen Knaben für eine demütigende empfanden, entfachte ihren

Zorn zu einer Feuersäule, die ihrer Schar voranschritt. Jussuf, des Oberpriesters Sohn, liebte die junge Königin Marjam, seines verhassten Melechs ausersehene Braut, und sein Herz eifersüchtete giftig nach seinem gekrönten, alten Nebenbuhler. Hinter der Liebeshecke ihrer Stadt trafen sie sich einmal als junge Kinder und liebten sich. Das Land Marjam, hatte dann der Oberpriester gesagt zu seinem Sohn, dufte nach Brot – –. Wie die Hochzeit des Melechs zu verhindern sei, besprachen die Knaben untereinander, bis sie von einem Plan überrascht und durchläutert wurden und begeistert. Ihr Prinz Jussuf, der schon lange Entzücken bei den Tränenweibern und Lachweibern erregt hatte, gewann zur Ausführung der Tat die armen Faulenzerinnen. Die Lachweiber begannen ihre roten Herzen schmermütig an die Wolken zu hängen und der Tränenweiber Lachen machte den Tag toll. Aber der Melech traf schon Vorbereitungen für den Einzug seiner jungen Braut. Zwei Paviane ließ er zähmen, die saßen zwischen seiner Dienerschaft am Eingang seines Palastes. Auf ihre Hässlichkeit war die Sonne bunt gestolpert und ihre Hinterorangen bewegten sich mit ihren jähen Sprüngen. Dann kam die Königin. In allerlei höflichen Zeremonien übte sich Abigails Grüßer und der Melech selbst zwischen seinen Lachweibern und Tränenweibern, die lederne Stirn lieblich von der Schminke gerötet, den Kinnbart jung gefärbt. »Seht Abigail, unseren Melech!« Auf Tanzschritten seinem Glück entgegen. Und hinter den lachenden und weinenden Weibern hielten sich eine Anzahl Zebaothknaben verborgen und kitzelten den Tränenfrauen in die Hüften, sodass die ein Lachen bei der Zeremonie des Empfanges ansetzten, welches dem Melech höchste Verlegenheit bereitete. Marjam, die junge Königin war kühl und selbstsüchtig und ehrgeizig. Dem königlichen Gastgeber zu gefallen, hatte sie ihren Geist mit Anekdoten, herzhaftesten, aus allen Ländern bereichert. Die Flötenspieler bliesen Tanzmelodien und die Dudelsäcke dehnten sich wie lustige Lachbäuche. Und wenn Marjam in Begleitung der Musik dem lauschenden Melech ihre Anekdoten erzählte, begannen die Lachweiber zu heulen, dass auf ihren Tränen die Speisen des Tisches fortschwammen. Am tiefsten aber berührte es die Königin, als sie von der Tiefe ihres Herzens sprach und dazu die Tränenweiber an zu pusten anfingen und vor Lachlust platzten und den König verwirrten, da er in Frauenempfindungen sehr wenig Erfahrungen gesammelt hatte, und er schließlich, den Gefühlen seiner Sklavinnen vertrauend, selbst eine Lachflut losließ und nach ihm die Königin sich zu einem Lächeln zwang, das wie ein Granat blutig auf dem tobenden Ozean schimmerte. Nach der Tafel führte der Melech seine hohe Braut durch die Menge der Gäste, aber sie verließ mit gnädigem Nicken ihres ernsten, hochmütigen Kopfes gekränkt den verblüfften Hof, die Stadt Abigails des Wunderlichen, der, wie sich seine Bürger erzählten, gestorben sei, weil seine Erklärer ihm nicht den Kernpunkt seiner Tafel seltsamer Anekdote deuten konnten. In Wirklichkeit hatte ihn aber in derselben Nacht Jussuf, der Sohn des Oberpriesters, durch einen Dolchstoß ins Zwerchfell getötet. Jussuf, der Prinz von Theben, ließ sich zum König Abigail den Dritten ausrufen von seinem kleinen Heer, das zählte 1000 Zebaothknaben; mit ihnen sammelte er die aufatmenden Bürger der Stadt.

Abigail der Dritte

Der ehemalige Zebaothknabe Jussuf, der Sohn des verstorbenen Oberpriesters und seiner schönen Mutter Singa, war jetzt in Theben Melech. Er bekleidete außer der Königswürde auch das Oberamt des Tempels. Sein siebzehnjähriges Gesicht und seine Glieder blühten und sein Herz war ein Oleanderstrauch. Seine Mutter Singa, die als Jungfrau eine zärtliche Schwärmerei mit ihren Freundinnen gemeinsam für den spätgeborenen Melech teilte, schürte den Hass ihres Sohnes gegen den zweiten Abigail zur Tat auf. Er, der die Stadt wach hielt, ermüdete und enttäuschte, lag endlich im Gewölbe und schlief. Aber Theben atmete hoch im Festkleid auf der Hochzeit, die der Melech mit der Stadt feierte. Die Nachbarorte sandten ihm und seinem Hof, freundschaftliche Beziehungen anzuknüpfen, Prachtgeschenke; der Fürst Marc ben Ruben von Cana bot dem Siebzehnjährigen den Bruderbund an. Für seine Ställe schenkte er ihm unvergleichliche Pferde, für seine Haine heilige Kühe und Kälbchen und langhaarige Ziegen. Unter den vielen Gästen, die aus allen Erdteilen dem König ihre Aufwartung machten, befand sich ein alter freundlicher Siouxindianer, der in Verehrung für den ersten Judenmelech Saul entbrannt war. Mit dem kupferroten Manne plauderte Abigail der Dritte gerne von den Menschen der Bundeslade, auch entdeckte er in dem fremden Freund bedeutendes Geschick für die Herstellung der Farben, die er aus den verschiedenen Rinden der Bäume, aus bunten Kräutern zu ziehen wusste. Und es entstanden Bildnisse von Abigail des Dritten Hand, die seine Vorhöfe zu Sehenswürdigkeiten aller Zeiten erhoben. Vor seinem Palaste aber schuf er das steinerne Bildnis seiner Mutter Singa. Abigail sammelte um sich Harfenspieler, die die Tafelstunden versüßten; und Tänzer und Tänzerinnen schlängelten sich über die Mosaikblumen der Böden – es kam nicht selten vor, dass sie sich die Adern anstechen ließen und den Trank ihrer roten Beeren ihrem Liebesherrn in Schalen reichten. Und Abigail der Melech baute prunkvolle Paläste und Gotteshäuser und diente seinem jungen Gotte Zebaoth. Einmal sagte er seinen Knaben: »Ich möchte ›Ihn‹ einmal sehen oder auch nur seinen Finger, an dem der Mond leuchtet.« Und er salbte sechs der wilden Juden zu Häuptlingen und gab ihnen Königsnamen. Einem unter ihnen, den er besonders lieb hatte, hing er dem neuen Namen eine Zärtlichkeit an sondergleichen. Salomein trug einen Stern in der Schläfe und in einem Teppich zur Rechten seines Melechs wurde er verewigt. Dieser geliebte Gespiele liebte den König sein Leben lang. Und Abigail und seine Häuptlinge drangen in die Häuser der alten Bürger ein, die noch festhielten an den wunderlichen Gesetzen des zweiten Machthabers; zwangen die Väter zur Herausgabe ihrer gefangenen Söhne. Und 25 000 Jünglinge zogen unter ihrem Melech in eine heilige Schlacht, um die Landschaft Eden. In der Dämmerung schlichen sich betrügerische Weibchen in ihre müden Zelte und boten den Kriegern Liebesharz feil aus den Ästen des verbotenen Baumes. In der Zeit, als

Abigail der Dritte mit seinem begeisterten Heer die Fluten des Pison durchschritt und östlich vom Flusse siegreich wurde, brachen Unruhen in den vornehmen Vierteln seiner Stadt aus, aber Singa, die Mutter des Melechs, verstand den Zorn der ihrer Söhne beraubten Eltern zu beschwichtigen. Viele gefangene Heiden zogen dem glücklichen Siegeszug voran; ihre Göttin ließ Abigail verhüllt auf den Schultern seiner Kriegssklaven in den Tempel tragen. Er vergaß, dass er Gott mit dem Kultus beleidigte. Aber die Zebaothknaben bauten eine goldene Mauer aus ihren leuchtenden Leibern um ihren Melech und schützten seinen Odem, und lauschten den Worten seiner sprechenden Träume, und sie bereicherten ihre Sprache, dass jeder Fremde, der die Zebaothknaben sprechen hörte, sich der Schönheit ihrer Rede kaum entziehen konnte. Manchmal sahen die Freunde ihren Abigail einsam oder von seinem Liebling Salomein begleitet oder von der Zahl seiner Häuptlinge den Berg der Stadt besteigen. Wenn der Komet unter den Sternen war, saß er, ein goldener Vogel, unentwegt auf dem Gipfel. Einmal aber weinte er so wild, dass seine Tränen fruchtbar auf Thebens Felder fielen. Hinter den bunten Brotblumen fanden ihn oft die Suchenden mit Salomein in frommen Liebesschwüren. Oder er saß in seinem Liebesgemach und warf seinen Bürgern Kusshände zu. Im Überschwang seiner Liebe bestieg er die Pyramide auf dem Platz der Stadt, riss sich die Seide von seiner Brust und blutete wie ein junger Löwe für sein Volk. Und es war kein Haus in Theben, das nicht das Bild, wider Verbot des Gesetzes, seines Melechs schmückte, im Sternenmantel, im Kriegshut. Ein reicher Jude besaß ihn eingetäfelt zwischen Lapis in der Wand. Zum ersten Mal sah Abigail der Liebende blondes Haupthaar und blaue Augen bei den abendländischen Feinden in der Nähe seiner Stadt. Von seinem Dache aus bewunderte er die hellen Locken der Schlafenden und versäumte, seinen überfallenen Freundesstämmen zu Hilfe zu kommen. Als er aus seinem blonden Rausch erwachte, verurteilte er sich und unterschrieb sein eigenes Todesurteil. Aber die Zebaothknaben wandten sich an den Balkan und der Sultan, der von der Gerechtigkeit des königlichen Kriegers eingenommen war, entkräftete den heldenhaften Todesspruch, indem er den Melech an seinen Hof einlud und ihm seine Tochter Leila zum Weibe gab. Aber als der blonde Feind nun vor Thebens Tor lag, die alte Stadt einzunehmen, des Königs Herz von Neuem zu entflammen, geschah es, als die Zebaothknaben die Tiefen und Breiten des Flusses maßen, Abigail im kostbaren Kriegsschmuck, um die Lenden den Muschelgurt, auf sie zutrat – die Freunde in Überraschung aufschrien: »O seht, wie der Krieg unseres Melechs Angesicht schmückt!« – er sich dann übte vor ihnen in der Schönheit des Speeres, als zöge er zum Feste. Hinter einer Garbe sah, während seine Krieger mit den Feinden ihr Blut tauschten, Salomein – wie sich die beiden herrlichen Herrscher der feindlichen Heere liebend umarmten. Aber durch Theben eilte die Kunde, der Melech habe ohne Blut zu vergießen den Feind in die Flucht getrieben, und er genoss eine Ehrfurcht von seinem Volk fortan, die sich bis auf seine nächsten Gespielen erstreckte, und selbst Salomein berührte aus Zartheit seine Fingerspitzen ehrerbietig mit seinen Lippen und seine Augen wichen scheu dem sehnsüchtigen Lächeln seines königlichen Freundes aus. So wurde Abigail der Liebende ein einsamer Fürst und er gedachte schmerzhaft der Nächte, in denen er sich in die Häute süßer Leiber hüllte. Von einer Wanderung heimkehrend, sah er seine verscheuchten Freunde am Fuß eines Zitronenwaldes mit den Prinzessinnen Thebens spielen, auch Leila, sein Weib, war unter ihnen, lief ihm entgegen und reichte ihm betroffen die Rosen ihres Spiels. Dass man ihn so verkannte, erfüllte den liebenden König mit tödlichem Durst. Er überfiel den Kuckuck der Zebaothknaben und fraß ihm das Herz aus der Brust. Aber die treuen verwirrten Jünglinge würfelten untereinander, wer von ihnen die grausige Tat ihres Königs auf sich nehmen solle. Die verhängnisvolle Zahl traf seinen Liebling. Als Abigail vom Tode seines Salomein wusste, ergriff ihn eine wilde Ohnmacht. Nachts stand er vor dem Tore und drohte seiner unschuldigen Stadt. Oder er wälzte sich in seinem eigenen Blute und wurde der gefürchtetste Feind des Krieges. Auf einer Tigerjagd verwundet, starb er früh am Morgen, ohne die Besinnung wieder erlangt zu haben. Die Zebaothknaben forderten von der Mutter ihres Melechs den Freund; aus seinem Gebein erschufen sie einen Tempel.

SINGA, DIE MUTTER DES TOTEN MELECHS DES DRITTEN

Singa, die Mutter des toten Melechs, saß in ihrem Gemach wie eine Mumie verhüllt, und das Volk trauerte mit ihr drei Jahre lang. Bis sie die trüben Schleier von ihrem Angesicht riss, dem heißen Psalm der Liebe zu lauschen, der die Erde aller Straßen aufwühlte, das Rauschen des Flusses dämpfte, sich in die Herzen der Menschen schlich und ihre Heimlichkeiten offenbarte. Dann kamen die erregten Zebaothknaben zu der Melechmutter in den Palast, ihre Gesichter trugen die Züge ihres Sohnes und in ganz Theben war keine Prinzessin, deren Mund sich nicht in die feinen Lippen des Melechs verwandelt hatte. Und Singa selbst entdeckte mit Verwunderung, dass ihre Hände dem Spielzeug ähnelten, mit dem der noch kleine Abigail auf ihrem Schoß zu spielen pflegte. Und die Sklavinnen lächelten um Abigails Mutter, wie ihr holder Liebling so eigen. Gesteinigt wurde derjenige, welcher fallen ließ einen störenden Laut von seinen Lippen, denn die Melechmutter sandte ihre schwarzen Diener, die des Hörens kundig waren, die Quelle des Zauberpsalms zu suchen, sie brachten keinen Bescheid; und eine Händlerin, die den Mägden in den unteren Palasträumen Tücher und Glasperlen verkaufte und zur Mutter Singa verlangte, wurde nicht vorgelassen. Aber sie versteckte sich hinter einem Muskatbusch und rief in der Dunkelheit: »Melechmutter, Melechmutter, ich habe einen Sohn, der ist Viehknecht und er hat ein Ohr, das geht ihm bis zur Lende!« An jeder Wand jedes Hauses legte er es an, bis es abgenutzt und nicht größer war, wie das der Dienerschaft im Palast. Und er wusste, von wo der sehnsüchtige Gesang kam. Da ließ die Mutter des liebenden Abigail des Dritten alle die Edeltöchter der Stadt zu sich in den Palast kommen, wählte die anmutigste, sie mit dem königlichen Tempel zu vermählen. Die Braut aber erhängte sich vor der schauerlichen Hochzeit. Auch die übrigen Töchter der Stadt weigerten sich, in den Tempel zu gehen, und Singa bot ihr Geschmeide jeder Tänzerin und jedem Freudenmädchen hin für den Liebesgang, bedrängte die Hütten der armseligsten Hirtinnen und küsste die Mägde. Auf dem Acker die Ähren und die Stöcke der Weinberge begannen zu brennen und die Herzen der Menschen in Theben waren zu Asche verfallen und die Flügelgestalten an den Brunnen der Gärten flogen auf. Und Singa, die Mutter des Melechs, ließ ihre Wangen jung malen, ihre Lippen schminken wie zur Liebesnacht, und sie trug goldene Ringe an den Zehen und Düfte im Haar und all Volk stand um den Tempel, bis sie ihn zerzaust verließ; ihre Glieder waren zerfressen, die Fetzen ihrer jungen Kleider hingen ihr um den Leib und ihre zerdrückten Augen tränten. Seitdem schlichen alle Bürger der Stadt über die Pfade wie auf dem Weg zum Friedhof und ihre Wohnungen wurden leise wie Gotteshäuser. So endet die Geschichte des dritten Abigail, dessen Liebe so viele Opfer forderte.

EINE BEGEBENHEIT AUS DEM LEBEN ABIGAIL DES LIEBENDEN

Eine Geschichte der Maria von Nazareth

Als Abigail der Dritte noch ein Zebaothknabe war und viel, viel Sehnsucht hatte, ritt er auf seinem weißen Kamel in Begleitung seines Spielgefährten Salomein durch die Orte von Palästina und kam nach Nazareth. Dort saßen die Kinder der Reichen und Armen zusammen, alle auf den rissigen Steinstufen der Spieltreppe der Stadt und sangen ein wundersüßes Liedchen auf Altnazarenisch-Hebräisch. Und Jussuf setzte das kleinste der Kinder auf sein groß Tier und Salomein musste das Verschen auf einen Schiefer schreiben von den lallenden Lippen des Kindes. So klang es:

Abba ta Marjam	Träume, säume, Marienmädchen –
Abba min Salihï.	Überall löscht der Rosenwind
	Die schwarzen Sterne aus.
Gad mâra aleijâ	
Assâma anadir –	Wiege im Arme dein Seelchen.
Binassre wa wa.	
Lala, Marjam	Alle Kinder kommen auf Lämmern
Schû gabinahû,	Zottehotte geritten
Melêchim hadû-ja.	Gottlingchen sehen –
Lahû Marjam	Und die *vielen* Schimmerblumen
alkahane fi sijab.	An den Hecken –
	Und den großen Himmel da
	Im kurzen Blaukleide!

DER KREUZFAHRER

Die Kreuzfahrer bringen Geläut in die Stadt Jerusalem und die Sünde überwuchert die stolzen Muselblumen der Wege. Ich zerblättere die Sünde, wo ich sie finde, die heimlichen Knospen des Christen, der mich einlud zu seinen Töchtern in den Garten. Die haben blaue Augen und gelbe Haare und sie sagen, der Schnee ist auch gelb. Und es wird schneien in ihrem Garten, denn Bäume mit kühlem Laub stehen darin: Wie nennen doch die Schwestern die Blumen auf den Beeten? Es läutet wieder, immer, wenn neue Kreuzfahrer durch das Tor in die Stadt ziehen. Schön sind die und groß, wie Türme aufgerichtet. Auf ihren Helmhauben steht das Kreuz. Ich trage, seitdem ich in Jerusalem im Garten des reichen Kaufmanns bin, das heilige Kriegskleid meiner Heimat, im Gürtel den Dolch, der ist gebogen und unentwendbar, wie die Mondsichel. Die Schwestern meinen, so sei es Sitte bei uns in der Stadt. Sie schwärmen für mich und bedauern, dass ich kein Prinz bin; streuen Vergissmeinnicht den Kreuzfahrern über den Pfad, die sehen die kleinen himmlischen Tropfen nicht; manchmal jedoch streifen ihre Blicke die Engelsgesichter mit tapferer Andacht. In Betten schlafen die beiden Blauäugigen in der Nacht und sie lachen über mich, als ich sie fragte, zu was die wären. Über ihren Betten schwebt ein Vergissmeinnichthimmel – – – unser Jenseits ist verschleiert. Wenn ich eine der Töchter des Christen wäre, ich schenkte dem Kreuzfahrer, der am Morgen durch das Tor in die Stadt zog, ein Bett aus atmendem Holz, wie ihre Haut so weiß, denn er fror in der milden Frühsonne. Ich drohe mir mit meiner blitzenden Sichel, seitdem er über den Zaun in den Garten blickte, und mähe das süße Gegold meines Herzens. Seinen Namen weiß ich zu nennen, die Schwestern lasen ihn im Kirchenbuch über seiner Schulter hinweg – getürmt und steil ist seine Schrift – ich folge den Ungläubigen in die Kirche. Seitdem dämpfen Wölbungen der Moscheen meine aufgerichteten Träume. Es sind nun zehntausend Christen in Jerusalem, wollen die Sünde ausrotten – – es kann nicht so viel wachsen. Und Kreuze sticken des Kaufmanns Töchter auf zarten Liebesbändern, die keimen auf, wie die glatten Wege der Heimlichkeit. Aber die Kreuzfahrer küssen der Engelhände Kreuzarbeit mit siegreichem Lächeln. Ihn sehe ich nie unter den Beschenkten; sucht er doch meinen Mund im Frühstern. Das heilige Kriegskleid meiner Heimat trägt nun mein Vetter Ichneumon von Üsküb, aber seine Arme zittern vor Liebe und können sich nicht gegen den Feind halten. Sein ganzes Heer rauscht, wie ein Herz, wie mein Herz, und sie alle sind geliefert den Christenhunden. Ich liege unter dem Himmel der beiden Schwestern, ich habe die asiatische Distel; Stacheln sitzen in meinen Gliedern, und die unbarmherzigste bohrt sich in mein Herz. Engel, zwei – – sehen blau über mein Angesicht und kämpfen mit der Taube Mohammeds, die will meinen Schleier zerpflücken. Ich mag aber die Engelguten nicht leiden, weil sie Christinnen sind. Und steige doch in der Nacht heimlich über den Zaun des Gartens in das Kirchenschiff. Dort auf dem Balkon sitzt der Ritter und spielt die Orgel, im langen, feierlichen

Hemd, Choräle, Totenbalsam dringt aus den sterbenden Tönen. »Ritter, die Könige von Sinai ließen Klageweiber für ihre Toten heulen und zu den Freudenfesten ihrer Harfen färbten sich die Lippen der Greise rot und ungeborene Knaben pochten an leibgoldene Tore. Als ich vor dem Kirchenaltar anhub nach deinem Choral zu tanzen, sank mein Leib ein: grämige Mondscheibe, der eben noch der spielendste Stern war inmitten der Sterne.« Da fiel Schnee auf die Wangen des Ritters und ich sah, dass der Schnee weiß war, nicht der Schwestern Haarfarbe gleich. Stehn immer am Zaun mit ihren gefärbten Schneehaaren und bescheren die Kreuzfahrer mit süßer Frömmigkeit. Und sie möchten ihnen ein Bett bereiten aus atmendem Holz, wie ihre Haut geglättet. Du aber, Ritter, sollst auf einem tanzenden Stern schlafen in der Nacht! Und ich klettere mühsam über den Zaun des Gartens, aus meinem Zeh wächst ein kleiner Distelstrauch. Und der Krieg wütet in Bagdad. Die Wüste ist unserer Krieger Schild. Aber mein Vetter verliert jede Schlacht. Eine Abtrünnige ist das heilige Gewand der Stadt, sein Kriegskleid dem Feinde zugetan. Ich werde halb genesen in meine Heimat getragen, Bagdad des heiligen Kleides wegen Rede zu stehen. Mein Vater hält meine beiden Hände umschmeichelt, ihre Finger sind wie müde Strahlen. Aber Kriegslust blendet meine Augen. Ichneumon von Üsküb steht schon vor unserem Palast. Ich ziehe den letzten Distelsplitter aus meinem Zeh – – abbarebbi, lachajare, lachajare! Begeisterte Kriegsmusik trägt mich auf ihren Schultern durch die Straßen. Ich schlage die Christenhunde noch in derselben Nacht. Mein Vater hütet meinen Mut und meine Tapferkeit, wie zwei Enkelkinder. Nie zog eine Prinzessin von Bagdad in die Schlacht. Nur der Vetter lässt seine schnüffelnde Lippe hängen: Er habe sich im Zitronenwald aufgehangen und konnte nur morgens den Baum nicht wiederfinden. Wenn der Mond rund ist, wollen wir nach Jerusalem. Aber die hohen Krieger im Kriegsgebäude sind nicht einverstanden mit den Aufzeichnungen meiner Feldpläne. Ihre Sinne verwirren sich auf der Tafel; doch der Großwesir belehrt sie: Allah's Geist sei über mich gekommen. – Manchmal fühle ich, meine Blicke sind blau und fliehen meines

Vaters Angesicht. In meinem Auge steht der junge Kaiser Conradin in der Helmhaube und dem Kreuz. Aber mein Vater prüft täglich meine Ausrüstung und die Fußgelenke meines Dromedars: alt ist er geworden. Ismael Hamed, der Sohn des Großwesirs, wird ihm in der Zeit, wo wir die Eindringlinge der Hauptstadt vertreiben werden, Gesellschaft leisten. Der versteht seine Sonderlichkeiten zu verzärteln. Und mein Vater wünscht, dass ich vor der großen Schlacht mit Ismael Hamed Hochzeit feiere. Ich erkläre aber meinem ehrwürdigen Pascha, die Mumien im Gewölbe seines jungen Freundes entsprächen nicht der Zahl, die einer Prinzessin von Bagdad zukämen. Meine Dienerin hatte einen Traum, ich saß hochzeitlich gekleidet in der Prachtsänfte Ismael-Hamed-Mordercheis, Ismael Hamed sein Sohn lag im Gewölbe. Der Großwesir wüsste schon meine ringende Seele um die Schulter zu tragen, aber meine Küsse schließen sich vor Spätsommerlichem. Er beschenkt mich mit den eigenartigsten Geschenken: einen Ring, in seinem Stein spiegelt sich der Sinai, und Ohrgeschmeide, in ihrem Gehang läutet eine winzige Uhr alle zwei Stunden zum Gebet. Und zwei Albinoneger, die mich in den Krieg begleiten sollen, dass mich die Schwermut nicht befalle. Immer, wenn mich die vier weißäugigen Augäpfel mit den roten Punkten anglotzen, lache ich, dass meines Dromedars Buckel wackelt. Abbarebbi, abbarebbi, lachajare! Mein Träger setzt mit mir über die weitesten Schluchten, trabt dem Heere voraus über früh beschienene, üppige Pfade, über Lippen rotentlang. Schon sehen wir die Tore der Stadt. Meine Krieger fallen zur Erde und murmeln Sprüche des Korans. O, wie ich den schlichten Turm des Kreuzes hasse! Die frommen Muselmänner aus Mekka und Medina, die Leute aus Jemen, aus Tyris, Beduinen, die Bewohner von Ninive und den anderen Eufratländern, die Egypter, die Philister, die Edomiter, Amoniter, Hethiter, die Stämme der Juden: Chaldäer, Saduccäer, Judäer, die Urenkel Davids, die Söhne der Leviten und ihre Väter, die hohen Jehovapriester, Talmudgelehrte aus Damaskus stehen auf mit mir wider das Christentum. Ich blicke über mein stolzes Heer, abbarebbi, lachajare – – – – – – auch Ismael-Hamed-Morderchei folgt meinem Zuge – – – Lachajare!

Die beiden Töchter des reichen Kaufmanns werfen sich vor die Füße meines Dromedars, beschwören mich um Christi willen. Ihre Vergissmeinnichthimmel bluten, wie die Wunden der Ritter. Hinter den Hügeln der Stadt kam es zum Kampf. Wir drangen in die lästigen Kirchen der Ungläubigen ein. Ich und meine Krieger zerschmetterten die Altare und Heiligtümer; oben auf des Turmes Kreuz spießte Ichneumon von Üsküb den Knappen des jungen Kaisers auf. Ließ dem Vetter zur Strafe für seine Grausamkeit den Turban nehmen. Ich träume des Nachts verborgen hinter der Wimper des Ritters; ich hörte ihn Choräle spielen in der Zeit seines Gottes Häuser starben, stand unermüdlich mit dem Rücken an der kleinen Pforte des Balkons gelehnt, hinter der er im langen feierlichen Hemde saß. Ich küsste ihm die Knie, ich die Prinzessin von Bagdad – – – blutige Zeichen hinterließen meine Küsse. Ich muss so sanft weinen, ich, Allah's Kriegerin; auf toten Worten legte ich meine Hand zum Schwur. Ismael-Hamed-Morderchei tritt in mein prunkendes Zelt, er ist europäisch gekleidet wie die Herren des fremden Amtes unserer Stadt; streicht er über die erwägende Stirn, tritt eine höfliche Kühlung zwischen ihm und dem Sprecher ein. Sein Bart ist keine Wolke, wie der meines Vaters; durch den Scheitel seines Kinnhaars leuchten Steine aus Edeltrunk. Mit wohlgepflegter Gebärde nimmt er aus meiner Hand das Schreiben des jungen Kaisers Conradin entgegen, der um Frieden bittet. Seine beiden Abgesandten halten sich staunend umschlungen. Sie glauben, ich bin aus Tausend und einer Nacht. Den Großwesir ergötzt es, ihre Vorstellungen zu bestärken. Auf das Gefunkel meiner Stirne weist er, auf meine Hände, die Bilder des Mondes sind, nichtsdestoweniger den Speer zu werfen verstehen. Mich überrascht sein Spott, mit dem er das königliche Schreiben durchfliegt, ich kann es nicht glauben, dass die helllockigen Boten von meinem Vetter bestochen sind, aber der Großwesir liefert sie nach abendländischer Sitte wieder dem feindlichen Heere aus. Vielleicht sind sie am Abend schon tot. Ichneumon von Üsküb meldet sich krank. Des Feindes Schwert zerspaltete an seinem eigensinnigen Gesäß; aber ich höre durch das Schreien des vergossenen Blutes seine Lockrufe und ich vermisse meine glotzäugigen Scheusäler; die lieben ihn, er lässt sie zur Belustigung wie zwei Hunde über seinen Arm springen. Er weiß, ohne sie kann ich das Herz des Kaisers nicht durchbohren. Der naht in der vordersten Reihe des Feindes. Das heilige Kriegskleid umhüllt mich, wie eine erstickende Sonne, meine Arme beginnen zu vertrocknen, und mein Atem qualmt in die Augen meiner Krieger ... Wie nie Dagewesenes öffnet sich mein Angesicht über späte Tanzleiber und Tempel. Meine beiden Neger trillern ihren gellenden Kriegsschrei, immer wenn mein Speer die Brust eines Ritters durchbohrt. Der Großwesir treibt die Spaßmacher vor meinem Dromedar her, sie schlagen mit ihren Zähnen harte, betäubende Musik, und tanzen dazu: Abbarebbi, abbarebbi, abbarebbi, abbarebbi, lachajare! Hu hu u u u u u u u u u

Als Conradin der junge Ritter und Kaiser begraben war, kam seine Mutter zur Pilgerfahrt nach Jerusalem, und wie sie meinen Negern begegnete, lachte sie über die Unnatur. Ich küsste ihr Gewand – – abbarebbi, lachajare, lachajare .... abbarebbi!!

ICH RÄUME AUF!

Meine Anklage gegen meine Verleger

Ich habe mich entschlossen, ohne Rücksicht auf meine noch ungedruckten Manuskripte, aufzuräumen. Einer von uns Dichtern muss seinen Ehrgeiz opfern, auf seine Sehnsucht verzichten, den Nachklang seiner Schöpfung zu erleben, ihr ins Antlitz zu blicken. Ich bin bereit, und unentwegt gehe ich gegen den verdammungswürdigsten Buchhandel vor. Ich werde die Händler aus ihren Tempeln jagen, die wir Dichter ihnen aufgerichtet haben. Ich streite für mich und für alle Dichter, vor allen Dingen für die Dichtung, die schließlich immer von Neuem erlischt im geschwächten Körper. Ich räume auf, mich treibt die Gerechtigkeit, bin heilig zwangserfüllt und rufe Ihnen, hochzuverehrendes Publikum, ermahnend zu: Wir wollen aufräumen! Bis unser Ruf durch den Spalt der Wolken himmelschreiend in die Ewigkeit dringt. Räumen Sie auf mit mir, h. P., da es sich auch hier handelt um eine Weltordnung. »Das ist der Prinz Jusuf von Theben, die Else Lasker-Schüler, die Blume meines Verlags!«, pflegte mich mein Hauptverleger: Paul Cassirer, stolzen Mutes seinen Gästen vorzustellen. »Die größte Dichterin der Jetztzeit.« Wenn ich dann seinen Lobgesang, allerdings geschmeichelt, rügte, erklärte mir mein Hauptverleger, ich sei nicht allein die größte Dichterin der Jetztzeit, sondern die Dichterin aller Zeiten. Verzeihen Sie, h. P., diesen wortgetreuen Bericht, er soll Ihnen ja nur zum Beweis dienen in meiner Anklage, warum mein Hauptverleger, Paul Cassirer, der Herausgeber meiner gesammelten Bücher und der nachfolgenden, also meiner zwölf Bücher, sich selbst verurteilt zur ewigen Schmach. Ich räume auf für mich, für die lebenden und toten Dichter. Gehungert haben wir ja alle und es konnte oft durch den Ertrag unserer Bücher vermieden werden. Stattdessen etablierten wir bücherlustige Herren, die eben aus Laune, wie Albert Flechtheim frech, aber ehrlich hinwarf, den Querschnittverlag eröffneten, um ihn dann mal wieder nicht gerade abzugeben, doch in eine Gesellschaft mit höchst gerissener Haft umzuwandeln, aus der er nun zwar schon längst ausgetreten sein will. (?) Er hört nämlich nicht gern klagen .... Dass aber die größere Hälfte des Querschnitts ihm zufällt, über diese Frage brauchen wir Opfer uns keine grauen Haare wachsen lassen. Sein Vorbild entlastet irgendwie, in seiner Schuld gegen mich, den frisch gebackenen zweiten Inhaber und Verleger der Firma Querschnitt: Albert Dreyfuß. Ich kolorierte gerade mein Buch: Theben in der Galerie Flechtheim und wurde unfreiwillig Ohrenzeuge der mannigfaltigen Vertrauensbrüche, die nach kaum vollzogener Verlagsehe sich Alfred Flechtheim gegen seinen Kompagnon Albert Dreyfuß zuschulden kommen ließ. Täglich versuchte Flechtheim vor mir und den angestellten Damen dem armen Albert Dreyfuß einen Idiotenstempel auf dem allerwertesten Pegasus seiner Dichterstirn zu drücken, bürdete ihm nach Mutwillen Kosten auf. Ja, Alfred Flechtheim ist und bleibt ein Schalk und er hätte sich den Bauch vor Lachen gehalten über die Naivität seines Geschäftsteilhabers. Am Ostersonntag trat er in mein läutendes Dachzimmer, legte ein Schokoladenosterei in mein Strickkörbchen und erkundigte sich dann zart, wie viel elektrisches Licht ich wohl beim Kolorieren in der Galerie Flechtheim verbraucht haben könne? Die Summe erschien ihm doch höchst verdächtig. Ich verweigerte ihm die Aussage, den ehemaligen Poeten, in seinem einträchtlicheren Beruf, nicht kopfscheu zu machen, denn den Verlag Querschnitt avancieren zu lassen, Arm in Arm mit Flechtheim, befriedigte des ahnungslosen Poeten Alberts erwachendes Herz. Hingegen operierte Flechtheim weit verschwenderischer drauf los. Morgens erfrischt vom Sektbade überschäumt der Rest seines Geldes seine Duzfreunde, die lieben Maler, mit Rutenbegleitung, Tritten und ehrenrührigen Beschimpfungen. Es handelt sich allerdings um Summen, die die Künstler für ihre Bilder und Skulpturen zu fordern längst berechtigt sind. Senor Alfredos versteht außerdem mit einer Fertigkeit zu jonglieren, dass es einem schwindlig vor Augen werden kann. So schloss er sich im Nu zwei meiner Zeichnungen für die fünftausend Mark, die ich ihm schuldete, die dazumal jedes meiner Bilder zu rahmen kostete, einfach in sein Fach. Aber ich verlangte sie baldigst zurück, endlich in der Lage, ihm bar meine Schuld abzuzahlen. Meinen Fahnenträger erwarb er sich selbst mit billigster Grandezza. Überall erobert nun der spanische Rheinländer, Alfred Flechtheim, Salons. Er tut mit seiner spanischen Abkunft und pfändet sich selbst, indem er mit dem spanischen Pflaster sein Furunkel, sein wahres Milieu verklebt. »Wir beide sind gleichen Blutes, Prinz von Theben«, brüllte er mich bei jeder Begegnung schon von Weitem an. Ich sagte ihm einmal: »Ich möchte es auf eine Blutuntersuchung ankommen lassen.« Das war im Romanischen Café, vor etwa drei Monaten. Ich ahnte schon, dass für mich kein Sonntag mehr kommen würde, und äußerte es auch einem meiner verehrten Freunde, der mit mir trauernd am Tische saß. Ich war wieder mit einem Verlag hereingefallen.

Trotz großer ehrenwörtlicher Versprechungen und juristischen Schutzes, den man mir, mich vor Flechtheim warnend, dringend empfahl. Diese berechtigte Vorsicht gab Herrn Flechtheim wahrscheinlich Mut zur öffentlichen Beschimpfung, die sich sonst zwischen vier Wänden und den anliegenden viermal acht Wänden seiner Galerie beschränkte. Jeden Tag, h. P., bewegte mich dieselbe Frage, wie es möglich ist zu begreifen, dass eine so gemeine Kreatur von den feinsten Menschenqualitäten zu leben berechtigt ist? Können Sie mir darauf antworten, h. P.? Und verstehen Sie, dass ich endlich aufräumen möchte? Ich räume auf! Und zwar nicht durch die Blume eines lyrischen Gedichts oder durch das Rauschen des Lindenbaumes einer sentimentalen Novelle, oder durch das Guckloch eines Schlüsselromans. Nein, ich klage die – Verbrecher – hätte ich beinahe gesagt, ich klage die Verleger an, die die Dichtungen auf den Märkten für ihre Taschen ausschreiben. Ich kenne kaum einen Dichter, der nicht mit grenzenloser Missachtung sich über seinen Verleger äußert. Aus Idealismus hat wohl selten ein Verleger Bücher gedruckt, das wohl auch kaum zu verlangen ist. Es kommt uns Dichtern ja auch nur darauf an, mit gewissenhaften und großzügigen Verlegern zu tun zu haben. Aber ich möchte Ihnen, h. P., weiter erzählen, was sich am Sonntagabend im Romanischen Café abspielte. Bevor ich mich zu meinem Freunde an den Tisch setzte, begab ich mich in den kleineren Raum des Cafés, wo mir von einem stark von Künstlern besetzten Tisch der Maler Rudolf Levy zurief: »Frau Lasker-Schüler, ich habe mir heute ihr neuestes Buch Theben gekauft und mache Ihnen mein Kompliment.« Erst, nachdem wir uns begrüßt hatten, gewahrte ich an dem langen Tisch Herrn Flechtheim, der mich vor versammelter Gesellschaft mit undelikatesten Redensarten schmähte. Im Verlagsteil seiner Galerie war ich ja täglich Ohrenzeuge gewesen, wenn er sich grinsend nach dem Stuhlgang seiner Angestellten erkundigte. Er rühmt sich seiner Perfidien, sie seien rheinisch. Ich aber und hoffe auch Sie, h. P., Sie finden es schweinisch. Das sagte ich ihm. Seine Angestellten, unter ihnen seine Nichte, mussten sich wohl oder übel an des Chefs Exzesse gewöhnen. Ich bekam einmal, ohne wehleidig oder hysterisch zu sein, einen Schreikrampf, wahrscheinlich durch die Folgen aller Ratlosigkeit. Die Prokuristin aber fasste den Entschluss, den Chef Flechtheim nicht mehr ernst zu nehmen und für ihre Untergebenen im Verlag Kapitalien herauszuschlagen, der Hausknecht gehörte auch zu ihrem Regimente. Ebenfalls nicht Untergebene erteilte das gerüstete Fräulein manchen Trick. Ihr wurde indes ein über den andern Tag gekündigt, oder von Flechtheim zurat gezogen, bis sie die wahre Intrige vom Meister abgeklügelt hatte. Und sie inszenierte einen Streik unter den Leuten des Bureaus, sich gut und vor allen Dingen sich unentbehrlich Kind zu machen, der mit dem Ultimatum endete: Arbeitsverweigerung oder ihre Abdankung! Ich warnte das tapfere Fräulein H., wenigstens den Huskneit, den ehemaligen Burschen, nicht gegen seinen Herrn aufzuhetzen, da er den doch im Grunde liebe. Später reiste sie, wie man mir erzählte, als Flechtheims Agentin, mit einigen Mustergemälden und einem Päckchen Querschnittware für Half und Half im Auftrag der Firma in das geheimnisvolle Land China. Ich floh mit meinen bunten Bleistiften, ich die gepeinigte Ohrenzeugin, aus dem entwürdigtsten Hause, das ich je im Leben betrat. Ich floh heim in meine kleine Kajüte, in mein Wolkenmeer und kolorierte dort mein Buch: Theben, fertig. Dieses Luxuswerk sollte mich ja aus allen missliebigen Verhältnissen retten, so beteuerte mir Alfred Flechtheim. Ich arbeitete zweieinhalb Monate allein am Kolorieren der Bilder meines Buches, 520 à zehn sich wiederholenden Bildern, im Glauben an eine bessere Zukunft. Er hatte mir die Hälfte des Reingewinns von jedem Exemplar versprochen – netto. »Was ist netto –?« Bei dieser schwierigen Frage brodelte in der Prokuristin ein menschliches Rührsam und sie flüsterte mir darauf leise beim Verabschieden zu: »Sputen Sie sich, denn wenn ich erst fort bin, werden Sie betrogen.« Wem sollte ich von dieser Gesellschaft Glauben schenken. Manchmal besuchte mich meine Freundin mit den Worten: »Nach dem Ehrenopfer sehen.« Am ersten Tage meiner Tätigkeit, im Querschnitt der Galerie, ließ Flechtheim für mich Schokolade holen, die sich die zurückgesetzte Prokuristin beleidigt, aber doch in ihrem Schreibtisch einschloss. Vielleicht gedachte sie ihres Chefs Untaten den süßen Beigeschmack zu nehmen. Und wie mir auch die Maler in der nächsten Umgebung Flechtheims gewogen sein mögen – der Kaffee im Romanischen Hause wird ihnen immer wieder im Halse stecken bleiben und wie Blut tröpfeln in ihr Herz, da man ihresgleichen beleidigte. Flechtheims Ausschreitungen entheiligen den Künstler, die Kunst, der wir alle angehören von Anbeginn. Sich vergegenwärtigen sollten sich nur die von ihm so oft erniedrigten künstlerischen unter ihnen wertvollen Maler, dass er sie nötiger bedarf wie sie ihn, falls es ihnen weiter an tieferen Ehrgefühlen mangeln sollte. Diesem ehrgeizigen Kunsthändler und Verdiener, der ebenso gut in den Gassen mit Pelzen handeln könnte, es ihm nur schneller warm werden würde, der über den Rhein nach Berlin an die Spree kam, Cassirer zu überbieten, mit Versprechungen und aufdringlichen Schmeicheleien sich zu guter Letzt an eine Dichterin wagte, sie um ihre letzte Hoffnung zu betrügen, ihr Schaffen sich aber um die Fratze legte. »Rottet ihn aus, sage ich Euch! Ich sage Euch, rottet ihn aus!« Wahrscheinlich aus Furcht vor meiner ihn in Kenntnis gesetzten Broschüre veröffentlichte er als literarischen Einfall im Querschnittheft meine Anrede in meinem letzten Schreiben an ihn, allerdings verschwieg er seinen Inhalt. »Geehrter Herr Rattenkönig!«, so scheint diese Titulierung ihm Freude zu machen. Solche

Kreaturen sind ja nur beim Schwanze zu packen, immer wieder bei dem Ahn, dem Urnagetier. Seine Antwort auf meinen entsetzten, aus meinem dürftigen Quartier gerichteten Brief lautete: »Mein verehrter Prinz! Ich küsse Euch Euren roten Pantoffel, aber ich habe mit dem Querschnittverlag nichts mehr zu tun, bin immer Eurer Hoheit ergebener Freund Alfred Flechtheim.« Zurzeit standen meine Luxusbücher: »Theben«, A-Ausgabe, mit hundert Buchmark, B-Ausgabe mit fünfzig Buchmark im Buchhändlerheft verzeichnet. Augenblicklich, 7. Oktober 1923, erhöht auf hundertfünfzig und fünfundsiebzig Buchmark. Also wurden schon im August 1923 für mein Buch Theben Milliarden vom Verlag gefordert. Es sind nach den Berichten des Querschnittverlags ein Viertel Bücher verkauft und ich erhielt bis auf den heutigen Tag, 11. April 1924, für meine A- und B-Thebenbücher ungefähr 66 Millionen und 11 Billionen Mark, allerdings werden mir, wie üblich, meine Bücher angerechnet, die ich mir bestellte; es handelt sich bis jetzt etwa um vier Bücher, von denen ich drei meinen Freunden zum Geschenk machte. Bei der Herausgabe meines Luxuswerkes erhielt ich nach Verlagsordnung einige Freiexemplare, eine A-Ausgabe und drei B-Ausgaben, außerdem für das 2½-monatige Kolorieren der Bilder und mühsamen Tausenden Namenszügen, dank der energischen Forderung des Anwalts, eine Million Mark, und zwar je eine halbe Million Mark halbmonatlich sofort ausgezahlt im Juni 1923. Eine realere Aufklärung wird imstande sein, h. P., der Rechtsanwalt Dr. Fritz Kalischer, mein Bevollmächtigter, Ihnen zu geben. Schon subskribiert standen, bevor mit dem Druck des Buches und Lithografieren meiner Bilder begonnen wurde, 31 Namen auf der Liste, die voraussichtlich ihre Bestellung »auch bei eventueller Preiserhöhung« nicht rückgängig machen würden. Und ich bitte höflich um die Namen derjenigen, die mein Buch Theben erwarben. Denn ich will aufräumen für mich und für alle Dichter aller Künste. Von einem der Inhaber meines Eigentums Theben bin ich vom ersten Tage des Vertriebs der Herausgabe genau unterrichtet gewesen. Denn er erzielte auf die erste Seite des Buches noch neben den Gedichten und Bildern glorreiche Widmung der Dichterin und Zeichnerin. Alfred Flechtheim. Ich zitterte an Leib und Seele, wie ich an Flechtheims Tisch zurückeilend im Romanischen Café ihm zurief: dass, wenn mein Bruder noch lebte, der grüne Husar, seiner Heimat Düsseldorf sich der Hochachtung der ganzen Schwadron erfreute, ihm für seine schamlosen Redensarten einige Ohrfeigen verabreichen würde. Und wieder wandte ich mich zu der verstummten Tafelrunde, meiner lieben mittellosen Freunde unter den Ostjuden gedenkend, der innigen Dichter, die der große rheinische Westjude täglich als Lumpengesindel ihrer armen Kleidung wegen zu titulieren pflegte. Wenn meine ostjüdischen Freunde sich auch keineswegs mit dem seidengefütterten Mantel Flechtheims messen können, »so ist ihr betender Talmudfinger reiner als Ihre unlautere Seele, Herr Flechtheim«. Auch das nahm er ruhigen Gemütes hin oder er tat nur so. Er ist dumm und gerissen, Dummheit ist aber mit Geld zu stärken. Dieser Mann, der mit seiner spanischen Herkunft renommiert, ist weder der muntere Typ des Rheinländers, noch besitzt er vom stolzen Glanz des Spaniers auch nur ein Minimum. Ich darf es aus eigener Erfahrung behaupten und unsere Blutuntersuchung ergab völlige Ungleichheiten. Aus Idealismus hat noch nie ein Verleger Bücher gedruckt, die es meines Wissens taten, sind wenige. Es würde auch nie ein Dichter ein solches Opfer verlangen. Es kommt uns ja nur, wie schon gesagt, darauf an, mit gewissenhaften Verlegern zu tun zu haben, mit großzügigen, die uns seelisch und körperlich schonen, noch dazu in dieser Zeit. Vor ihr kostete Reichsein alles. Heute kostet Armsein mehr. Ich verlange mein Recht und das Recht für den Dichter aller Künste. Keineswegs tut dem Dichter »bittere Not« gut; solche Rezepte sind Geschäftskniffe der Herren Verleger, ihr Gewissen, wenn sie so etwas Ähnliches besitzen sollten, leichthin entlastend, vom Publikum allzu voreilig nachgeleiert. Ist es so unumgänglich vonnöten, zum Krüppel geworden zu sein, Tiefstes zu gestalten? Glauben Sie etwa, die Melone gibt, im Keller ohne Licht und Trank gewachsen, süßeren Saft? Die Dichtung, im weitestgehenden Sinne arglos, sieht die Welt im Bach, eine Hirtin des Worts, der man nicht mit spitzfindigen Kontrakten kommen soll. Man hüte sich, im kleinsten Bindewort lauert der Bazill. Der Dichter verurteilt, gleichzeitig erwählt und berechtigt, Trauer und Freude intensiver getönter zu empfinden, als der tägliche Mensch, bleibt der Leidtragende auf Erden, zumal seine kargen Verhältnisse seine Wünsche vergiften. Und ich wiederhole, es ist nicht unumstößlich von Nutzen, zum Krüppel von den Herren Verlegern geschlagen zu werden, auf unser Schwanenlied lauschend zur endgültigen sicheren Aktie ihres Verlags. Dreimal schon bei meiner Ehre gründete ich für Vorkriegsmillionäre den Verlag, indem ich ihnen meine Dichtungen vertrauend überließ. Meine lieben Dichtungen, so nenne ich sie – sie blieben weiß und blind. Aber ich bin erwacht, ich bin erwacht, h. P., und es ist Zeit aufzuräumen! Haben Sie meine Dichtungen gelesen und die meiner verehrten Freunde, mit deren Gedichte meine Verse einträglich spielen? Rücken Sie näher zueinander, dass ich mein Herz auf Ihren Schoß legen kann, Sie mir ins Gesicht blicken und mein Mund warm zu Ihnen spricht, zu elterlichen Richtern, die sich empören über das Unrecht, dass man Eurer Dichterin Euren Dichtern zufügt, deren Gedichte Euch die Welt vervielfachen, Euch entrücken in eine Paradiesinnerlichkeit, in der man nur durch den Zauber der Dichtung schon im Leben heimzulanden vermag. – Den drei Vorkriegsmillionären, denen ich sozusagen den Verlag eröffnete mit meinem innerlichsten Besitz, ich brachte jedenfalls Zug hinein, heißen: Kurt Wolff in München, dazumal noch etabliert in Leipzig, Paul Cassirer und zu guter Letzt Alfred Flechtheim, beide zu Berlin. Letztere Herren besitzen eigentlich Bildergalerien und machen Geld im Kunsthandel. So ein Verlag nebenbei, dazu noch von guten Autoren angelegt, kommt den Schlaubergern wohl zustatten. Es ging so weit, dass mir Herr Cassirer Aufgaben mit nach Hause zu geben versuchte, ja in diktatorischem Ton, jedoch meine Klage konsequent überhörte. Ich war genötigt, mir irgendwie täglich Geld zu schaffen, gehetzt durch die Straßen zu rennen, schließlich über die bunten Gärten meines Herzens hinweg; manch schönes Wort zertrat ich. Ich hatte ja beim Erscheinen meiner gesammelten Bücher und der nachfolgenden zwei mein Geld erhalten und ich konnte noch froh sein, da ich ihm nichts mehr schuldete. Hingegen Alfred Flechtheim, der letzte der spanischen Rheinländer, empört über seines Kollegen Härte, versicherte mir, mit einem Rheinländer, wie ich als Rheinländerin aus Erfahrung wissen müsste, sei ein ganz anderes Arbeiten. Er kannte meine Familie im Rheinland und mein Schicksal brach ihm fast das Herz .... Wie über so eine Brücke, gegenüber der Galerie Flechtheim, das Lützowufer mit der Königin-Augusta-Straße verbindet, holte sich der pfiffige Kaufmann meine Seele, die Fahne meiner Dichtung, und hisste sie auf sein Dach. Ich hoffe, dass diese Brücke heute Abend noch einstürze unter ihrer Mitempörung, h. P. – Wir Dichter, die wir uns täglich mit den Unterdrückten jeder Klasse auflehnen, sind und bleiben gegen unser eigenes Los engherzig? Und habe doch jeder wahre Künstler – Gewissen. Sonderbar, wir benehmen uns sogar schäbig zu uns selbst, und diese von den Verlegern hoch begrüßte Askese imponiert mir nicht mehr! Mein Entschluss steht unerschütterlich fest: Aufräumen! Heißt er: Die Händler aus dem Tempel jagen! Denn die Kunst ist uns Dichtern aller Künste ein teures Heimathaus. Wir verlangen ja nur das, was zur Erhaltung unseres anvertrauten Schatzes, nennen wir es Begnadigung, notwendig ist. Zumal Reichwerden, wie Beispiel zeigt, allzu oft ein gänzliches Verarmen bedeutet. Geld ist der sicherste Prüfstein des Menschen, und es doch im höheren Sinne nur auf den Gewinn der Seele ankommt, über die der Verleger skrupellos spaziert. Ginge auch seine verlustig, um unsere Seele ist es schade. – Die Arbeiter ziehen in langen Zügen durch die Straßen, über die Plätze, vom Oberhaupt geordnet, weltgeordnet bis vor die Tore der Schornsteine. Ja, nach uns ändert sich auch die Erde, der Mond und die Sterne und uns drängt es, uns nach Gottes Schöpfung zu reihen, immer wieder. Die wahrhaftige Frömmigkeit. Was tun wir aber schließlich? Wir lassen alles beim Alten von damals her, von heute hin und auch ich komme spät, aber nicht zu spät: Aufzuräumen! Lang ist es her, als ich auf dem Schoß meiner teuren Mutter saß, sie mit mir spielte. »Einwortsagen!« Einwortsagen, nannten wir geheimnisvoll ein Spiel, das meine Mutter, eine Weile wenigstens, von meinen Quälereien befreite. Ich langweilte mich nämlich immer so ..... Meine Mutter rief wichtig »Schokolade« und ich erwiderte ein sich darauf reimendes Wort. Meine Mutter: Tinte »Finte« (Flinte), »Paul«, »faul«! bis mein viel älterer Bruder, der mir seiner Herbheit wegen imponierte und ich ihn darum wohl auch »Mann« nannte, sich einmischte, auf das Wort »hoch«, das ungeschickt reimende Wort »Koch« wählte und ich zu ersticken drohte vom dumpfen Schall der Paarung, ja geradezu außer mir geriet, vom Knie meiner besorgten Mutter wild auf den Teppich purzelte. Ich zählte zwei Jahre. Im vierten lernte ich zum Zeitvertreib von der Gouvernante schreiben. Jedem Buchstaben malte ich ein Tuch um den Hals, da er fror, es war im Winter. Fünfjährig dichtete ich meine besten Gedichte; meine Mutter fand immer die bekritzelten Papierflocken, die mir aus meinem Kleidertäschchen beim Herausholen von Lieblingsknöpfen meiner Knopfsammlung entkamen. Die rettete mich vor meinem kleinen Selbstmord. Ich hatte mich bis dahin so gelangweilt und ich erinnere mich, als ich entschlossen auf den Turm unseres Hauses kletterte, von dem man über die Stadt Elberfeld hinweg noch hinter dem Sauerländischen Gebirge bei lichtem Wetter den Rhein fließen sehen konnte, und auf die Menschen herabschrie: »Ich langweile mich so!«, und erst als die vielen vielerlei großen und kleinen blauen, grünen, lila, roten, gelben, weißen Knöpfe ankamen aus den Knopffabriken meiner Heimat, mit der mich meine teure Mutter überraschte, die meine teure Mutter für mich zum Spielen bestellt hatte, milderte sich beträchtlich mein Übel. Ich legte Knopf an Knopf, je vier oder fünf, ebenmäßige Reihen in Zwischenräumen auf den großen Tisch und führte dann mein klein Fingerchen über die Knopfreihen der abgeteilten Knopfstrophen. Wenn ich dann durch die Unregelmäßigkeit der Knopfgrößen mit der Fingerspitze stolperte oder gar mit dem ganzen Finger abglitt, schrie ich laut auf, genau wie ich mich heute körperlich verletzt fühle, durch einen Vokal oder Konsonanten, der Störungen im Maß oder Gehör undefiniert verursacht. Aber einer der herrlichsten Knöpfe durfte überall liegen, wo er wollte; er war aus Jett, besäet mit goldenen Sternlein, und ich staunte ihn an. Er war das Himmelreich meiner Knöpfe und hieß: Josef von Ägypten. So oft neckt man mich mit einem Ausdruck, der sich immer wiederhole in meinen Gedichten. Es ist wahrscheinlich der sternbesäete Knopf. – Vom Wunsch beseelt, mehr von meiner Kindheit, von meiner unvergleichlichen Mutter zu hören, gewähre ich mir heute nicht; nüchterne Dinge und Undinge drängen mich, Ihnen, h. P., zu unterbreiten, die ich mir ferner mit meiner Seele zu verhängen als Fahrlässigkeit anrechne. Ich räume auf, für mich, für meine dichtenden Freunde, für die lebenden und toten Dichter, zunächst im Interesse der Dichtung. Die Gedichte meines ersten Buches: Styx, das im Verlag Axel Juncker erschien, dichtete ich zwischen 15 und 17 Jahren. Ich hatte damals meine Ursprache wiedergefunden, noch aus der Zeit Sauls, des Königlichen Wildjuden herstammend. Ich verstehe sie heute noch zu sprechen, die Sprache, die ich wahrscheinlich im Traume einatmete. Sie dürfte Sie interessieren zu hören. Mein Gedicht Weltflucht dichtete ich u. a. in diesem mystischen Asiatisch.

Weltflucht:

Ich will in das Grenzenlose
Zu mir zurück,
Schon blüht die Herbstzeitlose – –
Vielleicht ist es zu spät – zurück
Oh ich sterbe zwischen euch
Die ihr mich erstickt mit euch.
Fäden möchte ich um mich ziehen
Wirrwarr endend,
Verwirrend,
Zu entfliehen
Meinwärts.

Elbanaff:

Min salihihi wali kinahu
Rahi hatiman
fi is bahi lahu fassun –
Min hagas assama anadir,
Wakan liachad abtal,

Latina almu lijádina binassre.
Wa min tab ihi
Anahu jatelahu
Wanu bilahum.
Assama ja saruh
fi es supi bila uni
El fidda alba hire
Wa wisuri – elbanaff!

O ja, das erste Buch Gedichte aus jungem Fleisch und Blut und Seele, ein arglos wunderschönes Geschöpf unter dem Stern verkündet. Man hebt es aus der Krippe des heiligen Stalls, darin auch der Dichter zu wohnen pflegt, nimmt es behutsam in den Arm und führt sein erstes Buch, in Weiß gebunden, spazieren. So tat ich das wenigstens, liebes h. P., und wenn ich auch gerade nicht mit dem Kleinod aus einem Stall trat, so war's aus einem Verließ meiner Verheißung. Hinter Holzgittern wohnte ich zur Zeit des ersten Buches in einem ehemaligen Flaschenraum, in einem der Käfige des Kellers, den der Portier mir geheimnisvoll, aber großzügig für fünfundsiebzig Pfennige monatlich auf seine Rechnung und Gefahr vermietet hatte. Und als ich gelegentlich in einem Kreise meinen Traum erzählte, der mich oftmals in der Nacht beschlich, sorgten die betroffenen Anwesenden für ein wirkliches Zimmer. Ich träumte, ich sei Gemüse – kam eine Ratte, eine große, schwarze Ratte, beknabberte mich. Meine ernsteste Narbe, h. P. Und ich behaupte, die ich von Kind auf zur Hellseherei neige, dass diese Gabe eine normale ist, die nur im Laufe der Jahrtausende eingegangen, wie die Sinne einst ganz erlöschen und von minderwertigen, geht es so weiter in der Welt, ersetzt werden. – Der Verleger Axel Juncker, in Kenntnis von meinem Manuskript, dessen Gedichte ich mit Erfolg im Verein der Kommenden vorzutragen Gelegenheit hatte; auch einige Zeitschriften interessierten sich für meine Produktionen und nun zu guter Letzt ein mutiger Verleger, der mich bat, mein Manuskript zur Durchsicht für den eventuellen Druck ihm anvertrauen zu wollen. Axel Juncker, ein Däne, sprach gutes verständliches Deutsch, als ich ihm meine Gedichte herzklopfend zur Prüfung übergab. Auf der ersten Seite stand in großen Buchstaben der Name meines Buches: Styx. – Schon nach einigen Tagen traf der übliche erste Brief des ersten Verlegers ein, der ungefähr so lautete: »Hochverehrte Dichterin. Es gereicht meinem Verlage zur großen Ehre, Ihre schönen Gedichte zur Durchsicht empfangen zu haben. Dieselben sind so interessant wie originell und aus diesem Grunde eben – Kaviar für's Volk. Was für ihren Wert zeugt, aber ein Risiko für den Verlag bedeutet. Ich will es dennoch versuchen. Sprechen Sie einmal bei Gelegenheit vor, wenn Sie an meine Buchhandlung vorbeikommen.

Mit hochachtungsvollem Gruße

Axel Juncker.«

Der ließ sich Zeit! – Mir im Flügelkleide machte das Sorge. Ich hatte selbstverständlich keine Zeit mehr. Eilte am folgenden Tage schon zu dem phlegmatischen Verleger hin, der mich aber prompt hinter dem Glas seiner Ladentüre erwartete. Und er hatte sich nicht getäuscht. Damals noch verkaufte er Bücher in der Potsdamer Straße, die er später in ein Knusperhaus, in den bunt gefärbten Buchladen am Kurfürstendamm von Franzkowiak transportieren ließ. Dieser Hex Axel! Zwei Kontrakte wurden mir Glückskind zur Unterschrift unterbreitet, die ich gefälligst unterschrieb: Else Lasker-Schüler. Ein starker Name, der zum ersten Male für mich zeugte. Wir beide, heute, unzertrennbar vereint, ein Verhängnis! Andere Dichter steuerten zu den Druckkosten ihres ersten Buches bei und mir wurde es erlassen. Mein zweites Buch war mein Peter-Hille-Buch. Vor seinem Tode wünschte der Prophet: »Tino«, so nannte er mich, sollte es dichten. Diesen, für mich ehrenvollen Wunsch erfüllte ich mit lauterem Stolz und heller Freudigkeit. Wandelte mit dem heiligen Manuskript, mit meiner blauen Bibel zwischen meinen Händen – wohin auch – immer zum Altar. Diese Bibel mit der Erde zu verewigen, die den großen dichtenden Heiligen bewahrt, erschien mir als würdiges Amen unserer Wanderung. Aber die gemeinschaftlichen Spielgefährten erinnerten mich daran, dass alle Menschen von des dichtenden Propheten Erdenzeit berechtigt seien, zu erfahren und sein Leben, von mir geschildert, erwarteten. Der Verleger erwartete allerdings mich vor allem, den Kontrakt in der Hand, für den ich ihm ein Seelenheil überreichte, für 50 Mark, h. P., für 50 Mark – wie paradox. Trotz meines zerrissenen Kittels in der Frühjahrssonne, deren schmeichelnde Hand Axel Juncker bewog, statt mich mit fünfzig, mit hundert Mark abzufertigen. Ich habe also gewissermaßen notgedrungen für hundert Mark meinen ehrfurchtsvollen Freund, den unantastbaren Propheten und Dichter St. Peter Hille verkauft und hätte doch nicht ein Königreich für das jahrelange Mythenleben, an seiner himmelreichen Seite wandelnd, eingetauscht. Vier bis sechs Peter-Hille-Bücher lagen hinter Schaufenstern nebeneinander in etlichen Buchhandlungen Berlins ausgelegt. Auf jeden Betrachtenden und Vorübereilenden blickte von seinem Bucheinband das eine Auge des Peter-Hille-Wotankopfes, den einst der Maler Stassen von ihm vorahnend gemalt hatte. Denn wirklich war nach dem Ableben des gewaltigen Menschen das eine der im Leben schon verklärten Augen nach dem Willen des Höchsten ausgeflossen zurück in die Weltlichkeit. Ganz Westfalen, wo ich damals den horchenden Leuten von ihm aus meinem Peter-Hille-Buch erzählte, besaßen es. In einem der Ruinenschlösser der Fürsten Salm-Salm, im Heimatschloss des Dichters, zeigte mir der Bibliothekar dankbar mein schlichtes frohes Buch in Brokat gekleidet. Peter Hille war der Sohn des Fürsten Salm und seiner Mutter, einer Glockenblume, gewesen. – Mein drittes Buch: Die Nächte der Tino von Bagdad, fiel wiederum Juncker zum Opfer. Aber die sehr anregenden orientalischen Erzählungen würden die ersten zwei Bücher, die nicht allzu gut gingen, betonte A. J., mit sich ziehen. Honorieren könne er mir dieses Buch nicht, da sein Verlag noch rückständig stehe mit den ersten zweien. Er habe eben die Werke einer Dichterin und nicht die Bücher einer Journalistin gedruckt. Die Folgen seien uns gemeinschaftlich beschieden zu tragen. Ich ahnte ja damals nicht, dass ich keinen Einwandfreien mit der Herausgabe der ersten drei Bücher betraut hatte, und so wurde nun im Buche Tinos tüchtig eingeheizt,

Dampf entwickelt, die vorangegangenen Bücher über den Büchermarkt zu ziehen. Ich fragte mich zum ersten Mal, ob es nicht noch Verleger gäbe außer Juncker. Gelesen wenig im Leben, höchstens Tiergeschichten aus meiner Mutter Bibliothek, was mir genügte, blieb ich verschont vom Drum und Dran. Lächeln Sie ungläubig, h. P.? Nichtlesen war immer mein Manko. Heute noch. Desto hingebender berauschten mich meiner Mutter Erzählungen, ihre Napoleonschwärmerei, der mit dem Schwerte den Völkern eine Weltgeschichte schrieb. Er war ihre große Liebe gewesen. Auch lauschte ich auf ihre Ehrfurcht zu Goethe und weinte, wenn sie mir von dem Hungertode Heinrich Heines erzählte. Sie war's, die den Keim vertrauend in mein stürmisches Kinderherz pflanzte, aufzuräumen! – Für meine drei Bücher, für den Styx, für das Peter-Hille-Buch, für die Nächte der Tino von Bagdad, erhielt ich im Ganzen? Raten Sie, h. P.? 100 Mark, d. h. für zwei der drei Bücher habe ich nie einen Pfennig von Juncker empfangen. Er weigerte sich sogar, mir von meinen eigenen Büchern auch nur eins umsonst zu geben, selbst wenn es zur Besprechung von mir, der Dichterin, verlangt wurde. Plötzlich verstand er kein Deutsch mehr. Ich hatte ja die paar Freiexemplare erhalten und damit basta! Ich begann meine Bücher schließlich ab und zu, nicht imstande sie zu kaufen, vom Ladentisch zu rauben. Jedes Mal hetzte der schnaubende Axel von der Achse seines Ladenkarrens den jungen Verkäufer auf die Räuberin, die im kühnen Satz auf eine Elektrische sprang und die Zunge lang dem verdutzten Lehrling nachstreckte. – In einer Augustnacht schrieb ich mein Schauspiel Die Wupper. In einer Nacht. Allerlei gute Geister, Mücken, Nachtfalter und auch Leuchtkäferchen setzten sich auf meine dichtende Hand und gemeinsam mit dem Finger des morgenrötlichen Lichtstrahls durchblätterte ich die vielen beschriebenen Seiten. Bange Jahre gegoren, floss die Wupper durch das Gewölbe meines Herzens aus dunkler Erinnerung gepresst, eine alte schwere Schauspielauslese, eine böse Arbeitermär, die sich nie begeben hatte, aber deren Wirklichkeit phantastisch ergreift. Erich Österheld, der Leiter des Verlags Österheld, bat mich, meine Wupper verlegen und vertreiben zu dürfen. Ich ehrte seine Verblüffung, mich selbst nicht honorieren zu können, nicht dazu imstande zu sein. Nicht ihm gehöre der Verlag Österheld, sondern Herrn Cohn. Das stimmte. Der Inhaber des Verlags Österheld war der kleine Cohn, und ich habe ihn *gesehen*. Mit allergrößtem Interesse setzte sich mein verstorbener Freund, Erich Österheld, für die Aufführung meiner Wupper ein, aber ihr Bett wäre dennoch eingetrocknet, wenn nicht einer der Dramaturgen des Deutschen Theaters, Heinz Herald, die Aufführung meines Schauspiels durchgesetzt hätte. Ich kam zu den letzten Proben angereist vom Lago Maggiore auf dringende Depesche, die mich aus reicher Landschaft in das gesteinige Milieu meiner Arbeiterwelt abführte. Cohns Sparsamkeit erklärte sich in der Migräne seiner Milz, die koste ihn Unsummen. Wäre dieser Cohn in seines gutmütigen, verachtenden Onkels Althändlerladen in der Leibnizstraße in die Lehre gegangen, vielleicht hätte er dort zwischen Schränken und Gefäßen, Kanapee und Sessel, Ölbildern, vermoderten Kleidern, alten Schmökern von Geschichtsbüchern, Geschirren, wo in einer Urgroßmuttersilberhochzeitstasse ein Herz gefunden. Weil mich gerade als Jüdin die kleinste unfaire Handlung des jüdischen Verlegers schwerer (ja schmerzlich) berührt, als der etwaige Diebstahl eines Christen, der Bücher verlegt, eines Kunsthändlers, der Bücher verkauft, betone ich die Leute meines Glaubens. Ich sehne mich nicht danach, mit dieser Gesellschaft identifiziert zu werden. Propheten und die großen Könige trennen den tief erleuchteten Juden von dem lauen; den klugen, von dem schlauen. Aber wer Augen hat zu sehen und Ohren zu hören, weiß, dass sich in Verlagsgeschäften Jude und Christ teilen in gleichen Ziffern. So ist es, und ich werde aufräumen und mich nicht irreleiten lassen, vom Bedenken etwaiger antisemitischer Folgen ins Boxhorn treiben lassen, es verstopfen für alle Zeiten. Wer würde sich nach mir entschließen, wieder hineinzublasen: Brand! Lüften nicht schon nach erster Vorlesung eines Teiles meiner Broschüre einige von meinen Kollegen vor mir heimlich nur noch ihren Hut – aber sie lüften. Unaufgefordert habe ich mich ja zu ihrem Rechtsanwalt erhoben, führe unsere gemeinschaftliche Klage, die bis jetzt nur im äußersten Falle unter Ausschließung des Publikums zugunsten der Angeklagten vorsichtig vorgebracht wurde von uns allen. Unsere königliche Kunst machte Kreatur zu ihrem Tyrann. Meine Klage ist nicht jüdisch, noch christlich, meine Klage ist weder beschnitten noch getauft, meine Klage ist ein Chor vieler, vieler, vieler Dichterseufzer, sie mögen Ihnen, h. P., die ich im Begriff bin, h. P., Ihnen zu einem traurigen Volksliede zu binden, im Gedächtnis haften bleiben. Denken Sie an die unsagbaren lieben Volkslieder und ihre Dichter und Tondichter, die in Dachstuben verendeten. Wo wollen wir unser Haupt hinlegen, unsere Schöpfungen einpflanzen – es macht den Eindruck, als ob sich erst nach dem Weltuntergang sich irgendwo für uns ein richtiger geretteter Boden findet. Was gäbe mir selbst Jerusalem, feilböte man die Wunder meiner Schwärmerei wie Ware, schachernd auf den Märkten. Was haben wir Dichter mit Händlern zu tun, fabrizieren wir etwa Gedichte oder Bilder, Skulpturen und Melodien? – So pietätlos der Gedanke auch sein mag, – ob Gott nicht selbst jung und ungeduldig seine Schöpfung: Die Welt, dem Satan zu verlegen gab, der nun seinen Nutzen herauszieht? In höllischen Farben gebunden und eitel goldenen Lettern, liegt das Buch des Ewigen auf dem Tisch der Ewigkeit, über das er seine Allmacht verlor? Denn Zank und Hader enthalten sicher nicht die Zeilen Gottes, das Innere des Buches der Welt. In ihm halten sich umschlungen Stein und Gebein, Wasser und Grund, die kleine Muschel am Strand dröhnt noch das Nachtgebet seines Meeres. Sind unsere Verleger nicht Knechte des Satans, Teufel, die uns im Leben schon das Fegefeuer unter den Füßen anzünden? Gleicht die Not des Dichters nicht der katastrophalen Piece des Zirkus, die mich schon als Kind erschütterte. Wer hätte nicht mit dem silberweißen Schimmel gebebt, der sich allabendlich der unentrinnbaren Umarmung der Kobra aussetzen musste. Ihr gleicht die feuchte erwachende Morgenstunde, die herannahende Not, der schleichenden Märchennot des Dichters, die sein reicher Verleger so oft in einem sorglosen Abend zu verwandeln vermag. Sind wir Künstler nicht erhabene Gottsucher, ehrfurchtsvoll nach unserm unerreichbaren Ebenbild. Warum müssen wir gerade die schweren Steine aufheben, unsern zum Himmel strebenden Weg zu ebnen? Denn überwinden wir Künstler nicht alle das Schlechte doch einmal in uns und kehren heim? Wer unter uns hätte nicht schon tief die Einsamkeit stark erlebt im gedrängten, sich amüsierenden Menschenknäuel lüsterner Feste. Gott, der Geborene, Satan, der Entstandene zwischen Mensch und Mensch. Das himmlische Gewitter, bevollmächtigt vom Herrn, verstummt erschöpft vor der lauen, fahlen Spitzfindigkeit des Satans. Beharrlich weigert der sich, die Welt dem Alldichter, den allmächtigen Vers, zurückzugeben. In ihm schmachtet gefangen die Kraft der Liebe wie in unsern Gedichten, die dem Verleger zur Ernte dienen. Buchen Sie es fürder im Kalender der Dichtung: Auf tausend und einen Dichter fällt je ein ebenbürtiger Verleger. Es handelt sich also um eine tiefreligiöse Frage mit dem Dichter und seinem Verleger; wir ahnen das, da wir über alle Dinge schweben. Der Verleger aber ist phantasieloser, beharrt auf seinen Standpunkt, der unumschränkte Bescheidwisser und Engelmacher. Ich vernahm einmal ein Gespräch zweier Verleger, das mit der Bemerkung endete: »Sonderbare Heilige gäbe es zwischen uns.« Dieser sonderbare Heilige war ein großer Dichter, der den Entschluss fasste, ihn nur leider vorübergehend ausführen konnte, seine Bücher selbst zu verlegen: Gerhart Hauptmann. Es scheiterte an seiner minimalen Routine; wo sollte er die auch herhaben? Sein S. Fischer kennt die Stellen in den Sümpfen des Verlags weit besser als er. Und ich möchte nur noch bescheiden bemerken, dass es darauf ankommt, zu erwachen, um vorerst mal aufzuräumen. Es täte uns Künstlern, also allen Dichtern gut, recht tief Atem zu holen. Parole: Mit dem Kopf durch die Wand! Wir können mit dem Kopf durch die Wand. Organisieren wir uns doch wie die Arbeiter, machen wir unsere Kunst staatlich. Unser blauer Tempel gehört nicht einem Geldmenschen, er gehört der Menschheit. Werden wir des Staates: Athener! Allerlei Literaturen traten hinter der Bühne der Revolution als geistige Arbeiter auf, trugen ein rotes Bändchen als Blutabzeichen im Knopfloch. Sie blähten geistig ihren Mund auf, versalzten die siedende Brühe im eisernen schlichten Topf zum Ärgernis der müden, verarbeiteten körperlichen Arbeiter, die auch ohne geistiges Gewürz der schwirrenden

Geister über der harten spartanischen Suppe zum Resultat gekommen wären. Die Künstler, die ihren Leib der Gerechtigkeit zur Verfügung stellten, sind zu zählen. Bewegt beuge ich meine Knie vor meinen dichtenden, schlichten Märtyrerfreunden Apostata. Zwei von ihnen, Gustav Landauer, der Jakobus, und Leviné, der erzengelhafte, fielen ihrer Erlösungsballade zum Opfer. Dem Ersten riss man den gewaltigen roten Pocher aus der Brust, dem Zweiten durchbohrte man im Gefängnishof der Schläfe gütigen Stern. Und noch zwei Dichter schmachten schon jahrelang. Warum eigentlich? Und warum befreit sie niemand – aus der Festung Bayerns? Erich Mühsam und der Toller. Diese vier Menschen der Liebe, die alle äußere Pracht verschmähten und den Nächsten liebten, wie sich selbst, ja über sich hinaus, unsere Könige. Wie sie auch kritisiert werden mögen, ihr ehrlicher blutiger Vers bleibt ewiglich zu respektieren. Er wurde ihr Todesspruch. Der Dichter vermag eher eine Welt als einen Staat aufzubauen. Wir Dichter aller Künste wollen uns zusammenschließen, dass wir stark werden. Wir wollen vor die Tore unserer Ausbeuter ziehen. Bin ich auch überzeugt und mir ganz klar, dass ein ganzes Heer von uns, und wenn jeder Einzelne in tausend Zungen redete, nicht einen Verleger überwältigt. Ja nicht einmal unsere Klage Eindruck auf ihn macht. Aber wir sind doch in der Lage, ihn abzuschaffen, dem Teufel den Rücken zu drehen. Der Heilige, der den Satan überwältigt, befreit in sich jedes Mal Gottes Schöpfungswerk, die Atemfreiheit, worauf es ankommt. Ich werde religiös, ich will mich nicht gehen lassen, aber hingeben meiner Sache, unserer Sache. Ich trage eine große Last, h. P., indem ich mir diese Klage von Stadt zu Stadt aufbürde, ein Tausendherz flammt in meinen Armen, aus ihm schreien viele, viele, viele viele lebende Dichter und hauchen aus ihre letzte Not alle toten Dichter. – Die Frage, wie ich mir eine Änderung in den Verlägen und Kunstsälen vorstelle, möchte ich dem Staate zu regeln überlassen, ordnet er doch die Schönheit der Anlagen seiner Städte, warum nimmt er sich nicht schon längst der Kunst an, die ihre Einwohner schmückt. Ich stehe hier, Euch meine Brüder, die Dichter aller Künste, und Sie, h. P., zu erwecken, zu sammeln. Den

Plan der Änderung überlasse ich einem organisatorischen Kunst liebenden Menschen im Staate, der uns einen Boden zu legen versteht, über den wir ferner vorurteilsfrei und heiter schreiten können, zu können vermögen. Mir indes fiel nur diese Klage in den Schoß von Jahrenhoch, die zum Himmel schrien, und ich glaube an ihre Wahrhaftigkeit und wir wollen alle, h. P., an ihre Wahrhaftigkeit glauben. Ich will aufräumen auf dem blau gedeckten Altar der Dichtung; wenn die nicht wäre, gäbe es kein Entrücken, keine Auferstehung. – Sich unsichtbar zu erhalten, benötigt der Dichter seinen Versteck, wir wären sonst – sicher sogar – eher vergriffen wie unser Buch, wie unser Bild, wie unser Lied. Instinktiv bewahrt der wahre Leser zwischen sich und dem Dichter seine sehnsüchtige Perspektive. Sonst wird's meist Kitsch für beide. Ich weigerte mich fast immer entschieden, Einladungen zu akzeptieren mit dem Programm: »Zum Butterbrot und einer Tasse Tee«. Oder »Wir machen keine weiteren Umstände«. Ich liebe sogar hochzeitliche Umstände, dem Dichter sollte man hochzeitlich decken, da man sich doch mit seinem Wort zu vermählen gedenkt. Sieg brachten meine hebräischen Balladen meinem Judenvolke in Schlössern und Hütten, und die Faust fing ich auf, ein abtrünnig Wort, das meinen armen Judenbruder verletzen sollte. In den Gassen sind die Minderwertigen nicht zu suchen, ihre Kunst ist gottgebenedeiter wie der witzelnde Humor des jüdischen literarischen Kommis, der beileibe nicht Gottes Himmelsohr erreicht. Zum Widerwillen waren mir immer die Witze, ob sie aus Judenmunde oder über christlicher Zunge kichernd schlüpften. Wie einträglich wäre es, wenn Seele und Körper gleichwertig reich geschmückt durch dieses Leben wandeln würden, zumal der Künstler Geschmack besitzt. In Elberfeld im Wuppertal, in der meine teuren Eltern so viel Gutes taten, besuche ich alle Jahre die heimatlichen Gräber und wandle durch die Gänge unsers morschen Hauses. Mich besternend betrachtete ich als Kind so gerne das ehrfurchtsvolle künstlerische Priesterantlitz meines Urgroßvaters, der Oberrabbuni vom Rheinland und Westfalen in religiösem und politischem Heile seiner Gemeinde Oberhaupt, so weihevolle Jahre Frieden brachte. Die Legende erzählte: Er habe sein Herz aus der Brust nehmen können, was er nach kühnen staatlichen Konferenzen zu tun pflegte, um den Zeiger des roten Zifferblatts wieder nach Gottosten zu stellen. Mein Urgroßvater liebmütterlicherseits, spanischer Jude, Großkaufmann, Pablo von Elkan, Vater des Vaters meiner jung verwaisten teuren Mutter. Der übersiedelte unter dem in England angenommenen Namen Kissing nach Süddeutschland und pflanzte auf den Bergen: Wein. Nahm sich eine Dichterin, die wunderschöne Johanna Kopp, die Tochter einer angesehenen bayerischen Judenfamilie zur Frau. Wir Enkel noch tragen ihren blauen Ehering, schauen Sie mir ins Auge, um der dunklen Kuppel. Von meinem Vater, dessen Tod man in den Zeitungen mit den Worten den Lesern kündete, der Till Eulenspiegel von Elberfeld ist früh am Morgen gestorben, ehrt es mich, Ihnen, h. P., zu berichten, dass er, der vierte Bruder der 23 Geschwister, sich des Lebens ausgelassenster Laune erfreute in seiner Geburtsstadt Hexengäseke zu Westfalen. Dieses kleine Städtchen, berühmt durch seine tiergeschnittenen Hecken, diente meinem Vater zu seinen unsterblichen Streichen. Den letzten, der für ihn hätte ernste Folgen nach sich ziehen können, absolvierte er mit I. in der geistlichen Kaplanstadt Paderborn, wo er das Gymnasium täglich schwänzte. Von der Menschen- und Schinkenknochenaffäre spricht man noch heute im Biedermeierzimmer der altmodischen Häuser beim Kaffee, die dazumal die Einwohner in Schreck und Spannung versetzte, des Spukes Aufklärung mit Besserungsanstalt oder hoher Geldstrafe zweier Sekundaner für meinen 16-jährigen Vater: Schüler und seinem Freunde Paderstein endete, deren Väter weiland wohl oder übel die Sünden der Kinder heimzahlten. Mit Vorliebe beschäftigte sich mein Vater mit dem Bauen der Häuser, namentlich der Aussichtstürme der Stadt und ihrer Umgegend, die sich immer zu hoch verstiegen, jedenfalls der Nachbarschaft Sorge für Haus und Hof, der Herbststürme eingedenk, verursachten. »Wegen so ein paar verfluchte vermaledeite Ställe bin ich gezwungen, meinem Bau den Kopf abzuschlagen!«, dröhnte meines Vaters choranschwellende Stimme frühmorgens durchs Haus. Man vernahm sie schon aus einem anderen Stadtviertel der Stadt, die schwamm geradezu auf seinem vollen Bariton. Wir Kinder im Versteck lauschten noch ungewiss, was sie bringen könnte. Ich musste mit ihm als sein jüngstes Kind die Gerippe der Neubauten besteigen, bebten zwar beide wie Espenlaub, und einmal erinnerte ich mich, wie die Arbeiter auf meines Vaters Kommando zwischen Luft und knarrenden Brettern zwei Fahnenstöcke in Form einer Riesennull bogen und brachen und sie dann oben auf das noch unbefestigte Dach hissten mit einem schwarz-weiß-roten Fetzen daran. Das wehende Bilanzrätsel, die Null, beschäftigte schon beim Aufwachen die ganze Stadt, das mein Vater aber jedem Fragenden, sich schüttelnd vor Lachen, löste op Wupperdhaler plattdütsch: »Ech hann meck verstiegen, lewe Lüte, fragt nur ming Elsken, eck han verdeck keng Kastmännecken mähr öm Bütel.« Aber das hat niemand meinem Vater geglaubt. Er war gezwungen ein reicher Mann zu sein, bis zu seinem Tode und nach seinem Ableben bescherte er die Leute noch mit seinen ihn überlebenden Anekdoten. Damals war noch eine herzliche Zeit. Von den Armen nahm mein Vater keinen Mietzins, denn wer in seinem Hause wohnte, der wohnte auch in seinem Herzen. Und ich bin stolz darauf, da mein Vater sich ganz ausgab, kein Heimatloser heimatlos blieb, die eigene Tochter für seine Weitherzigkeit zeugt, nicht eine Stube besitzt, gar ein Fleckchen erbte. Schwatzsüchtigen wurde es nicht schwer, mich mit allerlei sensationseifrigen Gerüchten zu bekleben, der wollte das, jener dies von mir erfahren haben. Ich flüchtete immer durch die liebevollen Bäume des Waldes, über Wiesen, ich liebe jede Blume – heute eile ich ans Meer und überall blicke ich nach einem heimatlichen Boden aus, wer von uns hätte den gefunden und nicht erlitten des Heimwehs qualvollste Angst. Fand ich denn einmal die Heimat – in deinem Auge – durfte ich auch dort nicht rasten. In der Nacht meiner tiefsten Not erhob ich mich zum Prinzen von Theben. Welchen Ahnen nachfolgte ich, welche Mumie salbte meine entschlossene Tat? – Immer wieder tauche ich vom kühlen Strand meiner Broschüre in die lockende Welle meines Blutes, sie drängt über Sie zu kommen, Sie von meiner Anklage Ernst zu überzeugen. Ich stehe vor Ihnen, h. P., anzuklagen, keineswegs zu schwärmen, aber aufzuräumen, bin des Verlegers Kehraus und des Dichters warnendes Beispiel. – Hüte sich der arglose Lyriker, mit seinem Herrn Verleger buchverwandt zu werden, danach trachten die meisten der Herausgeber. – Wer nie sein Brot mit Tränen aß, der isst es in dieser buchverheirateten Sippschaft gemeinschaftlich am Tisch. Allerdings erwarteten meiner Überraschungen unter dem Schnee der Serviette kühlen Mittagsmahle, bei dem man einfriert, das einem das Recht zur Auflehnung nimmt. Mit diesen Präsenten verschloss mir lange Paul Cassirer den Mund, den Eingriff in mein eigenes Recht. Er arbeitete ja für eine Dichterin, für meinen Idealismus, der von Luft lebte, wie durfte er mir mit Gewinn kommen. Sein Verlag hatte eben Verständnis für seine Dichter, darauf wurde strengstens gesehen, h. P. Als meine gesammelten Bücher, funkelnagelneu, schön und zugegeben – ganz nach meinem Geschmack, noch einmal im Verlage Paul Cassirer im Begriff zu erscheinen waren, betonte mein Hauptverleger zwar seiner Reichskanzlerin, »zwischen Else Lasker-Schüler und Paul Cassirer existiert kein Kassenschrank«! Mit diesem Beschluss aber schloss er ihn zu. In den Winternächten, wie oft habe ich im Dunkel des Zimmers meine Bettvorlage wie ein Dieb vom Fußboden aufgehoben und schob sie noch über die fremde dünne Decke. Ich begann vor Hunger tiefer zu atmen, trank die Luft und kaute an ihrem Balsam. Ich erzähle Ihnen diese alte Begebenheit ohne Streuzucker, reiche sie Ihnen so im Vorbeierzählen, eine Tragödie immerhin, und dem sie just passiert, bricht sie von Neuem das Herz entzwei. Ich will Ihnen nichts zu erfahren vorenthalten, h. P., und lege Ihnen, indem ich Ihnen hier meine Broschüre vortrage, meine Verleger der allerhöchsten Justiz, *die des Herzens,* übergebe, meine Beichte ab. Der große Dichterfürst, Richard Dehmel, ergrimmte immer wieder über die Verlagsangelegenheiten seiner Frau, der tiefen Dichterin Paula Dehmel, meiner Engeline. Schon auf Erden trug sie zwei Flügel und schwebte über alle Undinge. Auf dem Weg zu ihr erkannte sie mich schon: »Was kommt dort von der Höh'« – an meinem Pfeifen noch fern vom Tore .... »Das Flackerlicht von Horeb kommt.« Aber heute flackere ich nicht mehr, ich brenne geliebte Spielgefährtin im

Himmel, ich rauche – ein Feuer speiender Berg, ich speie glühenden Aschenregen, Unmenschen zu verschütten, aufzuräumen für mich, für Dich, für die Lebenden, für die toten Dichter, für die Dichtungen aller Ewigkeiten. Ich fühle es, h. P., die toten Freunde und Freundinnen stehen auf und wie sollten die Lebendigen zögern mit mir, einig zu sein in meiner Klage? Ihr Echo begleite fortan mein Wort! Aus dem Grabe des charmanten Detlef von Liliencron vernehme ich einen Trommelwirbel, der mich anfeuern soll wider die Verleger! Er pflegte ihnen mit angeborener Junkerhöflichkeit freimütige Briefe zu schreiben, die mit der Anrede begannen, freilich überzeugt von des Verlegers vorsichtigem Ehrgefühl .... Allwertester, geliebter Lump usw. Er las mir bei einer Bowle in seiner Mietsvilla so ein Schreiben klirrend selbsteigen vor und betonte, durch die Räume seines Hauses spähend, dass es nur so aussähe, als ob er – aber ihm nicht einmal einer der Stühle der Behausung gehöre, geschweige die Villa selbst. Und Frau Anna, seine viel gelesenen Bücher, nicht einmal das Notwendigste für die Kleidung ihrer Kinder einbringe. Zwei herzige Kirschbäumchen traten Hand in Hand ins Zimmer. – Rein juristisch geprüft stimmen auf dem geduldigen Papier die Zahlengewebe der geschickten Spinne im Mittelpunkt der Abrechnung. Bis jetzt fingen sie uns arme schimmernde Brummfliegen ein und sogen uns total aus. Bis jetzt brummten wir bloß, auch ich, die ich dem fein gesponnenen Netz wohl die Flügel lassen musste, aber mit dem Herzen entkam. Diese Anklage, h. P., führt mein Herz, möge es der erste Satz sein, den ein Herz spricht, und kein ausklügelndes Hirn. Unklar und ungerechter Dinge, wollte ich behaupten, dass jedes Buch, namentlich das lyrische, sofort in Auflagen gekauft wird. Ich denke nicht daran, eine solche phantastische Behauptung aufzustellen. Auf reifliche Feststellungen stützt sich meine Klage. Von Fred Hildenbrandt las ich kürzlich im Berliner Tageblatt einen feinen Essay über die unfaire Handlungsweise eines Kunsthändlers in Berlin, der, wie ich weiß, auch einmal in den Jünglingsjahren, gleich Paul Cassirer, idealistisch der Eltern Ratschluss entfloh. Auch Stefan Zweig regte sich neulich gegen den Verleger und Kunsthändler und gestern übersandte man mir Herbert Eulenbergs Artikel in der Weltbühne ebenfalls, der sich wie Sternheim gegen den Verleger wendet. Die Verlags- und Kunstkatastrophe liegt scheint's in der Luft; viele Dichter folgten seit Kurzem ihrem Impuls, Licht in eine dunkle Angelegenheit zu bringen. Leider, dass meist des Juristen Zuziehung nur Himbeer auf die bittere Kontraktpille bedeutet. Der Tierschutzverein (Verzeihung) für Literatur im altmodisch geborenen Gänsestil erfreut sich zunächst der besten Gesundheit, und Kartoffelpuffer ohne den Generalanwalt Herrn Dr. Gronemann und seinen Assessoren im Entferntesten beleidigen zu wollen. Als er sich noch mit der Schriftstellerei befasste, brachte er mal in seinem Journal: Das Dromedar .... mein Bild. Bitte! Nun erfreut er sich einer immerfort gut gearteten dampfenden Pfeife, Zipfelmütze und gestrickten Pantoffeln; wenn wir im Schutzasyl noch Kaffee kochen könnten, benötigten wir nicht mehr den romanischen Wartesaal. Der Verleger, der sich für die Dichtung einsetzt, unterstellt sich in jedem Fall dem höheren Gesetze. Er verhilft ja Seelisches festzulegen, zu verbreiten. Dieses verantwortungsvolle Amt vergegenwärtige sich der Verleger gefälligst einmal sorgfältig. Er betreibt aber ein Geschäft, wir sind sein Metier, wir Dichter. Er gehe doch einmal in sich! Falls er keine Angst verspürt, möge es ihm unheimlich werden um seines Herzens Kirchhof. Wie viele Dichter brachte er seelisch, wer weiß, ganz unter die Erde. – Der junge Dichter betrachtet seinen ersten Verleger seines ersten Buches als seinen Priester; bis sein Verlagsehrwürden sich entpuppt, keineswegs dem Weltlichen entsagte mit dem Erscheinen des jungen Werkes. Amen. Eine unvergessliche brave Erfahrung machte ich mit einem vorübergehenden Verleger: Heinrich E. Bachmeier, eine so bald entschwundene Existenz auf dem Gebiete des Verlags, mediale Erscheinung in der Warschauerbrückengegend zu Berlin. Als mein Retter in den Fluten der Spree erwarb er sich meines Liebsromanmanuskripts: Mein Herz. Es war an einem Abend, abgemagert kam der Mond, zu leben hat es sich für ihn und auch für mich nicht mehr gelohnt und wir beschlossen, da die Spree gut temperiert, uns beide zu ersäufen. Auf – und ausprobiert! Mein Selbstmord wäre außerdem meinen Verlegern zur stattlichen Reklame willkommen gewesen und ich fühle mich seit der Unterlassung irgendwie ihnen verpflichtet! ...? Die letzte dichterische Besprechung meines jüngst erschienenen Großbuches »Theben« endete mit einer Mahnung des begabten Erbprinzen Heinrich von Reuß an meine Verleger. Auch Paolo Monelli versucht in seinem herrlichen Essay über mich in der Stampa auf Italienisch meine Verleger aufzuwecken. Welche Hände blättern in meinem kostbaren Bilderbuch Theben? Beugst du dich über seine Gedichte, seine Zeichnungen? Oder stieren dreiste Augen meine Heiligenbilder an und plappern genießende Lippen meine Feiertagsgedichte her? Es ist Mode, auch kostbare Bücher im Salon auf Marmortischchen liegen zu haben. Das weiß der Verleger und denkt an seinen Vorteil. Mein Buch »Theben«, es ist meine Mutter, mein Vater, mein Kind, mein Bruder, meine Schwester, meine Spielgefährtin und mein Versöhnungstag, meines Herzens Synagoge Abendmahl. Erheben Sie sich im Geist mit mir, h. P. – Hinter dem Kinderstuhl seines blutjungen Papstes, dem damaligen Ernst Erik Schwabach, flüsterte der Dr. Franz Blei; der Weg nach Rom war ihm wahrscheinlich zu weit. So unter dem Einfluss des geistreichen Rampollas eröffnete Erik Ernst, der Riesenknabe (der gar nicht ohne dichtete), seinen Verlag in Form eines Spielladens. Gerade vielleicht darum bewarb er sich um meinen »Prinzen von Theben«, mein eben vollendetes Manuskript. Auch begann er neben seiner Markensammlung meine Verse zu sammeln, sie herauszugeben: Die gesammelten Gedichte. Was mich, offen gesagt, zu Erik Ernst einnahm. Die Liebe zu meinen Zeichnungen. Für die 200 Mark, die mir monatlich vom Verlag in einem hellrosanen Kontrakt zustanden, mietete ich mir eine Wohnung in Halensee, aus der ich aber bald wieder flüchten musste. Der Krieg begann, Erik Ernst heiratete schnurstracks, und zwar Erna Lübke, die Tochter eines Zahnarztes. Stürzte sich, ein echter Makkabäer, nach der Hochzeit in die Schlacht. Erna hütete das Heim. Einst war sie ein bescheidenes Bürgermädchen gewesen, der das viele und wenn schon jüdische Geld in den Kopf zu steigen begann, die christliche Nebenliebe außer Acht ließ, von christlicher Teilung nichts wissen wollte. Ihre grausamen Antworten auf unsere rührenden geöffneten Pumpbriefe an Erik Ernst pflegten uns zu verhöhnen. Dafür deklamierte der Gemahl im Schützengraben unsere Gedichte den Kameraden vor, ein sparsamer Trost! (Aber er meinte es gut.) Ein wohl angelegter bescheidener Mensch war Erik Ernst Schwabach, ihn verhärtete sicher weniger der längst überstandene Reichtum als Erna. Er pflanzte ein dickes Städtchen in die Neumark, säugte es selbst, aber er mag es auch gekauft haben mit seinem Rittergut zusammen, denn die Kirche ließ er den Einwohnern renovieren; den Tempel seiner Dichterin vermodern. Er erinnert sich überhaupt nicht mehr, meine Gedichte verlegt zu haben, sich meiner Person erst nach geraumer Zeit dunkel. Ich war nämlich mal bei ihm, mir Butter und Zucker von den Erzeugnissen seiner Kälber und Plantagen zu holen, aber er, der mit meiner Seele Honig einst zu prahlen pflegte, in Körben sammelte, der Imker, er hatte nicht mal ein Viertel Pfund Butter einer Margarinekuh für mein krankes Kind, nicht ein einziges Zuckerrohr seiner Felder. Ich Tor, ich meine so eins, das man hinter sich schließen kann. Dieser Riesenknabe edlen Blutes erkaltete zu einer starren Münze. Ich warf sie entschlossen, aus dem Garten tretend, eines Orgelmanns Affen in den bettelnden Hut. Er würde, er, Schwabach, heute nicht mehr einen Zehrpfennig über den Rand seines Egoismus werfen. – Dann kam der Mai, den ich so gerne habe, aber Ihnen meine Trostlosigkeit zu schildern, h. P., fehlt mir jede Rücksichtslosigkeit. Ich lag wo in einer Ecke der Straße zwischen Halensee und Grunewald unbegraben, heimatlos noch im Tode. Ein einfacher Spatz setzte sich auf meinen Fuß, er gab sich alle Mühe, mir etwas vorzusingen, ein Garten blühte schon und meiner Mutter Wolke besprengte meine fiebernde Stirn: »Auf die jungen Rosensträucher, fällt vom Himmel weicher Regen und die Welt wird immer reicher. Oh mein Gott, mein nur alleine, ich verdurste, und verweine in dem Segen. Engel singen aus den Höhen, heut ist Gottes Namenstag, der allweiß hier vom Geschehen. Und ich kann es nicht verstehen, da ich unter seinem Dach, oft so traurig erwach.« – Ich war vor dem Wirt geflüchtet, meine Möbel hatte ich in der Eile zum Ersatz der Miete zurückgelassen. Aber das waren alles nur Ableger im Vergleich meiner seelischen Plünderung. In meines Herzens Einfalt wuchs nichts mehr. Armes Land. Erstickt waren die Worte meiner Schwärmerei. Ich glaube, ich habe zu lächeln verlernt bis auf den heutigen Tag. Ihnen das Geringste zu verschweigen, h. P., zumal ich aufzuräumen gedenke, hieße das Geschick des Dichters Ihnen unterschlagen. Ich will aufräumen, säubern unsern Tempel mit der reinen Quelle des Zornes.

Franz Werfel kam zufällig gegangen, er wusste Rat, indem er Kurt Wolff in München kannte, sogar aus dem Effeff kannte und für seine Ehrenhaftigkeit und die seiner ganzen Familie Hochadel bürge. »Was wollen Sie? Der Mann ist Korpsstudent in Bonn gewesen und zweifellos sicher!« Wahrhaftig wir vernahmen plötzlich von weit über den Neckar, aus den Ruinen der Wölfe Ahnen: Die Landgrafen heulen. Jedenfalls traf schon nach zwei Stunden der Rückantwort Gelddepesche aus Leipzig ein: Else Lasker-Schüler sofort zur Besprechung herüberkommen. Kurt Wolff. Wieder wurden Karten – ich meine Kontrakte gewechselt, unterzeichnet. In seine Obhut nahm von jetzt an väterlich Kurt Wolff meine Bücher, die zu honorieren der ästhetische Wolff sich weigerte, selbstredend aus Geschmacksgründen! Der ästhetische Wolff. Jedoch er machte mir, h. P., für meine drei Bücher monatlich ein »Geschenk« von hundert Mark. »Gerne, gerne, kleine Else Lasker-Schüler.« Es handelte sich um meine gesammelten Gedichte, den Prinz von Theben und um ein neues Manuskript, einem Essaybuch. Zwischen sternenbesäten Orangefarben erblickten die Gedichte das Licht der Welt, die sich von ihrer Schöpferin gegenseitig Gott weiß was erzählten. Georg Heinrich Meyer von Säckingen, der Lektor, ein Trompeter auf dem Bock des Verlages Kurt Wolff, so dick er auch war und sein wird, wir haben ihn alle ins Herz geschlossen. »Dabei lebe ich ausschließlich nur von Cola, Cola, Kinder, mich für Euch tatkräftig zu erhalten.« Ein braver Mensch, er ist der Einzige, der von der Colafrucht isst und sündlos bleibt; ein Asket auf paradiesischen Verlagsgefilden. Der Wohnungsnot gemäß nachts mit einem Baderaum teilend, beengt und beschränkt mit seinem Weibchen vorliebnimmt in der Villa Kurt Wolff. Unser armer Georg Heinrich

Meyer, betusamer Adam aus Säckingen, fleißig stößt er stets für uns ins Verlagshorn. In dem vegetarischen Speisehaus Erbse am Lenbachplatz, tief ergriffen von seiner Selbstlosigkeit, jeder von uns 50 Mark Vorschuss in der beglückten Tasche, aßen wir ihm zur Ehre und Gesundheit: vegetarische Kotelette mit Kola-Blattsalat und sangen beim Überschäumen das Boa-Lied: »In der Retirade, schlafen nachts im Bade, in der Wanne Weiher, Georg Heinrich und Frau Meyer. Aus der Belletage, in die Equipage, Steigen zwei paar Beine, Im Laternenscheine, Wolff und seine kühle, Hildegard Emülie!« – Ein entzückendes Autogramm erhielt ich vor einigen Monaten aus München: »Mein herzlieber Prinz Jussuf! Ich freue mich täglich über Ihre charmanten Gedichte sowie auch über Ihre köstlichen Erzählungen und es bricht mir schier das Herz entzwei, das unser goldener Phönix, ja, der sind Sie, im Spatzennest seine Eier ausbrüten muss. Aber Jussufs Genie ist gefeit vor allen Äußerlichkeiten, seine Erzeugnisse gewinnen nur an Güte. Anbei ein Tausendmarkschein, verlieren Sie ihn nicht im Gedränge der Hauptstadt, mein Liebling, und tun Sie was für sich. Ach! Noch 25 000 gesammelte Gedichtbücher, die Hälfte, liegen noch vom bösen, bösen E. Schwabach in unserm Verlag. Allerdings 21 000 Mark, mein lieber Jussuf, sandten wir Ihnen seit zehn Jahren doch schon. Ein nettes Sümmchen, müssen Sie zugeben? Ihr treuer Freund und Berater Georg Heinrich Meyer. P. C. Mein Weibchen, die Moosrose – lässt unsern Prinzen grüßen.« – Wat sagen Sie nun? Kann ich so einem Menschen böse sein? Teppiche hingegen, kostbare Antiquitäten schmücken des Raubgrafen Kurt des Wolffs Behausung. Wir Dichter rühmen uns, beigesteuert zu haben. Kürzlich vermählte er seine kleine Schwägerin mit dem begabten Komponisten, Sohn des Malers Professors Graf von Kalckreuth. Die Hochzeit, schwatzten sich halt die Münchener in die Ohren, habe der großzügige Schwager vom Erlös meiner gesammelten Gedichte gefeiert. Soweit ich nun den jungen Grafen Kalckreuth kenne und zu beurteilen vermag, wäre ihm, auch selbst nur von der Buchuntat ahnend, zwischen dem Genuss der leckeren, aber schwarzen Speisen, beim Toast der Myrte der Tränentrank in der Kehle stecken geblieben. Warum, h. P., weigerte sich Kurt Wolff entschieden, auf dem ihm gebotenen hohen Cassirerpreis, auf meine flehentliche Bitte, mir zu den freigelassenen zwei Büchern meine gesammelten Gedichte zurückzuerstatten? Sie müssen ihm doch sehr gefallen haben. Gedankenstrich! Endlich aber erreichte mein neuer Verleger, Paul Cassirer, Wolffs Einverständnis zu einer zweiteiligen, zweiten Ausgabe meines Buches: Gesammelte Gedichte, die beim Erscheinen meiner gesammelten Werke nicht fehlen konnten. Ich taufte dieses Zwillingsbuch selbst: Das goldene: Die Kuppel, das silberne: Die hebräischen Balladen. – In einer fernen Stadt schwer erkrankt, bat ich Herrn sowie Frau Wolff um einen kleinen Vorschuss, den sie mir kühl abschlugen. Bei meinem ersten Ausgang konnte ich mich nicht enthalten, dem freigebigen Paare eine Huldigungsdepesche zu übersenden, über deren Inhalt die Postbehörde nähere Aufklärung erwünschte und nach meiner Aussage vom Postdirektor selbst energisch verschärft wurde. Die Grausamkeit, h. P., des ästhetisch hold lächelnden Münchener Wolffs überbietet die des sibirischen. Was sind diese Verleger eigentlich für Leute? Was treibt sie zu dem Buchhandel? Wahrhaftiges Interesse etwa an der Kunst? Man muss die Buchschieber mal unter sich beobachtet haben; die Börse ist ein Kasperletheater dagegen. Handelte es sich um irgendein geistiges Interesse, sich mit uns Dichtern zu befassen, so gäbe sich zwischen Verleger und Autor naturgemäß ein gesunderes Verhältnis und der Verleger, der famose Mathematiker, würde sich nicht noch die Wurzel aus den Dichtungen seiner Dichterlieferanten ziehen. Man vergleiche mal mit ihm den einfachsten Obsthändler, der seine Äpfel- und Birnenbäume in seiner Laubenkolonie wohl plündert, aber sie gewissenhaft begießt; schon um sie zu erhalten für seinen Erwerb. Oder sollte es sich bei vielen Verlegern um Doppelkriminalfälle handeln? Reiche Leute, die aus eigenmütiger Laune sich Verlage eröffnen, mit ihnen spielen, ihren dichtenden Puppen Arme und Beine ausreißen (wir liegen ja alle in der Rumpelkammer); aus der wir dem nichts ahnenden Geld einlegenden Kompagnon übergeben werden. Abgeklappertes Spielzeug im blendenden Scheine des gemachten Namens. Befinden sich unsere Bücher im Verlag eines Verlegers oder im Bordell eines Seelenverkäufers? Es ist die höchste Zeit aufzuräumen, h. P. Sie legten den größten lebenden Dichtermenschen St. Peter Hille in ein Kinderbett, betteten ihn knapp, eine teuflische Weltkatastrophe. Diesmal vollführt von christlichen Pharisäern. Ich erzähle Ihnen heute nichts Näheres von St. Peter Hille, von solchen Dichtern soll man wahrhaft nur träumen. – Verwechseln Sie, bitte, h. P., den Dichter nicht mit dem Poeten, dem Mann in dem Papiermonde, mit der trillernden Lerche im vergoldeten Busen. Der Dichter, sage ich Ihnen, ist der Bändiger aller Bändiger, er bändigt das Wort, zähmt es und verleiht ihm Flügel. Er ist der züchtende Aristokrat, Torero der Kunstarena, ihm gehört die Weisung: Es soll der Dichter mit dem König gehen. Natürlich kulturell zu verstehen. Darum fühlen wir Dichter aller Künste uns auch nur unter uns geborgen. Zur Kunst wird jede Darbietung, der ein dichterischer Zustand vorangeht. Ich behaupte sogar, dem Künstler, der den Ehrgeiz überwunden hat, liegt nur an dem Nirwana der Inspiration, dem Hinschlaf, dem Entströmtsein des Herzens: Platzmachen für Gott. Den Reeder, der das Gespensterschiff oder den Imperator, den gewaltigsten Meeresdampfer, baute, inspirierte der Geist. Die Baumeister, die den Turm zu Babel aufrichteten, meinen Vater, der seinen Türmen die Köpfe mit ihren Zinnenkronen der Sturmgefahr wegen »vermalmedeit«! abschlagen musste, reihe ich auf die Schnur der Künstler. Ebenso den Schauspieler, der sich verzaubern kann, von Gestalt zu Gestalt, erlebt den dichterischen Zustand. Wer erblickte in Wahrheit je St. Peter Hille – so entrückt war er. Wer spendete Franz Marc, dem Messiasmaler der Tiere, all die Seligkeit, da er selbst das reißendste Tier verklärte. Ich denke an einen Chemiker, der mir beteuerte, seine Salze und Säuren und giftigen Präparate vertragen sich, falls er sich mit ihnen alleine im Laboratorium befinde vorzüglich. Und Albert Einstein, der grandiose Abenteurer, in ihm bummeln, schwelgen, entzücken sich, paaren sich und streiten sich, schleifen und ordnen sich alle Gestirne der Welt. Hörten Sie mal Max Alsberg verteidigen oder Justizrat Gerhardt oder Fritz Kalischer, die mit dem Ziegel des Worts dem Angeklagten das Tor der Freiheit bauen. Auch des Arztes Diagnose ist eine hellseherische, ist ein Kunstwerk, vermag er in des Patienten Körper zu kriechen. Ja selbst der Kaufmann, falls er nicht Gold verdient, sondern gräbt, nähert sich dem Elementaren. Die Inspiration ist raum- und zeitlos, vor allem unsichtbar. Je tiefer ein Volk, desto unsichtbarer sein Gott. Die Eingebung, die der Inspiration folgt, ja über sie hinausschwebt, gestaltet sich und wird greifbar; indem wir sie hinschreiben, malen, meißeln, tönen lassen, wird zur Glut der Wange, Augenleuchten. Wir Gottminiatüren erschaffen Weltminiatüren. »Zuerst war das Wort.« Dichter also, muss man wohl schon in jeder wahren Kunst sein. Ich habe noch nie einen Dichter, einen Künstler oder irgendeinen künstlerischen Menschen kennengelernt, der nicht selbst in seiner Abtrünnigkeit, religiöser, als ein gläubiger Bürger gewesen wäre. Des katholischen Großpriesters Dr. Sonnenschein wie des Rabbiners Dr. Becks Predigt wird zur Sinfonie, sie vermögen Gott entströmen zu lassen um ihrer Gemeinde Seele. Erstaunt, ja fast verblüfft betrachte ich die Bildhauereien der Neger, der Heidenpriester. Furchtbare Holzgesichter, Kokosfratzen, Köpfe mit zackigen Augenbrauen, weit gepressten Nasen, Götzen. Ja, Sünde ist in ihrem Lande keine Sünde. Gastfreundschaft aber, die uns hier mangelt, ist ihnen das Höchste! Die heiligen Eigenschaften ihrer Stämme neben mannigfaltiger Rachegelüste, großherziger Schutz und des Öfteren launige Menschenfresserei. Sind wir Dichter der Künste etwa nicht Priester? Unsere Kunst nicht unser Gott bei uns? Was der Satan unserm Gott ist, aller Verleger Plural, ist uns Dichtern der Verleger. Ja, Dichtung heißt vornehmstes Leben, ihr Tod nur ein Kunstschlaf, unproduzierende Zeit, der immer wieder eine überraschende Auferstehung folgt. Der Künste edle Eigenschaft heißt: »Ewigkeit«. Wir sollten sie hegen. Wie man von moderner oder unmoderner Kunst sprechen kann, habe ich nie begriffen, Kunst ist ein Erzeugnis, ein Element, es gibt nur eine ewige Kunst. Weiht den Künstler doch schon der entrückte Blick des Lauschenden, wie des Dilettanten Größenwahn die Schmeichelei der Gesellschaft, die ihn so gerne ladet, wohlig tut. Jeder wahre Dichter unter den Künstlern erreicht die Zeit, Kunst und Dilettantismus zu unterscheiden, Lebendes und Lebloses, Beweglichkeit oder Stillstand, Gutes oder Schlechtes. Bildung ist keine Kultur; Verwilderung keine Wildnis. Des Dilettanten Erzeugnis ist unlebendig Ding, erfreut sich nicht am Wechselspiel der Atmung. Des Urwalds Aderästen verwachsene Selbstursprünglichkeit, natürliche Harmonie und Disharmonie. Verstehe man unter Dilettantismus nicht etwa gestorbenes Schaffen. Dem Tod geht Leben voran. Dilettantismus ist Angefertigtes und nicht Erschaffenes. Außer dem fälschenden Dilettanten gibt es noch weitere zwei Einbrecher in unsern Tempel: »Der Kitsch«. Wo wir den finden, bewillkommnen wir ihn, eine wiedergefundene Kindererinnerung. Wie bestaunte ich die entzückenden mysteriösen Sächelchen auf der Kommode unserer Köchin und erst im Zirkus oder in den Zaubervorstellungen das Flitternde und Schimmernde. Ein unkindlicherer Eindringling aber in unserem Hause ist der Kunstgewerbliche. Mit dem Namen unserer höchsten Werte tauft er sein Gewerbe. Schlägt seinen duftenden Basar auf im Vorhof unseres heiligen Hauses. Kunst ist kein Gewerbe, wie auch der Mensch oder ein Tier oder gar ein Gott kein Gewerbe ist. Unecht ist der Trost der Obergewerblichen – mit dem er seine Gewerblichen segnet. Zugegeben, unter ihnen befinden sich geschickte Arbeiter. Kunst ist keine Beschäftigung, h. P., Spiel keine Spielerei. Liebelt das Kunstgewerbliche mit der Zierlichkeit des Goldpantöffelchens seiner Stoffpuppen, so ist es mir doch sympathischer, malt der Künstler mal frech und geschmacklos dem Weib des Amenophis einen Schnurrbart an. Sehr oft feiert das Kunstgewerbe mit der Kunst Hochzeit. Maschine mit Organismus. Zwischen fünf Finger etwa einen batikgemalten Zeigefinger. Wie empfinden Sie das, h. P.? Schaudern Sie nicht? So verhält es sich mit der Kunst und dem Kunstgewerbe. Mögen dem Gedicht, dem Bilde, der Skulptur oder der Vertonung, ja sogar mehrere Glieder fehlen, immer bleibt es dennoch Körper, da es vom Odem belebt, atmet und sich so unterscheidet vom Machwerk und nicht mit ihm vor dem Rad gespannt, noch unter die Räder kommen darf. Der Meister der Kunst erkennt die Lebensfähigkeit jedes Kunstwerks und bemisst nach der Ewigkeit seinen Wert. Aber gleichfalls ist er auch imstande, der Dinge Lebensunfähigkeit festzustellen. Empfängt der Dichter nicht mit offenem Herzen, ein beglücktes Schulkind, das ehrliche Lob? In diesem Sinne sitzen wir alle noch auf der Schulbank. Heinrich Heine machte es sogar zur Bedingung im Ehekontrakt: Wenn Du meine Gedichte nicht lobst, so lasse ich mir von Dir scheiden. Tatsächlich, ein anständiger Mensch hat sein lebelang Primaner zu bleiben, h. P., begeistert zu sein, in der Nachmittagsstunde sich schwermütig der Dämmerung anzuschließen, sich nach Liebesabenteuern zu sehnen, nach Liebe und nicht nach ehrgeizigen Auszeichnungen. Aber wieder ist der Verleger der Störenfried; mit der Rute sollte man aufräumen; wir verlieren den entzückenden Übermut, die Erfrischung des Herzens trocknet ein, der Bach unserer Kindlichkeit trübt sich. Ja, warum zögerte ich so lange – aufzuräumen? Donnerwetter, die Sintflut über sie! – Hörten Sie, h. P., den letzten Fall: der Fall Cassirer! Gymnasiast war er auch einmal, der Paul Cassirer! In späteren Jahren pflegte er ihn zu spielen, er lernte seine Rolle auswendig, abwechselnd mit der seines Klassenlehrers. Die Prima sympathisch schwänzend, schrieb der Paul lieber einen begabten Roman. Ich zweifle nicht daran, dass er talentiert ist. »Schon aus Erfahrung prüfe ich«, erklärte mir Herr Cassirer, »jedes mir eingehändigte Manuskript.« Das Erlebnis mit S. Fischer haftet noch in seinem Gedächtnis, der dem Siebzehnjährigen den ungelesenen Roman mit den Worten zurückerstattet: »Er ist total talentlos.« S. Fischer, geb. Schneider, verw. Bäcker, kauend an einer Schrippe in seinem Verlag, mit den Kunden konferierend, zu beobachten, ist geradezu ein George-Grosz-Originalbild. Man glaubt sich in einer Portierloge zu befinden. H. P. Cassirer, der weltmännische Kunstmann, lässt seine Zigarette zwischen seinen Lippen balancieren, aber auch mir blies er leider Dunst in die Augen. Wurde ich nicht seines Gewissens weißer Vorhang, erholte er sich nicht im Gedicht meiner Palme? Meine hebräischen Balladen, die ich vor Jehovas Tempel kniend dichtete, er, Paul Cassirer, hatte sie erscheinen lassen, der Welt gegeben. Allerdings eine fromme Tat! Ablass! Der heilige Pfennig fällt lange schon in seine Kassette. Loyal, er legt Wert darauf, die jungen Künstler, ob sie dichten oder malen, in seinem Konferenzzimmer einfach selbsteigens zu empfangen. Korrektere Verordnungen erteilte später des Verlages gewordener Aktionär, Walter Feilchenfeldt, ehemaliger literarischer Kommis, seinen Türöffnern. Auf bücherblühender Flur harren die Dichter seines Rufes. Indes von Land zu Land, von Erdteil zu Erdteil, weltreist Paul Cassirer seit Jahren, ein Hai, der sich insbesondere von alten Meistern ernährt. Wie oft versicherte er mir, in allen Menschen mag er sich täuschen, »nur in Ihnen darf ich mich nicht täuschen«. Ich wünschte mir nichts sehnlicher, bei meiner Ehre, als dass er mich nicht weiter enttäuschen möge, seinen Wunsch respektieren zu können. Nicht ich habe ihn, er aber mich im Vertrauen betrogen, ich wiederhole, h. P., das krasse Wort »betrogen«, da diesem Manne ein unverblümtes Wort gebührt und kein Feilchenspross. Ich schrieb vor vielen Jahren einen Essay sogar in Versen über P. C., den er sich bescheiden (seine weltmännische Eigenschaft) in seinen Schreibtisch schloss als privaten Besitz. Ich nannte ihn den Kunstmann der Kunsthändler, da er keineswegs wie diese, mit wenigen Ausnahmen, ohne Begabung ist. Paul Cassirer ist sogar genial. Wäre sein Vater als armer Mann gestorben, und sein Sohn Paul statt Kunsthändler, Schriftsteller geblieben, er säße als Erster hier vor dem Podium in der ersten Reihe und applaudierte nach Herzenslust. Es kennt ihn wohl niemand besser als ich; es war wie von der Schule her, wenn wir uns so unterhielten, als ob wir auf einer Bank nebeneinandergesessen hätten und bei meinem Abfall von ihm schlug ich mir das Herz wund. Wie enttäuscht musste mich dieser Mensch haben. Ich bin mir schuldig, den Dichtern, der Dichtung und auch Ihnen, h. P., gründlich aufzuräumen, keinen faulen Stamm aus Sentiment ungekennzeichnet zu lassen. Ein Ausnahmefall unter den Verlegern dieser Paul Cassirer, ein künstlerischer Mensch, der sich die Knospe im Blute selbst abtötete aus Liebe zum Geschäft. Sein Vater durfte ruhig über den aus der Bahn geratenen Sohn getrost die Augen schließen. Ein zum Künstler geborener Mensch, der an sein Edelstes Hand legte, um der Händler der Kunst zu sein, schließlich sich noch beim Hinblick meiner Erzeugnisse sich einen Verlag eröffnete. Ja, er entwickelte sich nicht allein zu einem üblichen Verleger, er wurde ein sentimentaler Verleger und Kunsthändler, ein sentimentaler Teufel und beherrscht die Dichter der beiden Künste. Ich fordere Sie auf, h. P., vor dieser Macht das Gewehr, wenn sie eins bei sich haben, zu präsentieren. Vermisst man auch bei dem Kunstmann die Verantwortung für den Zug, der durch ihn zu laufen sich gewöhnte. Er ist der Kaufmann von Paris, der von dem Dollarpreise redet und redet »verbiete mir das Nein und Ja, das Weinen und Lachen«. Er redet groß und weit wie durch die Lupe. Er redet einen Wolkenkratzer. Der Zuhörer springt todesmutig endlich durch eines der offenen Fenster, entkommend, ermattend auf die Straße. Aber man verehrt ihn noch im Sturz, ja man verehrt ihn noch, wenn man ihn vollständig erkannt hat, der Unwahrheiten überführte; man verehrt ihn: ein böser Spaziergänger im Hirn des anderen; er verstopft den Kernpunkt, man verstummt, aber man verehrt ihn, weint mit ihm für das Unrecht, das einem selbst geschieht. Wer hätte nicht Paul Cassirer weinen sehen – ich möchte lieber sagen, hysterisch in Tränen erlebt, wenn es sich um Geld handelte. Niemand darf es in seiner Umgebung finanziell zu etwas bringen; ich glaube, um meine Person bangte er am meisten. Trotzdem er meine Scheu in Geldangelegenheiten ehrt! »Sie machen mir doch nicht vor, Prinz, dass Sie um Geld kommen«! Er hielt übermäßig von mir, noch heute. Ich war sogar imstande, nach seiner festen Überzeugung, wirklich nur von Luft zu leben. Dafür gönnte er sich im Strudel des Verdienens kein Rasten mehr. Immerhin ein Fuchs unter den Lüchsen, ein Hai, der von Meer zu Meer schwimmt, sich von alten Meistern ernährt. Von tausend Mark an bekommt Cassirer Weinkrämpfe, die sich steigern mit der Zahl des Fordernden. Drei Briefe schrieb ich diesem Hauptverleger vor drei Jahren etwa in kurzen Zwischenräumen, die er mir alle drei grün unterstrichen, aber ungelesen, zurückerstattete. Zensur: Gemeinheit. Gemein erscheinen ihm Hunger, Gerechtigkeit, Einsicht. Ich riet ihm dann im letzten der drei Schreiben, einen gewissenhaften Arzt zu konsultieren, zumal ihm noch seines guten Fundaments wegen zu helfen sei. Er aber verträgt nur Mundtote in seiner Umgebung. Wenn er so dahin fährt in seinen zwei Autos, ein Imperator, taucht auf, taucht unter – hätte ich ihn gern immer als einen solchen verehrt. Er sank in meinen Augen, ein Verlust für mich, ein größerer für ihn. Aber nicht ich habe sein Vertrauen verscherzt, er aber das meine, ganz und gar. Denn meine Bücher schmücken seinen Verlag, sein Gewissen, sein Haus, seine Person, seinen Tisch. Ich läge trotz meiner zahlreichen Bücher lange an Bleichsucht gestorben unter der Erde, wenn nicht Glücksfälle mir immer wieder das Leben erkauften. Die zehn Bücher meiner gesammelten Ausgabe und die zwei nachfolgenden liegen im Verlage Cassirer, Viktoriastr. 2, und haben mich, scheint's, vergessen, schon Jahre. Im Anfang sprach das Wort: Paul Cassirer erteilt gerne Worte: »Frau Lasker-Schüler, wenn Ihre Umgebung erfährt, Ihre Bücher erscheinen fortan bei mir, werden Sie unausgesetzt angepumpt werden.« Ich möchte Ihnen nicht wieder mit Zahlen kommen, h. P., offen gestanden, ich habe keine Lust mehr, möchte Ihnen nur aufrichtig mitteilen, dass anfänglich Paul Cassirer burschikos gesagt, sich nicht lumpen ließ. Beim Erscheinen der gesammelten Bücher im Jahre 1919 sollte mir die Summe von 50 000 Mark abzüglich der vorangegangenen Honorare im Kassenschrank Cassirer aufbewahrt werden. 27 000 Mark verblieben mir. Ich wurde mein eigener Dieb. Außerdem lief mein Budget liebenswürdig weiter, bis die Briefe Peter Hilles an mich und der Wunderrabbiner von Barcelona 1921 im Cassirer-Verlag erschienen. Für die beiden Bücher à 3000 Auflage erhielt ich 9500 Mark. Das heißt: 2500 Mark, nachdem mir, trotz Flehen und Mordioschreien, die laufenden Honorare 6000 M abgezogen wurden. Außerdem sperrte man mir meiner eingetretenen Phantasielosigkeit wegen, ich lieferte nichts, das Portefeuille. Das Zifferngemälde habe ich meinem Bevollmächtigten Dr. Kalischer überlassen zu zeichnen, er beantwortet mit Freude jede Anfrage. Immer mehr wurde Krieg, immer näher rüstete die Revolution. »Lenin!« Auch auf ihrem Verlagsthron zitterten die Buchtyrannen. Paul Cassirer ließ mich im Galaton vor seinen Ledersessel rufen. Er sprach: »Liebe Frau Lasker-Schüler, verehrter Prinz von Theben, machen Sie sich keine Sorge, falls der Bolschewismus kommen sollte, Sie haben das, was wir, meine Frau und ich, haben.«

Atemlos verließ ich den Raum, bog um die Ecke der Viktoriastraße in die brennende Bellevuestraße ein, schrie mit den Arbeitern, die in langer, Feuer speiender Prozession, der Gefahr nicht achtend, über die gepflasterte Erde stampften. Ich stampfte auch. Dieser Paul Cassirer, auch er hatte mich zu locken verstanden und zwar ihm mein Lebenswerk zu überlassen. Ich habe ihm meine Bücher nicht angeboten, er hat sie gefordert. So schön auch ihre Herausgabe ausfiel, so war es dennoch eine Herausforderung, deren Duell ich erlag; nicht allein, h. P., körperlich, nein seelisch und das macht die wahre Erledigung des Dichters aus. Ich räume auf, verehrte Dichter und h. P., räumt mit mir auf. Wir wollen aufräumen! Den letzten Tropfen meines Ehrgeizes opfere ich hier mit der Vorlesung dieser Broschüre. Wer wird noch von mir ein Buch drucken wollen, welcher Verleger dennoch sich bereit erklären. Mögen meine Dichtungen mit mir über die Meere schwimmen und versinken in den Grund der Welt. Wir aber, h. P., wollen nicht ruhen, weiter aufzuräumen. Hört ihr mich, meine lieben Dichterfreunde, solange noch ein Atemzug in unsern Lungen auf und niedergeht, wollen wir nicht ruhen, für die Dichtung aller Kunst zu kämpfen. Ich bin auferwacht, wacht auf mit mir; denn in Ihre Hände will ich mein Testament legen, diese Anklage, sie erzählt von einer Dichterin und Euren Dichtern, lebenden und toten. Räumt auf mit mir, die Gerechtigkeit trägt unsere Fahne. An den Todesschellen üben die Engel schon mein Sterbelied. Aber ich will den letzten Atemzug nicht tun, dessen Streckung ein Weg hinterlässt, den man auf Erden nicht zu reisen imstande ist, in die Ewigkeit, bevor ich euch, meine Spielgefährten, Ihnen, h. P., und des Landes Staat, mein letztes Wort übergeben habe, diese drei letzten Worte, die den Anfang unserer Marseillaise bilden sollen: Ich räume auf!

Else Lasker-Schüler.

ARTHUR ARONYMUS

Die Geschichte meines Vaters

Wenn hinter den Fenstern der Häuser Westfalens die Weihnachtsbäume angezündet wurden, erzählte der Vater meines Vaters, also mein Großvater, seinen dreiundzwanzig Kindern die himmelschreiende Tragödie aus seiner Jugendzeit, die sich am Heiligen Abend der Christenheit abspielte mit allen Schrecknissen beizender Gewürze. Die älteren Kinder meines Großvaters bestätigten düster im Singsang und Gebärden, ein Chor der Rache, die Übeltaten an ihrem auserwählten Volk. Nur mein kleiner Papa scharrte bisweilen ungeduldig mit den Nägeln seiner derben Jungensstiefel über den Fußboden oder an den Nussbaumbeinen des großen Tisches, dass seinen dreiundzwanzig Geschwistern, zu gleicher Zeit, das Herz vor Schreck aussetzte, sein dreiundzwanzigstes aber hüpfte vor Vergnügen dem auflauschenden Vater fast ins Gesicht. Der hatte Angst vor Mäusen, wenn er es auch nicht zugab. Den armen Kroatenjungens kaufte er die teuerste Mausefalle ab, sie hinten und vorne auf den Verschluss prüfend. Heute jedoch beherrschte er seine Antipathie gegen »diese aufdringlichen Nagetiere«. Am schwersten verdross Arthur Aronymus, den kleinen Enfant terrible, die weit über den Inhalt sich ausdehnende Schauergeschichte des sich Zeit lassenden, erzählenden Vaters. Die beiden Freunde hörte er schon lange pfeifen vor dem Zaun des Gartens.

Wie heute brannten die Tannenbäume hinter den Scheiben der geistlichen Hauptstadt Westfalens, als sich das blutige Pogrom abspielte. Unschuldig vergossenes Judenblut klagte über die Grenzen des Heimatlandes, dunkel über den Rhein und pochte an die Judenherzen anderer Reiche; im unheimlichen Echo an die Erdteile der Welt. An den geschmückten Zweigen der hohen Tannenbäume im Rathaussaale, in der Aula der Schulen, hatte man kleine Judenkinder wie Konfekt aufgehängt. Zarte Händchen und blutbespritzte

Füßchen lagen, verfallenes und totes Laub, auf den Gassen des Gettos umher, wo man den damaligen Juden gestattete, sich niederzulassen. Entblößte Körper, sie eindringlicher misshandeln zu können, bluteten zerrissen auf Splittern der Fenstergläser gespießt, unbeachtet unter kaltem Himmel. Die innere Stadt zu betreten ohne Erlaubnisschein, war dem größten Teil der jüdischen Gemeinde streng untersagt. Einigen Familien, unter anderen die meiner Großväter, gestattete die Behörde, sich frei zwischen den andersgläubigen Einwohnern zu bewegen. Mein kleiner Papa klatschte in die Hände, die blutige Historie begann ihn, schon im vorigen Jahr an dieser Stelle angelangt, zu interessieren. Er hatte ja den Großpapa Rabbuni, den Vater seiner lieben Mutter so lieb gehabt, auch er war sein Lieblingsenkel gewesen. Wie oft schlich der Hohepriester heimlich nach dem Mittagsbrot mit seinem drolligen Enkelkinde in den Zuckerladen gegenüber seines Hauses. Ja, er blinzelte ihm des Öfteren während des schlichten Mahles verständnisvoll zu, der große, ehrfürchtige Jude, von der ganzen Stadt geehrt, von Jude und Christ; Freund des Bischofs Lavater von Westfalen. Jeden Abend, nachdem die beiden Fürsten ihr einfaches Abendbrot eingenommen hatten, trafen sie sich in einem kleinen Gastzimmer im Goldenen Halbmond. Der nahm nicht zu und nahm nicht ab, genau wie das freundschaftliche Bündnis, das die beiden Hohenpriester unverändert vereinigte. Sie salbten die Stunden vor dem Schlafengehen mit gottgefälligem Öl, suchten himmlisches Gold in heiligen Gesprächen; zwei verbündete Gottgräber. Denn im Grunde glaubten sie beide an den alleinigen, unsichtbaren Herrn, den Ewigen, den König der Welt. Und wenn auch gehässige Nachbarn versuchten, meinen weiß gewordenen Urgroßvater, meines kleinen Papas Großvater, ihm, nach dem längst in Gott ruhenden Bischof zu beweisen, der bischöfliche unantastbare Freund sei weiland in den höllischen Plan des Judengemetzels eingeweiht gewesen, ohne es verhindern zu können usw. – pflegte mein empörter kleiner Vater, außer sich geraten, durch das Verleuchten im Auge des Rabbunis, die bösen Leute mit seinen kleinen aber starken Fäusten zu bearbeiten. All die alten Kinderbilder vom Großpapa-Rabbuni waren »er« ja selbst, auch seine Mutter behauptete, sie seien zum Verwechseln ähnlich.

Die Natur hatte ihn nach des Großpapas Antlitz verschnitten und er war sehr stolz darauf. Sechs Jahre zählte mein kleiner Papa und trampelte ins siebente mitten hinein. Ihn nahm seine liebe Mutter am liebsten mit zu Besuch zum lieben Großvater; dem sein Bart berührte fast schon den kleinen Teppich aus Persien, den er sich in jungen Jahren auf einer religiösen Forschungsreise durch die morgenländischen Bibliotheken mitgebracht hatte. Des kostbaren Teppichs Fransen wurden täglich gepflegt. Wie lauter Finger vieler frommer Hände hob ein Abendwehen bisweilen sie manchmal empor. Um den ehrerbietigen Kopf trug der heilige Großvater einen Turban; am Alltag einen schwarzen, einen weißseidenen am Sabbat. Und es schmeichelte ihn doch etwas, wenn Pilger kamen aus exotischen Ländern und ihn verglichen mit dem Äußern des mächtigen Sultans vom Bosporus. Hingegen verhinderte er liebevoll, wenn sie sich niederbeugten, sein Gewand zu küssen. Die Väter meiner Urgroßeltern meines noch kleinen Vaters Eltern-Eltern wohnten Haus an Haus in der katholischen Hauptstadt Westfalens. Ihre Kinder wurden schon in ihren Kinderjahren feierlich verlobt, um nach der Zeremonie des Gelöbnisses weiter ihre Spiele zu pflegen. Sie kletterten mit den Nachbarskindern auf Äpfel- und Birnbäume. Wenn sie sich dann später verehelichten – die Großmutter erzählte, ihr wars wenigstens so gewesen, als ob sie ihren Bruder heirate. Eigentlich mochte sie den Edmund, den älteren Bruder ihres Verlobten, viel besser leiden. Ein wild gewordener Stier, sprang ihr am Morgen ihrer Hochzeit schnaubend über die Tierhecken Gäseckes. Moritz, der glückliche Bräutigam, hatte sich dort ein Grundstück gekauft, das er mithilfe tüchtiger Bauern beackerte. Meine Großmutter, meines Vaters Mama, sollte Gutsbesitzerin werden! Aber Edmund hatte blond geringeltes Lockenhaar und schwärmerische gelbe Augen; die schwarzäugigen Töchter der Judenfamilie hatten sich alle in ihn schon verguckt. Der Moritz hingegen, mein Großvater, war ein ganzer Mann, fast zu hart im Ausdruck, ja seine kühlen Blicke trafen oft den Nächsten wie dunkle Dolche. Er duldete keinen Widerspruch und das war die einzige Untugend, die mein Urgroßvater, der milde Vater meiner Großmutter, gegen ihn einzuwenden hatte: Denn Gedanken und Worte weiten sich, im Horizont des freien Gaukelspiels, und verkümmern ohne übenden Widerspruch. Aber der verlobte junge Mann ging über die Weisheiten seines priesterlichen Schwiegervaters verständnislos hinweg. Wie die Mehrzahl seiner Söhne, Arthur Aronymus' Geschwister. Von des Rabbunis göttlich spielender Weisheit hatte keiner von ihnen geerbt; aber seines kleinen Arthurs ungezügeltes, urwüchsiges Temperament verglich sein Großvater mit der lachenden Beere an seinem Stamm. Hingegen betrachtete ihn der Vater mit den aus der Art geschlagenen schwarzen Schafen, die dem großen Schäferhund schon hin und wieder Nöte bereiteten.

Diesmal ließ der Vater es dabei bewenden, seines unverbesserlichen kleinen Aronymus' Lebhaftigkeit nur mit einer Rüge eines ernsten Blickes zu beantworten. Denn auch seine Geschwister strebten dem Ende der düsteren Ballade zu, allerdings mit geheuchelter Geduld »und Spucke«, dachte Arthur für sich, »fängt man eine Mucke«. Die sprühende Dora, seine ältere Schwester, hatte sich mit ihm schon lange verständigt in ihrer Zeichensprache, die nur sie beide zu enträtseln vermochten. Die häkelnde Regina aber saß aufgerichtet, pflichterfüllt, genau wie sie sich hingesetzt hatte, an dem großen Tisch und bestätigte jedes Mal von Neuem mit einem Kopfnicken, was der Vater erzählte. Elischen blätterte vom Beginn der Tragödie an in Goethes Hermann und Dorothea, begleitet vom Rhythmus der Dorfkirchenglocke. Auf den Schoß der ältesten Tochter, der schönen Fanny, setzte sich Lenchen, Arthurs Lieblingsschwesterlein. Müde legte es schon sein Köpfchen zur Seite und nur die Zwillinge, die beide »Meta« gerufen wurden, da man sie doch nicht auseinanderhalten konnte, hatten sich längst zu ihrer Mutter geflüchtet, rechts eine Meta, links eine Meta. Neben dem Großvater saß der liebe, leidende Alex im Krankenstuhl; und der kurzsichtige Max, Vaters Augapfel, platzierte sich schon selbst stets neben dem Papa; um den Hals trug er ein Kinderlorgnon, aber verlor es immer wieder auf dem Spielplatz im Garten beim Zeichnen der Tiere im Sand. Menachem hieß der Älteste! Nach ihm kam Simeon; »Geizkragen!«, schimpften ihn seine Geschwister, selbst dem Vater schien er zu materiell. Doch auch das allabendliche Dozieren seines pathetischen Julius ging ihm contre cœur.

Die Geschwister belustigten sich, wenn er den Mund groß und weit, wie sich die Kinder das Maulwerk eines Großmoguls vorzustellen pflegten, aufsperrte. Eine gebratene Gans hätte ohne Mühe hineinfliegen können. Aber der Berthold glich seinem Onkel Edmund, er hatte wie der, goldenes Lockenhaar und große helle Augen und die christlichen Mitschüler verschonten ihn. Fannys Tanzstundenfreund trat plötzlich in die Stube. Wenn auch nicht einem Pogrom, so war er doch Opfer einer Privatjudenhetze vor ein paar Jahren geworden. Er blickte seitdem aus seinem schwarzen wirklichen und aus einem künstlichen, hellblauen Glasauge; die dunklen waren alle in der Apotheke ausverkauft gewesen. Seitdem wurde er im Halbenface in Lokalen beim Glase Bier so oft für einen Christen gehalten, obgleich seine Nase, trotz beträchtlicher Länge, keinen Schaden erlitten hatte. Fanny schob ihn an Dora ab, der mitleidigen Schwester. Alle ihre Nippessachen, mit denen ein Mann eigentlich nichts anzufangen weiß, hatte sie ihm fast schon geschenkt. Sie tanzte auf Padersteins Hausball beinahe zu viel mit ihm. Er wurde Mode. Elischen fand zwar, er sei viel zu wissenschaftlich für Dora und für die unkomplizierten, lachlustigen Mädchen in Gäsecke. Einmal lockte sie ihn durch intensives Räuspern ans Ende ihres Gartens in die Jasminlaube, wo sie ihn durch gelehrte Taktik in der Dämmerung für sich einfing. Hingegen Regine hatte wenig Glück bei Männern. Außerdem waren ihre Hände rot. Der hübsche Provisor verordnete ihr eine Kleie und sie tauchte in die schleimige, bleichende Masse jeden Abend vorm Schlafengehen ihre wirtschaftlich begabten Finger. Eigentlich war »sie« die Frau im Haus! Überall machte sie sich was zu tun. Manchmal konnte sie ihre Schürze nicht finden; bebend und räsonierend eilte sie in den Gutsgarten, dass die bunten und weißen Pfauen aufflatterten. Am Zwetschgenbaum hing dieses Mal die Schürze wieder.

Wie ein Gespenst pflegte sie doch bisweilen über die Kieswege zu schleichen. Wehe, wenn sie dann den Bengel packte!! Die Regina sammelte den Honig in kleinen irdenen Töpfen und der Imker wusste wohl »jede der Bienen hat sie gezählt, gezeichnet wo am Leib«. Und er fürchtete sich weit mehr vor dem Stachel der Tüchtigkeit Reginens, der Tochter seines Brotherrn, als vor der süß summenden Regina. Dem kleinen Lenchen, dem Lieblingsschwesterchen Arthurs, waren alle im Haus und im Garten und die Menschen im ganzen Dorf vom Herzen gut; niemand tat ihm was zuleide. Es saß ja auch eigentlich noch mit den kleinsten Geschwistern im Nest. Nur der Bruder holte es öfters hervor und dann marschierten sie Hand in Hand an bunten Strohblumenbeeten der Gärten niedlicher, westfälischer Häuschen vorbei ins benachbarte Dorf; brachten Grüße von der lieben Mutter. »Na, was macht denn eure liebe Mutter?«, fragte sie die Sanitätsrätin Grünebaum. »Kaffee, wenn Gäste kommen!«, erwiderte mein kleiner Papa. Ganz Westfalen wusste binnen »vorgestern« von dieser schlagfertigen Antwort des kecken Jungen und selbst der Großvater konnte sich eines Schmunzelns nicht erwehren, wenn er auch den vorlauten Mund seines Sohnes Arthur Aronymus tadelte.

Vor dem jungen Pfarrer des Dorfes und all seinen Lehrern zusammen, fürchtete der sich nicht allzu sehr wie vor seinem gestrengen Herrn Vater. Er konnte ja eigentlich nicht dafür, dass er so »dumm« war, untenan in der Klasse saß, trotzdem er im Turnen und Singen immer recht gut bekam. »Er muss doch nicht alles können«, nahm ihn seine liebreiche Mutter in Schutz, denn er war wieder sitzengeblieben. Und sie reiste mit ihrem »armen« Jungen schnurstracks ab in ihr Elternhaus nach Paderborn. Der Großvater-Rabbuni lag zwar schon ein Jahr im Gewölbe, aber eben darum bot sich ihr der triftige Grund, in ihre Heimat zu fahren, den Willen ihres frommen Vaters laut Testament: ein Jahr nach seinem Tode, seine mächtigen in Schweinsleder gebundenen Werke der Stadtbibliothek einzuverleiben. Das leuchtete auch Arthurs respektierenden Vater schließlich ein. Die Mutter erinnerte sich nur noch schattenhaft an den Heiligen

Abend und an das Pogrom, von dem ihres Gatten Erzählung handelte. Durch alle Zeitungen eilte die blutige Kunde in die Welt. Einzelne Christen gaben den Hebräern den gut gesinnten Rat, weniger industrielle Berufe zu ergreifen, ohne des Paragrafen zu gedenken, der den Juden den Zugang zu christlichen Lehranstalten verbot. Und Priester hungerten genug im jüdischen Volke. Aus Spanien hatte man sie fast alle schon mit ihren Gemeinden vertrieben oder sie gezwungen, zum christlichen Glauben überzutreten. Der Großvater-Rabbuni betete so oft im Tempel für die Maranen, Juden, die man in fremde Krüge gegossen hatte, des Henkels entledigt und deren man sich darum nicht mehr so leicht wieder bemächtigen konnte. Dass tausendjährige Sehnsucht doch einmal den Stein sprengen werde – und wenn auch nach Jahrhunderten, prophezeite Arthur Aronymus' ehrwürdiger Großvater-Rabbuni.

Weinende spanische Juden kamen so oft zu seinem Großpapa und suchten Trost bei ihm. In den engen Gassen des Gettos bildeten sie Gruppen mit der ansässigen Judenbevölkerung, sich in wirtschaftlichen, vor allem in religiösen Fragen zu einigen. Stoff war ja in Überfluss vorhanden, leider mit Blut gefärbter Stoff; ihn zu prüfen, zu beschneiden, endlich die erlösende Form zu enträtseln, aller Bedrängten Wunsch. Manche unter ihnen trugen Flor um den Arm, besonders Ergriffene wankten in ärmliches Sackleinen gehüllt durch die Winkel des Judenviertels in den vertrauten Synagogentempel. Ihre Augen waren ausgebrannt, grau verweint, Asche. Ins Gedächtnis stiegen diese Erinnerungen Arthurs lieber Mutter und sie weinte bitterlich, ihren kleinen Schelm an der Hand führend, vom Bahnhof bis vor das Haus des verstorbenen Großvaters. Dort brannte noch das kleine Lichtchen in der roten Glasampel – ein ganzes Jahr schon für seine Seele. Und Arthurs Mutter, auf den getreuen Knecht ihres Vaters weisend, erklärte ihrem Kinde, der passe auf, dass Großvaters Seele nicht erlösche.

Am andern Morgen schien die Sonne ganz dick. Meine Großmutter mit meinem kleinen Papa machten sich auf den Weg zum Friedhof. Die Mama könnte doch mal aufhören zu weinen, dachte

Aronymus und machte ohne jede eigentliche Veranlassung ein paar Sprünge, trotzdem er seiner Mutter versprochen hatte, im Heiligen Garten recht brav zu sein, leise zu sprechen und vor allem, ruhig an ihrer Seite zu schreiten. Auf einmal rief ein Kuckuck. Arthur Aronymus zählte ganz leise: Kuckuck! Kuckuck! Kuckuck! Kuckuck! Kuckuck! Kuckuck! Kuckuck! »Sieben Mal!!« Und dann betonte er auf westfälisch Plattdütsch im Ton der Bauern: »Genau so alt wie eck bin, wurd' der Groatvatter. Een schönet Alter, wat Modder?« Sie konnte nicht schelten, auch sah sie den teuren Rabbuni sich im Grabe freuen, seine heilige Seele vom blauen Himmel lächeln, über ihren kleinen Arthur Aronymus, seinem verhätschelten Enkelkinde. Endlich wurde es dem klar, warum ihm die Mutter kleine Steinchen in die Tasche gesteckt hatte und sich von derselben Sorte etwas größere, denn sie hob ihn in die Höhe und er musste sie auf den oberen Rand des breiten Denksteins kunstgerecht wie ein Maurer bis in den Himmel nebeneinanderlegen. Das war sein erster ernster Bau. Zwei betende Hände bemerkte er zwischen den ✡ Quadern des frommen Steines eingraviert. Nach der Inschrift wollte Arthur Aronymus, aus Angst, seine liebreiche Mutter beginne wieder zu heulen, lieber nicht erst fragen. – Fast niemand an dem großen Eichentisch bemerkte die tiefe Bewegtheit schweben um die Schläfen meiner Großmama, außer der mitleidigen Dora mit ihren runden braunen Augen. Auf einmal fiel der Arthur Aronymus seiner Mutter um den Hals, gab ihr einen schallenden Kuss auf den Mund, ein donnerndes Amen; ein unerwarteter glücklicher Ausgang des Dramas, der selbst seinen Vater überraschte, und er ließ es damit bewenden, wie schon gesagt, eine seiner diktatorischen Brauen im Bogen zu weiten.

Der Junge hatte ja eigentlich selbst noch keine bösen Erfahrungen mit den Christen bis heute gemacht, im Gegenteil, er konnte den fleißigen Ernst Paderstein in seiner Klasse nicht ausstehen, der saß unentwegt der Erste; die Flüsse in der Geografie flossen alle aus seinem aufgesprungenen Mund. Der war schon so wulstig wie der seines Vaters unter dem Bart. Den Kaspar Setzdich und den Willi Himmel hatte er viel lieber, trotzdem sie ihn einmal Jud! Jud! Jud! hepp! hepp! ausschimpften, weil sie bei ihm ein Korinthenbrötchen im Ranzen gefunden hatten und er ihnen nichts mitgeben wollte. Desto tüchtiger verhauen hat er sie! Und probierte seitdem öfters mit den gleichen Schimpfworten die Kräfte seiner Schulkameraden und der Gassenkinder herauszufordern. Die Leute Gäseckes munkelten, der Arthur Aronymus Schüler sei ein Christenkind, möglicherweise ein von der Amme verwechseltes Milchkind. Die Kaffeeschwestern beschnatterten die Neuigkeit im Kaffeekränzchen mitsammen, am Stammtisch die Väter die interessante Anekdote. Dass man das nicht schon längst dem gesunden, ausgelassenen Jungen hatte angesehen! Viele streichelten ihn darum mitleidig im Vorbeigehen und fanden es köstlich, wenn er ihnen die Zunge dafür rausstreckte. Der Kolonialwarenhändler schenkte ihm aus dem großen Glas dicke Malzbonbons, die er so gerne aß. Eines Tages redete ihn auf dem Schulweg der muntere Pfarrer an, für den seine Schwestern, alle durch die Bank, schwärmten. Er schien sich zu amüsieren über Aronymus' frische Antwort. Seine schlanke, gepflegte Hand legte er auf des Buben frisch gezogenen Scheitel. Fräulein Paderstein kam gerade vorbei, die hagere Seniorin der Familie Paderstein, die unverehelichte älteste Schwester des Großmanufakturwarenbesitzers en gros: Alfred Paderstein, und hinterbrachte auf ihrer spitzzüngigen Weise Herrn Schüler die kuriose Auszeichnung seines Sohnes Arthur. Der alte Vater Schüler war ja eigentlich ihr versprochen gewesen, ihr vom Himmel ausersehener Ehegemahl. So boshaft die Kunde der verschrumpften Jungfer dem Gutsbesitzer auch überbracht wurde, schmeichelte und beschäftigte sie ihn den ganzen Tag. Und er begann sein von ihm bis dahin vernachlässigtes Söhnchen fürder in der Landwirtschaft zu unterrichten. Arthur war's ja ganz schnuppe, ob der große Baum, an dem die Eicheln wuchsen, aus denen er und Lenchen Waagen zum Verkaufen fabrizierten, Eiche oder Tanne heiße, oder der starke Baumstamm da gegenüber, an dem im Herbst die grünen Igel hingen, mit denen er und sein Schwesterchen Menagerie spielten, Kastanie oder Linde heiße, wenn er nur an beiden heraufklettern konnte. Und wenn sich eben nur eine kleine Schleuse öffnete, der Vater in der Lektion unterbrochen wurde, rannte sein Arthur Aronymus davon. Weit mehr interessierte es ihn ja, Städte zu bauen mit den Klötzen seines neuen großen Baukastens, namentlich Aussichtstürme, wie einer bei Ervitte stand. Lenchen sollte bei ihm oben in den Wolken wohnen!! »Wir werden dann regnen«, versprach er dem Schwesterlein. Und er übte sich mit den Klötzen seines neuen Baukastens, den Fanny ihm zur Belohnung gekauft hatte, für die Wache, die er vor ihrem Fenster gehalten hatte, während der Verehrer aus Münster ihr die Cour schnitt. Oft besuchten Freier die stattliche Fanny; schon auf dem kleinen Dorfbahnhof fielen sie, ihrer Lackschuhe wegen und großstädtischen, karierten Beinkleider und neumodischen Krawatte, dem Inspektor auf. Eine Kamille trug Herr Emil im Knopfloch. Aber der Schwester Gesicht sah ganz sauer rot aus wie die letzte saure Kirsche am Sauerkirschenbaum. Arthur war nämlich zugegen, wie sich beide verabschiedeten. Er stotterte ja und sein Unterkiefer klappte auf und zu. Dora kam hinzu und erbarmte sich seiner, denn sie brachte ihm ein Glas Tokajer. Es war zum Totlachen, wie er aus der Haustür schwankte in Elischens Arme. Und sie stellte auch bei diesem Manne fest, er sei zu wissenschaftlich für ihre äußerliche Schwester Fanny. Arthur und der Kaspar und der Willy hörten all den gelehrten Unsinn, den der Liebhaber auskramte, die belesene Schwester nicht zu enttäuschen. Am Abend beim Grießbrei nahm sich Arthur Aronymus vor, später seine Schwester Lenchen zu heiraten, damit sie nicht an einen gelehrten Mann gerate; und er schenkte ihr zu ihrem Geburtstag von seinen gesparten Pfennigen eine Porzellanpuppe und bedauerte, dass sie nackt zur Welt gekommen sei. Eine ganze Reihe davon stand im kleinen Schaufenster frierend zwischen Strohkörbchen mit Aniskügelchen beim Krämer zum Kauf ausgestellt. Am Heiligen Abend vor Weihnachten kam eine Frau in weiter, nagelneuer Schürze in das Haus meiner Großeltern. Die überbrachte einen Brief des Herrn Pfarrers, der eine Bitte enthielt. Mein kleiner, strahlender Papa sollte zur Bescherung ins Pfarrhaus kommen. Jedes Wort des freundlichen Schreibens wurde mit der Familie Paderstein geprüft und erwogen. Man kam zum Ergebnis, des jungen liebenswürdigen Pfarrers Einladung zu akzeptieren, ihn nicht mit einer Absage zu beleidigen, der katholischen Welt keinen Anlass zu einem Ärgernis zu geben und etwa ein Pogrom heraufzubeschwören. Mit dem Lehm an seinen derben Stiefeln wäre der Arthur Aronymus einfach am Weihnachtsabend ins Pfarrhaus gerannt, sich ausmalend die Geschenke, die seiner erwarteten. Am Zipfel seines Kittels ergriff ihn noch rechtzeitig seine erschrockene Mama im Flur des großen Gutshauses, säuberte ihn selbst, zog ihm die braunen gestreiften Samthöschen an und steckte zur Vorsicht *zwei* große Taschentücher in seine Taschen – und einen blendend weißen Kragen legte sie um sein ungeduldiges Hälschen, vereinte die Enden mit einer rosa Rosette, die sich eine der Schwestern von einem Hausierer gekauft hatte. »Ich bin doch ein Junge, Mutter!!« Auch musste er sich die Zähne schon zum »zweiten Male!« heute putzen und er gurgelte danach wütend mit dem mit Pfefferminzpasta durchgetränkten Wasser, dass das stille Lenchen vor Vergnügen einen Purzelbaum auf dem großen Teppich schlug. Nur ihr werde er mitgeben von den Zuckersachen, die er beschert bekomme. Er konnte ja überhaupt, fiel ihm ein, nicht begreifen, dass darum, weil sie Juden waren, nicht Weihnachten in ihrem Hause gefeiert wurde. Das ging so schnell wie in der Rutschbahn, als sich Arthur mit dem Sonntagsanzug auf dem Treppengeländer herabgleiten ließ.

Punkt fünf Uhr stand er vor dem gelben Pfarrhaus. Der Herr Pfarrer guckte aus dem Fenster und der Arthur brauchte gar nicht erst die Schelle ziehen. Als er an seiner Hand die glitzernde Stube betrat, knieten seine beiden kleinen Nichten in der Nische vor Herrn Jesus am Kreuze. Blumen standen neben ihm auf einem Eckbrett und davor brannte eine große Kerze. Die letzten Worte vom Vaterunser hatte Arthur Aronymus noch vernommen; ihm war unheimlich – aber er brauchte ja nicht weiter hingucken. Der fröhliche Geistliche bewunderte seine gute Kinderstube, wie geziemend der wilde Junge, in angemessener Entfernung, in der Pfarrstube den leuchtenden Tannenbaum betrachtete. – Sie tranken Schokolade aus ganz großen Tassen mit Zuckerzwiebäcken. Aus der größten Tasse trank der liebe Pfarrer Bernard. Auf der war was geschrieben. Neben ihm saß Narzissa. Sie trug ein blaues Band im Haar und hatte blaue Ohrringe in den Ohren. Und die Ursula rückte ganz nah an ihn, Aronymus, heran, um zu sehen, wer von ihnen beiden schneller ausgetrunken habe. Dann führte Bernard die Kinder an den mit Geschenken bedeckten Tisch. Darauf standen nebeneinander zwei Puppenstuben, ein Wohnzimmer und eine Küche und für »ihn« auf dem weiß gescheuerten Fußboden ein Schaukelpferd!! Am liebsten wäre er dem Onkel Bernard, wie ihn seine kleinen Nichten nannten, direkt um den Hals gefallen. Aber die beiden Mädchen fingen an zu singen in Begleitung des Herrn Pfarrers: »Stille Nacht, heilige Nacht, alles schläft, einsam wacht ...« Er schämte sich auch nur mitzusummen, aber als das Lied beendet war, hatte er seine Schüchternheit überwunden und es bedurfte keiner Aufforderung. Er sang: »O Tannenbaum, o Tannenbaum! O, o, o Tannenbaum! Wie schön sind deine Blätter. Du grünst nicht nur zur Winterszeit, nein, auch im Sommer, wenn es schneit ...« Er sang das Lied viel besser als der Kaspar Setzdich und der Willy Himmel; wo die standen, quietschten sie den Leuten Weihnachtsstrophen in die Ohren. Und er durfte mit den kleinen Nichten vergoldete Äpfel und Nüsse und vom leckeren Spekulatius des Christbaums pflücken. Auf einmal bog die kleine Ursula einen Zweig zu sich herab, im Glauben, der Onkel sehe es nicht, um die prachtvolle rote Glasschaumkugel zu stibitzen, als sie schon einen Klaps weghatte und der Herr Pfarrer sie rügte: »Du willst doch nicht etwa ein kleines Judenmädchen werden? ...«

An diesem Teufel, der seinem keuschen Munde entschlüpfte, litt der Priester eigentlich sein ferneres Leben lang. Selbst seinem Heiland vermochte er keinerlei Rechenschaft zu geben, wer die giftige Muschel einer längst vererbten und verebbten Quelle an den Strand seiner Lippen gewissenlos zu schleudern sich erfrechte! Er hatte ja den Jungen, den kleinen Arthur Aronymus, vom Herzen lieb und er musste sich eingestehen, er bevorzugte ihn selbst vor den ihm anvertrauten Schafen seiner Gemeinde, trotzdem er im Programm seiner theologischen Laufbahn bis vor Kurzem noch jede Bevorzugung gewissenhaft vermied.

Wie tief er das jauchzende Herz des kleinen Knaben getroffen haben musste, zeigte dessen ratloses, rundes Knabengesichtchen. Nach Hause zur Mutter wollte er partu! Schließlich schwang er sich entschlossen in den Sattel des hölzernen Rappen, spornte ihn an und ritt im Galopp, trotzig, ohne sich weiter umzudrehen, davon! Aus dem Weihnachtssilbergewölk des geschmückten Baumes holte der betroffene Priester den heiligen Wachsengel im Sternenkleid – »für Lenchen«, Arthurs Schwesterchen. Mit ihm trat Arthur in sein Elternhaus, wissend, warum Vater und Mutter nicht Weihnachten feiern und er und seine Geschwister von ihnen keine Präsente bekommen; und die Padersteins auch keinen Baum kauften auf dem Markt um die Kirche, wo noch Tannenzweige herumlagen und allerlei zertretener Baumschmuck. Die Gedanken hinter seiner Kinderstirn, die sonst unbekümmert herumtummelten, hatten auf einmal alle pechschwarze, feierliche Röcke an und konnten sich nur mühevoll weiterschleppen, ähnlich wie der arme Hausierer, der aus Galizien stammte, mit den Locken an den beiden Seiten unter dem flachen Hut. Ja, er war ihm auf einmal gut. Wie kam das? Bis jetzt pflegte er ihn doch immer auszulachen mit Kaspar und Willy. Und er heuchelte und log zum ersten Mal im Leben, da er lachend seiner Mama um den Hals fiel und im Herzen bitterlich weinte. Nachts träumte er von der Stadt Paderborn, wo sein Großvater-Rabbuni gelebt hat. Dem vertraute er sich im Traume an. Sie gingen beide durch die alten Straßen der alten Kaplanstadt, manchmal gebeugt, manchmal machten sie sich ganz dünn: schoben ähnlich wie seine beiden Hände zu tun pflegten beim Aufbauen der bemalten Klötze, durch die schmalen Häuserreihen der westfälischen Residenz. Fronten ohne innere Räume wuchsen überall aus der Erde, eine an die andere vorbei, und wenn der Großvater mit ihm durch eine der Haustüren wollte, fielen sie, plumps! in ein weites Loch. Außerdem die Giebelnasen, die ihnen Fratzen zuschnitten, und alle die spitzen Türmchen, die ihnen drohten auf die Köpfe zu fallen! Als er aufwachte, saßen seine Schwestern im Kreis um sein schlichtes Bettchen. Er musste vom gestrigen Heiligen Abend beim »schönen« Pfarrer erzählen. Fanny wie Dora haben es nicht erwarten können, selbst Regine und das gelehrte Elischen auch nicht länger. Keine Streitigkeiten zwischen den Töchtern heraufzubeschwören, ließ ihre Mutter den Gärtner den großen Rosenstrauß in der artigen Papiermanschette, von der Familie Schüler, Herrn Pfarrer höflichst überbringen. – Kurz nach dem Feste verlobte sich Fanny, die älteste Tochter der Eltern, Arthur Aronymus' große Schwester. Und ihre Freundinnen bewunderten ihren geschmackvollen Verlobungsring mit dem roten Granat in der Mitte. Regine erhielt von ihren Eltern einen Nerzkragen zur Entschädigung; Elischen einen Bücherschrank aus Rosenholz und Dora eine kleine perlenbestickte Pelerine. Das arme Dörken, es konnte nicht mehr ruhig auf seinem Stuhl sitzen, es hatte den Veitstanz. Der Doktor zwar tröstete die Eltern: das käme in »den« Jahren öfters vor, und verschrieb ihr Baldriantropfen, dreimal täglich 25 in einem halben Glas voll Wasser zu nehmen, und er verordnete dem Mädchen einen besänftigenden Tee aus Lindenblüten, Fenchel und Kamille. Sie war überhaupt so komisch geworden, die Dora, verglotzte die Augen und betete die halbe Nacht. Immer begann sie von Neuem wieder zu flehen, im Glauben, sie habe irgendeines der Geschwister zu nennen vergessen. Auch litt sie an fixen Ideen, schnappte Arthur Aronymus einmal von den älteren Brüdern auf. Immer bückte sie sich ein, zwei, drei Mal mit dem wackelnden Körper, bevor sie auf der Wiese im Garten ein Gänseblümchen oder eine Butterblume abpflückte. Elischen nahm Dora ins Gebet. Die beichtete ihr, dass, wenn sie sich nicht dreimal bücke, bevor sie eine Blume abbreche, würde »Alex« sterben. Elischen erklärte ihr genau wie ein Doktor der Medizin den wahnsinnigen Aberglauben ihrer wahnsinnigen Handlungen und trieb ihr zu guter Letzt mit einer Ohrfeige den Teufel aus. In Paderborn war's an der Tagesordnung, Teufel auszutreiben. Hexen wurden verbrannt oder eingemauert. Und der Veitstanz war ein von Dämonen besessenes Geschöpf. Und mit Vorliebe platzierten sich die bösen Geister in jungfräuliche Judenleiber. Darum durfte sich Dora nicht mehr, selbst im eigenen Garten, sehen lassen; andauernd passierten ihn die Einwohner Gäseckes. Schon viel zu viele hatten sie beobachtet, wie sie hin und her tanzte. Ernstlich fragte man die Dienstboten aus bis zur Melkerin und Kuhhirten des Gutshauses, ob die Dora wirklich »Glas« esse und »Feuer« schlucke? Und sie fürchteten sich schließlich vor dem bösen Blick des armen gutherzigen Mädchens. Zu spät kam es den erschrockenen Eltern zu Ohren, dass ihr Kind denunziert worden sei, und zwar von gehässigen Neidern, gerade von den Leuten Gäseckes, die sich das Fallobst vom Rasen im Gutsgarten im Herbste sammeln durften. Die Christen in Gäsecke freuten sich schon auf die weihnachtliche Sensation, »auf Dora auf dem Scheiterhaufen«. Ein Witzbold hatte behände ein Liedchen daraus ersonnen. Erst eine einzige Hexe hatten sie verbrennen sehen, nicht weit von ihrer Heimat. Und mancher der Dorfbewohner eilte ungeduldig in diesem Jahre schon lange der Weihnacht entgegen. Im Gutshause aber war man noch zu keinem annehmbaren Resultat gelangt, die Katastrophe, die ihrem Hause bevorstand, aufzuhalten; der Vater noch die Mutter, noch Padersteins, auch Verwandte, die man benachrichtigt hatte, versagten. Gemeinsam überlegten sie oft bis tief in den Nächten des verhangenen Wohngemachs, als zum ersten Mal der junge Pfarrer sich ungerufen melden ließ, das weite Terrain meiner Großeltern betrat. Wie ein junger Konradin, selbstherrlich, blauäugig, schritt er gerüstet, doch mit »geistlichem« Stahl, die hohe Freitreppe des alten Gutshauses empor. Arthur hatte ihn über einer Steinzacke des Daches Arabeske aus, kommen sehen und lauschte durch das Schlüsselloch der noch abfärbenden, neu angestrichenen Doppeltür, die einen kleinen Nebenraum mit dem geselligen verband. Die olle Paderstein saß neben der Mutter auf dem Kanapee und räusperte sich ab und zu und ihr fetter Truthahn stolzierte vor dem Kamin auf und ab, blähte sich auf, als ob er auch mal gern ein Ei legen möchte. Der bunte Zipfel seines großen Schnupftuches hing wieder aus seiner Buchsentasche, im hohen Bogen über dem Podachs. Immer schielte er auf die großen Zigarren in der Kiste seines Herrn Vaters. Darin hatte Simeon ganz recht, dass die ihm »allzu« gut schmeckten. Endlich erkannte Arthur Aronymus zwischen den schluchzenden, gleichmäßigen Litaneien der sich beratenden Gesellschaft des lieben Pfarrers ermunternde Stimme. So feierlich kam die ihm heute vor, ähnlich so hell wie auf ihren gemeinschaftlichen Spaziergängen vor dem Dorfe. Ja, er läutete geradezu: »Bim, Bam, Bim, Bam, Bim Bam«, bevor er zu meinem Vater sagte: »Lassen Sie Ihren Sohn Arthur Aronymus im katholischen Glauben erziehen. Mit diesem demütigen Entgegenkommen in Jesu geheiligtem Namen brechen Sie ein für alle Mal«, betonte er, »jeder Gefahr, die Ihrer jungen Tochter Dora dräut, die Spitze ab.« Arthurs verängstigte, gequälte Mutter, beinahe schon einverstanden, fiel der Vater, sich feierlich erhebend, mitten ins Wort: »Herr Pfarrer«, begann er zu sprechen mit einer Hoheit in der Gebärde, wie sie höchstens noch dem fürstlichen Vater seiner Mutter, dem Rabbunivater, zu eigen war, »Herr Pfarrer, gestatten Sie mir, Ihnen in unser aller Namen für Ihren ebenso sinnigen wie gut gemeinten Vorschlag unseren Dank auszusprechen. Leider zwingen mich aber folgende Umstände, denselben mit respektvollstem Kompliment von der Hand weisen zu müssen. Ich wie mein Vater noch meines hochseligen Vaters hochseliger Vater und dessen Väter, Väter, Väter, noch die Väter Frau Henriettens, meiner Gattin, in Gott ruhenden Väter, pflegten auf direktem Weg zu Gott zu gelangen, und ich sollte Seinem Sohne meinen noch unmündigen Sohn auf Umwegen zuführen lassen? Der Herr behüte uns vor allem Bösen. …«

« « ... ה' ישמרנו לכל

Dann beobachtete Arthur Aronymus ganz genau, wie sich der Vater zu seiner Mutter neigte, sie auf die weiße Stirne küsste. Das war gewiss das Werk der Nächstenliebe, von dem so oft der Bernard sprach. Denn so was Liebes, einer zum anderen, hatte er noch nie bisher erlebt. Und die Padersteins heulten ja beide! Aber der Bernard war auf einmal gar nicht mehr in der Wohnstube? Instinktiv eilte Arthur auf seinen Siebenmeilenstiefeln davon, überholte den ergriffenen Freund auf dem Heimweg zum Pfarrhaus und drückte ihm unversehens sein kleines Metallpfeifchen, dessen schriller Ton die Einwohner Gäseckes aufschreckte, seinen Talisman am hellgrünen Bande, eine kostbare Reliquie, in die herabhängende schlanke Hand. Genau wie im Rahmen der Mönch im Weihnachtszimmer des Pfarrhauses, sah sein Bernard aus!

Ihm war sicher wie jenem der Schutzengel der Kinder erschienen … Von ihm erzählte die Mutter so oft. Die fühlte sich, und wusste es selbst nicht aus welchem Grunde, von der furchtbaren Last, die wie ein Mühlstein auf ihrem Herzen lag, endlich befreit. Auch dem Vater erging es wie ihr und das bemerkten die beiden Padersteins wohl, denn sie umarmten meine geprüften Großeltern und nach ihnen ihren Sohn, den langen Hugo, der immer wie ein Bindfaden plötzlich durchs Schlüsselloch kam. Aber wie der Vater sich verändert hatte – er sah ja genau wie Jakob aus auf dem Bilde im Religionsbuch. Dabei hatte der ja nur zwölf Söhne gehabt und der Herr Vater fast zwei Dutzend Kinder in die Welt gesetzt; unter ihnen sogar Töchter wie »die schöne Fanny«. So rühmte der dicke Apotheker oft die älteste Schwester. Er, Arthur, fand ja nur sein Lenchen schön, aber heute Abend erschienen ihm seine sämtlichen Schwestern hinter seinen müden Augenlidern, rosa Rosetten zwischen den Schultern seiner Brüder. – Und sein Vater erwählte einige aus der Schar seiner 23 Kinder zu Kundschaftern. Zunächst den vernünftigen ältesten Sohn, Menachem, und dessen junge Frau und den feinen Berthold und Ludwig und den wohlgenährten Albert und zwei von den jüngeren Brüdern. Und von den Töchtern, Fanny-Deborah, Regine-Naemi und das Elischen und außerdem noch Padersteins schlauen Hugo. Und sie machten sich auf den Weg, schritten behutsam durch die dunklen Dorfgassen Gäseckes und beschlichen das kleine, friedliche Pfarrhaus. Die liebe Petroleumlampe brannte auf Bernards Tisch und ein befriedigtes, friedvolles Lächeln spielte um seine Lippen. Der lange Hugo, der, auf den Zehen stehend, die ruhige Stube überblicken konnte, beobachtete, wie der Pfarrer seinen mächtigen Schreibebogen sorgsam faltete, ihn in ein Kuvert steckte und versiegelte. »Es war eine gewichtige Urkunde!« … beteuerte Hugo Paderstein immer wieder den aufhorchenden Geschwistern – doch – im Nu sprangen sie alle auf einmal über die Rosenhecke, sich zu verstecken hinter der Rückseite des kleinen gelben Gebäudes. Elischen ließ ihr halbes Beinkleid in den Dornen zurück. Denn der entschlossene Herr Pfarrer hatte seinen schwarzen Kragen umgelegt und war im Begriff, seine Pfarre zu verlassen; der Postillion tutete schon das zweite

Mal durch sein verstimmtes Horn .... Wenn auch Tage, die nicht enden, und Nächte, die nicht schlafen konnten, dem denkwürdigen Abend im Elternhause Arthur Aronymus' folgten, so waren dennoch seine Eltern überzeugt von seinem guten Resultat. Und doch wohl schon das hundertste Mal, da die liebe Mutter, beobachtete ihr Arthur kopfschüttelnd, aber heimlich, sehr tief seufzte, ähnlich wie die schneeweiße Kuh, der man ihr Kälbchen genommen hatte. Doch die ältesten Brüder erwogen so mancherlei: Julius' dicke Augen kugelten manchmal über die Seiten im Werke des Altmeisters. Er hatte eine Idee: Der Vater tue gut, dem Kloster der Heiligen Veronika auf der Anhöhe vor Paderborn ein Geldpräsent zu frommen Zwecken zu stiften. Nicht ohne – dachte der Vater. Man las seine Zustimmung im erwägenden Ausdruck seiner Mienen.

Doch Simeon erhob sich unwirsch, protestierte entschieden dagegen und beeinflusste das Urteil der anderen großen Geschwister. – Fannys Hochzeit wurde verschoben. »Willst du etwa«, rügte der Vater sie, »Hochzeit feiern in einem Trauerhause, Mädchen?« Fanny wurmte sich und doch fühlte sie sich als schöne Märtyrerin. Regine strickte nachdenklich schon Wochen an ein und demselben Strumpf, ohne es zu bemerken, für sie hing der Schwester Scheiterhaufen noch sehr in der Schwebe. Vorigen Sonntag hatte sie sich Doras perlengestickte Pelerine seufzend um die Schulter gelegt, spät unter dem Vollmond Atem zu schöpfen. Elischen saß in der Zeit an Doras geblümtem Himmelbett. Die kranke Schwester fürchtete sich nämlich vor Gespenstern. Dann kam aus Lippstadt die große Kapazität – »ein Professor über 250 unheilbare Kranke«, erzählte Arthur Aronymus und sein geistlicher Freund schlug staunend die Hände zusammen und beteuerte wichtig: »Na, der wird sicher deine Schwester Dora kurieren!« Mit leuchtenden verheißend blickenden Kornblumen betrat der Pfarrer Bernard das weite Heim seines kleinen Spielgefährten und traf die Familie Schüler nebst Kindern und Freunden wieder in der Wohnstube versammelt. Den ältesten verheirateten Sohn riefen Pflichten daheim zurück und Simeons und Julius' Semester hatten begonnen in der Universität der Reichshauptstadt.

Fannys Bräutigam wollte auch nicht länger warten; in der kleinen Synagoge wurden sie getraut und fuhren dann den Rhein herunter bis Aachen. Dort beabsichtigten sie, das Schloss Kaiser Karls zu besichtigen. Die große Fanny hatte Angst gekriegt plötzlich vor der Hochzeitsreise und Max und Lenchen sollten mit, erzählte Aronymus, Süßholz kauend, dem Willy und dem Kaspar: »Eck mach' meck jo nömmes aus däm langweeligen Rhein, wenn's noch Regensburg am Regen wär, so een Städtken hätt eck meck gern ens angegickt.« – Anwesend waren also noch neunzehn leibliche Kinder und dazu ein Enkel: der neunjährige Oskar, der älteste Sohn Menachems, der Neffe des ein Jahr jüngeren Aronymus, außerdem der Lange Hugo, Padersteins hoffnungsvolles Riesenfrüchtchen, und der neue Volontär des Gutes: Herr Filligrand. Er pflegte immer seinen Namen französisch durch die Nase zu ziehen. Und es erhoben sich der Herr Vater und die Frau Mutter mit den Kindern und Gästen zu gleicher Zeit, als der Pfarrer freudig erregt im Rahmen der Tür erschien. Arthur Aronymus' bebende Mama ließ den großen Löffel, mit dem sie im Begriff war, eine Anzahl Gläser mit Limonade zu füllen, wie einen silbernen Fisch in die gläserne Terrine plumpsen. Aber der Vater nahm die gewichtige Rolle mit beherrschter, verhaltener Freude aus den Händen des hohen Boten und Arthur Aronymus staunte, wie »der Vatter« sich auch in freudigen Augenblicken zu zügeln verstand. Aber dann schimmerten große Wassertropfen in seinen kühlen Augen und überzogen sie mit Sonne! »Frau Mutter, lesen Sie, lesen Sie.« Er nannte die Mutter immer: »Sie« bei feierlichen Anlässen. »Lesen Sie!« Aber der Mutter zitternde Hände vermochten die beglückende Kunde nicht ruhig zu halten und die neunzehn noch anwesenden Kinder, unter ihnen die vierjährigen Zwillinge: Meta, konnten doch auf einmal lesen – – standen um Vaters und Mutters Schoß und entzifferten klipp und klar, was der Bischof aus Paderborn, »eigenhändig«, betonte Bernard, geruhte, der Christenheit zu verkünden. Jeder Satz begann mit einem ganz groß gemalten Buchstaben und endigte mit einem Punkt wie ein Kreis so rund.

Erst beim krächzenden Kikeriki erwachte mein kleiner Papa. Seine

Geschwister, bis zur allerkleinsten Schwester, standen schon zum Aufbruch bereit an der Gartenpforte. Und er selbst hätte doch beinahe nicht mehr daran gedacht, dass sein Bernard der Gemeinde Gäseckes und den benachbarten Dörfern und Flecken den Hirtenbrief seines Bischofs – vielleicht – schon angefangen habe – vorzulesen. In die unmodernen Buchsenbeine seines Neffen Oskars stieg er irrtümlich in der Eile und wieder ging's über die Rutschbahn des Treppengeländers, verflucht und zugenäht!! Im Galopp per pedes zum katholischen Marktplatz. Gerade trat sein großer Freund aus der kleinen, alten Kirchentür, verharrte sinnend auf der obersten Stufe der grauen, morschen Steintreppe, in der Hand das kostbare Schreiben des hohen Hirten an seine Schafe. Er schwang die gewichtige Rolle mit besonderer Wucht über die Köpfe seiner Herde, die sich auf sein Geheiß versammelte, schon im Frühgeläute. Mein kleiner Papa angerast, bemerkte seine Eltern Hand in Hand bange lauschend hinter einer der Obstbuden, die schon aufgestellt wurden immer den Tag vorher für den Mittwochmarkt. Der Vater trug seinen grauen Bratenrock und die noch hellgrauere Samtweste und sein braun gestreiftes Sabbattuch um den hohen Kragen gebunden; und den vornehmen grauen Zylinder hatte er sich aufgesetzt und die Mutter sich ihren Samtüberwurf angezogen mit den langen Fransen. Noch bevor Bernard die Predigt aufrollte, blitzte es auf einmal aus der dunklen, kalten Novemberwolke so unheimlich und unerwartet – selbst der Gendarm fürchtete sich; und der Herr Pfarrer deutete den erschrockenen abergläubigen Leuten das Naturereignis, wie der Bruder Julius später erklärte, »gradezu monumental!« Niemand der Versammelten zweifelte, dass der Himmel sich mit Seiner Gnaden dem Bischof verbündet habe und aus dem Munde des hohen Hirten spreche. Arthur und seine Freunde hatten zwar verstanden, dass der Bischof aus dem Munde des Himmels zu seinen Schafen geredet habe und sie ermahnte mit einem Donnerschlag: »Ich grüße Euch mit sorgendem Herzen im Namen Jesu Christo, meine irregeleiteten, vom Wege geratenen Schafen und ermahne Euch, Vernunft anzunehmen und nicht weiter zu beharren in Eurer Sünde Aberglauben. – Noch ist es Zeit,« las Bernard und blickte über die vielen Köpfe; »noch ist es Zeit zur Reue und Buße, meine armen Kinder, um deren Seelenheil Ich – schreibt der Bischof – unablässig schwerste Sorge und Verantwortung im Herzen trage. Wehe Euch, im Namen Jesu Christo Eure böse Lust zu stillen am Feuertode an Schwestern unseres lieben, selig machenden katholischen Glaubens noch an Schwestern aus dem alten Hause Israels. Vergesset nicht in Eurem schwarzen Hasse, dass unser Heiland Jesus Christus selbst ein Jude war, dem Blute Davids entsprossen. Mit tausend Zungen werde ich dem Himmel jedes Frevlers Sünde verkünden und seine Seele brate bis zum jüngsten Tag!!

Darum kehret in Euch, Ihr schwarz gewordenen Schafe. Lasset ab! Lasset ab! Zum dritten Mal: Lasset ab von der Sünde um Jesu Christo willen, unserem Herren! ... Et vos igitur nunc quidem tristitiam habetis, iterum autem videbo vos, et gaudebit cor vestrum: et gaudium vestrum nemo tollet a vobis. So habt Ihr jetzt zwar Trauer, aber ich werde Euch wiedersehen, Euer Herz wird sich freuen ... und Eure Freude nimmt niemand von Euch.«

Und schon blitzte es wieder, so hell von allen Seiten, bis der ganze katholische Kirchplatz in bengalischem Fegefeuer stand. Und die ermahnten bebenden Menschen sanken in ihre Knie, auch Arthurs Mutter in ihrem weiten Reifrock. Nur der Vater stand aufrecht, aber er wischte sich die Schweißtropfen von der Stirn.

Auf den Wiesen blühten wieder die duftenden Märzveilchen; die Kinder pflückten die Lieblingsblumen ihres Vaters und stellten sie ihm in einem Glase auf seinen Schreibpult. Er pflegte seinen Söhnen und Töchtern, seitdem ihm der Allmächtige so gütig beigestanden hatte, des öfteren Kapitel aus der biblischen Geschichte vorzulesen. So schön und spannend wie der Großvater-Rabbuni zu erzählen verstand, dachte Arthur, kann der Vater es nicht. Dieses Jahr fiel auf den 28. März das Ostern der Juden; und in der Speisekammer, auch schon im Buffet lagen Pakete mit ungesäuertem Brot. Die liebe Mutter hatte ihrem Aronymus schon im Voraus so einen schmackhaften runden Mehlkuchen mit Honig bestrichen, zum Knuspern heimlich am Morgen, mit auf den Schulweg gegeben. Seitdem stand er immer so etwas verlegen neben dem großen Speiseschrank und schielte abwechselnd auf die Mutter und auf die verschlossene Lade. Der Auszug der Kinder Israels aus Ägypten imponierte ihm gewaltig und er konnte den Abend vor dem Ostertag kaum erwarten. »Morgen ist Jüdisch-Ostern«, vertraute er seinen beiden kleinen Schulkameraden an. Die neckten ihn nicht mehr deswegen, da sie wussten, dass der geschiedene Pfarrer Bernard dieses Brot auch nicht verachtete.

Seine Gnaden der Bischof hatte den Neffen in Christo längst an den Dom von Paderborn gerufen. Und schon ein Jahr lebte der junge Geistliche fern von Hexengäseckes blumigen Pfaden hinter allen Tierhecken, weißen und roten. Doch ein Handwerksbursche, ein gebürtiger Gäseckeianer, behauptete felsenfest, den Pfarrer in Rom im Sankt Petri gesehen zu haben. Neben dem Papst habe er gesessen und – Bernard würde sein Nachfolger werden. Aber der reiste mit seinem Bischof ein wenig durch die Städte und Dörfer Westfalens, die Gemeinden zu besuchen, Ämter zu verteilen und Anerkennungen, aber auch die Reichen zu ermahnen und – »Zeit wird es«, betonte der Bischof, »den Aberglauben endlich mit der Wurzel auszurotten.« Arthur Aronymus' Mama saß am hohen Bogenfenster und nähte Hemdchen und Höschen für ihre Kleinsten; flickte die vielen Löcher in den Hosen der Jungens, und im Korb neben ihr lagen unzählige bunt geringelte Strümpfe. Sie bemerkte zwei große Gestalten durch das Tor in den Garten schreiten; schon dämmerte der Vorabend des jubelnden Passahfestes. Die Kinder spielten noch mit den Jungens und Mädchen des Dorfes in ihrem großen Garten. Sie legten Reisig übereinander und fluchten und speiten aus wie die Fuhrleute Westfalens. Den Zaun entlang tanzte der kleine Arthur Aronymus mit Händen und Füßen wie die krank gewesene Schwester Dora. Er hatte sich in eines ihrer Kleider heimlich gesteckt und ihren Hut trug er mit dem Kleeblumenkranz und den langen Samtbändern. Der Bischof und sein junger Begleiter hielten sich hinter den grau gewordenen Herbsthaaren der Weide verborgen, beobachteten so das Spiel der Kinder. »Wie die Alten gesungen, so zwitschern die Jungen.« Der Oskar versicherte den Spielgefährten, sein Neffe, der Aronymus, verstehe am interessantesten die Hexe zu spielen. Er selbst trug eine Schnur um den Leib geschlungen und an der hing ein Kreuz aus Stängeln des Hagebuttenstrauchs gebogen; eine zerquetschte klebte noch am weichen Holz, ein Tropfen geronnenes Rosenblut. Und nachdem die Schar der Henker die »Dora« an die Brandstätte gezerrt hatten, tanzten sie um ihr Opfer einen Teufelsreigen: »Ine wine wink pank tink tank ose wose wacker dir eier weier weg!« Vorher aber hielt der finstere achtjährige Mönch der bösen Hexe sein großes Kreuz zum Kusse dar und geleitete nach der üblichen Weihe die Büßerin auf dem letzten Weg zum Scheiterhaufen. Ihn wirklich anzuzünden, traute sich keines der Kinder. Der heulenden Hexe aber, dem dampfenden Arthur Aronymus, wurde das Spiel – mit dem angeblichen Feuer – etwas zu heiß und er setzte mit einem kühnen Sprung über die Köpfe der schmähenden Spielgefährten und nun begann erst das richtige Vergnügen, los im Galopp über die Rasen, über die herbstlichen Beete mit einem Getöse der stampfenden, nägelbeschlagenen Kinderstiefeletten, dass die Katzen aus den Kellerlöchern gelaufen kamen. Ein Glück, dass der Herr Vater mit dem Herrn Apotheker im kleinen Bahnhofsraum saßen und Lotto spielten. »Vor dem Vater hat er große Angst«, flüsterte Bernard dem Bischof ins Ohr. »Aber Zeit wird es wahrlich, dass Euer Gnaden aufräumen werden.« Der war allerdings heute selbst Augenzeuge des grotesken Schauspiels in miniature gewesen.

Und nur das ungestüme Lachen der unschuldigen Kinder hinderte seine Gnaden, den Ernst des kindlichen Spieles zu erfassen. Solch einen Spaß wie heute hatte die Schar bisher noch nicht erlebt. Ihr junges Tausendlachen wirkte ansteckend und setzte das Zwerchfell des Bischofs in stürmische Bewegung. Sich am Arme Bernards festhaltend, trat der hohe geistliche Herr zwischen den Ästen des gottalten Baumes hervor. »Na, na, na, na, na, mein lieber gestrenger Sohn in Christo, Euer Bischof ist beileibe nie ein Lachverächter gewesen, darum verzeihet ihm, Eurem alten geistlichen Bruder, dass er mittut, zumal aus dem Herzen des Kindes des Lachens Quelle entspringt – und – wer weiß, wie bitter sie des Öfteren – mündet.« Das war so recht sein Bischof, dachte Bernard und er hätte ihn am liebsten für seine weisen, jovialen Worte umarmt, aber »die Blagen«, wie man im Westfalenlande die Kinder zu nennen pflegt, musste er seinem Bischof, dem größten Kinde, alle herbeiholen. Seine liebe Not hatte er, die temperamentvolle Hexe Dora einzufangen, seinen Wildfang von Freund, den kleinen Arthur Aronymus. Auf den Armen, lebendig aber, brachte er ihn Seiner Gnaden Lavater von Westfalen. Schon watschelten die Mägde des Gutshauses, von Frau Schüler gesandt, herbei, zu spähen, wer die beeden verspäteten fremden Statüen seien, die bei Neit on Näbel seck in den Gutsgarten verirrt tu haben schienen? Und die Kinder schleppten sie einfach auf ihren Schultern aufgeladen wie Fuhren ins Haus. »Gebaden müssen die Ferkels werden, om schmuck teiltunähmen am hütigen Pesahowend.« Aber als die Mutter vernahm, der Herr Pfarrer sei gekommen mit seinem Bischof aus Paderborn, eilte sie wacker selbst aus dem Hause über die Kieswege, denn sie war noch schlank und wohlgebaut und behände. – Auf dem gestickten Vaterstuhl saß heute Abend Seine Gnaden Lavater und neben ihm der liebe Bernard. Dann kam der strahlende Arthur Aronymus, dann kam Dora, sie schien anmutiger wie vor ihrer Mädchenkrankheit. Dann kam Berthold, der schwärmerische Jüngling. Dann kam Elischen; dann kam Julius; neben ihm saß Regine und neben Regine nahm ihr frischgebackener Bräutigam, Herr Provisor aus Elberfeld im Wuppertale, Platz. Anfänglich meckerten seine Eltern gegen seine Wahl, denn Engelhard entstammte einer lutherischen Muckerfamilie; und da Regine, ihres Vaters Lieblingstochter, die überhaupt für die Pharmazie ein Faible besaß, sich nun auch noch zu den Händen die Augen rot weinte, entschloss sich Herr Schüler dem jungen christlichen Freier eine Apotheke zu kaufen. Seitdem stand Tinchen im bekränzten Rahmen auf der Kommode ihrer zukünftigen Schwiegereltern. An der rechten Seite des Bräutigams saß heute das kleine Lenchen. Manchmal streifte des Bischofs Auge das zarte, stille Mädchen besonders zärtlich. Es erinnerte ihn an sein Schwesterlein Helene, der jetzigen Äbtissin des Klosters bei Schwelm. Dann kamen die beiden Meta. Sie saßen nebeneinandergeschmiegt, als ob sie zusammengewachsen seien und aus einem Herzen pochten; hatten beide braunes Lockenhaar und führten immer zu gleicher Zeit den Löffel oder die Gabel in den Kirschenmund. Und dann kam ... Judith, Johanna, Eugenie, Luise, Maierlein, die Grete, Elfriede und neben ihr die Titi. Von der Mutter so gerufen; und neben Titi: Albert, Edmund, Alfons, Ludwig, Emmi, der Simeon, Hedwig, Paula und Eleonore, nach Bürgers Gedicht: Eleonore fuhr ums Morgenrot – benamet; und der leidende, liebe Alex saß wie immer neben seinem Vater im Krankenstuhl.

Dem gegenüber die Söhne seines spanischen Schulfreundes, der ermordet wurde vor einigen Jahren in Zaragossa in der Synagoge im Gebet. – Der Oskar ließ keinen Blick von Bernard seinem Bischof; dem kleinen Onkel Arthur Aronymus war das geradezu – unangenehm! Dass dieses verkleidete, fanatische Knäblein in der Kutte einmal vom herzlieben Freund, dem getauften Kardinal Paulus Kassel, getauft werden könne, der weiland empfing die heilige Taufe vom getauften heiligen Franziskanermönch Paulus Kassel, kam seiner Gnaden nicht im Entferntesten in den Sinn. – Der vermisste Max trat plötzlich mit eingezogenem Podex in den weiten Essraum. Geweint hatte er. Denn den mit Mühe gezeichneten Kalbskopf im Sand hatten die Kinder beim Spielen verrammelt. Der Vater steckte ihm einen Louisdor in die kleine Hosentasche. Sympathisch berührte es Seine Gnaden, dass die Ärmsten der jüdischen Gemeinde, sieben Israeliten, geladen waren, am Ostermahle teilzunehmen; und Vater Schüler und seine liebreiche Gattin in taktvollster Weise sich gerade um diese Gäste zu bemühen schienen. »Hier unser lieber, verehrter Gast und Osterbruder: Perlmutter. Er fehlte nie an diesem Abend an unserem Tische. Und jener, mein Freund«, der Vater zeigte auf den Hausierer, den Arthur mit Willi und Kaspar noch vor einem Jahr zu verspotten pflegten, »mein lieber Freund«, wiederholte der Vater, »Lämmle Zilinsky aus Lemberg.« Der blickte verstört an seinem Kaftan auf und nieder. »Und jene wissensbedürftigen beiden Brüder, Siegfried Ostermorgen und Alexander Ostermorgen, bitten um Eurer Gnaden Fürsprache beim Rektor in Paderborn.« Der greise Nachtwächter, der sich heute schon um Mittag erhoben hatte, suchte gewohnheitsgemäß nach seinem Horn, aber der Vater, der das bemerkte, legte seinen Arm um seine schmalen Schultern und meinte, zum Bischof sich neigend: »Dieser nimmermüde Schutzpatron von Gäsecke hat viel gewacht und sich darum tief versenken können in das Wort des Herrn.« – Dasselbe hätte Großvater-Rabbuni sagen können – und Arthur hasste im Augenblick unbegreiflich seinen gewandten Papa. – Und nun kam der geschwätzige Handwerksbursche an die Reihe. Als seinen Schulfreund stellte ihn der Vater dem hohen geistlichen Gast vor: »Nathanael Brennnessel, unser unermüdlicher Wanderer.« Heiliger Strohsack, dachte Aronymus und streckte heimlich der erschrockenen, abwehrenden Dora, die seit Kurzem gern »erwachsen« spielte, die Zungenspitze heraus, denn Brennnessel hatte ja – den Bernard auf dem Papststuhl sitzen sehen.

Neben dem flotten Wanderer lächelte mit weit aufgetanen Augen: »Josefje«, des ältesten Perlmutter: Sohn. Der konnte Träume deuten wie Josef von Ägypten ... Endlich – brachte Christine die dampfende Ostersuppe mit den »leckeren Klöskens« auf den Tisch und die Eltern bemerkten mit Freuden, dass ihr fürstlicher Gast kein Kostverächter war. Und ihm auch das ungesäuerte Brot, im Tropfen Mosel getaucht, vorzüglich mundete. Er bat seinen verehrten Gastgeber, *genau* wie an jedem vorangegangenen Osterabend die Zeremonie einzuhalten, nicht etwa zu kürzen; er käme sich sonst wie ein Eindringling vor und er fühle sich doch wie zu Hause. Und in der Zeit, in der der Vater und der Bischof über die Worte der Thora diskutierten, die geschrieben wurde mit Blitz und Donner von Gottselbst in Harfenschrift, zeigte Arthur Aronymus, glückselig, seinen heimgekehrten Freund wieder bei sich zu haben, ihm den neuen Turm im Spielzimmer, den er aus tausend Klötzen und bunten Steinen erbaut hatte. Er wollte doch gerade wieder fluchen, aber Bernard merkte es noch frühzeitig und Aronymus schluckte den kleinen zischenden Teufel mit Haut und Haaren herunter. »Und gehalten wird das Gesetz«, erklärte gerade der Vater, als Bernard, mit meinem kleinen Papa an der Hand, wieder in die große Essstube eintrat, »sorglich wie ein Kind im samtnen Tragkleid und Schellengeschmeide …« Seine Gnaden bejahten aufmerksam jedes Wort des klugen Herrn Vaters, meines Vaters Vaters, mit wohlwollender Geste und beide Herren kamen darüber ein, »mit einem bisschen Liebe geht's schon, dass Jude und Christ ihr Brot gemeinsam in Eintracht brechen« – »noch wenn es ungesäuert gereicht wird«, vollendete artig die Mutter meines nun auch schon in Gott ruhenden Vaters: Arthur Aronymus.

EDITORISCHE NOTIZ

Die Gedichte folgen in Textgestalt und Anordnung der Ausgabe Else Lasker-Schüler: *Gedichte 1902–1943*. München 1959. Nicht übernommen wurden die zweiten Fassungen der Gedichte aus der Sammlung Styx.

Prosa und Dramentext folgen der Ausgabe Else Lasker-Schüler: *Prosa und Schauspiele*. München 1962.

Orthografie und Interpunktion wurden unter Wahrung von Lautstand und grammatischen Eigenheiten den Regeln der neuen deutschen Rechtschreibung angepasst.

VERZEICHNIS DER GEDICHTÜBERSCHRIFTEN UND -ANFÄNGE

Z